LEHREN UND LERNEN ALS AUFFUEHRUNGSKUENSTE
KÜNSTLER ALS BEISPIELGEBER nach ROBERT FILLIOU

RAJELE JAIN

Diese Arbeit ist Kazike gewidmet

Danksagung

Für die Impulse, das Beispiel, die Generosität, den immerwährenden Einsatz, die Lehre, den Enthusiasmus, das große Interesse am Anderen, das Vertrauen sowie die Unterstützung bedanke ich mich von ganzem Herzen bei Prof. Dr. Bazon Brock, meinem Doktorvater.

Mit Liebe danke ich meiner Mutter für den geistigen und physischen Raum, der mir diese Arbeit ermöglichte, und auch für das Korrekturlesen; meinem Bruder für die großen Blumen und die praktische Unterstützung; meiner Schwester für das stetige Vertrauen und die Förderung.

Ohne Kazike hätte es diese Arbeit wohl nicht gegeben. Ihm danke ich für alles.

Ganz wichtig war außerdem die Existenz der für mich bedeutenden Autoritäten:

Chandralekha, Werner Nekes, Dr. Nrusingh Charan Panda, Uwe Rachow, Boris Hanzer, Mike Jansen, Valerie Kohlmetz, Shyamala, Simone Letto, Heike Pallanca, Isabel Valverde, Zambeze Almeida, Carlos Henrich, Adriana Sá, Jasmin Djahanguiri, Jasmine Schaller, Yvonne Wilhelm, Jürgen Stollhans, Prof. Manfred Eisenbeis, Dr. Titus Leber, Dr. Martin Kämpchen, Anjali und Sriram, Prof. Dr. Georg Trogemann, Frank Köllges.

Ihre Arbeit und Lebensweisen haben meine Untersuchung inspiriert. Ihnen und meinen hier nicht genannten Freunden verdanke ich das Wesentliche.

Diese Arbeit wurde als Dissertation bei der
Bergischen Universität Wuppertal eingereicht.

© 2017 Rajele Jain

INHALTSVERZEICHNIS

EINLEITUNG   9

I. ROBERT FILLIOU, LEHREN UND LERNEN ALS AUFFÜHRUNGSKÜNSTE
- werkimmanente Aufarbeitung der Überlegungen zum System Lehren und Lernen   13

1. Fillious „GEDANKEN UEBER DAS FUNKTIONIEREN DES SYSTEMS" und seine Ableitung, wie Künstler für die Gesellschaft von Nutzen sind   26
2. „REGIERUNGSPLASTIK" - wie sich Regierungen verändern   55
3. „DER KÜNSTLERISCHE VORSCHLAG" - Künstlerauffassungen zu idealen Lehr-/Lernsituationen   57
4. „ES SELBST TUN" - praktische Beispiele und Vorschläge zu künstlerischem Lehren und Lernen   76
5. Zur Rezeption des Buches „Lehren und Lernen als Aufführungskünste" von Robert Filliou   82
6. Hannah Higgins' „Fluxus Experience", Erfahrungen aus erster Hand   87

II. KUNSTVERMITTLUNG - Praxis von Lehren und Lernen anhand von Kunst   93

1. Museumspädagogik   96
2. Die Besucherschule von Bazon Brock   106

III. LEHRSTÜCKE VON KÜNSTLERN - Künstler als Beispielgeber   115

1. Künstler, die explizit aufklärerische Absichten in der Auswahl ihrer Themen haben   117
2. Verschiedene Ansätze zum Mittel „Partizipation" in der Aufführungskunst   122

3.	Fillious Ansatz zum Phänomen „Autorität" in der idealen Lehr-/Lernumgebung	141
4.	Das „Action Teaching" von Bazon Brock	144
5.	Lehrstücke von Werner Nekes	154
6.	Der exemplarische Rezipient	160
7.	Das Black Mountain College - Lehren und Lernen in Freiheit	165
8.	Filme über Kunst und Künstler - exemplarischer Diskurs zwischen zwei Gleichgestellten	179

IV. KUNST UND SCHULUNTERRICHT - Untersuchung des Stellenwerts von Kunst in der Gesellschaft anhand ihrer Begründung als Schulfach   **189**

1.	Verschiedene Parteinahmen für die Bedeutung von Kunst als Schulfach	191
2.	Kunstunterricht in Deutschland - das Problem zwischen Kunst und Pädagogik	240

V. KÜNSTLERISCHES LEHREN UND LERNEN MIT DEN „NEUEN MEDIEN" - Herausarbeitung spezifischer Potentiale der neuen Technologien im Hinblick auf „Lehren und Lernen als Aufführungskünste"   **251**

1.	Bestandsaufnahme klassischer dramaturgischer Prinzipien im Hinblick auf ihre Relevanz für die Konzeption von „Virtual Reality"-Welten	257
2.	Lehrstücke von Isabel Valverde zur Evaluation des Körpers in der virtuellen Welt	274
3.	Vermittlung als Interface	278

VI. KÜNSTLERISCHE FORSCHUNG, PARTIZIPATION, WISSENSERZEUGUNG HEUTE - Ein Ausblick   **287**

VII. FAZIT UND VORSCHLAG für ein aus der
Untersuchung gewonnenes Analysewerkzeug zur
Beurteilung einer Lehr-/Lernsituation
im Hinblick auf ihr Emanzipationspotential   301

VIII. ANHANG   309

QUELLENVERZEICHNIS   315

EINLEITUNG

In vielen Darstellungen zum Zusammenhang zwischen Kunst und Gesellschaft bzw. Bildung wird auf die wegweisende Rolle der 1960er/70er Jahre verwiesen, in denen eine umfassende Neuorientierung in der Kunstvermittlung, der Museumspraxis und auch der Pädagogik stattgefunden habe. In seltenstem Fall rekurriert man auf ein prototypisches Werk, welches einen großen Fundus bereitstellt, aus dem heraus neue Ansätze in diesen Bereichen entdeckt und erprobt werden können. Unter dem Titel "Lehren und Lernen als Aufführungskünste" wurde es im Jahr 1970 von dem Künstler Robert Filliou "und anderen"[1] veröffentlicht. Die Absicht der vorliegenden Untersuchung ist es, anhand dieses Künstlerbuchs die damals neu zu entwickelnden Prinzipien und Potentiale künstlerischer Vermittlung, also der Konfrontation von Kunst oder Künstlern mit Nichtkünstlern, herauszuarbeiten, diese dann daraufhin zu überprüfen, inwiefern sie sich bis heute etabliert oder fortentwickelt haben, sowie etwaige in Vergessenheit geratene, übersehene oder nicht umfassend verstandene Ansätze auf ihre Relevanz für die heutige Zeit hin zu untersuchen. Die zentrale These ist hier, daß Filliou in der Situation des Aufeinandertreffens von Künstler und Nichtkünstler die Möglichkeit sieht, Wissen und Erkenntnisse zu generieren, die auch für die Entwicklung einer Gesellschaft höchst relevant sein können. In seinem Buch leitet er die Bedingungen her, die nötig sind, damit aus der Begegnung zwischen Künstlern und Nichtkünstlern eine Lehr-/Lernsituation entstehen kann.

Es wird sich bei der Analyse des Buches von Filliou im ersten Kapitel herausstellen, daß die dort formulierten Überlegungen zu einem System von Lehren und Lernen aus künstlerischer Sicht auf verschiedene Themenfelder bezogen sind, die in den folgenden Kapiteln zunächst gesondert betrachtet werden sollen. Dies sind die Bereiche Kunstvermittlung, Performance, Pädagogik, Kunst und Neue Technologien sowie Wissenserzeugung, welche nach Filliou alle zu einer sinnvollen Diskussion über das Problem von Lehren und Lernen der Menschheit beitragen sollen. Ein wichtiges Element ist hierbei die von Filliou formulierte Suche nach „Teilnahmetechniken", mit denen ein Lehr-/Lernprozess stattfinden könnte, der sich vom reinen Transfer etablierten Wissens unterscheidet. Unter dem heutigen Begriff „Partizipation" haben sich in der aktuellen Diskussion und Praxis in

1   Robert Filliou. Lehren und Lernen als Aufführungskünste. Köln 1970

Kunst und Kultur zahlreiche Ansätze herausgebildet, die beispielsweise die Einbeziehung des Publikums in eine künstlerische Präsentation versuchen. Wie im Kapitel II zur Kunstvermittlung gezeigt wird, ist jedoch keineswegs eindeutig, welche Bedingungen für die intendierte, sinnvolle Partizipation des Publikums vorliegen müssen. In diesem Zusammenhang werden daher Faktoren wie Autorität, Macht, Struktur, Individuum, Wissen und Freiheit in verschiedenen Konstellationen untersucht.

Die notwendige Behandlung der Frage, wie Kunst im Kontext von Lehren und Lernen zu definieren ist, und was Künstler von Nichtkünstlern unterscheidet, findet im Kapitel III bei der Herausarbeitung künstlerischer Arbeits- und Denkweisen von Seiten einzelner Künstler statt. Die Künstler bzw. deren Arbeiten werden hier unter der eingrenzenden Frage betrachtet, warum und wie sie anderen als Beispielgeber für emanzipiertes Verhalten in der Welt dienen können.

In den westlichen Gesellschaften findet ein bedeutender Teil des Lehren und Lernens in staatlichen Schulen statt. Obwohl Künstler dort in erster Linie nicht eingebunden werden, sollte im Kapitel IV anhand einer Ideensammlung zur Bedeutung von Kunst, wie sie den staatlichen Curricula des Kunstunterrichts im Laufe der Jahrzehnte jeweils zugrunde lagen, aufgezeigt werden, welche Auffassungen die Gesellschaften zur Kunst haben und welche Aufgaben sie ihr jeweils zuweisen. Die Beleuchtung der Problematik im Verhältnis von Pädagogik und Kunst an staatlichen Schulen konnte besonders eines der in dieser Arbeit herausgearbeiteten vier Elemente veranschaulichen, die die Grundpfeiler einer Lehr-/Lernsituation anhand von Kunst bilden, nämlich die notwendige institutionelle Unabhängigkeit. Es konnte ebenfalls hergeleitet werden, daß sich die Thesen Fillious nicht auf pädagogische Konzepte des herkömmlichen Schulsystems beziehen und auch nicht beziehen sollen, sondern sie sich explizit auf die Begegnung von Künstlern mit Nichtkünstlern beschränken.

Der hier an vorderster Stelle untersuchten Frage nach der Bedeutung von Kunst für die Entwicklung der menschlichen Gesellschaft und zur Wissensgenerierung wird in den letzten Kapiteln schließlich im Zusammenhang mit den Neuen Medien und mit Bezügen zu aktuellen wissenschaftstheoretischen, ästhetischen und philosophischen Problemstellungen nachgegangen. Hierbei erweist sich Fillious Ansatz insofern als bedeutend, als mit den bei ihm im Zuge dieser Arbeit herausgearbeiteten Charakteristiken künstlerischen Lehrens und Lernens auch ein Analysewerkzeug gewonnen wurde, mit dem Lehr-/Lernsituationen im Hinblick auf ihr Potential zur Generierung von neuem Wissen bewertet werden können. Dieses Werkzeug besteht aus der Herausarbeitung und Beurteilung der jeweils unterschiedlichen Gewichtung der Faktoren, die eine Lehr-/Lernsituation ausmachen und die in diesem Zusammenhang ausführlich untersucht werden: Autorität, Freiheit der Situation, Befähigung der Teilnehmer, Möglichkeit zum Experiment, künstlerische Methoden, Individuum. Indem dieses Analysewerkzeug auf die verschiedenen Situationen der Konfrontation von Kunst/Künstlern auf Nichtkünstler angewendet wird (wie sie heute vorkommen bzw. in denen diese Konfrontation explizit Thema ist, also als politisches Theater und Performance, in Museen und Ausstellungen sowie in der „künstlerischen Forschung" an Universitäten), wird deutlich, worin sich die jeweiligen Ereignisse unterscheiden und warum Schwierigkeiten etwa bei der Intention „Partizipation" des Publikums oder der Zusammenarbeit von Künstlern und Wissenschaftlern entstehen müssen. Es soll gezeigt werden, daß das gleichwertige und -mächtige Vorhandensein aller oben genannten Elemente eine ideale Lehr- und Lernumgebung konstituiert, in der die für unsere Gesellschaft notwendigen Inhalte und Lösungsansätze mithilfe der Künstler mitentwickelt werden könnten.

I. ROBERT FILLIOU, LEHREN UND LERNEN ALS AUFFÜHRUNGSKÜNSTE
- werkimmanente Aufarbeitung der Überlegungen zum System Lehren und Lernen

Im Jahr 1970 veröffentlichte der Gebrüder König Verlag in Köln, gegründet vom Buchhändler Walther König, dessen Buchhandlung schon zu dieser Zeit Treffpunkt vieler heute bekannter Künstler in Köln war, und dem ehemaligen Direktor des Museum Ludwig in Köln, Kaspar König, ein Künstlerbuch von Robert Filliou mit dem Titel "Lehren und Lernen als Aufführungskünste"[2]. Das 231 Seiten umfassende "Multibuch" im DIN A 4 Querformat ist mit einer indischgelben Umschlagsseite versehen, die wiederum durch eine Plastikfolie geschützt wird, wobei alle Seiten durch eine Spiralbindung an der linken Seite zusammengehalten werden. Es sieht aus wie ein großes Notizbuch, eine Schulkladde, ein Arbeitsbuch. Und so weist auch eine Autorenangabe auf der Titelseite bereits auf eine Arbeitssituation hin: "von Robert Filliou und dem Leser, wenn er will". Der Leser, "wenn er will", soll sich auf das Experiment einlassen, die im Buch veröffentlichten Gedanken durch eigene Aktivität nachzuvollziehen und eventuell weiterzuführen, mitzudenken und zu kritisieren.

Wie im Titel enthalten, macht sich der Autor, zusammen mit weiteren Künstlerkollegen und Familienmitgliedern („John Cage, George Brecht, Dorothy Iannone, Allen Kaprow, Marcelle, Diter Rot, Benjamin Patterson, Vera, Bjössi, Karl Rot, Joseph Beuys"), in seinem Buch Gedanken zum Thema „Lehren und Lernen", die zu dokumentieren ihn, wie man auf der Titelseite zuallererst lesen kann, „3 Jahre der Arbeit" gekostet hat. Für die hier vorliegende Untersuchung ist dieser Hinweis insofern von Bedeutung, als er die Methode bestätigt, mit der der Inhalt des Buches behandelt werden soll: das Buch wird als künstlerisches Objekt gesehen, welches aufs Sorgfältigste überlegt und gestaltet ist, in dem jeder Satz, jedes Wort, die Abfolge der Kapitel, aber auch das Layout als Teil einer Dramaturgie angesehen werden, die den Leser in die von Filliou beabsichtigte Lage versetzen soll, nämlich den Inhalt mitzuentwickeln. Durch eine werkimmanente Interpretation sollen möglichst viele Aspekte herausgearbeitet werden, die Filliou zum Thema „Lehren und Lernen" eindeutig, ansatzweise, nur in Andeutungen, oder auch vorläufig dokumentiert hat. Der so gewonnene Fundus wird in

---

2   Robert Filliou, Lehren und Lernen als Aufführungskünste. Köln 1970

folgenden Kapiteln da-raufhin überprüft, ob die enthaltenen Überlegungen in den Theorien und Praktiken von „Lehren und Lernen" seither in Deutschland, aber auch in der aktuellen Diskussion des „westlichen Kulturraums"[3] wiederzufinden sind. Das vorwiegende Anliegen dabei ist, herauszufinden, ob entscheidende Impulse für die Diskussion, wie Lernen und Lehren stattfinden, und wie sie in Fillious Arbeit bereits formuliert wurden, bis heute möglicherweise in ihrer Relevanz übersehen oder vernachlässigt wurden.

Bei diesem Vorhaben ergab sich für mich zunächst eine brisante Herausforderung: ich war in der Situation, einerseits von Filliou aufgefordert zu sein, aktiv an seinem Buch und dem darin enthaltenen Gedankenspielen mitzuarbeiten, was ich, um das Buch zu verstehen und den Autor ernst zu nehmen, auch tun musste. Andererseits ist das Thema meiner Arbeit aber das Schreiben *über* Fillious Buch, sodaß ich, indem ich über das Buch schreibe, an dem ich gleichzeitig selbst mitgestaltet habe, auch über mich schreibe. Damit ist gemeint, daß man im Sinne Fillious nicht über dieses „Multibuch" schreiben kann, ohne auch über seinen Leser zu schreiben. Die Wirkung dieses „Buchobjekts" durch meine eigene Partizipation äußert sich in Anwendungsversuchen von Fillious Gedanken auf Themenbereiche, die über das Feld „Lehren und Lernen" hinausgehen, wobei sich die hergestellten Bezüge eindeutig aus meiner bisherigen Arbeit ergeben. Ebenso begründet sich hierin auch die Auswahl der analysierten Künstlerbeispiele im Kapitel III sowie die „auto-ethnographische" Methode[4], die im Kapitel V bei der Herausarbeitung der Potentiale der Neuen Technologien angewendet wurde.

Bereits auf dem Titelblatt wird der potentielle Leser aufgefordert als der „Leser, wenn er will", an dieser „ersten Fassung" aktiv mitzuwirken. Zu diesem Zweck gesteht das Layout der Seiten dem Leser einen eigenen "Schreibraum" zu, weiße Fläche im Buch, die den Leser auffordert, sich am "Schreibspiel" zu beteiligen. Der Begriff "Spiel" beinhaltet Kreation,

---

3   Besonders des amerikanischen, da während des 2. Weltkriegs hier von den Emigranten bereits grundlegende Experimente dazu durchgeführt worden waren

4   Diese in den letzten ca. 10 Jahren zunehmend diskutierte Forschungsmethode, deren Formulierung auf Carolyn Ellis zurückgeführt wird, wird durch Fillious Aufforderung zur Berücksichtigung seiner individuellen Geschichte und Beweggründe vorweggenommen. Vgl.: „Autoethnography is an approach to research and writing that seeks to describe and systematically analyze personal experience in order to understand cultural experience. This approach challenges canonical ways of doing research and representing others and treats research as a political, socially-just and socially-conscious act. A researcher uses tenets of autobiography and ethnography to do and write autoethnography. Thus, as a method, autoethnography is both process and product." in: Ellis, Carolyn; Adams, Tony E. & Bochner, Arthur P. (2010). Autoethnography: An Overview [40 paragraphs]. Forum Qualitative Sozialforschung / Forum: Qualitative Social Research, 12(1), Art. 10, http://nbn-resolving.de/urn:nbn:de:0114-fqs1101108.

und die Schreibräume für den Leser wurden eingerichtet, um das Experiment "Publikumsbeteiligung" durchzuführen, was Filliou als "gemeinsame Kreation" von Künstler und Publikum versteht. Filliou beschreibt seinen Ausgangspunkt:

> "Der Autor (Co-Autor jeden Lesers, der will), ist ein Mann, der überzeugt ist, dass man den Abstand zwischen dem Künstler und seinem Publikum abschaffen und sie zu einer gemeinsamen Kreation zusammenführen kann."[5]

Wie dieser besagte Abstand zu verstehen ist und warum er abgeschafft werden soll, was unter „gemeinsamer Kreation" zu verstehen ist, wird hier als unbegründete Behauptung hingestellt, allerdings nicht als eine anonyme, Allgemeingültigkeit vortäuschende, sondern als die Meinung einer eindeutig zuordenbar Person, nämlich Robert Filliou. Folgerichtig stellt er sich dem Leser unter der Überschrift „WER ICH BIN" mit biographischen und beschreibenden Informationen vor, und läßt weißen „Schreibraum" frei, damit der Leser dasselbe tue.

Das "Spiel" beginnt also mit der persönlichen Vorstellung des Autors, der seine Familie, Herkunft, Lebenslauf in unkonventioneller Hinsicht beschreibt, indem er Daten mit Anekdoten mischt. Damit erreicht er autobiographische Angaben zu Ereignissen, die für ihn tatsächliche Bedeutung im Leben haben, vielleicht auch besonders im Hinblick auf die Gedanken, die er in diesem Buch äußern wird. Anderseits kann man dem Poeten Filliou aber auch unterstellen, daß selbst diese biographischen Daten durch die Art ihrer Zusammenstellung bewußt zu Zeichnungen ganzer Lebenszusammenhänge werden, etwa, wenn er beginnt:

> „Zwei Jahre lang lernte ich Englisch, als ich als Hilfskraft bei der Coca-Cola-Co. von Los Angeles arbeitete. Spaeter studierte ich Oekonomie an der U.C.L.A. und verdiente mir meinen Unterhalt durch allerhand Jobs (Nachtwächter, Hilfskellner, usw... schliesslich wissenschaftlicher Assistent)."[6]

Der Franzose Filliou, der wenige Sätze später von sich sagen wird, daß er „nicht gerade gut" Englisch spricht, erlebt seine Immigration auf eine typische Weise: mit der Notwendigkeit, die Sprache des Landes zu lernen in einem Unternehmen, das für Amerika als symbolträchtig gelten kann, selbstverständlich in der Rolle einer Hilfskraft. Welche waren seine Beweg-

5   Filliou, S. 7
6   Filliou, S. 8

gründe für das darauffolgende Ökonomiestudium? Um die Situationen, die er bei „Coca-Cola-Co." vielleicht erlebt hat, zu verstehen? Zeigt die Reihenfolge der „Jobs" während des Studiums eine sich verbessernde Situation oder sieht Filliou keinen allzu grossen Unterschied in der Bedeutung des Jobs eines Nachwächters im Vergleich zu der eines wissenschaftlichen Assistenten? Was könnte das aussagen über Fillious Anschauungen?

Filliou fährt fort:

> „Ich brach mit dem Kommunismus, als Tito aus dem Kominform ausgeschlossen wurde. Seitdem habe ich mich auf keine politische Aktivität mehr eingelassen. Gandhi. Ich heiratete Mary. Drei Jahre später wurden wir geschieden. 1951 wurde ich auch amerikanischer Staatsbürger (doppelte Staatsangehörigkeit). Ich ging in den Fernen Osten, arbeitete zunächst für das University of California Extension Program, dann für die United Nations Korean Reconstruction Agency. Zen. Im März 1954 ging ich da weg und nach Aegypten. (Ich wäre sowieso gefeuert worden - als „Sicherheitsrisiko"). In Kairo heiratete ich Joan. Drei Jahre später trennten wir uns. Bis 1957 lebte ich in Spanien. Bruce wurde am 5. September 1955 in Malaga geboren. 1957 traf ich Marianna in Kopenhagen. Seitdem leben wir zusammen. Und haben viele Freunde."[7]

Dieses längere Zitat soll demonstrieren, wie Filliou zwischen den Jahreszahlen springt, zwischen beruflichen und privaten Ereignissen, zwischen verschiedenen Weltanschauungen, Frauen, Arbeitsstellen, Ländern. Dazu beginnt er seine biographische Erzählung mit seiner Auswanderung von Frankreich, seinem Geburtsland, nach Amerika, um erst in der zweiten Hälfte auf den ersten Teil seines Lebens zu kommen, in dem er in Frankreich, 1926 in dem südfranzösischen Dorf Suave geboren, die Zeit bis nach Ende des 2. Weltkriegs verbrachte:

> „Dort schloss ich mich 1943 dem kommunistisch geführten Untergrund an (Francs-Tireurs et Partisans Français). Und trat der kommunistischen Partei bei. Bei Kriegsende war ich Leutnant in der wiedererstandenen französischen Armee. Ich verliebte mich in Josette. Dann wanderte ich nach Amerika aus."[8]

Im heutigen wissenschaftlichen oder beruflichen Betrieb wäre ein solcherart formulierter Lebenslauf wohl kaum förderlich, um das Interesse

[7] Ebd.
[8] Ebd., S. 9

eines Arbeitgebers oder Projektmanagers anzuziehen. Sieht man sich die kürzlich eingeführten standardisierten Formulare für das Erstellung eines „EURO-CVs"[9] an, mit denen die beruflichen Biographien der Europäer untereinander verständlich oder vergleichbar gemacht werden sollen, was bedeutet, um einschätzen zu können, ob die Bewerber für das Unternehmen oder die Institution in Frage kommen[10], dann ist der Unterschied frappant. Fillious biographische Angaben sind aber nicht zum Zweck reiner Unterhaltung im Buch enthalten, sondern sie sollen dem Leser eine ernstgemeinte Vorstellung von seinem „Mitspieler", dem Autor, vermitteln, der Leser soll wissen, auf wen er sich einlässt, aus welchen Erfahrungen der Gesprächspartner seine Gedanken entwickelt etc. Für Filliou wird hier das Bild eines Menschen gezeichnet, dem folgende Einflüsse bewußt und wichtig sind: Ökonomie, Kommunismus, Gandhi, Zen, Poesie. Darüberhinaus Freunde, Frauen und *Internationalismus*. Würde der Leser, der Aufforderung folgend, seine eigene Biographie in die für ihn reservierte Schreibfläche einzutragen, nun den ihm vertrauten EURO-CV abschreiben, so ergebe die Gegenüberstellung folgende Beobachtungen: Filliou (und eventuelle andere, am Projekt Beteiligte) wüssten nichts über den Leser außer dessen möglicherweise abgeschlossene Schul- oder Universitätsabschlüsse, Berufsfelder, Alter, Geburtsort. Was den fiktiven Leser wahrhaftig treibt, ihn interessiert oder wie er sich in der Welt positioniert, ist völlig im Dunklen. Der Mensch scheint abgestempelt durch die Anzahl seiner offiziellen Stempel, sein „Wert" ist an der Höhe seiner Berufsausbildung festgemacht. Aber er hat keine Aussage und auch keine gesellschaftliche Rolle, er hat keine eigene „Erzählung", ohne die er aber als Einzelner auch keine Behauptung aufstellen kann, die andere als für sich oder die Gesellschaft relevant empfänden. Er ist eine Ware. Läßt sich der Leser aber durch Fillious Beispiel inspirieren und beginnt, seine eigene Geschichte neu und vor allem, selbst zu schreiben, ihm zugewiesene Rollen oder Ver-

9   Vgl. https://europass.cedefop.europa.eu/de/documents/curriculum-vitae
10 Einen anschaulichen Kontrast zu Filliou bilden hier zum Beispiel die „Die fünf grundlegenden Regeln für einen guten Lebenslauf" wie: „Arbeitgeber/-innen nehmen sich für die Durchsicht eines Lebenslaufs in der Regel weniger als eine Minute Zeit. Schaffen Sie es nicht, in dieser kurzen Zeitspanne zu überzeugen, dann ist die Chance vergeben" oder „Verzichten Sie auf die Angabe von Arbeitserfahrung und Ausbildungen, die für den angestrebten Job nicht relevant sind". Da es sich hier um offizielle Empfehlungen der Europäischen Kommission handelt, kann man auf die zugrundeliegende Sicht schließen, die die negativen Visionen von Bazon Brock verwirklicht hat: „Mit der Durchsetzung des Anspruchs auf Globalisierung verschwinden Berufe als Berufung zu Gunsten temporärer Anpassung an Aufgabenstellungen, genannt „Job". In einer Gesellschaft von Jobsuchern wird Biographie zum geradezu utopischen Projekt. Wer ausschließlich Jobs ausübt, für den bleiben Biographie, Leben und Zukunft eine Fata Morgana. Nur dann gewinnt der arbeitende Mensch eine Perspektive auf seine Zukunft, wenn er einen Beruf ausübt, mit dem er sich als Person zur Deckung bringen kann." (Bazon Brock, „Lustmarsch durch das Theoriegelände - Musealisiert Euch". Köln 2008, S. 286)

sagen dahingehend zu bewerten, inwiefern sie in seinen eigenen Vorstellungen wirklich eine Bedeutung haben oder doch eher andere Ereignisse und Erfahrungen - dann ist dies der Anfang von dem, womit Filliou seine biographischen Hinweise beendet:

„DIES IST EIN LANGES KURZES BUCH ZUM ZUHAUSE WEITERSCHREIBEN"[11]

Und der Leser ist ein Ich, das Behauptungen, Forderungen und Kritiken als Einzelperson, Teil einer Gesellschaft, entwickelt.

Filliou läßt auch seine Kinder zu Wort kommen. Es wird deutlich, daß diese in ihren Sätzen einer anderen Logik zu folgen scheinen, wodurch die Logik seines eigenen Textes (und der des Lesers, "der will") in Frage gestellt wird. In den kurzen Zitaten aus Dialogen mit den Kindern scheint eine andere, umfassender anmutende Denkwelt hervor, in der für uns Erwachsene unvermutete, unwahrscheinliche Zusammenhänge gebildet werden können. Wenn man sich beispielsweise fragt, warum man in dem auf Seite 10 angeführten Beispiel die Antwort des Kindes zunächst paradox findet, kommt man zu der Erkenntnis über seine eigene antrainierte Vorstellung, das Wort "Erfinder" etwa mit Fortschritt, Genialität, Brauchbarkeit für die Menschen, Güte etc. gleichzusetzen. Daß jemand auch ein Erfinder sein kann, weil er "eine neue Art, Leuten Kopfschmerzen zu machen"[12] erfunden hat, kann aber nicht geleugnet werden, selbst wenn wir aufgrund unserer gesellschaftlichen/erzieherischen Bedingtheiten nicht auf die Idee gekommen wären. Indem Filliou diese kleinen Dialoge direkt an seine Biographie - den Ernst des Lebens, so wie er ihn sieht - anschließt, weist er daraufhin, mit welcher Vorsicht und Umsicht wir unser Selbstverständnis der Welt vertreten sollten. Und so liest man, nachdem man die Seite umgeschlagen hat, als erstes:

„WAS IMMER ICH SAGE, IST BEDEUTUNGSLOS, WENN ES SIE NICHT ANREGT, MEINE ANSICHTEN DURCH EIGENE ZU ERGAENZEN."[13]

Dieser Satz ist appellativ in Druckbuchstaben geschrieben und beschreibt Fillious Auffassung, daß es nur dann sinnvoll ist, etwas zu kommunizieren, wenn das Gegenüber aktiv ist, und nicht ein passiver Rezipient. Dann führt Filliou einen weiteren Gedanken ein:

11   Filliou, S. 9
12   Filliou, S. 10
13   Ebd., S. 12

„Es macht mir nichts aus, bedeutungslos zu sein. Doch es gibt Kommunikation."

In diesem Sinne ist etwas „bedeutungslos", wenn es nicht kommuniziert wird. Kommunikation aber beinhaltet nicht nur, daß jemand etwas mitteilt, sondern auch, daß jemand wahrnimmt, daß es etwas gibt, was kommuniziert werden soll, und dann auch noch bereit ist, zuzuhören, um zu erfahren, ob das Mitgeteilte für ihn relevant sein kann. Datiert ist dieser Eintrag mit „November 1968", also zu einem Zeitpunkt einige Monate nach den sogenannten „Studentenunruhen 1968"[14], auf die Filliou damit eingeht. Er sieht Kommunikationsschwierigkeiten, die er mit den Problemen der jüngsten, „modernen" Künstler vergleicht, die, in dem sie „Komposition" zugunsten „Erfindung" als „Wertmass" in der Kunst abzulösen bestrebt waren, sich gegen das herrschende Establishment derjenigen wandten, die die Kunst in eine Nische des Schönen und Wahren steckten, ihr aber keine weitere Relevanz für die Gesellschaft im allgemeinen oder gar für die Wissenschaften zubilligten. Selbst die Überschneidung verschiedener Kunstformen wurde zu seiner Zeit noch von den „Verfechtern langwieriger und mühseliger Kompositionen" als mittelmäßig verachtet, wohingegen die modernen Künstler den „Zusammenbruch der Grenzen zwischen den Künsten" intendierten, um sich „nichtspezialisierter Fantasie zu erfreuen"[15]. So geschieht eine Einordnung seines Projekts, wenn Filliou schreibt:

> "Der Sinn dieser Studie ist zu zeigen, wie einige Probleme des Lehrens und Lernens durch Anwendung der Teilnahmetechniken gelöst oder doch erleichtert werden können, die Künstler in den folgenden Bereichen entwickelt haben..."

Zusammen mit dem bereits von den Künstlern und später auch den revoltierenden Studenten von 1968 zugrundegelegten Beweggrund, "Die Weigerung, sich von einer selbsternannten...Rasse von Spezialisten...kolonisieren zu lassen", entwickelt Filliou die Absicht, durch eine Analyse der künstlerischen Techniken zur Kommunikation von Ideen und Erfindungen Anregungen abzuleiten, die sich allgemein auf das Lehren und Lernen im

---

14 James Trainor beschreibt Fillious Verhältnis zu den revoltierenden Studenten folgendermaßen: „1968, Filliou supported the goals of students, workers, and intellectuals united by the concept of freeing leisure from its associations with bourgoise prosperity, and repositioning it as a radical platform for social change. The act of play became a revolutionary stance, a tool for personal and political freedom, and Filliou's work until his death in 1987 radiated this revaluation of creative and intellectual play." Das hier benannte experimentelle „Spielen" und Denken ist Kernthema der meisten Arbeiten zu Filliou wie auch zu Fluxuswerken und ebenfalls einer der wichtigsten Aspekte Fillious im Bereich Lehren und Lernen. Vgl. James Trainor, in: McShine, Kynaston. The Museum as Muse: Artists Reflect. New York 1999

15 Filliou, S. 13

Leben und der Gesellschaft anwenden lassen.

Die Methoden künstlerischer Praxis sollen helfen, auch außerkünstlerische Probleme anzugehen. Die Kunst wird aus ihrer Ecke befreit und mit dem Leben verbunden:

> „das Leben sollte essenziell poetisch sein (werden). Das wichtigste, was man Kindern beibringen sollte, ist der kreative Genuss von Muße. Künstler können sich an diesen Bemühungen beteiligen. Als Vorkämpfer der Kreativität werden sie grössere Kontrollen über ihre Umgebung erlangen und dem speziellen Ghetto entrinnen, in das die Gesellschaft sie sperrt: nur Lieferanten utilitaristischer Unterhaltung und snobistischer Werte für die Reichen zu sein..."[16]

Durch den Widerstand gegen einschränkende Formen, Traditionen, kritiklose Gültigkeitsforderung von Wissenschaft etc. soll eine selbstgewählte, freiwillige, selbst erkannte Haltung gegenüber der Welt möglich werden, die zu eigenständigen Produktionen und Urteilen führt. Die autoritäre Vermittlung von Inhalten, die nicht hinterfragt werden dürfen, muss durch eine gleichberechtigte, kreative Herangehensweise an die Problemstellung von Lehrendem und Lernenden ersetzt werden, so wie Filliou es als Ideal beschreibt. Nicht die Gesellschaft soll dem Einzelnen seine Rolle vorschreiben, sondern zunehmende Eigenverantwortung in der Kontrolle der eigenen Umwelt ist das Ziel.

Was aber ist die "Gesellschaft"? Filliou spricht von dem "System", "von jedem beliebigen System", welches eine Gesellschaft regelt. Das offizielle „WAS WIR WARUM WOLLEN"[17]. Das Problem hierbei ist jedoch, daß die angegebene politische Ausrichtung des Systems für die Mitglieder der Gesellschaft zwar bindend sein soll und dementsprechend ihre Werte, Gegner und Freunde bestimmt, wohingegen für die Machthaber und Entscheidungsträger selbst die Unterschiede nicht so bedeutungsvoll scheinen: "Ist Ihnen aufgefallen, wie gut die politischen Führer der Welt miteinander auskommen?" fragt Filliou und führt diese Tatsache darauf zurück, daß es diesen nur um Macht- bzw. Systemerhaltung geht und nicht primär um die Erfüllung der Bedürfnisse der Mitglieder der Gesellschaft. Dies wiederum muss zwangsläufig bedeuten, das "das System funktioniert, aber nicht gut. Aeltere Leute passen sich dem an oder nutzen es aus. Nicht so die jungen."[18] Was „nicht gut" funktioniert, hat hier weniger mit spezifischen Charakteris-

16 Ebd., S. 14
17 Ebd., S. 15
18 Ebd., S. 17

tiken diverser Staatsformen zu tun, wie sie sich beispielsweise am prozentualen Anteil von Rassismus, ökonomischer Ungleichheit, mangelnder Diplomatiebereitschaft usf. eines Landes festmachen lassen, sondern mit der Idee des „Regierens" an sich. In der Analyse des Umgangs mit "den großen Zahlen", wie es beispielsweise bei der Städteplanung vorkommt, zeigt sich die Unfähigkeit des einzelnen Menschen, große Zahlen zu behandeln. Die zwangsläufige mathematische Vereinfachung und daraus folgende Vereinheitlichung widerspricht den Intuitionen und Wünschen des einzelnen, und eben dies ist das Problem des Systems einer Gesellschaft. Von seiten der Individuen einer Gesellschaft wiederum her kennt man:

> „Grosse Zahl ist vom Einzelnen Irrsinnig schwer zu packen. Entweder dreht er durch (Nationalismus, Rassismus, usw,...). Oder er versucht, einem seine Idee aufzuzwingen von („philosophischen Schulen" bis zur Diktatur). Oder er verzweifelt (gibt auf; ist stolz darauf, nicht interessiert zu sein, usw....)."[19]

Die „Grosse Zahl" als Erlebnis haben heute sicher sehr viel mehr Menschen als zu Fillious Zeiten, nicht mehr nur diejenigen, die über gesellschaftliche Themen gezielt nachdenken, sondern nun auch die, die in den Einflussbereich der weltweit eingespeisten Informationen des Internets geraten sind. Die oben von Filliou beschriebenen Folgen sind aktuell zu beobachten, sowohl bei Individuen wie auch bei Regierungen, und so scheint seine Schlussfolgerung umso bedenkenswerter:

> "Ohne Durcheinander kann es keine echte Demokratie geben. Wenn wir frei sein wollen - und zwar wir alle und nicht nur einige von uns -, müssen wir Disziplinmangel, "Faulheit", Spontaneität, Fantasie und Improvisation nicht nur tolerieren sondern begruessen."[20]

Solche Aussagen mögen Kritiker bis heute dazu veranlassen, Filliou in die anarchische, wenn nicht anarchistische Schublade zu stecken und ihm also seine politische Relevanz für die Errichtung einer zivilisierten Gesellschaft abzustreiten. Doch wie im gesamten Text liefert Filliou auf anscheinend „utopische" Ideen auch hier wieder zarte Denkanstöße, die uns solche Ideen in greifbarere Nähe rücken. Er schreibt:

> „Uebrigens würde ich heute (Nov. 68) hinzufügen, dass ein jeder von uns konservativ wird, sobald er will, dass irgendetwas glatt

19 Ebd., S. 19
20 Ebd.

geht, seien es Züge, Ehen, Freundschaften, Gas, Wasser und Strom, usw... Nein? Denken Sie mal nach. Wenn Sie auf die Ubahn, den Ober, den verspäteten Briefträger warten, sollten Sie mal auf diese Ledernacken in unserem Gehirn achten, die über unser besseres Wissen herfallen, es umzingeln und besiegen."[21]

Filliou weist hiermit auf drei Dinge hin: zwar ist es eindeutig, dass das Leben ein „Durcheinander" ist, welches man, um Leben nicht zu verletzen, „begrüssen" muss („unser besseres Wissen"), gleichzeitig besitzt der Mensch auch einen Hang zu Ordnung, die die Abläufe unproblematischer machen („dass ein jeder von uns konservativ wird"), womit das anarchische Schreckgespenst vieler Kritiker als Vorstellung einer völlig willkürlichen, zügellosen Welt zur Disposition steht, und schließlich rekurriert er die Erörterung wieder auf jeden von uns und auf die Gemeinsamkeit in jedem von uns, unabhängig von den angeblich so divergierenden Ansichten.

Filliou, als Poet, weiß mit der Sprache umzugehen und sagt selbst, „Schreiben ist auch eine Aufführungskunst."[22] Wenn er daher schreibt, „Intuition ist zügellos. Regieren ist konservativ."[23], antizipierte er vielleicht das beifällige Nicken manch intuitiver Kreativer zu einer vermeintlich negativen Charakterisierung („konservativ"). Wenn er dann aber unmittelbar fortfährt, „Das Haus muss stehen bleiben. Der Patient darf nicht sterben."[24], also einen unwidersprochen positiven Zug von „Konservierung" zeichnet, wird dem intuitiven wie auch dem konservativen Leser der Wind aus den Segeln genommen, und sie erkennen die beiden Seiten der Medaille. Die Festgefahrenheit unserer Gedankengänge verdanken wir nach Filliou unserer eigenen Entfremdung durch eine Erziehung, die die eigene Kreativität in uns tötet, indem sie uns Wissen lehrt, das wir nicht hinterfragen dürfen, die uns überspezialisiert, sodaß wir uns vom Gesamtzusammenhang entkoppelt fühlen, und der Erfahrung, daß wir das System nicht kontrollieren können. Heutzutage, also ca. 50 Jahre später, scheinen diese drei Beobachtungen Allgemeingut zu sein, und wir haben gelernt, Wissen zu hinterfragen, Spezialisten als solche zu erkennen und glauben, daran zu arbeiten, das System zu kontrollieren. Neue Ansätze in Erziehung und Bildung (siehe Kapitel IV), hochaktuelle Konzepte zu Wissensgenerierung und Wissenschaftsmethoden (siehe Kapitel VI) sowie politische Theorien zu emanzipiertem und partizipativen Verhalten in der Gesellschaft sind seitdem entstanden, die

21 Ebd., S. 19
22 Ebd., S. 14
23 Ebd., S. 18
24 Ebd.

zu diskutieren Filliou leider keine Möglichkeit mehr hatte. In den späteren Kapiteln dieser Arbeit soll herausgearbeitet werden, inwieweit die nun folgenden Vorschläge und Vorgehensweisen Filliou und seiner Künstlerkollegen dort verwirklicht, verworfen oder unbekannt blieben.

Die von Filliou angestrebte Untersuchung gliedert sich in vier Schwerpunkte, die er folgendermaßen tituliert:

- Gedanken über das Funktionieren des Systems

- Die Regierungsskulptur

- Der Kuenstlerische Vorschlag

- Versuch Es Selbst.

Zum Thema „Regierungsskulptur" gibt er vor, daß eine Erhebung stattfinden müsse zu Ansichten von „Schülern, Kindern verschiedener Altersgruppen ... in der ganzen Welt" zu „lebenswichtigen Fragen", wobei die Antworten auch bezüglich der jeweiligen Altersgruppen auszuwerten seien, um den (angenommenen) Verlust oder Verfall ihrer Fantasie und Unschuld im Laufe der Zeit aufzuzeigen. In der Bezeichnung „Regierungsskulptur" ist ein prozeßhafter Aspekt enthalten, der sich darauf bezieht, daß die Individuen und die zukünftigen Mitglieder der Gesellschaft (wie Kinder) an der eigenen Regierung mitgestalten. Kinder sind einerseits die, die in Zukunft die politischen Entscheidungen von heute leben müssen. Gleichzeitig spricht ihnen Filliou aber auch eine nutzbare Qualität ihrer Fantasie zu, da Kinder „teils weil sie sich nicht um Nahrung und Obdach zu kümmern brauchen"[25] genug Muße haben, „ihre natürliche Fantasie auszubilden". Hier schließt sich dann seine Argumentation für die Zusammenführung von Kindern und Künstlern, wenn er sagt:

> „Die einzigen Erwachsenen, die soviel Musse wie möglich haben und sie so einfallsreich wie möglich zu nutzen versuchen, sind die Künstler."[26]

Diese sollen in dem Kapitel „Der Künstlerische Vorschlag" zu Wort kommen, wobei es sich hier speziell um Künstler handelt, die „neue Techniken der Publikumsbeteiligung und -bewusstheit entwickelt haben."[27] In diesem Bereich wird auch die Kernfrage von Fillious Buch gestellt:

> „Kann man Lehren und Lernen als Aufführungskünste auffassen?

25   Ebd., S. 21
26   Ebd.
27   Ebd., S. 22

> Wenn ja, wie würde jeder seine eigenen Neuerungen und Techniken auf Lehren und Lernen anwenden?"[28]

Unter der Überschrift „Versuch Es Selbst" schließlich arbeitet die Kunst mit der Gesellschaft: es werden Erzieher und Eltern eingeladen, „einige spezielle Techniken und Programme auszuprobieren"[29] und sie auch weiterzuentwickeln und zu testen. Die einzige Charakterisierung von Kunst, die Filliou bisher gemacht hatte, ist die Zuordnung von Muße und Künstler, wie oben zitiert. An dieser Stelle präzisiert er daher seine Definition und erklärt, daß Kunst „eine Form organisierter Musse" sei, die schöpferisch ist. Muße impliziert eine gewisse Freiheit von Zwängen und einen leeren (Zeit)Raum, der gestaltet werden kann, und im Fall der Kunst auch wird, wobei ihre „Lehren", also das, was andere aus den Veröffentlichungen der Künstler erfahren können, einer „Freiheit des Geistes" entspringt. Übergeordnet ist es nach Filliou sogar so:

> „Eins ist sicher: die grosse Lehre, die moderne Kunst erteilt, heisst Freiheit, denn das ist, was wir tun, und wir tun, was wir wollen. Jetzt ist es nötig geworden, die Lehren der Kunst als Freiheit dem Lebensablauf jedes einzelnen einzuverleiben, damit es eine Lebenskunst wird."[30]

Mit „Lebenskunst" ist gemeint: Kunst des Lebens im Sinne von Vermögen, mit den Anforderungen umgehen zu können, als poetisches Leben in der Verbindung von Muße und Schöpferkraft, unter der Schirmherrschaft einer Freiheit des Geistes, zu der jeder einzelne angeleitet werden muss, wobei dies wiederum als partizipatives Lehren und Lernen stattfindet, welches „gelebt wird von allen Beteiligten". Wenn etwas von allen „gelebt" wird, werden die Konsequenzen der Anwendung des Gelernten für alle gültig und können insofern auch gemeinsam korrigiert oder weiterentwickelt werden. Dadurch verändert sich das Verhältnis von Lehrenden zu Lernenden, da beide begreifen, daß man an einem gemeinsamen Projekt arbeitet. Die Autorität, die etwas behauptet (wie Lehrer, Eltern), wird auf die fortwährende Probe gestellt. Möglicherweise um den Leser auf diese, zu Fillious Zeiten sicherlich revolutionäre Aussicht, spielerisch hinzuführen, führt er seine Dramaturgie fort mit einigen Beispielen von „Aktionspoesie", bevor er die Bearbeitung der oben aufgeführten Kapitel in Angriff nimmt:

eine "Action poetry"-Darbietung mit verschiedenen Darstellern und

28 Ebd.
29 Ebd., S. 23
30 Ebd., S. 24

Objekten erweitert die klassische Autorenlesung, ein "Kollektives Gedicht" entsteht durch das Vorlesen von Karten mit Bezeichnungen von Dingen, die die Zuschauer gerne loswerden wollen. Als Strassenperformance werden Kunstwerke "legitim" verkauft und damit der Begriff der Galerie in Frage gestellt (oder erweitert). Filliou ist allerdings eine Unterscheidung besonders wichtig: die Duchampsche Auffassung, daß ein Objekt durch seine Funktion oder als "ready-made Kunstwerk" betrachtet werden kann, beschränkt sich seinerseits auf die Welt der "reichen Weissen".[31] Denn eben die Umfunktionierung von Dingen zu anderen, für die sie bei ihrer Herstellung ursprünglich nicht gedacht waren, ist eine tägliche Strategie der bedürftigen Menschen, wenn sie beispielsweise aus einem alten Auto ein Haus machen usw. Stattdessen weist er daraufhin:

> "doch wichtiger noch, wir müssen annehmen, dass auf anderen Planeten z.B. das Geräusch eines plätschernden Bachs weder 1. "Geräusch eines plätschernden Bachs" noch 2. "Musik" sein muss, sondern genau die Sprache der Bewohner sein kann (die vielleicht wie Fahrräder aussehen)."[32]

Filliou möchte die herkömmliche "logische Invention" durch eine "intuitive Invention" ersetzen, die "zügellos"[33] sein muss, in der Hoffnung, die Grenzen des menschlichen Denkens ausdehnen zu können, um in der Zukunft lebensfähig zu bleiben.

---

31   Filliou, S. 37
32   Ebd.
33   Zur Erinnerung: "Intuition ist zügellos. Regieren ist konservativ.", Filliou, S. 18

1. Fillious „GEDANKEN UEBER DAS FUNKTIONIEREN DES SYSTEMS" und seine Ableitung, wie Künstler für die Gesellschaft von Nutzen sind

Für die Schaffung einer "experimentellen Universität" in New York wird Filliou von Allan Kaprow um Vorschläge und Gedanken gebeten. Filliou entwickelt eine Theorie zur "Schöpferkraft" und ihrer Bedeutung für das menschliche Leben. Er setzt Schöpferkraft, Lebensfähigkeit und Jugend als Äquivalente, wobei sich Jugend nicht auf das wirkliche Alter bezieht, sondern Jungsein Unschuld, Ausdauer und Freiheit bedeutet, Attribute, die er ebenso dem Künstler zuordnet. Er stellt fest, daß die Jungen eine "ziemlich gute Vorstellung davon haben, wie eine gute Welt aussehen würde"[34], da ihnen jedoch keine mitbestimmende Rolle in der Gesellschaft eingeräumt wird, haben sie ihre Schöpferkraft bereits verloren, wenn sie schließlich von der Gesellschaft als vollwertig akzeptiert werden. Um dieses "Machtproblem" (siehe weiter unten) auszulöschen, fordert er eine Gleichberechtigung von Schülern und Lehrern während des gemeinsamen Lern- und Schöpfungsprozesses. Er schlägt vor, dies durch eine Zusammenarbeit von Schülern und Künstlern zu testen, mit dem Ziel einer „andauernden Schöpfung", in der die darin professionellen Künstler ihre Methoden und Strategien vermitteln, ohne daß diese Vermittlung der institutionellen Macht unterliegt. Für den Verlauf meiner Untersuchung ist es von Bedeutung, darauf hinzuweisen, daß Filliou die soeben skizzierte Lehr- und Lernsituation lediglich als Experiment beschreibt und nicht etwa als abgeschlossene pädagogische Theorie. Liest man nämlich diese Ideen heute, fast 50 Jahre später, erinnert man sich vielleicht an seinen eigenen (Kunst-)Unterricht, vielleicht auch Deutschunterricht o.ä., in dem mit Gruppenarbeit, unter Hinzunehmen von bunten Klötzchen und Zettelchen „kreative Arbeit" stattfinden sollte (dazu mehr im Kapitel IV). Um das Rüstzeug zu erlangen, die Unterrichtsmethoden, die ab den 60er Jahren zum Beispiel in Deutschland entwickelt wurden, mit Fillious Ansätzen vergleichen zu können, ist es daher unumgänglich, präzise jeden Hinweis in Fillious Text aufzunehmen, wenn er definiert, was er unter „Schöpferkraft" und „Jugend" versteht, was, wie bereits erwähnt, für ihn gleichzeitig „Kunst" bedeutet.

„Dann mal los"[35], wie er auffordert. Filliou beschreibt zehn Motive seiner Vorstellungen. Zunächst

34   Filliou, S. 45
35   Ebd., S. 44

> „DAS GENERATIONSPROBLEM: es ist nicht nur eine Frage
> des Alters. Es besteht eine Lücke zwischen schöpferischen und
> unschöpferischen Personen, unabhängig von ihrem Alter. Um es
> noch anders zu sagen, es besteht eine Lücke zwischen denen, die
> lebensfähiger sind als andere."[36]

Man kann dieses „Problem" besser verstehen, wenn man dazu eine weitere Definition liest, nämlich, „jung sein heisst, nicht kraftlos sein, und nicht kraftlos sein, bedeutet schöpferisch zu sein."[37] Die (ursprüngliche) Kraft jedes Menschen wiederum nimmt, wie bereits oben festgestellt, in Laufe der ersten Lebensjahre ab, weil sie, von der Gesellschaft (noch) nicht gebraucht, oder von ihr vielleicht auch systematisch entzogen bzw. in nicht zugängliche Kanäle umgeleitet wird. Daher zitiert Filliou Picasso in dem Satz „Man braucht lange Zeit um jung zu werden…"[38] und streift damit Theorien, die in der aktuellen Forschung mit „De-Learning" oder „Unlearning" bezeichnet werden (siehe dazu Kapitel VI). Der Zusammenhang zwischen Wiederherstellung der Schöpferkraft, Jungsein und Lebensfähigkeit machen die „Lebenskunst" aus. Kunst als Schöpferkraft ist äquivalent zu Jugend, wobei Lebenskunst die Fähigkeit bedeutet, schöpferisch zu leben, und Leben bedeutet, schöpferisch zu sein. Ob die Programme „Lifelong Learning" der EU beispielsweise ähnliche Beweggründe haben, wird ebenfalls im Kapitel VI analysiert werden. Filliou behauptet jedenfalls:

> „Der Künstler kennt das Geheimnis der andauernden Jugend. Oder
> besser, er führt es aus. Er ist sein Leben lang schöpferisch (so wie
> viele Wissenschaftler und Abenteurer: ihre Leben setzen die gleiche
> Vorstellungskraft voraus.)"[39]

Fillious nächstes Motiv sind die

> „PERSOENLICHKEITSPROBLEM(E): es besteht ein grosser Unterschied zwischen dem, was wir sind, und dem, was wir gerne sein möchten. Dies kann unter Umständen positiv sein. Der Geist der Masse ist so definiert worden wie der Geist einer Person, die immer mit ihrem Zustand zufrieden ist."[40]

Ohne daß sich Filliou weiter auf die unterschwellige Vermutung einlässt, daß ein Unbehagen im Zustand zu dem Wunsch und der Aktion für Ver-

36 Ebd.
37 Ebd., S. 42
38 Ebd.
39 Ebd., S. 44
40 Ebd.

änderungen desselben führen könnte, (er hat ja in seinen biographischen Angaben bereits erklärt, daß er schon lange sowohl mit dem Kommunismus wie auch mit politischen Aktivitäten gebrochen habe, s.o.), so schließt er aber eine kritische Haltung zu den gesellschaftlichen Vorgaben (etwa was den „Geist der Masse" ausmache), explizit ein. Er denkt an eine zu überarbeitende Vorstellung der Rollen, wenn er fortfährt: „Es besteht auch eine grosse Lücke zwischen dem, was wir sind, und was andere Menschen wünschen, was wir wären"[41] und bezieht dies nicht auf persönliche Charakterzüge, sondern gesellschaftliche Funktionen wie Angestellte, Direktoren, Familienvater etc.

Das „ANFAENGERPROBLEM" beschreibt Filliou so:

> „die meisten Gesellschaften haben sich daran gewöhnt, dass nur die Erfahrung von Missgeschick oder Selbstbestrafung oder die Bestrafung durch andere, jungen Menschen weiterhelfen kann. Nur weil ich das alles mitgemacht habe, ziehe ich die Freude dem Missgeschick vor. „Du wirst noch lernen", sagen die Eltern zu ihren Kindern. Ich würde eher sagen: „ DU WEISST ES. VERSUCHE ES NICHT ZU VERLERNEN."[42]

Damit stellte Filliou die damaligen Erziehungsvorstellungen auf den Kopf. Obwohl diese sich in den folgenden Jahren zeitweise tatsächlich von autoritärer Erziehung in so genannte „antiautoritäre" Konzepte verwandelten, wobei zumindest die Bestrafungsmethode kritisch hinterfragt wurde, wird aber zu prüfen sein, ob die Definitionen von „Autorität" bei Filliou und der pädagogischen Forschung übereinstimmen bzw. inwiefern Fillious Ansatz hier von weiterführender Bedeutung sein kann (siehe dazu Kapitel IV).

Das „MACHTPROBLEM" wurde bereits weiter oben angesprochen und beschreibt die Diskrepanz in der Tatsache, daß eine Generation der nächsten keine Möglichkeit gibt, die Lebenswelt mitzugestalten, bis die jüngere Generation sich so angepasst hat, dass die ältere glaubt, den Status Quo überliefert zu haben und keine Umwälzungen nach der Machtübertragung befürchten muss. Dies ist der Zeitraum, in dem „Erziehung und Bildung" stattfinden. Filliou schreibt:

> „junge Leute haben eine ziemlich gute Vorstellung davon, wie eine gute Welt aussehen würde. Dennoch, sie sind machtlos. Die Gesellschaft bietet ihnen keine eigene Rolle, nur Aufgaben (lerne

41 Ebd.
42 Ebd., S. 44 f.

- tue - dies und das, wenn du daran interessiert bist - wenn du werden willst - dies und das). Wenn diese jungen Menschen einmal erwachsen sind, haben sie sich an die ältere Generation verausgabt, die ihnen nur unter dieser Bedingung Platz macht. (Jene, die sich nicht verausgabt haben, sind verdammt, am äusseren Rand der Welt zu leben; dies sind die Revoltierenden, das Salz der Erde, oft nur durch ihre Schöpferkraft vom Selbstmord oder dem Leben in den Bowery Slums abgehalten.) Die anderen, denen es gelingt in die Kontrolle überzugehen, wissen nicht mehr, was sie tun sollen. Sie haben ihre Schöpferkraft verloren. „So ist das Leben", sagen sie. „So ist das Leben nicht", antworte ich zusammen mit allen Revolutionären und der heranwachsenden Generation, „es ist dein Leben." Und der Ring ist frei für die nächste Runde."[43]

Dieser so eindrücklich geschilderte Prozess der „Bildung", „Formung eines Menschen" und wie die in der Pädagogik verwendeten Begriffe auch heißen mögen, birgt einen Funken, der leicht überspringen kann, macht man sich klar, was Filliou hier ausdrückt. Unabhängig davon, ob man seinen eigenen Bildungsprozess als negativ oder positiv empfunden hat, ist das Argument, daß er auf diese Weise stattgefunden hat, weil die existierende Gesellschaft uns zu ihrer eigenen Erhaltung keinen anderen Ausgang erlaubte, beunruhigend, möglicherweise fühlt man sich betrogen. So fühlten sich auch die revoltierenden Studenten der 60er Jahre, und Filliou erwähnt sie auch des öfteren in seinem Buch. Während die so genannte „Studentenbewegung" sich gegen politische und gesellschaftliche Machenschaften zu wehren versuchte, besteht Filliou, und das wiederholt er wieder und wieder, auf dem rein künstlerischen Ansatz seines Projektes. Auf diese feine, aber sehr wichtige Unterscheidung zwischen einer künstlerischen Praxis und Theorie in Leben und Gesellschaft und einer politischen Kunst soll im Kapitel III eingegangen werden.

Von der Resignation in „So ist das Leben" bis zur Hoffnung in „es ist dein Leben" situiert sich der Prozess, zu dessen Gelingen Filliou und seine Kollegen theoretische und praktische Arbeit leisten.

Vor der Resignation hat sich das erfüllt, was Filliou „DIE OEKONOMIE DER PROSTITUTION" nennt. Prostitution, nie etwas anderes bedeutend, als sich selbst zu verkaufen und anderen die Macht über sich zu überlassen, zu tun, was jemand unter Mißachtung des anderen bestimmt, „macht uns

[43] Ebd., S. 45

alt"[44], tötet unsere Schöpferkraft.

> „Wir verkaufen Waren nicht so viel, wie uns selber (...) Prostitution macht uns alt, das ist, was ich sagen wollte. Wir sind eine Nation alter Leute."[45]

Es ist nicht zu belegen, ob Filliou den Begriff „Prostitution" in diesem Zusammenhang einführt, um lediglich auf den Aspekt des Sich-Verkaufens hinzuweisen, oder ob er dazu eine Wertung abgibt, indem er diese Phase des Aufgebens der eigenen Schöpferkraft und Sich-Fügens in die bestehenden Verhältnisse als ebenso brutal und menschenunwürdig ansieht wie es die Situation ist, für das üblicherweise der Begriff steht. Kate Millet hat ihr richtungsweisendes Buch ebenfalls 1970 veröffentlicht[46], und die so genannte „Emanzipationsbewegung" stand noch am Anfang. So oder so wird sich in Kapitel VI aber zeigen, daß die heutige Diskussion um eine „feministische Pädagogik" interessante Anknüpfungspunkte zu den Überlegungen Fillious aufweist. Dieser Gedanke wird auch dadurch bestärkt, daß Filliou der „Ökonomie der Prostitution" die „POETISCHE OEKONOMIE" entgegenstellt, unter der er Folgendes versteht:

> „ich glaube, dass ein revolutionäres System aus den Beweggründen und Werten eines Künstlers aufgebaut werden kann. Vier davon möchte ich erwähnen: Unschuld und Vorstellungskraft auf der einen Seite, Freiheit und Unantastbarkeit auf der anderen. (Und jeder, der diese Qualitäten in sich vereinigt, ist in meiner Vorstellung ein Künstler, mag er Kunstwerke oder Wassermelonen herstellen.) Denn in dem tödlichen Dschungel, in dem wir leben, ist das einzig geniale „gut" zu sein, in dem Sinne, in dem ich es schon umrissen habe."[47]

Dieser Satz ist außerordentlich, er widerspricht zahlreichen herrschenden Theorien, wie z.B. der Biologie („Der Stärkere überlebt"), der Ökonomie („die Gesetze des Markts sind die Gesetze des Krieges") und wohl vielen der Forschungen zum Machtbegriff usw. Gleichzeitig scheint es aber zu kurz gegriffen, diesen Satz auf Einflüsse zurückzuführen, zu denen sich Filliou zu Beginn schon bekannt hatte, wie Gandhi oder Zen, und ihn insofern einer religiösen oder bestimmten philosophisch-ethischen Weltanschauung zuzuordnen. Wie wir im Kapitel VI in der Darstellung der

---

44   Ebd.
45   Ebd.
46   Vgl. Kate Millet, Sexus und Herrschaft, deutsche Ausgabe 1971
47   Filliou, S. 46

Theorie zu „Survival of the Kindest" statt „Survival of the Fittest" oder in den Arbeiten Bazon Brocks zum Prinzip des „Unterlassens" sehen können, birgt seine Aussage Aspekte, die bis heute, vielleicht gerade erst heute, in ihrer Relevanz deutlich werden.

Zunächst jedoch verbleiben wir bei Filliou, der seine eben aufgestellte Behauptung, daß „gut sein" „das einzig geniale" sei, untermauert, indem er fortfährt:

> „Auf der anderen Seite, jedermann, der mir hilft, das Schlimmste von mir fern zu halten, ist mein Freund, wenn er es so will. Um ehrlich zu sein, die meisten Leute sind gewillt, dies zu tun. An dieser Stelle ist Hoffnung und viel Platz für Zusammenarbeit."[48]

Er steht damit im Widerspruch zu Einstellungen, die davon ausgehen, daß der Mensch soziale Fähigkeiten nicht freiwillig entwickelt, sondern dazu angehalten werden muss. Seine positive Einschätzung des menschlichen Wesens beruht, wie man an späterer Stelle sehen wird, auch auf eigenen Erfahrungen mit seinen Freunden und Kollegen in beispielsweise schwierigen Situationen und entspricht einer humanistischen Grundlage, aber es bliebe verkürzt, wenn man sich nicht auch klarmachte, daß ein „radikaler Optimismus"[49] eine Strategie ist, die die Entwicklung konstruktiver Vorschläge ohne zerstörerische oder machthaberische Absichten fördert.

Im weiteren macht Filliou einige Vorschläge zu Themen, von denen die schöpferische Arbeit zwischen Studenten und Künstlern beispielhaft handeln könnte.

---

48   Ebd.
49   Meine Auffassung von „Radikaler Optimismus" bezieht sich insbesondere auf die Definition der Choreographin und Künstlerin Chandralekha: „While traditional thought conceptualizes the human body as a unique centre, a centre of the universe, expanding outwards into the cosmos, industrial society converts the body into the prime target of attack: as citizen, attacked by the political system; as consumer, attacked by the economic system; as individual, bombarded by the media, denied contact with nature, incapable of self-renewal, suffocated by poisons in air and water, isolated and deprived of directions for change. The question then arises: What role can dance play in such a society? Can it recuperate energies? Can it initiate a living flow between individual and community? Can it integrate human perspectives? Can it infuse people with joy for life, radical optimism, hope, courage, and vision to negate all that is ugly, unjust, and hurtful? If our life is alienated, can our dances and arts help to transcend that alienation?" (Chandralekha in: New Directions in Indian Dance, herausgegeben von Sunil Kothari, Marg Publications 2003). Dieses längere Zitat veranschaulicht auch die Übereinstimmung vieler Gedanken von Filliou et al. mit denen von Chandralekha und anderen DenkerInnen, die Kenntnis vedischer Philisophie haben. Insbesondere geht es um den Aspekt, dass Veränderung der Lebensverhältnisse bzw. des gesamten Funktionszusammenhangs der Welt durch die grundlegende Veränderung des Individuums stattfinden kann. Siehe auch: Beatrice Bruteau, Radikaler Optimismus, Praktische Spiritualität in einer unsicheren Welt. Kamphausen Verlag 2007. Radikaler Optimismus hat hier nichts mit Ignorierung der Gegebenheiten zu tun, sondern im Gegensatz mit der Gewissheit, dass sie „nur" gemacht sind und daher im Grunde jederzeit veränderbar.

> „In einem Institut der Andauernden Schöpfung, könnten wir an „problemlösenden" Spielen arbeiten, an neuen Wegen der Verständigung auf persönlicher, kollektiver und internationaler Ebene. Wir könnten Anti-Gehirnwäsche-Einrichtungen oder Programme gegen Zersetzung entwickeln. In dieser Richtung könnten wir eine Studie über Leute machen, mit der Gabe der Lebensfähigkeit in jeder Lebenslage."[50]

Was so lapidar klingt, hat bis heute, oder besonders heute, höchste Relevanz. Die „Anti-Gehirnwäsche-Einrichtungen", die die Arbeiten der Frankfurter Schule zum „herrschaftsfreien Diskurs" nach Habermas, über ästhetische Kritik, Geschichtskritik, Kolonialismus- und Genderforschung bis hin zur aktuellen Medientheorie beinhalten, sind ebenso wie die „Programme gegen Zersetzung" wie beispielsweise Untersuchungen zu Werbung und Propaganda, Kapitalismuskritik oder Zielsetzungen einer Bildungspolitik keineswegs am Ziel angekommen. Die Frage ist nun, und das soll in späteren Kapiteln behandelt werden, ob oder inwieweit Künstler in diese Prozesse einbezogen wurden oder werden. Die oben angesprochene „Studie über Leute" mit der „Gabe der Lebensfähigkeit in jeder Lebenslage", also im Sinne Fillious, Leute, die die ihnen gestellten Probleme schöpferisch und eigenverantwortlich angehen, resultiert in einer Beschreibung von „Leuten", deren Art und Weise zu leben, also deren „Lebenskunst" bzw. deren Erkenntnisse, die sie dabei gewinnen, als Beispiel für andere dienen können. Die im Kapitel III durchgeführte Analyse von „Filmen über Künstler" versucht, diese Idee zu verifizieren.

Ein weiteres, zu Fillious Zeiten sehr aktuelles Thema ist das „SEXUAL-PROBLEM", welches in dieser Zeit zur sogenannten „sexuellen Revolution" führte, worunter man die sexuelle Befreiung (von gesellschaftlicher Unterdrückung) an sich, die der Frau (von der patriarchalischen Struktur) und weitere hoffnungsvolle Ideen verstand, die der freien und glücklichen Entwicklung der Menschen dienen sollten. Dieser Themenbereich wird in verschiedenen Bereichen auf die heutige Zeit bezogen werden, nämlich wenn es um die Bedeutung des Körpers in Bezug auf die aktuellen Lehrmethoden geht, wie in Kapitel IV, oder um Performancekunst mit Neuen Technologien und Interface-Problematiken wie in Kap. V. Filliou zu seiner Zeit bemerkt dazu nur, „braucht nicht näher erläutert zu werden. Die sexuelle Revolution muss weitergehen", und steht damit auch erst am Anfang der Geschichte.

50   Filliou, S. 46

Mit dem folgenden Themenbereich, den er mit „DAS GEISTESPROBLEM"
überschreibt, öffnet Filliou den Weg zu einem der sicherlich größten Neu-
erungen der modernen Kunst. Er schreibt:

> „es scheint, als sei das menschliche Gehirn zu langsam, um das
> Universum begreifen zu können, oder all das, was in der Welt zum
> gleichen Zeitpunkt geschieht, oder es ist zu schnell, um bei einem
> bestimmten Ding zu verharren: dann läuft es über und die bösen
> Gedanken überspülen die guten."[51]

Ab sofort werden sich viele Künstler damit auseinandersetzen, den unzu-
länglichen Geist und Körper zu untersuchen, ihre Ergebnisse in Frage zu
stellen, Möglichkeiten zur Verbesserung zu erfinden oder mit Alternativen
zur Wahrnehmung, Informationsverarbeitung und Kommunikation zu
experimentieren. Sie werden als professionellste und erfahrenste Kritiker
unserer Wahrnehmung, unseres Realitätsbewußtseins oder Kommuni-
kationsprozesses arbeiten. Diese Hinwendung der Künstler zu einer Art
„künstlerischen Wissenschaft" oder „wissenschaftlichen Kunst" und damit
einhergehenden Produktion von künstlerischen Objekten oder Szenarien
als Anschauungsmaterial ihrer Untersuchungen soll in ihrer Bedeutung als
beispielgebende Rolle für die Gesellschaft im Kapitel III belegt werden. Die
erhoffte gesellschaftliche Funktion beschreibt Filliou so:

> „In dem Institut ist der Gegenstand nicht das Lehren. Es ist die
> Schärfung der Gabe der Lebensfähigkeit. Dies bedeutet die Ver-
> änderung der Struktur unseres Geistes, Freude und Schöpferkraft
> werden Leiden und Hoffnungslosigkeit ersetzen, sie werden
> Quellen der Weisheit (welche in unserer Welt oft nichts anderes als
> eine Form der Resignation sind)."[52]

Um es noch einmal zu betonen: die „Gabe der Lebensfähigkeit" ist die
Gabe der Schöpferkraft, die freizusetzen Abschaffung der Macht bedeutet,
die im bisherigen Erziehungswesen nur ein Lernen überlieferter Inhalte
erlaubte, und keine Neuanfänge. Die Gleichsetzung der Rollen von Studenten und Künstlern in dem Prozess von Lehren und Lernen muss erlernt
werden. Explizit formuliert Filliou,

> „um diese vollkommene Beziehung zwischen Künstlern und
> Studenten zu erreichen: wir müssen die Idee der Bewunderung
> loswerden. Der Künstler ist auch ein Student und der Student ist ein

51 Filliou, S. 46
52 Ebd.

Künstler, wenn er sich erst einmal entschlossen hat, nicht mehr zu vergessen, sondern sich zu erinnern."[53]

Damit ist nicht gemeint, daß die Künstler den Studenten nicht etwas voraus hätten. Sie wurden ja gerade deshalb ausgewählt, weil sie im Umgang mit dem „Erinnern" professionell sind, denn nur dann können sie schöpferisch tätig sein. Ihre große Erfahrung auf dem Gebiet der „Andauernden Schöpfung" befähigt sie, den kreativen Vorgang zu initiieren, zu erkennen, eventuell zu fördern. Aber sie wollen im Unterschied zu Erziehern niemanden beeinflussen, sondern gemeinsam kreieren. Filliou stellt sich die Wirkung der Künstler so vor, wenn er in seinem Brief an Allan Kaprow schreibt:

„Stell Dir vor, was andere Künstler wie Cage, Brecht, usw...vorschlagen könnten, ich meine, stell Dir mal vor, was die Studenten aus einem unmittelbaren, tatsächlichen Kontakt mit solchen Leuten gewinnen könnten, und umgekehrt."[54]

Ob sich dieses so vorgestellte ideale Künstler-/Studentenverhältnis auch auf andere Lehrsituationen anwenden lässt, etwa die zwischen Lehrer und Schüler oder Eltern und Kind, ist eine Frage, der im Kapitel IV nachgegangen wird. Die von Filliou angesprochenen allgemeinen, menschlichen und gesellschaftlichen Themen, an denen die Künstler und Studenten in diesem Experiment (des Instituts für Andauernde Schöpfung) arbeiten könnten, um zu sehen, ob sie auf andere, brauchbarere Lösungen stoßen als die Experten, die bislang dafür verantwortlich waren, verweisen darauf, daß es hier nicht um Kunst lehren geht, sondern um das Lehren einer künstlerischen Methode der Problembehandlung, die möglicherweise auf vieles oder gar alles anwendbar ist. Es wird zu zeigen sein, ob diese Hoffnung in den letzten 50 Jahren bestätigt werden konnte, mit anderen Worten, welche Rolle die Künstler in diesem Zeitraum in der Gesellschaft einnehmen konnten und wollten.

In Fillious „Multibuch" schließen sich an die vorangegangenen Überlegungen zwei Seiten an, auf denen Fragen zu lesen sind wie „WIE GEHTS ES DIR UND WARUM?", „MEINST DU OFT, WAS DU SAGST?", „WARUM STIRBT ER?", „WIE GROSS SOLL DEIN HAREM SEIN?", „GEHST DU BALD WIEDER IN DIE SCHULE?" oder „DU SCHERZT DOCH NICHT ETWA?". Es handelt sich hier um Beispiele einer Postkartenaktion[55], bestehend aus

53 Ebd.
54 Ebd.
55 Vgl. „Ample Food for Stupid Thought", eine bedruckte Holzkiste mit 96 Postkarten von 1965, von Filliou, herausgegeben von Something Else Press New York

96 Postkarten mit jeweils einer Frage. Liest man diese Fragen und versucht sie zu beantworten, fällt einem auf, daß sie zwar einfach und „natürlich" klingen, aber Themen ansprechen, die üblichweise im Alltag selten auftauchen. Dieses Hinterfragen der Selbstverständlichkeit bei jedem selbst ist die Grundlage, auf der Filliou seine Überlegungen zur Lehr-/Lernproblematik gründet, und die er dem Leser „wenn er will", anhand solcher Einschübe verdeutlicht.

Einem etablierten System und konservativ denkenden Bürgern wird die Hervorhebung der Fähigkeiten von Kindern und Künstlern für die Konstitution der Gesellschaft voraussichtlich das herkömmliche Gegenargument entlocken, daß beide Gruppen, da außerhalb des ökonomischen Systems stehend, dessen Wirkungsmechanismus nicht einschätzen und so auch nicht entsprechende Ratgeber sein können. In der detaillierten Schilderung seines eigenen Überlebenskampfes mit Kunst, Kind und Frau wird jedoch deutlich, daß sich auch Künstler durchaus der Notwendigkeit des Lebensunterhalts bewußt sind, innerhalb der Gemeinschaft jedoch Strategien verfolgen, denen andere Werte zugrunde liegen. Da sie erfahren, daß das Streben nach größtmöglicher Unabhängigkeit und Selbständigkeit in der Gesellschaft permanente Unsicherheit für das konkrete Überleben bedeutet, "besteht auch Großzügigkeit unter den Künstlern"[56] und sie helfen sich gegenseitig mit einer inneren Haltung, die dem Bedürftigen nicht Versagen vorwirft. Dieses Beispiel dient als Hinweis auf die Hoffnung, durch intensive Untersuchung verschiedenster menschlicher Haltungen, eigenständiger, bewußter Haltungen, also der von Künstlern beispielsweise, die sich bewußt nicht auf ein sie beherrschendes und kontrollierendes System eingelassen haben, neue Lösungsansätze für ein Zusammenleben zu entdecken.

> "Denn es sind keine neuen Techniken, die wir brauchen, sondern neue Menschen. Daher meine Untersuchung."[57]

"Neue Menschen" werden gerne von pädagogischen und auch staatlichen Einrichtungen gefordert. Bei Filliou handelt es sich aber keinesfalls um eine solche Forderung nach autoritärem Training und Erziehungsprogrammen für Gesellschaftsmitglieder, sondern im Gegenteil geht es um neue, bzw. vergessene und neu zu erweckende Eigenschaften und Qualitäten, die im Menschen schlummern, aber durch die herkömmlichen Gesellschaftsstrukturen und Lebensweisen unterdrückt, mißachtet oder ausgerottet worden

56 Filliou, S. 50
57 Ebd., S. 52

sind. Diese Qualitäten sind ursprünglicher Natur und bei kleinen Kindern und bei "Junggebliebenen", eben auch Künstlern, zu finden. Insofern können diese Gruppen als Studienobjekte bzw. Beispielgeber funktionieren, um in jedem Menschen, der sich darauf einlässt, dieselben Fähigkeiten wiederaufleben zu lassen. Immerhin war jeder Mensch einmal ein Kind, das seine Freizeit nicht verschlafen, sondern schöpferisch genutzt hat, als es sich noch nicht um sein Essen, Wohnen und Stand in der Gesellschaft kümmern musste. Das Schöpferische scheint also dem Menschen immanent zu sein, es scheint ihn sogar glücklich zu machen.

> "Schaffen ist Freude. Es ist leicht. Beobachten und Versuchen. Und Freizeit:"[58]

Dieser zentrale Gedanke in Fillious Buch ist richtungsweisend für die hier vorliegende Untersuchung: es gibt menschliche Qualitäten, die Lebensfähigkeit ausmachen bzw. sie verbessern könnten, an welche man sich jedoch erst wieder erinnern muß. Diese Qualitäten lassen sich jedoch bei Kindern und Künstlern finden. Künstler haben gelernt, ihre Erkenntnisse zu kommunizieren, dazu eigene Kommunikationstechniken entwickelt, und können insofern als Beispielgeber für neuartige Herangehensweisen oder Gedanken fungieren, mit denen das Leben der Menschheit in seiner Problematik bewältigt werden kann.

Es soll auch noch einmal betont werden, daß es sich hier nicht um die interne Diskussion in der Kunstbetrachtung handelt, sondern um die dahinterliegende "Haltung" der Künstler:

> "Das ist es. Die Haltung, in der Dinge getan werden und befürwortet werden, ist, was mich am meisten interessiert. Zu oft ist Kunst nur das Machen und Tragen von Masken. Lasst sie uns abreissen. Wir brauchen eine neue Welt, wir brauchen neue Menschen. Neue Kunst wird von selbst folgen. Kann die Kunst dieser allumfassenden Erkenntnis vorangehen?"[59]

Ob diese Frage in den letzten 50 Jahren einer Antwort nähergekommen ist, ist Gegenstand der vorliegenden Arbeit.

Um die Idee von der wegbereitenden Funktion von Kunst zu beschreiben, folgt "Robert Filliou's geflüsterte Kunstgeschichte", ursprünglich als 12-teilige, jeweils dreiminütige Tonaufzeichnung für eine Musikbox präsentiert.

58 Ebd.
59 Ebd.

Der Text funktioniert auch durch reines Lesen: zwölf kleine Episoden werden erzählt, die im Gesamten den immer ähnlichen Anfang menschlichen Denkens und Kreierens schildern. Es beginnt mit folgendem Beispiel:

"1.

geflüstert:

es begann alles am 17. Januar, vor einer Millionen Jahren.

Ein Mann nahm einen trockenen Schwamm und liess

ihn in einen Eimer voll Wasser fallen.

Wer dieser Mann war, ist nicht wichtig.

Er ist tot, aber die Kunst lebt.

Ich meine, lasst uns hier Namen raushalten.

Wie ich schon sagte, ungefähr um 10 Uhr eines 17.

Januars von einer Million Jahren sass ein Mann alleine

neben einem Fluss.

Er dachte bei sich:

Wohin gehen die Ströme und warum?

Und meinte damit, warum fliessen sie?

Oder warum fliessen sie dahin, wo sie hinfliessen.

Oder so in dieser Art.

Ich habe selber einmal einen Bäcker, Schmied und einen Schuhmacher

bei der Arbeit beobachtet.

Und ich habe bemerkt, dass Wasser für ihre Arbeit wichtig war.

aber vielleicht ist das nicht wichtig, was ich bemerkt habe.

normale Stimme:

jedenfalls der 17. wird zum 18.

dann der 19. zum 20.

der 21., der 22. der 23. der 24., der 25. der 26., der

27., der 28., der 29., der 30., der 31.

Januar.

So geht die Zeit vorbei."⁶⁰

Der geflüsterte Teil der Episode beginnt mit der Beobachtung einer uns vertrauten Handlung: ein Mann lässt einen trockenen Schwamm in einen Eimer mit Wasser fallen. Es ist anzunehmen, daß jeder von uns dies schon viele Male gesehen oder getan hat, ohne dem Ganzen weitere Beachtung zu schenken. Wenn ein Künstler diese Handlung einem Publikum vorführt, wird diesem Akt Aufmerksamkeit zuteil, und einen trockenen Schwamm in einen Eimer Wasser fallen zu lassen, gibt Anstoß für weitergehende Betrachtungen. Man denkt beispielsweise über Wasser nach, seine Eigenschaften, welche ihm eine bestimmte Kraft verleihen können und vieles mehr. Diese Gedanken nahmen ihren Anfang mit dem ersten Menschen, der „alleine" am Ufer eines Flusses „sass" und die Wasserströme betrachtete. Möglicherweise ist es zulässig zu vermuten, daß Filliou in seiner Eigenschaft als Dichter nicht absichtslos sagt, daß der Mann „alleine", also ohne die Umgebung seiner Gemeinschaft, die etwa die Erfüllung seiner Pflichten verlangt oder ihn anderweitig ablenken könnte, dort „sass", also Muße hatte, um wahrzunehmen, was sich vor seinen Augen abspielt. Im Laufe der „eine Millionen Jahre" zeigt sich, daß sich diese Gedanken weiterentwickelt haben, sodaß der Mensch sich das Wasser sogar nutzbar machte, wie der Bäcker, Schmied oder Schuhmacher, für die diese Tatsache allerdings heutzutage selbstverständlich ist. Der Autor aber, der Künstler, sieht die Bedeutung des Wassers und seiner Entdeckung durch den Menschen in diesen Arbeitsprozessen. Er führt sie in einer künstlerischen Performance anderen Menschen vor, um zu demonstrieren, wie ein Gedanke oder eine Beobachtung zu schöpferischen Ergebnissen führen kann, die außerhalb der Kunst praktisch angewendet werden. Fillious Betonung, daß der Name des Künstlers, der die Performance macht, nicht wichtig sei, ebenso wenig wie desjenigen, der die Beobachtung von der Rolle des Wassers im Handwerk macht, soll auch sagen, daß künstlerisches Arbeiten von gesellschaftlicher Bedeutung ist, selbst wenn es nicht den Anschein hat, indem ein Mensch am Ufer eines Flusses sitzt und nachdenkt. Obwohl etwas für die Zukunft sehr Bedeutendes geschehen ist und ein entscheidender Impuls für die Wissenskette stattfand, zählt die „normale Stimme" unberührt die

---

60   Filliou, S. 53

Kalendertage weiter.

Und so erreichen wir auch den 4. Monat:

„4-

geflüstert:

Vor 1000 Jahren.

Am 17. April. Ein Mann ging zum Metzger und kaufte einen frischen Knochen.

Wer dieser Mann war, ist nicht wichtig.

Er ist tot, aber die Kunst lebt.

Ich meine, lasst uns Namen heraushalten.

So, dieser Mann kaufte also einen frischen Knochen.

A, 17. April vor 1000 Jahren.

Er kochte ihn.

Eine ganze Stunde lang oder so, kochte er ihn.

Dann nahm er ihn heraus, sein Aussehen ist nicht mehr das gleiche.

Du kannst es selber nachprüfen:

Schmiere Leim auf deinen Fussboden.

Daneben schmiere Teer

Daneben schmiere Fruchtmarmelade

Daneben schmiere Plätzchenteig

Nun schau dir an, was du gemacht hast.

Aber vielleicht ist es nicht wichtig, was du getan hast.

jedenfalls der 17. wird zum 18.

dann der 19., dann der 20.

normale Stimme:

jedenfalls der 17. wird zum 18.

dann der 19. zum 20.

der 21., der 22. der 23. der 24., der 25. der 26., der

27., der 28., der 29., der 30., der

31.

April.

So geht die Zeit vorbei."[61]

Wer die Arbeiten von Fillious Künstlerkollegen Diter Rot (auch Dieter Rot oder Dieter Roth) kennt, in denen ein Ensemble von Essensbestandteilen sich zu fortwährend wandelnden Objektbildern formt, sieht den Bezug zu dieser Episode sofort. Filliou schlägt dem Zuhörer vor, in Rot'scher Manier exemplarische Objekte herzustellen, an denen Vorgänge organischer Chemie beobachtet werden können bzw. über sie nachgedacht. Nicht unbedeutend ist auch zu sehen, daß der Satz „Aber vielleicht ist es nicht wichtig, was du getan hast" in diesem Fall nicht nur aussagt, daß er, der dieses Experiment macht, nicht wichtig ist im Verlauf der Geschichte, sondern selbst eventuell das Ergebnis gar nicht miterleben kann, weil der Prozess länger anhält als seine Lebenszeit dauert. Das impliziert, daß manchmal künstlerisches Arbeiten eines einzelnen erst von Nachfolgern in seiner Relevanz bestätigt werden kann. Die Anweisung suggeriert dies, indem sie die Flüsterstimme, die die Entwicklung der Kunst beschreibt (während die „normale Stimme" die alltägliche kalendarische Zeit darstellt), hier selbst ein paar Tage weiterzählen lässt.

Die anderen Episoden beschreiben ähnliche Versuchsanleitungen zu biologischen, physikalischen, chemischen oder technischen Phänomenen, zu denen Analogien gesucht werden in Umgebungen, in denen wir leben, ohne uns die Wirkkraft der Naturgesetze bewußt zu machen. Beispielsweise wird die Erfahrung des Mannes, der feststellt, unter Wasser nicht gut atmen zu können, bezogen auf die Empfehlung, nach dem Ende einer Kinovorstellung herauszufinden, ob es im Parkett oder auf dem Balkon wärmer ist. Hinwenden, Beobachten, Wundern, Nachdenken, Neuschaffen - das sind die Tätigkeiten, die den Menschen im Laufe der Jahrtausende bewegen und entwickeln konnten. Der Durchgang durch die Zeit, die Anonymität der Protagonisten und der Bezug auf uns selbst, den Leser und Autoren jetzt, vermittelt eine Einheit, eine Verbundenheit mit allem, was die Menschen jemals erlebt haben und heute erleben. Es ist die Aneignung und Interpretation der Umwelt und der eigenen, körperlichen und gedanklichen Beziehung zu ihr, sowie das Vergehen der eigenen Lebenszeit, was den

---

61 Filliou, S. 54

Menschen definiert, und alles ist nur von ihm selbst zu verstehen. Das bedeutet ebenso, daß alles auch für eigene Interpretation und Ableitung offen ist, wenn man sich wieder in diese Lage zu versetzen lernt, die in den 12 Kapiteln beschrieben wird. "Vielleicht ist es nicht wichtig…", das, was wir dann denken, aber wie man anhand der "Kunstgeschichte" sehen kann, vielleicht wird es auch bedeutsam. Die Erfahrung jedoch, etwas Eigenes gesehen, sich ihm gewidmet und für sich erkannt zu haben, kann ein Schlüsselerlebnis zur eigenen Emanzipation sein.

In der letzten Episode, die im „heute" („der 17. Dezember vor einem Jahr") angelangt ist, entdeckt man einen wesentlichen Hinweis für den empfohlenen Umgang mit etwaigen Ergebnissen der eigenen Forschungen.

„12-

geflüstert:

Der 17. Dezember vor einem Jahr.

Ein Mann nahm einen trockenen Schwamm und liess ihn in einen

Eimer voll Wasser fallen.

Wer der Mann war, ist nicht wichtig.

Er wird bald sterben, aber die Kunst lebt.

Ich meine, lasst uns Namen hier raushalten.

Wie ich schon sagte, am 17. Dezember vor einem Jahr.

Nahm ein Mann einen trockenen Schwamm und liess ihn in einen

Eimer voll Wasser fallen.

Er wartete 5 Sekunden.

Dann nahm er den Schwamm heraus.

Er drückte ihn.

Er sah…..

Es ist egal, was er sah:

Ich versuche keine Schlüsse zu ziehen.

Keine Schlüsse ziehen allein ist wichtig.

normale Stimme:

denn bitte, behalte das in deinem Kopf, auf den 17.

Dezember folgt der 18.

dann der 19., dann der 20.

der 21., der 22., der 23., der 24., der 25.

Dezember.

Denn am 25. Dezember wurde Jesus geboren.

So sagen die Christen.

Die Juden lehnen es ab.

Die Moslems haben zwei Ansichten darüber.

Die Buddhisten kümmern sich nicht darum.

So auch die Kommunisten und Atheisten.

Und die Künstler -

Ja, was die Künstler glauben, das ist eine andere Geschichte."[62]

„Keine Schlüsse ziehen allein ist wichtig", ist ein programmatischer Hinweis auf einen wesentlichen Aspekt von Kunst. Er bezieht sich auf den Charakter künstlerischer Aussagen, und bekräftigt, fast warnend, daß sie keinerlei allgemeine Gültigkeit besitzen und man sie daher auf keinen Fall praktisch umsetzen darf. Man soll sie insofern nicht ernst nehmen, daß man glaubt, was sie zeigen, also für absolute Wahrheit hält, was sich in ihnen wahrnehmen lässt. Religionsangehörige und Anhänger politischer Ideologien glauben an die Berechtigung von Schlüssen, die sie aus der von ihr geglaubten Wahrheit abgeleitet haben. Künstlerische Arbeiten bzw. Aussagen sind auf keinen Fall ähnlich zu behandeln, es sind subjektive Behauptungen, die sich aus experimentellem Denken und Arbeiten ergeben.

Als Kontrast wird im Anschluss das Kunstmarktszenario beschrieben, in dem nach Filliou die soeben entwickelten zarten Triebe der Erkenntnis wieder zertreten werden, weil die Gesellschaft ihre Bedeutung nicht erkennt. Im wahrsten Sinne zerstört wird nach seiner Vision ein Kunstwerk aus verschiedenen Gründen: entweder weil es das Publikum zu sehr infragestellt und verunsichert, wenn es dieses mit seiner „Aesthetik oder Ethik

---

62   Filliou, S. 58

herausfordert"[63] (hierauf bezieht sich auch das soeben angesprochene Problem, wenn Kunstwerken mehr zugesprochen wird als ihre Beispielhaftigkeit), oder „wenn das Material, aus dem es gemacht ist, oder der Platz, den es einnimmt, wertvoller ist, als das Endprodukt"[64], mit anderen Worten, wenn der finanzielle Aspekt vorherrscht und dazu führt, daß die „Goldkunstwerke aus den Pyramiden" eingeschmolzen werden. Filliou verweist damit natürlich auf eine Unwissenheit des Publikums, wobei es nicht darum geht, anzuklagen, sondern diesen Tatbestand mit in die Gesamtüberlegungen zu Lehren und Lernen einzubeziehen. Wie an späterer Stelle dargestellt wird, breiteten sich Forschungen zur Ausbildung des Publikums unter dem Stichwort „Kunstvermittlung" und „Museumsdidaktik" seit den 70er Jahren entschieden aus. Da, wie weiter unten gezeigt wird, auch Filliou zur Publikumsbildung Ansätze entwickelt hat, wird zu zeigen sein, ob sich diese im Laufe der Geschichte als hilfreich herausgestellt haben, oder ob sie umgekehrt vielleicht in ihrer Bedeutung übersehen wurden.

Die „Brutalität in der Welt"[65], die sich unter anderem darin äußert, daß Kunstwerke vernichtet werden, aber auch, daß Menschen wie Künstler oft am Rande der Gesellschaft leben müssen oder von habgierigen Produzenten entmachtet werden, die sogar „jeden echten Protest" noch „zu einer Geldquelle" machen, oder die Ausbeutung durch Händler und Gnadenlosigkeit der Kritiker, trifft, so schreibt Filliou, auf „nette Kerle", die Gutes wollen. Dieser Gedanke, daß Künstler Gutes wollen, ungefährlich sind und „nett", ist interessant zu untersuchen, nicht nur, weil im Umfeld von Lehren und Lernen derartige Eigenschaften besondere Qualitäten sind, sondern auch in Bezug zu der bereits erwähnten Theorie, die unter dem Titel „Survival of the Kindess" im Vergleich zu dem Prinzip „Survival of the Fittest" gerade aktuell diskutiert wird. Im Kapitel VI dazu mehr.

Aber nicht nur Kunstwerke werden zerstört, auch dem Künstler selbst wird das Leben unmöglich gemacht, wenn seine Arbeit gesellschaftlich nicht in ihrer Wichtigkeit erkannt wird. Nutzvoll für die Gesellschaft zu sein, bedeutet zu etwas Bestimmtem "zu taugen", was Spezialisierung und die Möglichkeit zur Einordnung bedeutet. Filliou entwickelt den Begriff "Poetische Oekonomie" für das Dasein der Künstler, nachdem er Ökonomie generell als "das Studium über die Menschheit in ihrem täglichen Bemühen, den Lebensunterhalt zu verdienen"[66] definiert hatte. Von der "Poetischen

63 Ebd., S. 66
64 Ebd.
65 Ebd.
66 Ebd., S. 69

Oekonomie" kann abgeleitet werden, "das alles, was wir brauchen, ist, so reich zu sein, um wie die Armen zu leben."[67] Er fragt weitergehend:

> "Könnte dies der Anfang einer neuen Theorie der Werte sein: die optimale Erzeugung, Verteilung und der Verbrauch von Gütern und Diensten wird gegeben sein, wenn jedermann reich genug ist, wie ein Armer zu leben. Der Rest wird Freizeit sein."

Er kennzeichnet die Rolle bzw. den Nutzen des Künstlers für die Gesellschaft folgendermaßen:

> "Indem er zu dieser schöpferischen Gewohnheit der Freizeit beiträgt, wird der Künstler ein Erzeuger von Diensten, die es ihm erlauben, genug zu verdienen, um wie ein Armer zu leben, und seine eigene Schöpferkraft zu geniessen, so wie seine Freiheit und Unabhängigkeit. EINE WELT DER KÜNSTLER - ARBEIT ALS SPIEL."

Heute hat sich seine Vision von der vielen Freizeit für alle fälschlicherweise so manifestiert, daß beispielsweise die Bürger Deutschlands tatsächlich nach ihren 37-40 Arbeitsstunden pro Woche über eine beträchtliche Anzahl „freier" Stunden verfügen, allerdings mit dem grundlegenden Unterschied, daß die "Dienste", von denen Filliou oben sprach, von einer Unterhaltungsindustrie übernommen wurden, die die Freizeit der Bürger zu einem profitablen Markt hin kontrolliert. Nicht nur werden teure Eintrittsgelder für Freizeitparks erhoben, auch die darin erlebbaren Aktivitäten ähneln dem Leistungsdruck der Produktionsindustrie, indem die konsumierenden Bürger in ihrer Freizeit nicht nur ihr hart verdientes Geld wieder an die abgeben, bei denen sie es verdient haben, sondern dazu stressvoll von einer Sensation zur nächsten gejagt werden. Erinnert man sich an Fillious „Geflüsterte Kunstgeschichte", die beschreibt, daß eine Idee erst in Muße und Ruhe entstehen kann, dann ist leicht vorstellbar, warum selten eigenständige Vorschläge aus den Aktivitäten von Freizeitkonsumenten entstehen.

Filliou hat sich diese Entwicklung damals völlig anders vorgestellt, wobei er keineswegs von einer naiven oder romantischen Vorstellung einer heilen Welt, in der alle harmlos spielen, ausgeht. Man muss sich in Erinnerung rufen, daß die grundsätzliche Fragestellung lautet, wie kann wirkliches Lehren und Lernen stattfinden, eines, das nicht Machtverhältnisse transportiert, sondern Inhalte entwickelt, schöpferisch ist. Zu seiner Zeit, und,

---

67   Ebd., S. 70

das Gegenteil zu beweisen wäre schwer, bis in die heutige, existiert eine Auffassung zum Begriff „Arbeit", die am Dienst an der Gesellschaft, Geldverdienen und einer definierten Funktion und Spezialisierung orientiert ist. Wie Filliou es anschaulich darstellt, ist „das Schaffen eines Kunstwerks eine Zeitfunktion":

> „Das Werk selber kann man ungefähr in einer Stunde machen, es kann 100 Stunden dauern, bis es von jemanden gesehen wird, der die Verteilung im Kunstmarkt vornimmt. 500 (5.000 - 50.000 - 500.000) können vorbeigehen bis es verbreitet wird (gezeigt wird, publiziert wird, usw...). Wieviele Stunden braucht es dann noch bis es verkauft, aufgeführt, besprochen, usw. wird."[68]

Die allgemeine Sichtbarkeit der Kunstproduktion ist nicht groß, sodaß manche Nichtkünstler zur Auffassung neigen, Künstler arbeiteten nicht ununterbrochen, stetig, wie andere Mitglieder der Gesellschaft, und das sei der Grund, weswegen sie oft mittellos seien. Dazu kommt, daß Künstler nicht auf den Beitrag spezifischer Arbeitsergebnisse spezialisiert sind, wie ihn andere Berufsgruppen bieten. Aufgrund der begrenzten Lebenszeit müssen sich auch Künstler zwangsläufig einem Inhalt länger zuwenden als anderen, obwohl sie eigentlich jedes Thema angehen könnten und damit die Summe der menschlichen Schöpfungen erhöhen.

> „Und dennoch, da wir die Arbeit des Schöpfers von der Natur übernommen haben, kann man von uns erwarten, so viele Formen wie die Natur hervorzubringen, um endlich mit ihr Seite an Seite zu leben."[69]

Dieses Programm, das Filliou hier für die Menschen formuliert, sagt aus, daß er die Bestimmung des Menschen in ihrer Fähigkeit sieht, schöpferisch wirksam zu sein. Dies ist also nicht den Künstlern vorbehalten, selbst wenn diese (zusammen mit anderen, mehr spezialisierten Gruppen wie Wissenschaftler, Forscher etc.) noch eine Vorreiterrolle spielen. Filliou vertritt jedenfalls die Hoffnung:

> "Sicherlich würden sich viele nicht der Kunst zuwenden, wenn sie nie davon gehört hätten. Morgen, wenn jedermann von der Möglichkeit hört, seine Freizeit schöpferisch zu verbringen, wird vielleicht jedermann ein Künstler : ein Taugenichts (in diesem Sinne wie es nichts taugt, das man unter einem Baum sitzt und in den

---

[68] Filliou, S. 72
[69] Ebd., S. 76

> Himmel guckt), ein Taugealles. (Spezialisierung und Tauge-für-irgendetwas kann man den Maschinen überlassen). Dann wird Kunst genau das, was Künstler tun, soziologisch gesprochen."[70]

Die postulierte Nichtspezialisierung gründet sich in der Erkenntnis, daß der Mensch "dumm" sei:

> "Es scheint so, als sei das menschliche Gehirn zu langsam, um das Universale zu erfassen, zu schnell, das Besondere zu begreifen, und seine eigenen, tiefen Vorgänge. Der Definition zufolge, ist der Mensch dumm. Aber die Wirklichkeit dieser Dummheit kann jeder leicht um sich selber und in sich selber sehen."[71]

Mit diesen Äußerungen wendet Filliou sich gegen den Anspruch von jedem, der glaubt, das Leben anderer bestimmen zu können, weil er etwas besser oder überhaupt wisse. Problemlösungen müssen daher von allen mitentwickelt werden, unter der Voraussetzung nämlich, daß alle gleichwertig sind.

Immer mit dem Ziel vor Augen, „neue Menschen" zu ermöglichen, die neuen Werten folgen, die dazu führen, daß die bisherigen Systeme, deren Auswirkungen Filliou zu Beginn untersuchte, abgelöst werden von einer neuen (poetischen) Art des Zusammenlebens (ausführlichere Bestimmungen dazu werden an späterer Stelle ausgeführt), bilden nach Filliou die Basis, auf der hierzu Visionen entwickelt werden können, „Unschuld und Vorstellungskraft"[72]. Unschuld hier im Sinne von Nicht-Käuflichkeit, Güte und „Taugenichtsigkeit" (im Unterschied zu Brauchbarkeit, wie Design etwa oder „was man den Maschinen überlassen kann."). Da alle Menschen an der Gestaltung des Lebens beteiligt sein sollen (und müssen, damit sie gerecht ist), könnten sie in ihrer Freizeit, unter Assistenz der erfahrenen Künstler, daran gemeinsam schöpferisch wirken.

> „Wir müssen die Karten wieder und wieder mischen, wir müssen alles machen, jeder einzelne von uns, müssen Taugeallesse sein."[73]

Filliou hat damit die Rolle und Bedeutung der Kunst für die Gesellschaft definiert, von der er denkt, daß sie den Anforderungen der Zeit (ein besseres Gesellschaftssystem zu kreieren) und der Bestimmung des Menschen (seine Schöpferkraft sinnvoll zu verwenden) entspricht. So nimmt er zwei

---

70 Ebd., S. 80
71 Ebd., S. 78
72 Ebd., S. 79
73 Ebd., S. 80

Tendenzen unter den Künstlern in Amerika, die er in der ersten Hälfte des Jahres 1967 erfahren konnte, wahr, die auf eine gewisse Unsicherheit, wenn nicht Krise in der Kunst hinwiesen, die möglicherweise durch seine Vorstellungen bewältigt werden können.

> „Die eine bewegt sich auf die Integration von Kunst und Technik zu (...). Die andere ist die Entfremdung: Schluss machen, auf die Strasse gehen, nichts tun, damit man nicht von dem Vorgang der Integration verdorben wird. ...Es besteht nicht nur eine vollkommene Ablehnung gegenüber der Religion (und dies schon ziemlich lange), sondern auch gegenüber der Kunst, die zu sehr Teil des Establishments geworden ist."[74]

Beide Tendenzen haben sich bis heute fortentwickelt. Das Verhältnis von Kunst und Technik wird in Kapitel V näher untersucht werden, denn die Technologie hat sich seitdem so weit in alle menschlichen Bereiche ausgebreitet, wie Filliou es zur Zeit seines Buches noch nicht einkalkulieren konnte. Es soll daher überprüft werden, wie diese Entwicklungen im Hinsicht auf Fillious Kunstbegriff bisher stattgefunden haben. Aus der Verweigerung der Kunst gegenüber dem Establishment hat sich eine Strategie entwickelt, die Kunst nicht konsumierbar macht, sondern Mitarbeit und Bildung des Publikums erfordert. In der Besprechung verschiedener Partizipationsstrategien in der Kunst (Kap. III) wird gezeigt werden, wie diese Idee umgesetzt wurde und inwieweit Fillious Ansätze hier wirkungsvoll sind.

Unter dem Titel „Ökonomie der Prostitution" denkt Filliou noch einmal über die Kunstszene nach, besonders über die Konkurrenz der Künstler unter sich. Da er glaubt, daß sie nur aus materiellen Zwängen der Kunstschaffenden heraus existiert, schlägt er eine Versöhnung durch „Selbstkritik" vor, bei der klar wird, daß jeder in seinem Leben schon aus Not bestechlich gewesen ist, Brüderlichkeit jedoch mehr Sinn macht. In seinem „Lied" für ein Strassentheater ist eine wichtige, immer wiederkehrende Methode zu erkennen, die Fehler, die man bei anderen findet, zunächst auch bei sich festzustellen, um so, von einer gleichen Basis ausgehend, die Versöhnung zu ermöglichen. Das Lied lautet folgendermaßen:

> „Brüderlichkeit durch Selbstkritik. Unglück, Material, geistige und sexuelle Misere haben uns alle schon einmal veranlasst, unsere Ehre zu veräussern. Aus diesem Grunde sind wir so brüderlich. Du brauchst keine Angst zu haben, uns beizutreten, nur weil du auf

74 Ebd., S. 79

der anderen Seite stehst. - Jedermann kann uns beitreten. - Jedermann kann erneuert werden. Niemand wird dich dafür verantwortlich machen.

LASST UNS DAS UNGLUECK WIEDER GUT MACHEN.

LASST UNS GLUECKLICH SEIN."[75]

Im Unterschied zu Auffassungen, die dazu tendieren, in erster Linie „die anderen" zu kritisieren und zu verurteilen, führt der Weg, jede „Verfehlung" eines anderen in seinem Ansatz auch in sich zu entdecken, zu einer kritischen Analyse, die über den individuellen Fall hinausgeht ins Allgemeinmenschliche, sie läßt uns gleichzeitig unsere eigene „Gefährdung" erkennen. Das „WIEDER GUT MACHEN" meint somit nicht ein Vergessen oder Unterdrücken der Verfehlung, sondern eine aktive Aufbereitung, Erkenntnis und damit einhergehendem Wappnen. Diese ethische Überlegung Fillious ergänzt seine oben zitierte Aussage zur aktuellen Kunst, in der er sagte, „Es besteht nicht nur eine vollkommene Ablehnung gegenüber der Religion (und dies schon ziemlich lange)" - unter „Religion" versteht er, wie man annehmen kann, die sogenannten „Erlösungsreligionen", in denen den Sündern von einem allwissenden, allmächtigen, gütigen Gott vergeben wird, „denn sie wissen nicht, was sie tun". Filliou jedoch wirkt dieser Idee entgegen, indem er „Selbstkritik" fordert, die im Dialog mit anderen in der Gewissheit von der Fehlbarkeit aller Menschen schließlich zur Brüderlichkeit führt, und die durch Aufmerksamkeit, Kritik und Verständnis verringert werden kann. Insofern wird die Verantwortlichkeit jedes einzelnen für sein Tun einerseits betont, und andererseits wird von der Gemeinschaft Hilfe und Verständnis verlangt und nicht Ausgrenzung. Erneut sind es nach Filliou die Künstler, die, im Unterschied zu Religionen oder staatlichen Institutionen in der Lage sind, ethische Probleme so zu behandeln, daß eine willkürliche Machtposition ausgeschlossen wird. Bazon Brock hat dieses Thema an verschiedensten Stellen seines Werkes ausgeführt, wobei er die besondere Bedeutung herausstellt, die Kritik, Selbstkritik, Wissen und Lernen in diesem Zusammenhang spielen. Im Kapitel III wird auf seine spezifische Theorie zu Lehren und Lernen gründlich eingegangen, steht sie doch, wie er selbst sagt, auch in der Tradition Fillious.

Filliou fasst seine Begründung folgendermaßen zusammen:

„Man sollte niemanden beeinflussen. Wir müssen uns um eine

---

75   Ebd., S. 82

> Gespräch bemühen, nicht um Einfluss. In Nicht-Schulen sollte man die Idee des Prinzips der Gleichwertigkeit entwickeln. Gleichwertigkeit in der Sicht, im Geiste, in den Schwierigkeiten und in der Schöpferkraft, darauf sollten die Studenten bestehen bei ihren Lehrern. Warum betone ich Kunst als eine Basis für Werte? Weil sie die Ideen und Ideale der Kindheit verkörpert. Jeder ist schon einmal ein Kind gewesen. Jeder ist ein potentieller Künstler. Kunst ist Gewalt. Kunst anstelle von Mord."[76]

Dem Zusammenhang von Kind und Künstler wurde bereits früher nachgegangen, was unter den beiden letzten Sätzen gemeint ist, deutet auf die gesellschaftliche Funktion von Kunst hin. Kunst sollte man nicht verwechseln mit einem harmonischen Nebeneinander-Kreativsein oder poetischer, aber effektloser Spielerei. Die Professionalität des Dichters Filliou hat sicher dazu geführt, daß nach dem friedlichen Einklang, der durch die Begriffe Gleichwertigkeit, Kinder, Künstler, jeder etc. entstanden ist, plötzlich die Worte „Gewalt" und „Mord" eingeführt werden, um den Leser aus einer scheinbaren Sicherheit, einem falschen Frieden zu ziehen. Das Zusammentreffen von Kunst mit Autorität, mit der Macht eines Systems, hat immer Konsequenzen.

> „Zum Beispiel lehnte meine Tochter Marcelle, als sie fünf Jahre alt war, es ab, in der Schule zu zeichnen, weil der Lehrer ihre Zeichnungen schlecht genannt hatte. Als ob die Zeichnungen eines Kindes schlecht sein könnten (oder gut). Die Verbindung der Spontaneität des Kinds mit der Autorität des Lehrers läßt ein Problem entstehen, wo es keines gibt. (Zu Hause zeichnet und malt Marcelle andauernd.)"[77]

Übertragen auf die Welt der Künstler heißt das, daß die Durchsetzung nicht akzeptierter, für sie unbegründeter Macht zu einer Reaktion führt, die so scheint, als würden sich die Künstler von der Gesellschaft abwenden und nicht für sie und in ihr arbeiten, daß aber, wären die Verhältnisse adäquater, man sehen könnte, daß die Künstler selbstverständlich, sogar explizit der Verbesserung und Vervollkommnung des menschlichen Lebens dienen. Ob man nun die Sätze „Kunst ist Gewalt", „Kunst anstelle von Mord" außerdem so interpretiert, daß statt einer gewalttätigen Reaktion auf ungerechtfertigte Zustände Künstler diese in ihre Arbeit umwandeln, oder daß Kunst so viel Macht hat, daß sie durch ihre Kritikfähigkeit Mord verhindern könnte und

76 Ebd.
77 Ebd., S. 85

stattdessen Dialoge initiierte, ist nicht wichtig, denn in jedem Fall offenbart sich ihre tragende Rolle innerhalb der Gesellschaft.

Ob von den Künstlern zu der Zeit, als Filliou sein Buch entwickelte, der Zusammenhang von Kunst und Gesellschaft so begriffen wurde wie heute, fast 50 Jahre später, bzw. wie die damaligen und die heutigen Künstler wiederum Fillious Gedanken dazu auffassten, wird im Kapitel VI ausführlicher besprochen werden. Nichtkünstler jedoch, also die übrige Gesellschaft, haben auch heute noch Schwierigkeiten damit, die Bedeutung von Kunst zu erkennen. Dies sieht man einerseits an dem geringen Anteil kultureller Förderung im Verhältnis zum Gesamthaushalt der Staaten, dazu an der „Art" der Kunstprojekte, die bevorzugt gefördert werden (hier hinein spielt die Diskussion um die Frage, wie viel „kritische" Kunst kann ein Sponsor ertragen), aber auch an der „Rolle", die der Kunst zugeteilt wird, wenn ihre Ansätze beispielsweise nie in Betracht gezogen werden, für das Angehen von Problemen der Gesellschaft hilfreich sein zu können. Weder findet man zu Fragen über Ökonomie, Kriegen, Flüchtlingen, Emanzipation, Ökologie oder Gesundheit Aussagen oder Beispiele von Künstlern in der täglichen Informationsflut der Medien, noch werden Künstler explizit gefragt oder gehört. Nach wie vor liest man, zumindest in der Mainstream-Presse, immer noch eher über unglaubliche Marktwerte von Kunstwerken oder einzelne künstlerische Skandale, die sich jemand im Namen der Kunst erlaubte. Wie an späterer Stelle dargelegt wird, haben aber Fillious et al. Überlegungen in den 60er, 70er Jahren zu großen Veränderungen des gesellschaftlichen (Erziehungs-)Wesens geführt, und so stellt sich die Frage, welche Auswirkungen die damaligen Maßnahmen und Versuche bis heute wirklich hatten, oder, und dies ist ja einer der Gesichtspunkte der vorliegenden Untersuchung, ob etwas dabei übersehen, anders verstanden oder gar unterdrückt worden wurde. Filliou jedenfalls skizziert die Idee erneut folgendermaßen:

> „Wenn Lehren und Lernen angewandte Künste werden, und Künstler an diesem Wandel mitarbeiten, dann wird die Kunst Teilnahme und Vorempfindung. Woran wird sie teilnehmen? An der Organisation der Freiheit. Der Veränderung der Umwelt. Der Veränderung der Struktur unseres Geistes. Was wird sie vorempfinden oder vorwegnehmen? Die neue Ordnung der Welt, nachdem die Struktur des Geistes geändert worden ist. Die Kunst sollte sich nicht in einem leeren Raum entwickeln und nur Beziehung zur Kunst

selber unterhalten. Jedenfalls, wir wissen nicht, was Kunst ist. Die einzige Beziehung muss das Leben und leben sein."[78]

Er beschreibt hier Kunst also eher als eine Angehensweise, eine Methode und Praxis, die, am Leben orientiert, die Unsicherheit, Gegensätzlichkeiten, Unvorhersagbarkeiten etc., als fundamentale Faktoren berücksichtigt, unterdrückende, also Entwicklungen hindernde Mächte bekämpft durch Aufklärung (Selbstkritik und Kritik), und die „Struktur der Geistes" insofern verändert, als sie sie befreit von Ängsten, die anerzogen wurden von denen, die ihre Machtposition zu erhalten bestrebt sind. Das Produkt des daraus resultierenden Experimentierens und Erprobens im Rahmen des Lehrens und Erlernens des Lebens ist selbstverständlich nicht abzusehen, es wird ununterbrochen entwickelt („Andauernde Schöpfung"). Diese Offenheit erlaubt neue Resultate, fordert aber eine entsprechende Haltung bei allen Beteiligten. Filliou bezieht seine Ideen auf die Methode der Wissenschaft:

> „(Billy Cluver hat mir mal erklärt, dass die Wissenschaftler grössere Fortschritte auf ihrem Gebiet machen, als die Künstler auf den ihrigen, und dass nur „weil wir nicht wissen, was Wissenschaft ist". Es ist wahr, dass die Künstler mächtig viel Zeit und Energie darauf verwenden, sich gegenseitig davon zu überzeugen, was Kunst ist und was nicht. Sie wissen nicht, dass sie nicht wissen.")[79]

Der hier zitierte Billy Klüver gründete 1967 die Organisation „Experiments in Art and Technology", die sich u.a. damit befasste, die Zusammenarbeit von Künstlern und Technologen zu fördern. Damit sollten einerseits Einzelpersonen Zugang zu Technologien bekommen, die, als Künstler, deren Konzeption, Anwendung oder Ausführung erweitern oder hinterfragen könnten, gleichzeitig war der Austausch auch für den Technologen interessant, der so auf neue Blickwinkel stoßen konnte. Diese visionäre Kombination hat sich tatsächlich bis heute stark entwickelt und ist u.a. in der Gründung von Kunsthochschulen wie der Kunsthochschule für Medien Köln manifestiert. Hier können seit 1990 Künstler mit den aktuellsten Medientechnologien experimentieren, zu denen sie als Privatpersonen allein aufgrund der immensen Anschaffungskosten keinen Zugang hätten. Die Demonstrationen der Ergebnisse ihrer „Laborarbeiten" haben in den letzten Jahrzehnten sicher zur Diskussion über die Neuen Medien beigetragen und das Bewusstsein über die Bedeutung von Medienkompetenz

78 Ebd., S. 87
79 Ebd.

geschürt. Ebenso haben Künstler durch Arbeiten über die Auswirkung von Industriedesign oder zu biologischer Forschung, zur „Künstlichen Intelligenz" und anderen gesellschaftlich relevanten Themen neue Impulse für eine kritische Erörterung beigetragen. Dies widerspricht jedoch nicht dem oben erwähnten Zweifel darüber, ob die Gesellschaft das Potential der Kunst integriert hätte. Im Kapitel VI wird der Frage nachgegangen, wie die aktuelle Tendenz, künstlerische Forschung an die Universitäten zu holen, zu bewerten ist, ob daraus zu schließen wäre, daß sich Kunst und Wissenschaft, also auch Kunst und Gesellschaft soweit „versöhnt" hätten, daß die Vision von Filliou etwa aufgegangen wäre.

Vorerst aber läßt Filliou den Leser erst einmal darüber nachdenken, welche Ideen er zur Bewältigung der bereits erkannten Probleme der Gesellschaft („Generations-Problem", „Zeit-Problem", Anfaenger-Problem" etc.) entwickeln würde, indem er die „herkömmliche Erzieherische Reaktion" mit seinen „gewöhnlichen sozialen Auswirkungen" vergleicht mit anderen vorstellbaren, erzieherischen Reaktionen und erwarteteten sozialen Auswirkungen, und diese in eine Liste im Buch einträgt. Fillious Ideal der "Andauernden Schöpfung" betont in erster Linie eine gewisse Vorläufigkeit, besser, Offenheit für Veränderung, Improvisation und Diskussion. Um seine poetischen Arbeiten nicht zu Manifesten werden zu lassen, propagiert er deren Aufführung, er nennt es "Handlungsdichtung". Filliou schreibt:

> "Es beschreibt die Möglichkeit, aus Ideen Vorführungen zu machen, anstatt sie zu Theorien zu machen, indem man Manifeste schreibt. So wie in jeder Vorführung die Möglichkeit spontaner Improvisation und sogar die Möglichkeit zu Widersprüchen besteht. Ganz klar, das ist LEHREN UND LERNEN ALS AUFFÜHRUNGSKUNST."[80]

Im Anschluss gibt er ein Beispiel einer solchen „Handlungsdichtung", die seine Idee zu „Aufführung statt Manifest" darstellen soll, insofern auch mit „Handlungsmanifest" betitelt ist, und von 5 oder „5 Billionen Mitspielern" dargebracht werden kann. Was stattfindet, ist, daß verschiedene Personen, die sich sehen oder treffen, den anderen fragen, was er gerade tue oder denke etc., und ihm nach seiner Antwort auffordern, etwas anderes zu tun (oder zu denken etc.). Dieses Gewühl von Aussagen und Aufforderungen, es anders zu machen, was immer es auch ist (Nägel feilen, an nichts denken, telefonieren, Ausschau halten), führt, stellt man sich die im

---

80 Filliou, S. 90

Buch beschriebenen Regieanweisungen plastisch vor, zu einem Bild von der Diversität wie auch der Gesamtheit der Menschen und veranschaulicht die dringende Notwendigkeit, sich zu überlegen, wie bei so vielen Alternativen Entscheidungen gefällt werden dürfen.

Wären alle Menschen aufgerufen, ihre Idee zur der Lösung eines allgemeinen Problems mithilfe eines „Handlungsgedichtes" darzustellen, sähe dies bei Filliou beispielsweise so aus:

„Ich zu den Zuhörern: „Mein Name ist Filliou, so der Name von meinem Gedicht ist:

DAS FILLIOU IDEAL

Es ist ein Handlungsgedicht und ich werde es vorführen. Die Spielregeln sind:

nicht entscheiden

nicht wählen

nicht wünschen

nicht besitzen

seiner selbst bewusst

hell wach

STILL SITZEND

NICHTS TUEND".

Dann sass ich mit übergeschlagenen Beinen auf der Bühne, ohne Bewegung und ohne zu sprechen."[81]

Dem heutigen Leser mag diese Aktion wenig anregend vorkommen, ist er doch solche Positionen von Zen, Yoga oder ähnlichen Praktiken gewohnt. Wenn man sich allerdings die historische Situation verdeutlicht, eine Gesellschaft im Aufbau und Naziaufarbeitung im Nachkriegsdeutschland, Vietnamkrieg, Studentenunruhen etc., ist der Einfluss indischer und asiatischer Philosophien, wie sie die Hippies am besten reflektierten, ein Widerspruch und verspricht durch seinen Aufruf zum Innehalten auch die Möglichkeit zu einer friedfertigeren, gerechteren Welt. Nicht nur, weil sich Filliou explizit zu Beginn des Buches auf Gandhi und Zen bezieht (ebenso wie einige seiner damaligen Künstlerkollegen wie John Cage et al.), son-

81 Filliou, S. 95

dern auch, weil sich in diesem Gedankengut noch einige nicht gänzlich überprüfte Ideen auffinden lassen, werden im Folgenden ab und an Bezüge dazu hergestellt.

2. „REGIERUNGSPLASTIK" - wie sich Regierungen verändern

Im Kapitel II, "Regierungsplastik" genannt, werden Antworten von Kindern zu "brennenden sozialen Problemen der Gegenwart und der Vergangenheit" aufgeführt. Vorher einigte sich Filliou mit seinen Herausgebern darauf, die von ihm selbst durchgeführten Interviews mit seinen Kindern und die von seinen Künstlerkollegen mit ihren nicht abzudrucken und zu analysieren. Zu unklar ist noch die Methode, die es erlaubt, Kindern Fragen zu stellen, die diese völlig unvoreingenommen, von sich heraus beantworten würden, die also nicht suggestiv sind. Dennoch läßt es sich Filliou nicht nehmen, wenigstens einige Stichpunkte und Anregungen der Kinder aufzulisten, die er im Umfeld seiner Befragungen erhalten hat. Das Rudimentäre daran motiviert den Leser, die Untersuchung fortzusetzen, wie es vom Autor auch geplant ist. Filliou verweist hier auch auf eine mögliche zukünftige Nutzung von Computertechnologie, indem er vorschlägt, „Fragen von brennenden sozialen Problemen der Gegenwart und Vergangenheit" als Programm einzugeben und diese mithilfe der Kinderinterviews beantworten zu lassen. Aber wieder ist er über die Methode unsicher, weil er nicht sagen kann, ob sie plastisch, also and die Logik der Kinder anpassbar genug sein würde. Dieses sechs Seiten umfassende „Kapitel" hat Filliou im Buch belassen, und nur seine Zweifel darin ausgedrückt, wie eine vernünftige Befragung von Kindern aussehen könnte, ohne diese zu manipulieren. Hier zeigt sich eine typisch künstlerische Haltung, mit dem „Unbekannten" nur umzugehen, indem zuvor eine Methode entwickelt werden muss, die verhindert, sein eigenes System nur zu bestätigen. Das große Potential, das Filliou jedem Kind an Neuem und Überraschenden zuspricht, zeigt sich hier:

> „Spontaneität ist notwendig. Zum Beispiel Marcelle[82], die recht oft einen harten Trinker um sich hat, bemerkte kürzlich: „Als Gott die Welt gemacht hat, war er betrunken." Und erst gestern sagte sie, sie würde gerne Buddha treffen, um ihm auf die Schulter zu klopfen und ihn zu fragen, wie es ihm gehe."[83]

Die eigene Logik, die hier durchscheint, muß respektiert werden, wenn man das Kind verstehen will und nicht das, was man selbst mit seiner eigenen Logik davon ableitet. Interessant wird dieser Aspekt bei der Einschätzung von so genannter „Kunst von Kindern" (siehe auch Kapitel IV). Nach Filliou muss man demnach sagen, daß Kinderbilder *keine* Kunst sein können,

82　Fillious Tochter
83　Filliou, S. 100f.

denn Kunst ist ein theoretisches Konstrukt, das auf Erfahrung, einer davon bestimmten Logik und formulierten Absichten von nicht zufällig agierenden Personen basiert. Ebenso verhielt es sich mit moralischen und politischen Aussagen, weswegen Filliou die Schwierigkeiten erkannte, Kinder dazu zu befragen. Doch gibt es Anhaltspunkte für gültige Aussagen:

> „Haben Sie bemerkt, wie die Revolte der jungen Leute damit anfängt, abzulehnen, ins Bett zu gehen und aufzustehen, zur rechten (erwachsenen) Zeit?"[84]

3. „DER KÜNSTLERISCHE VORSCHLAG"
Künstlerauffassungen zu idealen Lehr-/Lernsituationen

In diesem Kapitel spricht Filliou mit Künstlerkollegen, denen er damals nahestand, wie man aus heutiger Perspektive sagen kann, wenn man die gemeinsamen künstlerischen Aktionen und Produkte besieht. In den aufgezeichneten, später transkribierten Gesprächen entwickeln sie gemeinsam Gedanken zum Thema. Wichtig ist hierbei der Versuch, die künstlerischen Strategien der jeweiligen Künstler auf die impliziten Frage- und Problemstellungen des Themenfelds Lehren und Lernen anzuwenden. Was unter anderem hier mit "künstlerische Strategie" gemeint ist, findet man in der einleitenden Beschreibung Fillious zu diesem Kapitel. Er führt seine Gesprächspartner ein, indem er jedem seine Bedeutung dahingehend zuweist, daß sie "Erfinder" von etwas (eigenem) seien: "Allen Kaprow ist der "Erfinder" des Happenings. George Brecht der "Erfinder" des Ereignisses...Diter Rot..ist der "Erfinder" "seiner selbst"... usw. Ein „Erfinder" zu sein, bedeutet, einen Sprung in der Wissenskette gemacht zu haben, schöpferisch etwas Neues hervorgebracht zu haben. Technische „Erfindungen" können in unserer Gesellschaft patentiert werden, künstlerische „Werke" hingegen nicht. Man kann daher ableiten, daß Filliou die Erfinderrolle der beteiligten Künstler deswegen so hervorhebt, um zu verdeutlichen, wie ihre Arbeitsmethoden der Wissensproduktion dienen, und folglich auch für „außerkünstlerische" Problemstellungen relevant sind.

Wie Filliou beschreibt, hat John Cage das gesamte Gebiet der Musik verändert, indem er es wagte, das, was zuvor als unabdingbar angenommen wurde (nämlich Harmonie und Kontrapunkt) wegzulassen. Er stellt die Frage, ob ein ähnliches Vorgehen auch das Erziehungssystem revolutionieren könnte.

John Cage sieht das Dilemma des bestehenden Erziehungssystem einerseits in der Existenz von Einrichtungen, die mit Erziehung eigentlich nichts zu tun haben, wie die "Geschäftigkeit der Verwaltung, Ausfüllen von Formularen, Zeugnissen und Preisen, und all das, was zeigt, wie etwas geleistet werden sollte oder sogar alles was die Art zeigt, in der etwas geleistet wird."[85] Diese Festsetzungen laufen einem sinnvollen Lernprozess zuwider, denn es handelt sich in erster Linie um die Sicherstellung einer Überlieferung von etwas, was schon gewusst ist. Cage hingegen ist der Auffassung, daß zu lernen sein muß, was noch nicht gewusst ist: "Sie müssen

[85] Ebd., S. 106

Dinge lernen, die unerkannt sind oder unerkennbar waren..."[86] Diese Idee richtet sich nicht nur gegen die Praxis der Machtsicherung, daß die „Gesellschaft durch Leute beherrscht wird, die darauf bestehen, dass man sich die gleichen Fähigkeiten aneignet, die es ihnen möglich gemacht hat, die Gesellschaft zu übernehmen"[87], sondern begründet sich auch auf der Einsicht, daß „die Dinge sich schneller verändern, als sie sich jemals vorher verändert haben", wodurch die Inhalte klassischer Curricula in Schule und Universität bereits beim Abschluss überholt sind. Es sollte daher dort eher um ein Lernen des Lernens gehen, wobei hergebrachte Grenzen zwischen den Disziplinen, vorgeschriebene Unterrichtszeiten, Unterricht in dem Sinne überhaupt nicht hilfreich sind. Hier zeigt sich erneut die Forderung, die Prozesse eher dem Leben als den Vorstellungen der Gesellschaft (die, wie Cage anführt, ihr Erziehungssystem einer „weit zurückliegenden Gesellschaftsordnung" zu verdanken hat, wie beispielsweise in Frankeich, wo „das ganze Erziehungssystem von zwei politischen und militärischen Diktaturen geschaffen" wurde[88]) anzupassen. Wie nun genau Lernen und Lehren oder Erziehung stattfinden soll, ist noch offen, weil diese Gedanken zunächst einmal erprobt werden müssen. Cage bezieht sich auf Theoretiker wie Buckminster Fuller, Herbert Mead und Marshall McLuhan, um zu überlegen, ob Menschen Erziehung durch gesellschaftliche Instanzen brauchen oder sich vielleicht eher selbst erziehen, indem sie, wenn man sie ließe, durch das Leben selbst erzogen würden. Er führt aus, daß ein Geist zu „schöpfen" beginnt, wenn er Informationen erhält, die verschieden sind, und die er dann zu etwas anderem verbinden kann. Daher findet Lernen dann statt, wenn man auf andere trifft, die einem Informationen vermitteln, und weitere, die diese Informationen relativieren etc. Es ist für die spätere Untersuchung der pädagogischen Forschungen in der Folge der 60er/70er Jahre wichtig, die Bedeutung, die Cage hier dem Anderen, einem Gegenüber, für den Lernprozess zumisst, zu registrieren. „Selbsterziehung" bedeutet nach ihm nicht, daß sich neugeborene Menschen von sich aus zu einem gleichberechtigten und wissenden Mitglied der Gemeinschaft entwickeln, weil alles Wissen in ihnen angelegt ist und nur freigelegt werden müsste, sondern Lernen entsteht durch In-Bezug-Setzen von sich zu seinem reflektierenden Ich, zu einem anderen, und zu vielen anderen, jenen, denen man tatsächlich begegnet, oder Gestalten der Geschichte. Festgeschriebene Inhalte wie aus der Geschichtsschreibung, können dann

---

86 Ebd.
87 Ebd., S. 107
88 Vgl. Filliou, S. 106

bedeutsam werden, wenn sie mit einem schöpferischen Akt verbunden werden, "Geschichte selbst wird nur Geschichte, wenn wir sie schaffen...". Diesen schöpferischen Akt bezeichnet Cage auch als "Zwiegespräch", womit er meint, das Vorhandene nicht zu übernehmen, sondern für sich nutzbar zu verwandeln. Es liegt nahe, daß eine solch freie und freiwillige Wahl der Informanden und Quellen der Information nur in einer Gesellschaft möglich ist, die sich von der bestehenden unterscheidet, welche dem Erhalt der eigenen Struktur dient und nicht seiner Verwandlung. Und doch ist es eben diese Transformation, die Filliou, Cage und ihre Kollegen als unabänderlich erachten, wenn sie die bestehenden Tendenzen in die Zukunft verlängern. Dazu gehört die Vision, daß menschliche Arbeit zur Versorgung der Menschheit zunehmend (und besser) von Maschinen ersetzt werden wird. Herkömmliche Berufe und Arbeitsplätze fallen weg, die (bis heute) vielen Menschen ihren Sinn im Leben geben. Darüberhinaus wird durch die wachsende Population zwangsläufig ein weiserer Umgang mit den Ressourcen nötig werden, also „weniger Aufwand an Mitteln"[89], wozu gehört auch menschliche Arbeitskraft gehört, der dennoch für die Versorgung von immer mehr Menschen dienen muß. Dies kann nur durch intelligente Organisation geschehen, und Cage formuliert hier seine Vision:

> „Zum Beispiel können wir dies auf dem Gebiet der Ökonomie erkennen, sogar unter ziemlich konventionellen Geistern wird die Ahnung von einer grundlegenden ökonomischen Sicherheit und der Notwendigkeit, allen Menschen auf diesem Planeten das Lebensnotwendigste zu geben, mehr und mehr eine vorrangige und konventionell gehaltene Ansicht. Nun, wenn das einmal geschieht, wird es starken Einfluss auf das Gebiet der Erziehung haben (...) So kommen wir wieder zurück auf Buckminster Fuller. Was sagt er, wird die Gesellschaft tun, wenn die Leute keine Arbeitsplätze mehr haben können und arbeitslos sind? Er sagt, sie werden ihr ganzes Leben lang in der „Universität" verbringen. Die „Universität" ist nicht nur höhere Erziehung - sie ist der Gesamtkomplex der Erziehung."[90]

Und hier verbindet sich die bereits dargestellte Zuordnung Fillious von „Kunst als schöpferischem Umgang mit Freizeit" mit der von Cage erkannten Notwendigkeit für die Zukunft, indem er fortfährt:

> „Alle von uns werden (...) ihr ganzes Leben auf dem Gebiet der

[89] Filliou, S. 107
[90] Ebd., S. 109

Erziehung verbringen, denn wir werden nicht in ein Arbeitsleben überwechseln können. Dies alleine, der reine Gedanke, dass man sein ganzes Leben damit verbringen würde, ausgebildet zu werden, ist heutzutage abstossend, nicht weil man daran denken kann, wie das sein würde, sondern weil man sich erinnert, wie es war. Man würde sich nicht wünschen, in den Universitäten zu leben, so wie man sie heute kennt. Sondern wir müssen die Universitäten so verändern, dass sie wie die Orte sind, die wir gern haben, so wie wir unser ungeregeltes, anarchistisches Künstlerleben gern haben."[91]

Im Jahr 2016 ist es offensichtlich, daß Maschinen bereits zahlreiche Berufe überflüssig gemacht haben und diese Tendenz fortschreitet. Doch bisher existiert kein gesellschaftliches Angebot für die zahlreichen Arbeitslosen, die vergebens ausgebildet wurden. Selbst wenn soziale Systeme einiger Länder ihre arbeitslosen Mitglieder zumindest nicht verhungern lassen, so tun sie kaum mehr, und sicher leisten sie nicht eine Eingliederung in eine Gemeinschaft, in der sich alle akzeptiert und gewertschätzt fühlen. Noch schlechter ist es um Arbeitslose in Gesellschaften ohne soziale Struktur bestellt, die ohne jede Hilfe bleiben, wobei ihnen mehr und mehr selbst der Lebensraum oder die Beschaffung von Nahrung durch Fischen, Jagen, Anbau etc. genommen wird. Dieser Misere liegt unter anderem auch die herkömmliche Vorstellung von „Arbeit" zugrunde, was hier nicht ausführlicher darzustellen ist und ohnehin in vielen bekannten Werken analysiert wurde. Dennoch ist es hier von Bedeutung, dem von Filliou gebrauchten Begriff „Freizeit" etwas von seiner üblichen Konnotation zu nehmen, denn er meint damit weniger die Zeit, die neben der „Arbeit" übrig bleibt, sondern Zeit, die zur freien Gestaltung vorhanden ist, unabhängig wie lang diese andauert. Cage unterstreicht:

> „Künstler sind so fleissig wie Bienen. Sie haben niemals genug Zeit. Sie arbeiten Tag und Nacht und sind vollkommen in ihre Arbeit vertieft. Sie können nicht zwischen Arbeit und Spiel unterscheiden."

Er verlängert aber diese, möglicherweise heute fast kitschig klingende Behauptung dahingehend, daß er diese Tendenz allen Menschen zuspricht:

> „Ich denke hauptsächlich, und mit hauptsächlich meine ich durch ihre Geburt sind die Menschen so - sie wissen alle ganz genau, was sie mit ihrer Zeit anfangen sollen, wenn man sie in einem anarchis-

[91] Ebd.

tischen Zustand lässt."[92]

Diese Aussage schließt sich auch Fillious Untersuchung zur Ähnlichkeit von Künstlern und Kindern an.

Im Sommer des Jahres 2016 soll es in der Schweiz eine Volksabstimmung darüber geben, ob in Zukunft jedem Bürger bedingungslos ein Grundeinkommen zugestanden werden soll. Die Kommentare zu dieser Idee demonstrieren, daß die Einsichten Fillious und Cages in dieser Beziehung keineswegs in der Gesellschaft angekommen sind. Die Ansichten reichen von der Annahme, daß dann niemand mehr die anfallenden Arbeiten in der Gesellschaft übernehmen wolle, daß Pflichterfüllung und Beitrag zur Gesellschaft erst eine Entlohnung rechtfertige bis hin zu der perspektivlosen Ausführung, was denn dann die versorgten Menschen bloß mit ihrer Zeit anfangen würden, wobei zum Parties-Machen oder ein unbestimmtes „Sichselbstverwirklichen" kaum Alternativen entwickelt werden. Daß unsere Gesellschaft bis heute tatsächlich nicht die eigenverantwortliche, schöpferische Gestaltung der eigenen freien Zeit gefördert hat, wird, wie schon erwähnt, in der Darstellung der Freizeitindustrie ersichtlich. Nicht ohne Grund erkennen Filliou und Cage in ihrem gemeinsamen Gespräch, daß zu der Umsetzung ihrer idealen Situation für Lehren und Lernen auch eine veränderte Gesellschaft gehören muß. Diese ist nicht wie eine neue Struktur zu beschreiben, die die herkömmliche ersetzt, stattdessen wird sie sich entwickeln und verändern, je nachdem, was die Menschen in der Zwischenzeit erkannt haben werden. Diese Situation widerspricht den Optimierungsstrategien heutiger technologischer und ökonomischer Lenker, und interessanterweise bezieht sich Cage auf eine Publikation der UNESCO über die Auswirkungen der Automatisierung auf die Gesellschaft, wenn er zitiert, daß dort bewegliche statt fester Werte für die Zukunft gefordert werden. Er sagt:

"Wir brauchen bewegliche Werte. So muss unsere Erziehung durch all das charakterisiert werden, das auf eine Veränderung zur Flexibilität hin zugeht."[93]

Auf die aktuellen Vorstellungen der UNESCO zu den wichtigen Wissensgebieten und Fähigkeiten der Menschen für die Zukunft soll im Kapitel VI eingegangen werden, um die darin vorzufindenden Tendenzen mit dem emanzipatorischen Anspruch, dessen Grundlagen hier in Fillious Buch

---

92 Filliou, S. 110
93 Ebd., S. 111

gezeichnet werden, zu vergleichen.

Ein bisher unberücksichtigter Aspekt im Gespräch zwischen Filliou und Cage ist der Verweis auf die Lehrmethode der Zenmeister. Cage beschreibt sie, daß sie den „Geist des Nichtlehrens" enthalte, und doch zu einem Lernerfolg des Schülers führt. Durch die pure Existenz des Meisters, der aber keinerlei Antworten gibt auf Fragen, ist der Schüler auf sich selbst zurückgeworfen und muss sehen, wie er eigenständig zu Wissen gelangen kann - durch Beobachtung und Umgehen mit dem, was das Leben ihm entgegenbringt. Der „Meister" ist gleichzusetzen mit der Gesellschaft, auf die Cage und Filliou in ihrem Gespräch hinarbeiten. Er ist vorhanden wie eine Instanz, die sagt, daß der Mensch forschen und erkennen soll, daß dies Sinn macht, daß er nicht allein ist, daß auch er seinen täglichen Verrichtungen nachgeht und selbst dabei studiert, usf. Aber er manipuliert nicht, er läßt den Schüler lernen ohne zu lehren. Dieses Bild wie auch die vorherigen Klärungen von „Freizeit" oder „Selbsterziehung" sind wichtig, um zu verdeutlichen, daß es hier nicht um ein Konzept zur wahllosen, unbeaufsichtigten Selbstverwirklichung eines individuellen Ichs handelt, sondern eine pädagogische Theorie für die Lösung des Problems, wie die menschliche Gemeinschaft für ihre zukünftigen Herausforderungen vorbereitet werden kann, um darauf der menschlichen Natur nach[94] zu antworten.

Das Gespräch mit Allan Kaprow, dem „Erfinder des Happenings", beginnt mit Überlegungen, die heute als selbstverständlich erscheinen, obwohl sie sich keineswegs durchgesetzt haben. Kaprow beschreibt seine Visionen eines Unterrichts, der außerhalb der Schulklasse stattfindet, integriert in die Gemeinde und Umfeld der Schule, in dem professionelle Künstler auf eigenständige Weise die Schüler und auch die Lehrer inspirieren, wo Kindertheater und Aktionen entwickelt werden. Auch er kritisiert die Auffassung, daß Kunst und Leben zu trennen seien, und erkennt, daß der früher vielleicht notwendige „Elfenbeinturm der Intellektuellen" heute „vollkommen künstlich" sei. Aus der Beobachtung, wie Künstler arbeiten, leitet er ab, daß sie ihre „wirkliche Umgebung" mit ihrem künstlerischen Thema symbiotisch verbinden - insofern sind sie brauchbare Beispielgeber dafür, die Umwelt und das Leben auf neuartige Weise anzugehen und dadurch Wissen zu generieren. Wenn Kaprow vorschlägt, „professionelle Künstler" in die Schulen zu bringen, bzw. mit ihnen die Schüler aus diesen heraus ins Leben zu führen, so meint er damit nicht Kunsterzieher, die bestimmte Methoden zur Kreativitätsentwicklung nutzen oder Kunstlehrer, die Kunst-

94   Siehe dazu auch die Erklärung des Begriffs "posthuman" im Kapitel V

geschichte oder praktische Techniken beibringen. Es geht um praktizierende Künstler, deren Methoden und Ziele sich je nach Problemstellung ändern und daher auch nicht durch Nachahmung erlernbar sind. Stattdessen, indem die jeweiligen Künstler als „Fallbeispiele" in ihrer Methode der Problemlösung betrachtet werden, vermitteln sie die Erfahrung, daß Dinge auf sehr verschiedenen Wegen erkennbar sind. Die Verbindung bzw. Rückanbindung von Schule mit dem Leben kann nach Kaprow mit der von ihm gegründeten Methode des „Happenings" hergestellt werden, das ein Umfeld schafft, in dem Schüler wie Lehrer gleichermaßen im Spiel entwickeln und erkennen. Möglicherweise sind die heutigen Wahlmöglichkeiten, AGs, Theatergruppen, Rollenspiele und außerschulischen Veranstaltungen Ergebnisse dieser damaligen Ideen. Auch seine Vorstellungen zu internationalen Jugendfestivals, Vernetzung von Kindern verschiedenster Länder, eigenen Schülerfilmproduktionen scheinen durch die Entwicklung der Kommunikationsmedien heute in ungeahntem Maßen verwirklicht zu werden. Dennoch ist zu betonen, daß das Ideal Kaprows sich nicht auf die äußere Form des Happenings - als Aufführung aller Beteiligten etwa -, beschränkt hatte, sondern daß Offenheit in Bezug auf den Ausgang oder ein „Ergebnis", wie auch das gleichwertige Risiko, mit dem sich Schüler wie Lehrer dorthinein begeben, erst ein Happening in seinem Sinne konstituierten. Unter diesen Bedingungen kann bezweifelt werden, daß heute „Lehren und Lernen" als Happening stattfinden. In der Darstellung des ausführlichen Erfahrungsberichts der Professorin und Performancekünstlerin Jyl Lynn Felman in „Never A Dull Moment"[95] werden die hier auftauchenden Problematiken eindrücklich verdeutlicht und zeigen, wie eine Lehr-/Lernmethode nach Kaprow'scher Art wirklich abläuft, welche Ergebnisse sie hat, und inwiefern sie sich bis heute innerhalb von Institutionen und Schulen nicht durchgesetzt hat.

Im Gespräch mit Ben Patterson wird die Rolle des Lehrers betrachtet, insbesondere dessen Verhaltensweisen und Lehrmethoden, die es zu verändern gilt. Die "Teilnahme des Zuhörers", wie sie in der Kunst bereits erprobt wurde, könnte ein wirkungsvolles Lernen ermöglichen, da der Lernprozess personalisiert und für sich selbst bedeutsam gemacht wird. Die Angst vor dem Verlust der Autorität und anarchischen Zuständen stehe der Umsetzung allerdings noch im Weg.

"Wir haben Angst vor dem, was man Anarchie nennt - eine wirk-

---

[95] Jyl Lynn Felman. Never a Dull Moment: Teaching, and the Art of Performance. New York. 2001. Siehe auch Kapitel VI.

liche Art der Selbstbestimmung."[96]

sagt Patterson und führt aus, daß nur die Leute vor Anarchie Angst hätten, die "Gruppen von Leuten" kontrollieren wollten, wie beispielsweise Chefs ihre Arbeiter. An dieser Stelle soll erneut darauf hingewiesen werden, daß selbst wenn der Begriff „Anarchie" im Zuge von Fillious Untersuchung öfters fällt, man ihn nicht gleichsetzen kann mit einem gesetz- und regellosen Szenario oder willkürlichem Chaos, in dem jeder seinen eigenen Bedürfnissen nachginge. Im Gegenteil handelt es sich um ein freiwilliges und gleichberechtigtes miteinander Lernen und Lehren, das durch konzentrierte, harte, ernsthafte Arbeit (wie die der Künstler) und das Praktizieren konstruktiver Kritik gekennzeichnet ist. Auch die Rolle eines oder mehrerer Personen in einer Gruppe, die mehr Erfahrung haben, wie die Künstler oder die neu auszubildenden Lehrer oder andere, die Experten auf dem Gebiet sind, um das es gerade geht, ist nicht zu unterschätzen. Der Begriff „Autorität" widerspricht nicht dem „anarchistischen" Umfeld, nur gründet er nicht auf einer gesellschaftlichen Vorschrift zur Machterhaltung, sondern konstituiert sich aus von allen anerkannten Erfahrungen im Umgang mit einer spezifischen Problematik. Tatsächliches Wissen und Erfahrung zählen, um andere anleiten zu können, und nicht eine staatlich untermauerte Macht.

„Der Lehrer sollte eine Art Führung übernehmen, nicht unbedingt Aufsicht, aber als Anregung, Hilfe und Führung."[97]

meint Patterson, im Unterschied zu „Wenn man ihnen beibringt, „dies ist die rechte Art zu denken über jenes, und du sollst immer der Autorität gehorchen," und dass es jemanden gibt mit einer Autorität, der Lehrer, und später wird das auf den Präsidenten übertragen, usw...."[98] Hier deutet sich an, wie tiefgreifend Überlegungen zu neuen Erziehungskonzepten auch eine Veränderung der Gesellschaft implizieren, bzw. wie unmöglich es gemacht wird, in einer hierarchisch strukturierten Gesellschaft solche Ansätze zu implementieren.

George Brecht empfiehlt in seinem Beitrag unter anderem zwei Ideen: "Wenn Du etwas wissen willst, verbringe Deine Zeit mit jemandem, der etwas weiß" - wobei er auf die beispielgebende Funktion eines Gegenübers anspielt. Sein zweiter Vorschlag ist, "jede Person würde sich aussuchen, für was sie verantwortlich sein möchte" und meint damit nicht klassische Berufsfelder, sondern durch eigene Erfahrung und Wünsche ausgebildete

96   Filliou, S. 134
97   Ebd., S. 133
98   Ebd., S. 134

Fertigkeiten wie "Perlstickerei, Kochen, Zeichnen, Bisexualität, Chemie" und mehr. Die eigene Kompetenz zu kennen, entwickeln und vermitteln zu können, damit eine eigene Meisterschaft zu erreichen, wird die Basis der Rolle in der Gemeinschaft und, verlängert, der Gesellschaft.

Diter Rot betont in seinem Gespräch mit Filliou über den Sinn von Erziehung, daß letztlich jeder Mensch nur sich selbst ausdrückt in seinen Handlungen und Äußerungen. Selbst wenn er behauptet, sich andere Szenarien vorstellen zu können, sind es - wie die Tiere, die außer ihrer eigenen Welt nichts wahrnehmen - doch nur seine eigenen Wünsche, die er beschreibt. Aus diesem Grund definiert Rot seine Vorstellung von Demokratie so:

> "Ich habe dann gesagt, ich dächte, Demokratie ist ein Ort, wo jeder hingehen kann und sagen kann, was er tun will und haben will. Nicht, was andere tun sollten oder was jedermann tun sollte, oder was das ganze Land tun sollte, oder was alle tun sollten sondern man sollte dort einfach sagen können, was man für sich selber will. Also dann sagt vielleicht einer: "Ich will dieses." und ein anderer sagt: "ich will jenes." und jeder sagt was er will, für sich will. Und dann können wir versuchen überein zu kommen. Wenn da genug Leute sind die eine gewissen Sache getan haben wollen, dann können sie das tun, nicht?"

Dabei weist er allerdings darauf hin:

> "Ich würde sagen, nein, das ist nicht mehr Demokratie, sobald man drangeht jemanden zu überreden dann ist das schon eine Art Diktatur."

Die hier entstehenden Ideen, die anschließend als Emanzipation, Selbstverwirklichung, Basisdemokratie, antiautoritäre Erziehung etc. in die Geschichte eingehen werden, haben diesen Rückbezug auf das eigenverantwortliche Individuum, welches unumschränktes Recht über sein Leben hat, zur Basis. Für Diter Rot ist die Manipulation anderer höchst problematisch, weswegen er bisher auch nur ungern gelehrt hat. Er berichtet von seinen Erfahrungen, die zeigen, daß eine wirklich freie Entfaltung im Unterricht durch die Konditionierung der Studenten ausgeschlossen ist.

> „Verstehst du, ich wusste niemals sicher, ob sie so etwas von sich aus getan hätten. Würden sie es wirklich mit Begeisterung getan haben, oder nicht? Die meisten Studenten tun es sowieso nur deinetwegen, um dir zu gefallen, und wenn du zufrieden bist, dann

sind sie auch selber zufrieden."[99]

Seine tiefe Überzeugung, daß jeder nur für sich selbst sprechen und denken könne, bezieht sich dementsprechend auch auf die Inhalte der Lehre. Selbst Fillious Gedanken dazu erscheinen ihm noch zu verhaftet in einer Wertetheorie, die seiner Einsicht widerspricht. Er glaubt, Menschen müssten nur (wieder) herausfinden, was sie wirklich möchten und wie man es formulieren kann, und hätten damit selbst ihre Art des Lebens, der Arbeit und ihre Rolle in der Gesellschaft gefunden. Allerdings, wie er an seinen eigenen Kindern und seinen Studenten feststellen musste, wird das Wissen um die eigenen Wünsche schnell verlernt, indem man beispielsweise erfährt, daß sie nicht erfüllt werden, wenn man sie nur ausspricht, oder glaubt, daß sie nicht erlaubt sind oder daß es keine Chance zu ihrer Umsetzung gäbe. Die Feststellung seiner selbst gefundenen, nicht von außen manipulierten Wünsche ist eine Selbsterkenntnis, die im weiteren auch den Weg zur Umsetzung formt und ermöglicht. Selbstverständlich geht es hier nicht um die Art der „Selbstverwirklichung", die heute im Freizeitmarkt in Form von Tanz-, Sport- oder Kreative Schreibkursen angeboten wird. Diter Rot beschreibt seine Studenten bei den ersten Treffen so, daß sie zwar glaubten, zu wissen, was sie wollten, nämlich „irgendetwas machen, das sie Kunst nennen könnten, und auch andere Leute Kunst nennen würden"[100], und fährt fort:

> „Aber dann habe ich sie auch darauf bringen können dass sie sogar etwas machen oder tun konnten, das man nicht vornherein Kunst nennen würde, das sie aber einigermassen glücklich machen könnte (...) damit es ihnen möglich wurde direkt auf ihre kleinen Wünsche loszugehen (...) Ich habe ihnen also immer wieder gesagt, macht was ihr wollt, findet einfach heraus was ihr wollt, und dann versucht es zu tun. Und denkt vielleicht daran dass euch das beruhigen oder zufrieden machen kann, oder so etwas. Versucht das zu tun, versucht herauszufinden wie man das tun kann."[101]

Rots Aussagen zu einer Lern-/Lehrtheorie beruhen also auf folgender Logik:

> „Menschen können sich nichts anderes als sich selbst vorstellen. Aber sie glauben, oder, sie haben diese abstrakte Idee, dass sie sich

99 Ebd., S. 146
100 Ebd., S. 145
101 Ebd.

etwas anderes vorstellen können als sie selber sind, etwas anderes neben sich. Ich glaube, dies ist das Problem unserer Diskussion, das ist der Mist, glaubst Du nicht? Wir benehmen uns immer so als könnten wir ausser dem was wir tun noch etwas anderes tun."[102]

Diese Rückführung auf einen selbst in allem, was man kommuniziert, politisch fordert, von jemandem verlangt, tut, schließt „Im Namen der anderen Sprechen", Führen und Erziehung aus. Seine Wünsche als die eigenen und nicht als die anerzogenen zu verstehen und Wege zu finden, diese umzusetzen, damit man „beruhigt oder zufrieden" wird, erfordert die Kompetenz, sie auch formulieren zu können, um sie mit anderen zu diskutieren, die einem bei Interesse weiterhelfen können. Man erkennt viele Ziele der Pädagogik wieder: Selbsterkenntnis, Kommunikationsvermögen, Kritikfähigkeit, Tätigkeit, Friedlichkeit, Wohlbefinden - nun aber ohne die inhaltliche Bestimmung durch die Lehrenden.

Dorothy Iannone erinnert in ihrem Brief als Beitrag zu den Gedanken über eine neue Art von Erziehung an die nichtsprachlichen, körperlichen, sensuellen, sexuellen, mythischen und mystischen Quellen, die ein Leben bereichern bzw. mitprägen. Sie fasst diese Aspekte unter dem Begriff "Ekstase" zusammen und erweitert dadurch die bisherigen, recht theoretischen Erörterungen um ein großes Spektrum. Ihre Hinweise werden jedoch nicht fortgeführt. Es findet sich eine leere Seite im Anschluss an ihren Text, vielleicht wäre es sinnvoll gewesen, dem Gewicht ihres Statements, das Filliou als stellvertretend für noch vier weitere Frauen wertet, eine entsprechend größere weiße Fläche im Buch zu widmen. In einem späteren Kapitel soll daher vertieft auf die Bedeutung des Körpers in Bezug auf Lehren und Lernen eingegangen werden, zumal „Aufführungskünste" seiner bedürfen und sich heutzutage durch die Einführung virtueller Medien in den Lernprozess die Frage nach der Bedeutung des realen Körpers, der anderen Sinne neben dem visuellen etc. verstärkt stellt. Die von Iannone angesprochenen weiteren Quellen der Erkenntnis werden im Kapitel V dahingehend betrachtet, inwieweit sie bis heute in den Prozess der Wissensproduktion einbezogen wurden.

Im folgenden Beitrag allerdings vertieft Joseph Beuys Iannones Anregungen, indem er konstatiert:

"Weil meine Überzeugung ist, dass das Wichtigste, was wir

---

[102] Ebd., S. 147

erkennen müssen, nämlich über die Ratio sowieso hinausgeht."[103]

Die besonderen Charakteristiken der angesprochenen "Ratio" schränkt Beuys ein auf den Kulturkreis des "Nord-Westen", und weist ihnen als Eigenschaften "positivistisch, materialistisch, divisionistisch etc." zu, die zwar die Entwicklung von Technik und Maschinen begünstigt habe, andere menschliche Konstituenten aber vernachlässigt. Diese Einseitigkeit führt nicht nur, wie Iannone bemerkt, zu einem Ignorieren des Körpers, sondern verhindert durch die Fixierung auf einen Materialismus die Möglichkeit, etwas zu erfahren, was „bis jetzt noch nicht verstanden wird". Technische Innovationen ergeben sich durch „logische" Funktionen von Dingen, die der Mensch bereits erkundet hat, und andere Bereiche (politische, soziale) werden gesteuert und definiert durch wissenschaftliche, „rationale" Aussagen, wie die der von Beuys kritisierten Soziologie, die „eine Wissenschaft ist, die sich immer mit dem befasst, was schon geworden ist"[104]. Dadurch wird auch der Mensch als solcher eingeschränkt, der sich vielleicht zu seinen in ihm angelegten Fähigkeiten noch gar nicht entwickelt hat, der seine Grenzen erweitern sollte, indem er uneingegrenzt von seinem Denken Gebrauch macht.

Beuys stellt "die Forderung nach einem erweiterten Bewusstsein", welches den Umgang mit etwas, was man noch nicht versteht, als bedeutsam für Wissensgenerierung inte-griert. Durch seine Performances will er dem Publikum diesen leeren Raum vorführen, der zwischen einem bisher nicht ins menschliche Bewusstsein gerückten Unverstandenen und dem menschlichen Gegenüber besteht, und den es konstruktiv zu überbrücken gilt. Hier führt er einen wesentlichen Aspekt von Performance und „Aufführungskunst" für die Thematik „Lehren und Lernen" auf, wenn er die notwendige Haltung des Publikums folgendermaßen beschreibt:

> „Also meine Aktion (...) war zweifellos so angelegt, dass es nicht ohne weiteres verstanden werden konnte. Man hätte es, sagen wir mal, verstehen können insofern, als man sagt, da ist einer, der führt etwas vor, was mir im Augenblick vielleicht nicht durch meine Ratio verständlich ist. (...) Man hätte sich einen Ruck geben können und sagen müssen, ich verstehe es nicht und müsste es doch eigentlich verstehen.."[105]

Diese offene Haltung ist für den Zuschauer eine große Herausforderung,

103 Ebd., S. 160
104 Ebd., S. 162
105 Filliou, S. 160

denn er fühlt sich nicht mehr sicher, er befindet sich in einer ungewissen Situation, in der er etwas erfährt, ohne dies zunächst rational beschreiben zu können. Spornt ihn dies jedoch an, der Sache auf den Grund zu gehen, indem er mit dem Künstler, Lehrer und anderen Beteiligten diskutiert, wird allen dabei etwas vermittelt: sowohl etwaige Vorstellungen, worauf sich die gemachten Erfahrungen beziehen könnten, wie auch die Einschätzungen und Ideen, die sich daraus entwickeln. Die Performances sind also ein vorbereitender Rahmen, die Inszenierung einer geeigneten Situation für ein gemeinsames Erleben von Phänomenen, die neu oder durch die bisherige kulturelle Erziehung unzugänglich geworden sind.

Der angesprochene Kulturkreis zeichnet sich dann durch den Einfluss des Christentums aus, wenn es um grundsätzliche, philosophische Fragen des Menschen geht, die Fragen nach Herkunft, Schicksal, Bestimmung, Grund, Bedeutung der menschlichen Existenz, also Fragen, die in den Naturwissenschaften oder der Ökonomie nicht beantwortet oder behandelt werden. Beuys sagt:

> "Es ist aus diesem Grunde auch nicht zufällig, dass christliche Begriffe auftauchen. Weil ich glaube, dass das Christentum nicht, wie viele meinen, ausgewirtschaftet hat, weil man es falsch beurteilt hat durch äusserliches Versagen in der Gesellschaft. Dass das, was man bisher vom Christentum kennt, das also Vorgeplänkel ist, so dass man sagen kann, das sind nur die Geburtswehen desjenigen, was man Christentum nennt."[106]

Gedanken, die über die Ratio hinausgehen, sollten nach Beuys aber eben nicht auf die Religion beschränkt sein, sondern sind fundamentaler, sie sind existentiell für jede menschliche Tätigkeit, so wie es in der Kunst erkannt wurde, die dabei sei, sich zu „erweitern", sich also auf das ganze Leben, auch auf diese Fragen zu beziehen. Nach Beuys müssen sich in Zukunft alle spezialisierten Wissenschaften wieder auf ihre gemeinsame Basis, nämlich den Menschen, besinnen, und ihren Arbeitshorizont dementsprechend erweitern.

Er präzisiert für das Gebiet der Politik:

> "Also wird hier Politik vorwiegend behandelt als ein erweiterter Begriff. Es kommen da Zielvorstellungen durchaus schon zur Sprache, die der Politiker heute gar nicht in sich bewegt. ... daß

---

[106] Ebd., S. 161

man eine brauchbare Politik aufbauen muss, die einen Wert hat, die also auch das Leben beleuchtet, was vor der Geburt da ist, die aber auch das Leben mitergreift, das nach dem Tod vorhanden ist..."[107]

Ein erweiterter Begriff für Politik, Wissenschaft oder Erziehung sollte den Begriff des Werdens, einer Zukunft, in den Vordergrund stellen und nicht einfach unreflektiert tradieren, "was schon geworden ist"[108], mit anderen Worten: es muß gelernt werden, mit noch nicht Gewußtem, Unbekannten, Nicht-Meßbaren kritisch umzugehen.

Wenn Beuys behauptet,

"Man kann sagen, jedes menschliche Wissen, sei es Mathematik, sei es Chemie, sei es Biologie, sei es auch Politik, stammt letztlich aus der Kunst"[109],

dann meint er damit den Ursprungspunkt für jede Art menschlicher Kreation, der nicht nur rationales Vorgehen, sondern auch eine Verbindung mit dem "Mythischen, auch mit dem Magischen" aufweist. Fehlt dieser Zusammenhang, kommt es zu einer Spezialisierung, einer Abspaltung vom Ganzen, die einseitig ist, aber immerhin bestimmte Phänomene wie die Entwicklung von Technik und Maschinen ermöglicht hat. Die Abspaltung bezieht sich auch auf das Verhältnis der Menschen untereinander, die nicht mehr in einem spirituellen "Kollektiv", das von allen empfunden wird, verbunden sind, "sondern es ist eine Trennung gekommen".

Im Gegensatz zu manchen Religionsführern, sieht Beuys jedoch in dieser Abspaltung eine Chance für eine neuartige Freiheit des Menschen.

"Die wenigsten Menschen merken, dass, sagen wir mal durch die negative Beleuchtung von dieser Tatsache, dass die Menschen heute alle vereinsamt sind und entfremdet sind, und wie alle diese Begriffe lauten, im Grunde nichts anderes gesagt wird, als dass sie frei sind."[110]

Diesem Gedanken weiterfolgend, kann dann eine sinnvolle politische Entwicklung nur entstehen, wenn diese freien Einzelwesen, sich gegenseitig als solche akzeptierend, zusammen daran arbeiten. Er fährt fort:

---

107 Ebd.
108 Ebd., S. 162
109 Ebd.
110 Ebd.

"Es gibt heute sogar die Meinung, es wäre zu machen mit einem Kollektiv. Für mich ist das ganz fatal, denn allein schon durch den Begriff Kollektiv kommt etwas auf, was nicht mehr möglich ist, weil der Mensch tatsächlich ganz einzeln ist und als Einzelner absolut frei ist, als Einzelner eine grosse Kluft überspringen muss und mit grosser Energie mit anderen Menschen zusammenarbeiten muss, was aber noch nicht kollektiv ist - das ist für mich etwas vollkommen anderes. Menschliche Zusammenarbeit, Brüderlichkeit ist für mich etwas grundsätzlich anderes als kollektiv."

Hier ist absolute Eigenverantwortlichkeit, Selbständigkeit und Unabhängigkeit im Denken und Handeln angesprochen, die geläufigen Erziehungskonzepten eher zuwiderlaufen. Letztere beruhen oft auf der Annahme, daß Menschen nicht von sich aus zur Einsicht gelangen, daß es sinnvoll sein könnte, sich in eine Gesellschaft zu integrieren, sondern daß es dazu eines eindeutigen und auch langen, wenn nicht lebenslänglichen Trainings bedarf, wobei die Ziele der Gesellschaft oft nicht einmal tatsächlich mitzubestimmen sind. Der oben angesprochene Gedanke Beuys' zur Freiheit des Menschen wird für die hier vorliegende Untersuchung als fundamental angesehen und insofern im weiteren noch detaillierter behandelt werden. Auch in die Untersuchung zu dem Umgang mit den Neuen Kommunikationsmedien, die aktuell wegen ihrer angeblichen „Vereinzelung" der Gesellschaftsmitglieder kritisiert werden (siehe Kap. V), wird die hier von Beuys formulierte „absolute Freiheit jedes einzelnen" noch vertieft.

Künstler, die sich in ihren Aufgabenstellungen und Arbeitsmethoden, ihrer Lebensgestaltung und Wertvorstellungen völlig frei bewegen, sind Beispiele für die von Beuys angenommene Freiheit. Sie arbeiten an einem "Kreationspunkt", sie denken ohne Umwelt, sie sind, da abgeschnitten von Magie, Mystik und wissenschaftlichen, politischen oder ähnlichen Vorgaben, völlig alleingelassen zu denken und daraus etwas in die Welt zu setzen. Diese "Unabhängigkeit" des Gedankens hat immateriellen Charakter und entspricht der aufgekommenen Informationstheorie, von der Beuys sagt:

> "Ich rede über Informationstheorie, weil ich der Meinung bin, dass das Informationsmodell, wenn man es konsequent und erkenntnistheoretisch durchdenkt, der Beweis dafür ist, das der Mensch ein Wesen ist, das über sich hinausgreift."[111]

---

111 Ebd., S. 163

Nach Beuys wird der Mensch seinen Körper eines Tages verlassen, nicht nur durch den physiologischen Tod, sondern durch Veränderung, Kreation, durch "Plastik":

> "Das sind alles Dinge, die mit dem Begriff Plastik insofern zusammenhängen, weil Plastik den genetischen Ursprung bezeichnet. Da wo der Mensch also wirklich nicht abhängig ist von seiner äusseren Objektwelt, also seiner Umwelt; sondern ganz unabhängig ist aufgrund seines Denkens und seines Freiheitsbegriffs. Es wird also in meinem Sinne das Denken schon als Plastik bezeichnet."[112]

Künstler sind mit dieser Praxis also per se vertraut, wohingegen die anderen Menschen diese Freiheit für sich erst entdecken müssen.

> "Aber die wenigsten Menschen sehen heute ein, dass sie diese Freiheit schon in sich verkörpern. Das ist ihnen alles völlig verbaut."[113]

Verbaut wurde ihnen dieses Vertrauen auch durch verschiedenste wissenschaftliche oder politische Theorien, die den Menschen als abhängiges Wesen deklariert haben. Beuys sagt:

> "Es wird auch übersehen, daß man aus der Abhängigkeit untereinander und vom jeweiligen Wirtschaftsprozess, wie es Marx gesagt hat, oder vom Naturprozess, eigentlich gar nichts Neues machen könnte. Denn wenn man ewig abhängig ist, kann man nicht kreativ sein. Dieser logische Fehler wird oft begangen."[114]

Es ist wichtig zu beachten, daß die Annahme der "Unabhängigkeit von der äusseren Objektwelt" nicht die Tatsache einer "Umwelt" negiert. Gerade weil man sich einer Umwelt, in der man lebt, bewußt ist, fragt man sich, so Beuys, wie man ihr verantwortungsvoll begegnen soll. Er glaubt, daß "viele Menschen ihre Sehnsucht nur einsetzen können, wenn sie eine gewissenhafte Antwort auf die Frage bekommen "was ist menschliche Freiheit"". Und er fährt fort:

> "Aber man muss sich doch fragen, wieso kommt die junge Generation dazu, diese soziale Frage aufzuwerfen. Soziale Frage ist eine moralische Frage und sie können sich zur Kunst nicht ohne weiteres hinbegeben, jedenfalls nicht die meisten, ohne eine Antwort darauf zu bekommen, was ist hier meine Pflicht? Was ist hier meine

---

112   Ebd., S. 163
113   Ebd., S. 163
114   Filliou, S. 164

soziale Pflicht? Was muss ich also tun für die Gesellschaft? ...kann die Kunst etwas für die Gesellschaft leisten?"[115]

Die Aufklärung über die Freiheit wie auch die Anleitung oder Beispielfunktion, diese Freiheit kreativ nutzen zu können, sie auszuhalten, zu verteidigen, ihre Anforderungen zu erkennen, sind wesentliche Aspekte der Funktion von Kunst, wie sie in Fillious Buch untersucht werden. Der Versuch einer Pädagogik, die als Grundlage von dieser Freiheit des Einzelnen ausgeht und ein Werden intendiert, steht im Gegensatz zu einer Erziehung zu einer Integration in ein nicht zu hinterfragendes, tradiertes System, welches sich selbst und seine Macht erhalten und sich nicht in ein zukünftiges, noch unbestimmtes umwandeln lassen will. Pädagogik heißt hier nicht die Installation eines autoritären Systems, sondern das Zurverfügungstellen von Methoden im Umgang mit Autoritäten. Autoritäten sind "Wahrheit", wohingegen ein autoritärer Mensch bzw. ein autoritäres Prinzip Willkür sind. Beuys schreibt:

> "Das autoritäre Prinzip ist etwas Negatives, die Autorität ist auch ein Baum oder eine Katze, die durch das Zimmer läuft und für das Kind eine Wahrheit, mit der es sich auseinandersetzt."[116]

Autoritäten sind Wahrheiten, mit denen wir Menschen uns auseinanderzusetzen haben, "Die Welt ist einfach nicht leer."[117] Sie umfassen alles aus der Umwelt, andere Menschen, die Natur etc., aber sind von der menschlich geschaffenen, veränderlichen Machtstruktur eines Staates oder einer Institution beispielsweise zu unterscheiden und zu trennen. Die so genannte „antiautoritäre Erziehung" allerdings negiere die Autorität einer Umwelt und beinhalte, daß man „den Menschen sich selbst überlässt. Dass es auch keine Erziehung zu geben braucht."[118] Damit würde man Kindern eher Hilfe und Angebote verweigern, als ihnen Freiheit zu gewähren. Das Problem liegt nach Beuys nicht in der Notwendigkeit von Erziehung, sondern darin, daß der Staat sie bestimmt und durch seine Machtstruktur der Freiheit des Menschen nicht gerecht wird. Dadurch wird das Potential für die Weiterentwicklung der Menschen an sich unzulässig und kontraproduktiv eingeschränkt - es wird, nach Beuys, gegen die menschliche Natur gehandelt, deren im „erweiterten Bewusstsein" in Form der „Intuition" zu erkennende immanente Freiheit damit jedoch nicht abgeschafft werden

---

115 Ebd.
116 Ebd., S. 165
117 Ebd.
118 Ebd.

kann, und die diese auch gegen staatlichen Willen immer demonstrieren wird.

In diesem Kapitel befragte Filliou andere Künstler als Beispielgeber für eine neue Theorie und Praxis von „Lehren und Lernen". Aus ihren Überlegungen lassen sich folgende Anregungen für die weitere Herausarbeitung in Bezug auf eine pädagogische Theorie auf-listen:

- von Lernen zu sprechen ist nur sinnvoll, wenn etwas gelernt wird, was bisher unerkannt war - dies gilt für Kinder ebenso wie für die Menschheit allgemein (Cage),
- daher sind historische „Fakten" nur bedeutsam, wenn sie schöpferisch behandelt werden (Cage),
- lebenslanges Lernen, wie die Künstler es tun, ist für das zukünftige Überleben der Menschheit wichtig, besonders, da in Zukunft Maschinen die meiste Arbeit übernehmen werden und die Menschen ihre freie Zeit sinnvoll gestalten können (Cage),
- im Erziehungsprozess ist es für den Lernenden wichtig, eine „Instanz" (Cage), eine „Kompetenz" (Brecht) oder „Autorität" (Beuys) wahrzunehmen,
- die Schule/Lehre muss inhaltlich und räumlich mit dem Leben und Umfeld verbunden sein (Kaprow),
- Lehrmethoden müssen performativ werden, Situationen wie die eines Happenings sind Lernumgebungen für die Entwicklung eigener Gestaltung (Kaprow) oder Performances für die Erweiterung des Bewusstseins, Training der Rezeption (Beuys),
- Zuhören bzw. Gleichwertigkeit von Lehrenden und Lernenden, „anarchistische Verhältnisse" sind Grundlage für die freie Entfaltung von Gedanken (Patterson),
- Selbsterkenntnis, Formulierung seiner eigenen Wünsche führen zur einzig sinnvollen Form von Erziehung, der Selbsterziehung, denn nur dann werden pädagogische Ziele wie Kritikfähigkeit, Kommunikationsvermögen, Wohlbefinden, Friedlichkeit und Selbsterkenntnis wirklich erreicht (D. Rot),
- uneingeschränkte Anerkennung des Körpers und seiner Bedürfnisse (Iannone),
- grundsätzliche Klarheit darüber, dass jeder einzelne Mensch absolute

Freiheit besitzt (Beuys).

4. „ES SELBST TUN"
- praktische Beispiele und Vorschläge zu künstlerischem Lehren und Lernen

Das Kapitel "Es selbst tun" handelt von Ideen und Beispielen Fillious, Material und Methoden zu entwickeln, mit denen ein Lehren und Lernen als Aufführungskunst zur Wirkung kommen könnte. Die dargestellten Ideen sind grundlegend für die Revolution der Lehrmethoden in Schulen gewesen, und so scheinen sich heute formal diese Spiele, Assoziationsübungen, Gedichtschreibanleitungen, Rollenspiele, Theaterstückchen für Kinder, psychologische Tests etc. in dem Lernmaterial der Schulen manifestiert zu haben.

In der Kunst wurden Fillious Vorschläge teilweise auch inhaltlich weiterentwickelt, wenn er etwa in der Beschreibung des "Postpopoi" die "Individualisierung verschiedener Disziplinen" vornimmt und dabei Objekte kreiert, die wissenschaftliche Methoden repräsentieren, mit neuen Bezügen:

- "Anatomie: ein lebensgrosser Schnitt durch einen Menschen mit blauen Venen, roten Arterien, Organen, usw... steht auf einem Sockel mit der Inschrift: "Das Reich der Künste ist in Euch."
- Angewandte Psychologie: Shampoo-Tuben für Gehirnwäschen.

...

- Soziologie: Messen und Wiegen der Besucher mit seltsamen Objekten (da kann man etwa seine Höhe in Tomaten, sein Gewicht in Büchern erfahren)."[119]

Auf die Bedeutung solcher Objekte, die als „Fluxuskits" verbreitet wurden, geht Hannah Higgins, wie man im Anschluss sehen wird, ein. Als Medien zur Stimulation von Assoziationen oder Erklärungswerkzeuge kann man sie als Vorläufer von Bazon Brocks „Theoretische Objekte"[120] oder Barbara Staffords „epistemische Dinge"[121] sehen, wie auch von manchen, heutigen Lehrmaterialien für den Schulunterricht.

Grundsätzlich geht es Filliou um seine Vision der "permanenten Kreation", die die ständige Neudefinition der Umwelt im Austausch mit anderen Menschen zueigen hat.

---

119 Filliou, S. 194
120 Vgl. Kapitel III
121 Vgl. Barbara Maria Stafford, Kunstvolle Wissenschaft. Aufklärung, Unterhaltung und der Niedergang der visuellen Bildung. Dresden 1994

Ein wichtiger Aspekt ist auch die Aufhebung der hemmenden autoritären Strukturen und Lehrpläne von Schulen und Universitäten, also von offiziellen Stätten des Lernens. In der sogenannten "Nichtschule" gibt es das "Programm: Mueheloser Austausch von Informationen und Erfahrungen; kein Schueler, kein Lehrer; voellige Freiheit, mal reden, mal zuhoeren"[122] Jeder berichtet von seiner Arbeit und erklärt sie denen, die es interessiert. Während Filliou "Alfred den Maurer, Antoine den Fischer und Fernand den Klempner" wie auch den "Mathematiker Claude Berge" "oder Christian den Ozeanografen" nennt, scheint seine Wahrnehmung der beteiligten Frauen sich jedoch leider eher als klassisch zu erweisen, mit "Chris, Helen, Lonlon und andere schöne Mädchen, die Rezepte tauschten".[123] Man kann ihm vielleicht historisch gesehen zugute halten, daß die frauenemanzipatorischen Konzepte zu der Entstehungszeit seines Buches erst in der Vorbereitung einer breiteren Veröffentlichung waren.

Ein wichtiger Aspekt für die gesellschaftliche Rolle der Kunst ist die Notwendigkeit, "Kontrolle über die kulturelle Bewegung zu gewinnen"[124] anstatt sich den gesellschaftlichen Normen und Vorurteilen zu beugen. Der Bereich der Kunst wird auf das Leben und das gesamte Umfeld ausdehnt, die Kunst tritt aus dem Atelier und den Galerien hinaus in jeden Bereich des Alltags:

> "Der Künstler muss auch merken, dass er Teil eines groesseren Geflechts, der "Fète Permanente", ist, das ihn überall und immer auf der Welt umgibt. Zur Abwechslung werden wir auch Parties, Hochzeiten, Scheidungen als Aufführungen ankündigen, Gerichtsverhandlungen, Begräbnisse, Fabrikarbeit, Busfahrten rund um die Stadt, Pro-Neger- oder Anti-Vietnam-Manifestationen, Kneipen, Kirchen, usw. ..."[125]

Diese Ideen bildeten das Fundament von Straßentheater und Performances. Wenn solche Ereignisse zu "Kunst" erklärt werden, heißt das, dass auf sie künstlerische Methoden angewendet werden sollen, nämlich die, die Filliou in seinem Buch herausarbeitet. Es handelt sich um ein permanentes Infragestellen und Neuorientieren der herkömmlichen Praktiken, um bewussten, also wahrnehmenden und schöpferischen Umgang mit jedem Material, jeder Situation, dabei die Sicherheiten aufgebend, an die man

---

122 Filliou, S. 200
123 Filliou, S. 202f.
124 Ebd., S. 204
125 Ebd.

vorher geglaubt hatte und sie für sich neu und vorläufig gültig zu definieren.

In freiem Austoben werden die Ideen entwickelt, die zur Beschreibung eines "Gaga-Yogi" führen, der zu absurden Formulierungen kommt wie "Schlafen weckt mich - glücklich sein macht mich unglücklich", welche das Denken zu neuen Operationen anregen. Aktionen werden angedacht, wie das Telegrammeschicken an bekannte Personen des öffentlichen Lebens, um ihnen Vorschläge zu machen, die ebenso wie entsprechend entworfene Zeitungsanzeigen einer spielerisch, absurden Weise zugerechnet werden können:

> "Das IMMERWÄHRENDE GEFLECHT sucht erfahrenen Millionär, der einen Nichtsnutz für Nichtstun bezahlt."

Der ernste Gedanke dahinter ist, daß alles mit allem zusammenhängt, was die Bezeichnung „Immerwährendes Geflecht" ausdrückt. Damit ist nicht nur die heute geläufige Vorstellung des „Netzwerks" verbunden, sondern es sind ebenso Geschichte und Zukunft mit einbezogen, außerdem alle Experimente und Ideen, unabhängig davon, ob sie „gut gemacht, schlecht gemacht oder nicht gemacht" sind. Sich die Welt als „permanente Kreation" vorzustellen, die dem „Prinzip der Äquivalenz"[126] unterliegt, veranschaulicht Filliou in folgendem eindrucksvollen Bild:

> „Ich begann, das Prinzip der Aequivalenz auf ein 10 x 12 cm-Objekt (einen roten Socken in einer gelben Dose) anzuwenden. Das 5te Objekt, zu dem ich kam, war schon 2 x 6 m gross. Dabei liess ich es bewenden, aus Raummangel. Ich rechnete aber aus, dass, wenn ich eine Serie von 100 statt nur 5 Objekten machen würde, (...[127]) die Ausdehnung des 100sten Objekts 5 mal rund um die Erde in der Länge und 60.000.000.000.000.000.000.000.000.000.000.000 in der Höhe wäre. Ich dachte daran, dass die Lichtgeschwindigkeit 180.000 km pro Sekunde beträgt, und fragte mich: ist es nicht denkbar, dass die ursprüngliche Geste des Schöpfers nur „einen roten Socken in eine gelbe Dose stecken" war, und seitdem das Prinzip der Äquivalenz für die permanente Kreation des Universums verantwortlich ist? Was sagen Theologen und Wissenschaftler dazu?"[128]

---

126 Gleichwertigkeit, u.a. auch ein Kriterium bei der Beurteilung von Erfindungen durch das Patentamt
127 im Buch wird diese Zeile irrtümlich wiederholt, also ein Druckfehler
128 Filliou, S. 227

Was manchmal lustig oder für andere albern klingen mag, hat jedoch einen tiefen Hintergrund. Die Überleitung zu einer Telefonperformance mit dem Titel "Strassenkampf", in der Filliou Interessierten in vier Minuten erklärt, wobei man beim Straßenkampf aufpassen muss, deutet auf ein aktives Engagement gegen die Ungerechtigkeiten der Gesellschaft hin, allerdings ausschließlich mit den (pazifistischen?[129]) Mitteln der Kunst. Der Widerstand gegen das Hinnehmen von autoritären Geboten äußert sich in "Unterweisungen in der Praxis von A/B", in denen als Zukunftsvision auf die gefürchtete Angepasstheit der Menschen hingewiesen wird.

Filliou geht auf die zukünftigen neuen Technologien der Medien in Bezug auf eine neue Methode des Lehrens und Lernens ein, indem er glaubt, daß sie bei entsprechend vernünftiger Nutzung durchaus Potential haben. Zu seinem Zeitpunkt war es ihm aber nicht möglich, detailliertere Vorschläge zu machen. Im Kapitel V wird auf dieses Thema ausführlich eingegangen.

In dem Abschnitt "Geistoeffner" zitiert Filliou Sätze, die man ihm selbst gesagt hat oder die er jemand anderen hat sprechen hören, und welche für ihn Auslöser für ein "Aha"-Erlebnis waren. Wie im Buch durchgängig, wird der Leser zu eigenen Vorschlägen motiviert. Das Durchlesen der "Geistoeffner" Fillious macht deutlich, wie es um unseren Geist bestellt ist, was besonders verblüfft oder erstaunt, welcher Gedanke oder Vorurteil durch die Entgegnung eines anderen im Keim erstickt werden. Es sind Beispiele von Veränderungen und also auch Lernerfahrungen, die geschehen, wenn man mit anderen in Interaktion tritt. Absurde, unerwartete Feststellungen oder solche, die das Gegenteil der eigenen Einschätzung einer Situation sind, haben für diesen Lerneffekt den bedeutendsten Anteil, wie beispielsweise:

> "Ein französischer Bauer an einem regnerischen Wintertag: (zu mir und meinem Bruder) "SCHOENES WETTER HEUTE.""

Sicherlich hatten Filliou und sein Bruder das Wetter als wenig angenehm eingeordnet, bevor der Bauer seine gegensätzliche Ansicht formulierte und damit Gedanken über ihn selbst, seinen Beruf, dessen Abhängigkeit vom Wetter und vieles mehr in Gang setzte. Auf unsere mangelnde Aufmerksamkeit oder Sorgfalt wird mit diesem Geistoeffner hingewiesen:

> "Bill, mein taubstummer Mitarbeiter an den Maschinen der Coca-Cola Co., Los Angeles, den ich - schriftlich - gefragt hatte, ob er

---

129 Zum Thema Kunst und Pazifismus wird noch an späterer Stelle eingegangen

einen Wagen fahre, antwortete in Zeichensprache: "NEIN - ICH KANN NICHT HÖREN".

Und manchmal werden die eigenen Dinge erst richtig bewußt, wenn ein anderer sie benennt wie in dem folgenden Beispiel:

"Die Direktion derselben Coca-Cola Co. in einem Brief zu meinem einjährigen Betriebsjubiläum (Juli 1947): "JETZT SIND SIE EIN ECHTER COCA-COLA-MANN."

Wenn man sich an die Dialoge mit den Kindern zu Beginn des Buches erinnert, fallen die Parallelen in einer verblüffenden Art auf.

Wenn man, wie in dieser Untersuchung, davon ausgeht, daß in Fillious Buch die Grundlagen für eine neue Theorie über das menschliche Lernen und Lehren als Überlebensnotwendigkeit gelegt sind, dann lassen sich nun die folgenden Aspekte zusammenfassen:

1. Forderung nach "Teilnahmetechniken"
2. den Lehrern das Lernen zu ermöglichen
3. "echte Demokratie" durch die Einsicht, daß nur durch Dialog Entscheidungen gefällt werden dürfen
4. Nichtakzeptanz von Überliefertem und Geschichtsschreibung, sondern Geschichte ist nur dann wirksam (bzw. bedeutend), wenn man sie selbst zur Geschichte macht...sie lebt
5. den Umgang mit Unsicherheiten lernen, Vorläufigkeit jeder Entscheidung akzeptieren
6. die Grenzen des wissenschaftlichen und menschlichen Denkens anzuerkennen (man muss lernen, was nicht gewusst wird)
7. eine Erziehung hin zum Werden und nicht zur Integration in ein bestehendes System
8. das Leben als "Andauernde Schöpfung" verstehen, also Flexibilität und Invention lebenslang
9. Umgang mit dem permanenten "Durcheinander" lernen
10. Betonung der Wichtigkeit der "Haltung", die hinter jeder Handlung steht, also der Eigenverantwortlichkeit für das eigene Tun und Sein
11. Behauptung, daß jeder Mensch grundsätzlich frei ist und daher nur freiwillig "gesellschaftsfähig" werden kann.

Wie Filliou es selbst schreibt, ist er in seinem Leben und dementsprechend wohl auch seinem Denken und Arbeiten von verschiedenen Einflüssen geprägt, die, wie zu Beginn des Kapitels erwähnt, mit den Stichworten Ökonomie, Kommunismus, Gandhi, und Zen, Freunde, Frauen und Internationalismus erfasst werden können.

In den Studien von Bettina Riedrich (weiter unten) wird gezeigt, daß sich Fillious Idee von Ökonomie auf die Theorie von Charles Fourier bezieht. In Bezug auf Gandhi können die „affirmativen Strategien" als Form des künstlerischen Widerstands u.a. bei Fluxus-angehörendem Künstler Bazon Brock[130] wie auch ein genereller Pazifismus bei Filliou et al. und des 1960/70er Jahre Gedankenguts angesehen werden. Der mit Zen gefasste Einfluss "östlicher" Herkunft wird in der Literatur im allgemeinen der sogenannten "Fluxus"-Bewegung zugeordnet, wie Hannah Higgins es u.a. darstellt. Ob es sich hierbei im besonderen um den "Spielcharakter" des Zen handelt oder auch um weitere, der indischen Philosophie immanente Gedanken und Praktiken, wird auch an anderen Stellen meiner Untersuchung geprüft. Unter dem Stichwort "Freunde" soll desweiteren die Rolle von Gemeinschaften, Künstlergemeinschaften und Netzwerken diskutiert werden, wie sie für die heutige Zeit und die Zukunft neu bedeutsam wird. Nicht allzu intensiv wird das Thema "Frauen" hier ausgeweitet werden, da dieser grundlegende Faktor für jede Art von Lebensentwurf, Utopie und Gesellschaftsvorstellungen im Rahmen dieser Arbeit jedoch nicht unterzubringen ist. Wie bereits bemängelt, hat auch Filliou (noch) nicht Bedeutendes zu diesem Thema in seinem Buch beigetragen, sodaß ich mich hier auf eine Gegenüberstellung beschränken werde, die im Zusammenhang mit einer Theorie von Lehren und Lernen interessant sein kann, nämlich "Surviving of the fittest" vs. "Surviving of the kindest".[131]

---

130 Siehe Kapitel III
131 Siehe Kapitel VI

5. Zur Rezeption des Buches „Lehren und Lernen als Aufführungskünste" von Robert Filliou

Generell liegen bis heute nicht sehr viele Texte zu Filliou vor, die außerdem zumeist als Vorworte in Fluxus-Ausstellungskatalogen oder in Verbindung mit Arbeiten über seine anderen Künstlerkollegen eingebunden sind. Es gibt ohnehin einen erschwerten Zugang zu Fillious Originaltexten in Büchern, da sie rar sind und unter Verschluss in verschiedenen Universitätsbibliotheken aufbewahrt werden. Das dieser Arbeit zugrundeliegende Buch „Lehren und Lernen als Aufführungskünste" konnte ich im Jahr 2011 nur als fotokopierte Version eines Originals einer deutschen Universitätsbibliothek für den Gebrauch an meinem privaten Arbeitsplatz erhalten. Im Jahr 2012 hat der Verlag Walter König das Buch nun erneut aufgelegt[132], und so ist zu erwarten, daß sich in Zukunft verstärkt Forscher und Künstler damit auseinandersetzen. Die vorhandenen Publikationen und Hinweise zu Filliou beziehen sich meist auf Themenfelder wie „Erweiterter Kunstbegriff" und die Versuche, die Frage „Was ist Kunst?" neu zu beantworten, „Fluxus", „Kunst als Spiel"[133], Beginn der „Performance Art", „Kunst und Leben" u.v.m.

Hier sollen jedoch nur die Arbeiten interessieren, die sich speziell auf Fillious pädagogische Überlegungen beziehen, und deren Anzahl ist rudimentär. Zwar werden, wie in den folgenden Kapiteln ersichtlich wird, zahlreiche Ideen im Rahmen der Kunst, Kunstvermittlung und Kunstunterricht weitergetragen, aber äußerst selten, wenn überhaupt dabei auf Fillious Buch verwiesen. Selbst das „Bildungs- und Forschungsprojekt, Black Mountain – Teaching and Learning as Performative Arts' („Black Mountain – Lehren und Lernen als Aufführungskünste")[134] führt zwar den gleichnamigen Titel, verweist aber in seiner Pressemitteilung nicht auf Filliou. Wie auf der Web-

---

132 2012 bei Walther König, allerdings seit März 2014 wird es von einem "alternativen" kleinen Verlag mit Namen "Occasional Papers" in London herausgegeben. Vgl. http://occasionalpapersshop.tictail.com/product/teaching-and-learning-as-performing-arts

133 Siehe beispielsweise eine jüngere Ausstellung in Paris: Published as Chapeaux! Hommage à Robert Filliou: An Exhibition to Put on (and Inside) Your Head. http://hyperallergic.com/155966/an-exhibition-to-put-on-and-inside-your-head/. Joseph Nevchatal beendet seine Rezension der Ausstellung: "That's why Filliou's philosophy of art as something in play, appears here sternly useful in suggesting artistic strategies valuable to the salvation of nonfunctional fine art in our age of hyper-branded-capitalism."

134 Siehe Pressemitteilung der Freien Universität Berlin No. 127/2014: „Das Bildungs- und Forschungsprojekt „Black Mountain – Teaching and Learning as Performative Arts" („Black Mountain – Lehren und Lernen als Aufführungskünste") widmet sich der von 1933 bis 1956 bestehenden US-amerikanischen Kunsthochschule Black Mountain College in North Carolina. Ziel ist es, die innovativen und kreativen Praktiken des College, das zahlreiche Neoavantgardisten des 20. Jahrhunderts maßgeblich beeinflusst hat, zu analysieren und als Modell auf heutige Schaffens- und Organisationsprozesse anzuwenden."

seite des Projekts zu lesen ist, wurde die Überschrift mittlerweile umgeändert in „Black Mountain - Educational Turn and the Avantgarde"[135], und „Educational Turn" ist tatsächlich ein aktueller Begriff in der pädagogischen Diskussion, unter dem neue Ansätze entwickelt werden sollen, die den heutigen interkulturellen, postkolonialen, postfeministischen, globalisierten und medientechnologischen Anforderungen für die Bildung gerecht werden sollen. Unter eben diese Herausforderung möchte sich auch die hier vorliegende Arbeit einreihen, indem die Vorstellungen Fillious et al. intensiv auf relevante Hinweise hin beleuchtet werden.

Da es meines Erachtens keine ausführliche Darstellung der in Fillious ausgeführten pädagogischen Theorie gibt, soll dennoch auf die eher knappen Hinweise in anderen Arbeiten eingegangen werden, weil sie durch ihren eigenen Schwerpunkt bereichernde Aspekte liefern. So findet man beispielsweise in Bettina Riedrichs Magisterarbeit „Betrachtungen zum philosophischen Hintergrund im Œuvre von Robert Filliou[136] eine Einordnung Fillious vor dem Hintergrund der Spieltheorie, der Sprachtheorie, der soziologischen Theorie von Fourier und dem Zen-Buddhismus. Wie man sich erinnern wird, hat sich Filliou selbst diese Einflüsse zugeschrieben, und Riedrich leitet sie nun ausführlich her. Nachdem sie sinnvollerweise die Kategorisierung Fillious als „Fluxuskünstler" insofern als irrelevant hergeleitet hat, da sie feststellt, „doch die einzelnen Handschriften waren zu unterschiedlich, die Künstler zu individuell, um ein einheitliches Bild von Fluxus zu hinterlassen"[137], und insofern dem selbst ernannten Oberhaupt von Fluxus, George Macunias, seiner Rolle beraubt, beginnt sie mit dem Begriff „Spiel" als zentrales Motiv in Fillious Arbeit. Nach einer Übersicht zu den Gedanken von Freud zu einer „Phantasiewelt", „mit großen Affektbeträgen ausgestattet", dem niederländischen Kulturhistoriker Johan Huizinga zum „homo ludens", der sich kulturelle Fähigkeiten durch „eine spielerische Partizipation am Leben" aneignet, und Jean Piaget mit seinen Ausführungen zu „Nachahmung, Spiel und Traum"[138], gelangt sie zu dem Schluss, „dass Nachahmung und Darstellung die beiden Grundbegriffe sind, an Hand derer eine Nähe zwischen Spiel und Kunst aufgebaut werden kann. Dem Spiel selbst liegt in sämtlichen seiner Definitionen eine dialektische Bewegung zu Grunde, die weitere Berührungspunkte zwischen Spiel und

---

135 Vgl. Webseite www.black-mountain-research.com (zuletzt gesichtet 16.2.2016)
136 Riedrich, Bettina, Betrachtungen zum philosophischen Œuvre von Robert Filliou, Magisterarbeit, vorgelegt der Philosophischen Fakultät der Rheinischen Friedrich-Wilhelms-Universität zu Bonn, Juni 2005
137 Ebd., S. 14
138 Vgl. Riedrich, S. 18 f.

der Kunst des 20. Jahrhunderts ermöglicht."[139] Riedrich geht der Bedeutung des Spiels für das pädagogische Konzept Fillious nicht weiter nach, sondern bleibt an der Stelle stehen, wenn Filliou die Künstler mit den Kindern gleichsetzt, und rekurriert eher auf die Faktoren „Unschuld und Vorstellungskraft", die die Forderung Fillious vom „Leben als Spiel" und „Arbeit als Spiel" impliziert. Hier beginnen jedoch die weiterführenden Ansätze in Performance, Happenings, experimentellen Anordnungen, Lehrstücken etc., die die „Aufführungskünste" nach Filliou für das Lehren und Lernen bedeutsam machen, die also zu seiner pädagogischen Theorie gehören und an anderer Stelle ausgeführt werden.

Riedrichs Konzept beschränkt sich auf die philosophischen Hintergründe in Fillious Arbeiten, und so erklärt sie im Weiteren die Bezüge seiner Sprachspiele zu den Sprachphilosophien von Ferdinand de Saussure und Ludwig Wittgenstein. Für die pädagogische Frage ist dabei Riedrichs Zusammenfassung interessant, die die Problematik von Bezeichnung und Bezeichnetem als Kernfrage der Sprachphilosophie und als Basis von Fillious Sprachspielen aufzeigt:

> „Die Beziehungen zwischen Signifikat und Signifikant werden nicht nur relativ und beliebig, sondern, und hier überwindet Filliou den Ansatz von de Saussures, sie fordern die Kreativität des Betrachters heraus, ihnen zu folgen, Geschichten zu schaffen und Knoten zu knüpfen. Im Sinne Wittgensteins löst Filliou die Strukturen völlig auf, um sie innerhalb eines Sprachspiels neu zu verbinden."[140]

Wenn, wie sie Humboldt zitiert, „ein Mensch immer nur das denken könne, was seine Sprache ihm ermögliche"[141], dann wird klar, inwiefern die Sprachspiele Fillious der Wissenerweiterung dienen.

Der Einfluss des Zen-Buddhismus zeigt sich nach Riedrich u.a. in dem Interesse an den „leeren Stellen", das als Gegenbewegung der Künstler der Nachkriegszeit zu der „Betonung des Materiellen und dem damit verbundenen Verlust von Echtheit" bewertet wird. Riedrich zitiert

> „die Ausführung, dass zur Kultur des Schreibens, Dichtens und Malens [im Zen, Anm. d. Verf.] auch die Mitarbeit des Rezipienten [gehört], der das Weggelassene aus seiner individuellen Sicht

---

139 Ebd., S. 19
140 Ebd., S. 35
141 Ebd., S. 31

ergänzt, so daß auf diese Weise Kunstwerke für Einzelne entstehen, die dieselbe Vorlage unterschiedlich – zumindest in Nuancen – wahrnehmen.'"[142]

Das Prinzip der aktiven Mitarbeit des Betrachters von Kunstwerken im Unterschied zur kontemplativen Versunkenheit ist zentral für Filliou, wie man bereits bei der Besprechung seines Buches sehen konnte. Hierin liegt sicher einer der wichtigsten Aspekte seiner pädagogischen Theorie.

Daß sich die Künstler der 60er/70er Jahre überhaupt so stark mit den gesellschaftlichen Verhältnissen in ihrer Kunst beschäftigten, hat mehrere Gründe und wird im Zuge der kunsthistorischen Arbeiten zu Fluxus besonders auf die Erfahrungen des 1. und 2. Weltkriegs, sowie der Nachkriegszeit speziell in Deutschland im Umgang mit den Systemen und Autoritäten, die die Katastrophen nicht verhindert hatten, gesehen. Wie Filliou bemerkt und Riedrich erklärt, gründen sich einige seiner Vorschläge auf den Theorien des „utopischen Sozialisten" Charles Fourier. Dessen Ideal des „harmonistischen Menschen" beschreibt

> „ein physisch gesundes, ethisch stabiles und ästhetisch sensibles, intelligentes Individuum [ist], das über umfassende Fähigkeiten und Kenntnisse verfügt und in der Lage ist, soziale Zusammenhänge zu durchschauen und, seiner selbst bewußt, im Interesse des Ganzen aktiv an der Gestaltung der neuen Gesellschaft [mitwirkt]."[143]

Riedrich schreibt,

> „um die damit verbundene Harmonie im Kleinen (dem einzelnen Individuum) wie auch im Großen (der Weltbevölkerung) zu schaffen, müsse eine Gesellschaftsordnung den einzelnen Mitgliedern die Möglichkeit bieten, ihre Triebe unterschiedlichster Art zu befriedigen. Denn erst durch deren Nichtbefriedigung könne Disharmonie entstehen."[144]

Die so genannte „sexuelle Revolution" der späten 60er Jahre steht ebenfalls mit Fouriers Theorien im Zusammenhang, während Filliou anhand seiner bereits besprochenen Ideale der „Poetischen Ökonomie" wie auch der „Permanenten Kreation" an der praktischen Umsetzung Fouriers Ideen arbeitete, wie es Riedrich herleitet:

---

142 Hwang, Hyun-Sook: Westliche Zen-Rezeption im Vorfeld des Informel und des Abstrakten Expressionismus. Inaugural-Dissertation, Friedrich-Alexander-Universität Erlangen-Nürnberg. Osnabrück (Der andere Verlag) 2001, zitiert in: Rieger, S. 38
143 Behrens, Günter: Die soziale Utopie des Charles Fourier. Köln 1977, zitiert in Rieger, S. 43
144 Rieger, S. 43

> „Gleichzeitig solle durch eine veränderte Wertehierarchie das Leben lustvoller gestaltet werden. Filliou versuchte in Anlehnung an Charles Fourier ‚nicht-quantitative' Faktoren in den Wirtschaftskreislauf einzuführen: Leben, Lust und Freude."[145]

Aus Riedrichs Text sollen drei zentrale Motive bei Filliou in die weiterführende Untersuchung übernommen werden: das Spiel (als Folge des Unterschieds zwischen Zeigen und Gezeigtem), die Illusion (als die „leere Stelle") und „Leben, Lust und Freude" als Ideale in Fourierschem Sinn.

---

145   Ebd., S. 45

6. Hannah Higgins' „Fluxus Experience",
Erfahrungen aus erster Hand

Die Tochter der Fluxus-Künstler Alison Knowles und Dick Higgins veröffentlichte 2002 ein Buch über „Fluxus Experience"[146], in dem sie über ihre persönlichen Erfahrungen mit den Künstlern und Aktionen der sogenannten „Fluxus"-Kunstrichtung reflektiert und aus ihnen die Forderung extrahiert, der „Erfahrung" als entscheidendes Element bei der Beschreibung von Fluxuskunst mehr Beachtung zu schenken, auch um sie vor Fehlinterpretationen und Vorurteilen zu bewahren. In ihrem Buch vereint sie kunst-historische und -theoretische Forschung mit ihrer Lebenserfahrung und -praxis, was sie im Vorwort selbst bestätigt:

> „My qualifications in this undertaking include the significant fact that I am the daughter of Fluxus artists Dick Higgins and Alison Knowles. It was a privilege to grow up in their presence and that of their many wonderful friends. With my twin sister, Jessica, I explored Fluxus objects that sat in our living room; attended Fluxus concerts and Happenings; and shared dinners, demonstrations, and avant-garde festivals with these people. In short, I experienced fine art and experimental music not in the way most of the world does, as specialized products unique to elite culture, made only by experts in esoterics, but as part of life. The process of writing this book has brought me closer to these early experiences than I thought possible (or desirable).
>
> What began as a study of the complex relationship between Fluxus and the historic avant-garde changed, as I worked on this book, into development of a framework for how the objects and performances of Fluxus affirmed and formed my humanity, drew out my curiosity, and engaged me at all levels then and now: the original project's fraternal twin."[147]

Für Higgins begann „Fluxus" als Bezeichnung einer künstlerischen Haltung mit dem legendären Unterricht von John Cage in der New School for Social Research in New York in den Jahren 1957-59, an denen viele der dann als „Fluxus"-Künstler bezeichneten Künstler teilnahmen, wie auch George Brecht und Allan Kaprow, die in Fillious Buch vertreten sind. Es entstanden

---

146 Hannah Higgins. Fluxus Experience. University of California Press 2002
147 Higgins, S. XV

dort minimalistische Performances aus alltäglichen Handlungen und die „Fluxus-Karten", auf denen kleine Handlungsanweisungen geschrieben standen, welche, so Higgins, in der Entwicklung von „Happenings"/Performances und „Fluxus-Kits" ihre heute bekannte Form fanden. Beiden Formen spricht sie eine Eigenschaft zu, die sie von anderen Kunstprodukten unterscheidet, nämlich die „immediate quality of the experience offered by both".[148]

Im Unterschied zu traditioneller Kunstbetrachtung, bei der „the viewer is idealized as a dis-embodied, single eye that is presented with an illusion."[149], sieht sie nun die Möglichkeit, auch körperliche, intensivere Erfahrungen zu machen, indem man als Rezipient selbst an dem angebotenen Experiment teilnimmt. Die sogenannten „Fluxkits" sprechen nicht von Erfahrungen, sondern vermitteln sie. Sie enthalten meist verschiedene Objekte zum Anfassen, Anschauen oder Riechen, visuelle und akustische Gedichte, Texte, Tonaufnahmen oder Objekte, mit denen man etwas machen muss, in einem ebenfalls sorgfältig gestalteten Behältnis, das das Ensemble in eine Struktur fasst. Der Rezipient spielt mit ihnen auf seine Art und macht daher individuelle Erfahrungen, die sich von denen anderer unterscheiden. Wichtig ist hier der Bezug, den Higgins herstellt, auf die Erörterungen des oft zitierten Edward S. Reed, der in seinem Buch „The Necessity of Experience" (1972) die sogenannten „ökologischen Informationen" („ecological informations") von den „sekundären" („secondary informations") unterscheidet. Higgins zitiert:

> „As this is written, billions of dollars are being spent to create continent-wide information superhighways along which will flow every conceivable kind of information except one. The information being left out of these developments is, unfortunately, the most important kind: the information—termed ecological—that all human beings acquire from their environment by looking, listening, feeling, sniffing, and tasting—the information, in other words, that allows us to experience things for ourselves. . . . For understanding our place in the world, ecological information is thus primary, processed information secondary."[150]

Wenn in Kapitel V gezeigt wird, daß die Bedeutung des Körpers im Umgang mit den virtuellen Medien von Künstlerseite durchaus auch positiv gesehen

---
148 Higgins, S. 12
149 Ebd.
150 Reed zitiert in Higgins, S. 34

werden kann, so ist dies doch von Reeds Forderung nach „ecological informations" zu unterscheiden. Selbst wenn nämlich die Entwicklung der Medien in Zukunft so fortgeschritten sein wird, daß auch haptische, olfaktorische oder völlig neue, synästhetische Erfahrungen vermittelt werden könnten, so bleibt die Tatsache bestehen, daß es beachtenswerte Unterschiede gibt zwischen natürlicher und menschengemachter Umgebung. Der wichtigste dabei ist, daß unsere natürliche Umgebung, die nun einmal das gesamte Universum ist und nicht nur bis zum brasilianischen Regenwald reicht, wie es heute zunehmend ins Bewusstsein rückt, nicht beherrscht werden kann, insofern also „Wirklichkeit" ist, wenn diese das ist, worauf wir keinen Einfluss haben[151]. Hier schließen sich heute wieder künstlerische und philosophische Positionen an, die sich der ökologischen Seite zuneigen und überlegen, die anthropozentrische Sicht aufzuheben und unter Berücksichtigung einer „Konferenz aller Dinge" oder dem Versuch, den Tieren eine Stimme zu geben[152] ein neues Bewusstsein für die Zusammenhänge zu schaffen, oder wie es auch Vertreter der Künstlichen Intelligenz oder „Transhuman Projects" gibt, die hoffen, durch die Technologie eines Tages unabhängig von allen „natürlichen" Gegebenheiten zu werden, also das „Menschsein" zu „überwinden". Letztere intendieren dabei sicher nicht das Ziel eines „ontologischen Denkens" des Philosophen David Michael Levin, das Higgins auf die Fluxkits bezieht:

> „Insofar as the Fluxkit is multisensory, it exemplifies the modality of knowledge that the philosopher David Michael Levin has called "ontological thinking." For Levin, that term implies a directive to incorporate into one's sense of self a greater sense of being than is produced by the visual paradigm of truth that originates with the Italian Renaissance, or by scientific rationalism for that matter: "Overcoming" metaphysics means overcoming the metaphysical misunderstanding of the being of the human body. It means overcoming our deep-seated guilt and shame, flaming into a terrible hatred of the body. The history of mind/body dualism and the history of the subject/object dualism are two symptomatic manifestations of a violent, nihilistic rage at the very heart of our metaphysics. . . . Ontological thinking is radically different: it engages us in the opening wholeness of our being, and "takes place" as much in

---

151 Vgl. hierzu auch Bazon Brock Konzept des „Kontrafaktischen" in dem Kapitel „Normativität des Kontrafaktischen", in: Bazon Brock, Lustmarsch durch das Theoriegelände, S. 62ff.
152 Vgl. Ilda Teresa de Castro, Eu Animal, Argumentos para um novo Paradigma - cinema e ecologia. Sintra 2015

the life of our feet and hands and eyes as it does in our head, our brains, or our "mind."[153]

In ähnlicher Form argumentieren auch Valverde oder Foster, wenn sie vom Körper her ihre künstlerischen Projekte denken[154]. Außerdem kann man in der aktuellen künstlerischen Forschung auch vermehrt Experimente zur „Synästhesie" feststellen[155], die als Reaktion auf die (noch) herschende Dominanz der visuellen Zeichen in unserer heutigen Lebenswelt zu deuten ist.

Higgins betont, daß der emanzipatorische Effekt der Fluxuskits und -events in der Bereitstellung primärer Erfahrungen liege und insofern subversiv politische Funktion habe. Diese Erfahrungen nämlich werden als eigene und lebendige gewertet, und erhalten daher eine „spezielle" Bedeutung, was dazu führt, daß man einen Bezug entwickelt, der das Element der Fürsorge beinhaltet. Higgins zitiert in diesem Zusammenhang aus Dissanayakes Buch „Homo Aestheticus"[156]:

> „While "special" might seem too imprecise and naively simple, or suggest mere decoration, it easily encompassed an array of what is done in making the arts that is generally different from making non-arts: embellishing, exaggerating, patterning, juxtaposing, shaping and transforming. . . . Special also denotes a positive factor of care and concern that is absent from the other words. It thus suggests that the special object or activity appeals to emotional as well as perceptual and cognitive factors—that is, to all aspects of our mental functioning.(...) Caring deeply about vital things is out of fashion, and, in any case, who has the time (or allows the time) to care and to mark one's caring?"[157]

Higgins' Ansatz zu Fluxus liegt in der Betonung auf „Experiment" bzw. „Erfahrung durch Experiment". Davon unterschieden sind alle Ansätze, die Fluxus als „Anti-Kunst", Kunstnihilismus etc. bewerten wollen. Higgins führt deutlich aus (anhand von Briefen, Auseinandersetzungen etc.), daß Fluxus sich keiner gleichen Idee oder Theorie untergeordnet hat, sondern jeder Künstler dazu eine andere Auffassung hatte. Sie bemängelt, dass bis

---

153 Higgins, S. 38
154 Vgl. Kapitel V
155 Vgl. die Auflistung des Leonardo Magazins (hrsg. vom MIT Boston) mit Links zu zahlreichen Synästhesie-Forschungs- und Kunstprojekten: http://www.leonardo.info/isast/spec.projects/synesthesiabib.html (zuletzt gesichtet: April 2016)
156 Vgl. Ellen Dissanayake. Homo Aestheticus. Washington 1995. 2. Aufl.
157 Higgins, S. 65

heute in der Kunstgeschichte ein Anti-Kunst-Effekt als Charakteristikum von Fluxus gelte, obwohl das viele der damaligen Künstler nicht geteilt haben, stattdessen sieht sie eine Nähe zur Konzeptkunst. Ein kuriose wie in unserem Fall interessante Behauptung macht sie zu der Bedeutung von Fluxus in Deutschland:

> „This emphasis on discursive range reflects official German policy. By the late 1980s, as we have seen, the SPD had codified the Basic Program, section 4 of which called for " 'a new culture of mutual toleration and collaboration' which would include 'a political culture which thrived on adversarial debate (Streitkultur) rooted in a basic social consensus.' "(Cited in Burns and Van Der Will, "The Federal Republic, 1968 to 1990," 260.76) Thus in Germany, Fluxus becomes, perhaps ironically and certainly unintentionally, affirmative culture: that is, it supports official cultural policy. Contemporary statements by Fluxus artists in the German art press likewise emphasize the pluralistic nature of Fluxus."[158]

Higgins Idee, daß Fluxus „certainly unintentionally" in Deutschland zur affirmativen Kultur geworden sei, widerspricht zumindest Fillious Buch, dessen Intention es ja gerade war, als Handlungsanleitung für die Gesellschaft zu funktionieren. Wäre daher, obwohl dies in der Realität eher zu bezweifeln ist, die Übernahme und vor allem daraus folgende Praxis tatsächlich zur Leitlinie deutscher Politik geworden, so hätten sich Fillious Hoffnungen verwirklicht.

---

158 Higgins, S. 174

II. KUNSTVERMITTLUNG
Praxis von Lehren und Lernen anhand von Kunst

Fillious Buch steht neben vielfältigen Publikationen, Ausstellungen, Projekten und Manifesten, die zur selben Zeit von anderen Künstlern mit gleichen Themen und ähnlichen Überlegungen in Europa und Amerika produziert wurden. Das besondere Verdienst an Fillious Buch ist vielleicht, daß es sich fundamental auf das Gebiet Lernen und Lehren bezieht, und nicht speziell auf Kunst lehren, Künstler ausbilden, Kunstunterricht in Schulen oder Kunstvermittlung fokussiert. Ganz im Gegenteil, Filliou schreibt den paradigmatischen Satz, der der hier vorliegenden Arbeit Leitbild wurde:

„Neue Kunst wird von selber folgen"...[159]

Da man aber davon ausgehen muss, daß Fillious Gedanken wie auch die seiner zeitgleich ähnlich denkenden Künstlerkollegen in erster Linie nur im Rahmen der Kunst und Kunstkritik rezipiert worden sein werden, werden in diesem Kapitel die Auswirkungen beschrieben, die die Kunstwelt diesen Ansätzen zuschreibt. Eine bedeutende, meist der Kunst der „60er Jahre" zugeordnete Wirkung ist das enorme Anwachsen von Kunstmuseen und Ausstellungshäusern, beispielsweise in Deutschland. Diese Entwicklung begann nicht, weil Kunst bereits als bedeutungsvoller Faktor für eine humane Entwicklung der Gesellschaft angesehen wurde, sondern weil zunächst die Künstler (und Studenten und Denker) sich nach dem 2. Weltkrieg gegen das Establishment an sich, die Macht der „veralteten" Institutionen und die konservative Gewalt über die Auffassung, was Kunst sein darf, wehrten, und, wie mittlerweile allseits bekannt ist, die Parole Kunst & Leben zum Programm machte. Noch bis heute rekurrieren Museumsdirektoren und -kuratoren auf die „Avantgarde" der 60er Jahre, wenn sie über Entwicklungen und Veränderungen der Museen sprechen, wie beispielsweise Robert Storr, ein *Senior Curator* des Museum of Modern Art in New York, in der Einleitung zu einem Symposium mit dem Titel „Curating Now" im Jahre 2010[160]. Er beschreibt, daß damals „Youth wants to burn the museums"[161] und dann aber 1961 zum ersten Mal die zeitgenössische Kunst in die Museen gelangte:

„It was the moment, in other words, when avant-garde met the

---

159 Filliou, S. 52
160 Curating Now: Imaginative Practice/Public Responsibility. Hrsg. von Paula Marincola. The PEW Center for Arts & Heritage. 2010
161 Robert Storr, How we do what we do. And how we don't. in: Curating Now, ebd., S. 4

general public on common ground in a way that had never happened before, and when the full impact of this new reality was just beginning to dawn on artists."[162]

Seitdem sich also die Künstler den Nicht-Künstlern bewußt zeigten und mit ihnen zu kommunizieren begannen, weil, so war die allgemeine Stimmung und Denken unter ihnen - Filliou hat es aufgeschrieben - , nur im Dialog mit der Kunst die dringend notwendigen emanzipatorischen Fähigkeiten freigesetzt werden würden, mit denen sich wider etablierte Machtverhältnisse eine praktizierte Demokratie herstellen lasse, seitdem rückte die Kunst vermehrt in das Blickfeld der Bürger: sie wurden davon überrascht (im Sinne der Happenings auf den Straßen), überwältigt (im Sinne von Performances, deren Absicht sie nicht entschlüsseln konnten) oder gestresst (durch Museumsausstellungen, die sie nicht verstanden, aber doch akzeptieren mussten). Diese Spannung, die sich aus der Absicht der Künstler sowie der aufklärerischen Ideen der Vermittler zu den Nichtkünstlern ergab, die mit etwas konfrontiert wurden, was ihnen fremd war, macht das Problemfeld aus, daß bis heute alles das faßt, was unter Themen wie „Kuratorisches Arbeiten", Museumspädagogik, Kunstvermittlung, Ausstellungsgestaltung etc. diskutiert wird. Die Entwicklungen der Museen seit den 60er Jahren bis heute finden in einem Spannungsfeld von zwei entgegengesetzten Positionen statt, die so formuliert sein können:

Kathy Halbreich, Direktorin des Walker Art Center Minneapolis, vertritt,

> „We want to change the metaphor for a museum from temple to town square. We aim to magnify the ways in which visitors to the Walker can become more active participants in a series of memorable experiences based on discovering the links between art and life, as well as among multiple artistic disciplines."[163],

während der prominente Autor und Kritiker Dave Hickey nach Jahrzehnten der Erfahrung als Kunsthändler, Kritiker, Universitätsprofessor, Kurator, Ausstellungsmacher, Musiker und mehr am selben Tag vehement behauptet:

> „People don't like art."[164]

Mit anderen Worten: Kunst gleich Leben versus Leute mögen keine Kunst.

Was hätten Filliou und Beuys et al. zu der Aussage geantwortet, daß Leute

---

162   Ebd.
163   Kathy Halbreich, in: Curating Now, S. 76
164   Dave Hickey, in: Curating Now, S. 145

keine Kunst mögen? Wahrscheinlich, daß das nur daran liege, daß sie nicht verstünden, was Kunst sei, oder eher, was ihnen Kunst geben könne, und also müsse man sie dahinführen, ihnen die Kunst nahebringen. Dieses „Dahinführen" wie auch die umgekehrte Richtung, das „Nahebringen", kennzeichnen die folgenden Anstrengungen und Strategien, die in Museen als so genannte „Museumspädagogik" oder in Universitäten als „Kunstvermittlung" entwickelt wurden und im folgenden daraufhin untersucht werden sollen, ob und inwiefern sie Fillious Ansätze im „Erfolg" bestätigen können.

1. Museumspädagogik

Der Begriff „Museumspädagogik" wird u.a. auf den deutschen Kunsthistoriker, Museumsleiter und Kunstpädagogen Alfred Lichtwark (1852-1914) zurückgeführt, der auch zu den Begründern der „Kunsterziehungsbewegung" zählt. Es soll hier jedoch keine ausführliche Darstellung der Geschichte der Museumspädagogik gegeben werden (stattdessen sei hier auf die Webseite des Bundesverbandes Museumspädagogik verwiesen[165]), sondern der Blick auf das Verhältnis von Museum zu Pädagogik gerichtet werden, also mit welchen Bedingungen und Vorgaben Lehren und Lernen im Museum stattfinden.

Roger Miles behauptet in seinem Artikel für die Publikation „Towards The Museum of the Future"[166]:

> „Most western European countries have carried out some form of study on their museum visitors. Notable work has been done in Sweden, Holland, France and Britain, but nowhere in the world have museum visitors been researched and surveyed as thoroughly, year by year, as in Germany."[167]

Ob dies ein Indiz dafür ist, daß in Deutschland die Museumsbesucher eine besondere Wertschätzung erfahren, wird sich im folgenden herausstellen, wenn hier die museumspädagogische Praxis unter dem Blickwinkel der emanzipatorischen Absicht Fillious et al. betrachtet wird. Es ist bemerkenswert festzustellen, daß die so genannte „Museumspädagogik" auf eine keineswegs stringente Entwicklung von Theorien und Praktiken zurückblicken kann, ebenso nicht auf wirklich tiefgreifende Studien und Ergebnisse, die einem größeren Kreis von professionellen oder zukünftigen Vermittlern zugänglich wären. Selbst der Begriff erfährt verschiedenste Wandlungen, wenn er zu Kulturvermittlung, Öffentlichkeitsarbeit oder Besucherservice wird. Auch eine gezielte fachliche Ausbildung zu einem „Museumspädagogen" gibt es bisher in Deutschland nicht, sodaß Qualifizierungen durch Geschichtsstudium, Kulturpädagogik, Kommunikationswissenschaften, Museologie und entsprechende Ausbildungen in den für die Museumsexponate relevanten Fachbereiche genutzt werden.

Auf seiner Webseite schreibt der Bundesverband Museumpädagogik e.V.:

---

165 Vgl. www.museumspaedagogik.org
166 Roger Miles. **Towards the Museum of the Future:** New European Perspectives. Hrsg. Lauro Zavala. New York 1994
167 Ebd., S. 71

„Zum Stand der museumspädagogischen Literatur

Die Literatur zum Stichwort Museumspädagogik ist buntscheckig und heterogen wie der Begriff selbst. Herrschen in den 70er und 80er Jahren programmatische Texte vor, deren AutorInnen für eine Institutionalisierung der Museumspädagogik an Museen plädieren, so wandelt sich der Tenor in den 90er Jahren. Galt die Museumspädagogik zunächst einmal als geeignetes Mittel, um eine Öffnung der Institution Museum zu erreichen und damit ein demokratisches Bildungsangebot unter dem Schlagwort „Kultur für alle" zu offerieren, wird Museumspädagogik zunehmend unter dem Aspekt der Wirtschaftlichkeit gesehen. Sie gerät unversehens zum Werkzeug, um die „Kuh" Museumspublikum zu melken. Titel zum Thema Marketing und Besucherbindung spiegeln diese gewandelte Erwartungshaltung wider. Auffälligerweise gibt es trotzdem nur wenig Literatur zur Museumspädagogik für Erwachsene. Die meisten Titel stammen auch hier aus den 70er und 80er Jahren."[168]

In einem Kunstmuseum heute wird Kunst durch verschiedene Faktoren „ans Volk gebracht", die folgendermaßen skizziert werden können:

Kuratoren haben zur Aufgabe, Ausstellungen zu konzipieren, d.h. die Idee für eine bestimmte Ausstellung zu entwickeln, die entsprechenden Exponate zu sammeln, sowie die Art der Präsentation zu bestimmen. Nach welchen Kriterien sie dabei vorgehen bzw. als Angestellte einer öffentlichen Institution vorgehen müssen, ist eine Frage, die bis heute heftig diskutiert wird. Das liegt nicht nur daran, daß hier Zweifel an der Legitimation, welche Kunst gezeigt und damit anderer gegenüber bevorzugt wird, einfliessen, inwieweit Kuratoren Künstlern Themen vorgeben können oder Inhalte bieten müssen, die publikumswirksam sind, oder wie sie durch ihre Auswahl mitverantwortlich für die Preisgestaltung einzelner Künstler am Kunstmarkt werden, es liegt also nicht nur an inhaltlichen, kunstimmanenten oder wissenschaftlichen Fragen, sondern immer häufiger auch daran, daß Museen mehr und mehr wachsen, Geld ausgeben und deshalb daraufhin untersucht werden, ob sich die Investition auch lohnt. Dennoch ist es eine Tatsache, daß sich die staatlich finanzierte Museumslandschaft seit den 1960er Jahren in Deutschland unvorhersehbar weit ausdehnen konnte, sodaß man daraus schließen könnte, daß der Kunst ein zunehmend höherer Stellenwert in der Gesellschaft eingeräumt werde, weil sie,

---

168 http://www.museumspaedagogik.org/literatur.php4. Letzter Besuch: 15.2.2016

wie auch Filliou darlegte, einem emanzipatorischen Fortschritt unter den Gesellschaftsmitgliedern diene. Dem widerspricht allerdings die aktuelle Praxis und Diskussion von Kuratoren, die immer häufiger ihre Arbeit mit künstlerischer gleichsetzen, was unter dem Stichwort „Kurator-Star" kritisiert wird, worunter auch die Auffassung fällt, daß die ausgestellten Künstler und ihre Werke nicht mehr das Wichtigste einer Ausstellung ausmachen. Die Kuratorenleistung wird besprochen, nicht aber die Werke, die Kuratoren werden bezahlt und befragt, nicht aber die Künstler. Man kann einwenden, daß es ja eben die Kuratoren sind, die das Risiko der Ausstellung tragen und das Geld verwalten etc., daß es daher auch ihre Leistung sei, die für eine Ausstellungsbesprechung zuoberst kritisiert werden könne. Wenn man sich allerdings vor Augen hält, womit sich der schon erwähnte Kritiker Dave Hickey an die vor ihm sitzenden Kuratoren zu Beginn seines Vortrags wendet, ergibt sich jedoch ein anderes Bild. Hickey, eingeladen zu dem Symposium „Curating NOW" durch den „Pew Charitable Trust" beginnt mit folgenden Worten:

> „Although I have to doubt the wisdom of The Pew Charitable Trusts in bringing a person like myself here to address a group of people who represent more capital leverage, more institutional authority, and more political power than the entire continent of Latin America."[169]

Wenn die hier benannte Verbindung aus Kapital, institutioneller Autorität und politischer Macht wirklich in einem solchen Ausmaß in den an diesem Symposium teilnehmenden Kuratoren und Museumsdirektoren zu lokalisieren ist, so katapultiert sich das oben erwähnte „Star-Sein" aus einer rein schillernden Funktion hinaus in einen Bereich der Verantwortlichkeit, indem gefragt werden muß, wieso Kuratoren, die selbst nichts herstellen, sondern Vermittler, Dienstleister zwischen Kunst und Bevölkerung sind, von beiden also in ihrer Funktionsberechtigung abhängig, über so viel Macht und Geld verfügen dürfen, das möglicweise besser mit den Künstlern selbst geteilt werden sollte, um die Kunstproduktion zu erhalten. Da das besagte Symposium in Amerika stattfand, in dem Museen größtenteils von privaten Sponsoren gefördert werden, ist diese Lage vielleicht nicht auf Deutschland zu übertragen. Jedoch gibt es bereits Untersuchungen wie die von Mark W. Rectanus, der in seinem Buch „Culture Incorporated: Museums, Artists, and Corporate Sponsorships"[170] schreibt:

169 Curating Now, S. 125
170 **Mark W. Rectanus**. Culture Incorporated: Museums, Artists, and Corporate Sponsorships.

"Cultural institutions in Germany (museums, theaters, operas, symphonies) are primarily financed by local municipalities and state governments (Länder), and there is still widespread support for the public financing of culture. However, the shift to multiple, or "mixed," forms of cultural financing, which rely on fund-raising, endowments, merchandising, and sponsorships, was and is being driven by the economic exigencies of postunification budget cuts within local governments, by European integration, and by globalization within the cultural sector (e.g., media conglomerates such as Bertelsmann or Disney). In some respects, it was inevitable that corporate globalization would also affect public cultural politics, as national economies are increasingly integrated into global networks of communication. In the German case, unification accelerated this development, which, as Werner Heinrichs points out, cannot be reversed: "Even if ‚German Unification' is at some point financed and unemployment returns to ‚normalcy,' everything will not be able to be just as it was in the 1970s and 1980s" (1997)"[171]

In unserem Zusammenhang ist dieser kleine Exkurs wichtig, um zu zeigen, daß die Berücksichtigung des Museumsbesuchers als potentieller „Kunde" im Unterschied zum potentiellen Lernenden bereits auf Kuratorenebene beginnen kann, was einem Anspruch von „Lehren und Lernen durch Konfrontation mit Kunst" schon bei der Ausstellungskonzeption zuwiderliefe. Dieser Anspruch selbst, u.a. bei Filliou begründet, ist allerdings gar nicht so ohne weiteres einzulösen, wie sich zeigen wird, wird aber gerne herangezogen, um öffentliche Gelder für die jeweilige Institution zu gewinnen.

Ein zweiter bestimmender Faktor, um die Kunst den Bürgern nahezubringen, ist die Ausstellungsgestaltung, -architektur selbst. Hier findet man teilweise ausgeklügelte Methoden der „Benutzerführung", für Werbung und Anziehung von Besuchern, aber auch zur stufenweise Erschließung der Inhalte oder nach Interessen ausgerichtete Anordnung von Exponaten und thematischen Räumen. Die entsprechenden Überlegungen hierzu kann man insgesamt unter dem Stichwort „Dramaturgie der Situation, des Raumes und des Museumsbesuchers" zusammenfassen. Für ein Prinzip von „Lehren und Lernen als Aufführungskünste" lassen sich hier interessante Ergebnisse finden, deren Übertragung in virtuelle Medien beispielsweise fruchtbringend sein können. Darauf wird im Kapitel V näher eingegangen. Im Zusam-

Minneapolis 2002
[171] Ebd., S. 9

menhang mit realen Museen fallen unter die dramaturgischen Mittel beispielsweise die Positionierung von „Attraktionsobjekten", also Exponate, auf die „jeder" aufgrund ihrer Dimension, Auffälligkeit usw. zuerst zugeht, um von dort aus zu weniger spektakulären Objekten geführt zu werden, die Begleittexte, -tafeln, die Hängung, die Systematik, Angebote zur Vertiefung oder Verkürzung beim Gang durch die Ausstellungen, Audioführer und vieles mehr.

Mittlerweile allerdings gelten auch hier andere als lehrtheoretisch begründbare Entscheidungen, wenn nämlich ein Massenandrang von Besuchern so durch die Ausstellung gelenkt werden muss, daß Verweildauern vor Exponaten ausgerechnet und eingehalten werden müssen. Zum Abschluss des Museumsaufenthalts werden dem Museumsbesucher im Museumsshop noch ein umfangreicher, sorgfältig gestalteter Katalog mit Erklärungen, Rezeptionsgeschichte, Kunstgeschichte und Kritiken zum weiteren Studium angeboten und evtl. Bezüge zu anderen Kunstwerken hergestellt, indem thematisch verbundene, weitere Bücher präsentiert sind.

Für diese „Inszenierung von Kunst" in einer Museumsausstellung existieren ebenfalls die unterschiedlichsten Ansätze und Ziele, die sich im Grunde dadurch unterscheiden, welcher Stellenwert dem Kunstwerk, dem Künstler, dem kunstinteressierten Besucher, dem nicht kunsterfahrenen Besucher, der Medienwirksamkeit, der Didaktik, etwaigen Lernzielen bis hin zur politisch korrekten Darstellung von Konflikten in Gender-, Kolonisations-, Kultur- und sonstigen aktuell brisanten Themen beigemessen wird. Wenn man, wie das obige Zitat des Museumspädagogischen Verbandes sagt, zwar nicht über umfangreiche Literatur zur Museumspädagogik für Erwachsene verfügt, so kann man aber die theoretischen Grundlagen der Kunstpädagogik, wie sie im Kapitel IV dargestellt sind, auch für die Museumspädagogik übernehmen, denn die Antworten auf Fragen wie, ist Kunst lehrbar, was kann Kunst vermitteln, was soll Kunst vermitteln, hat Kunst therapeutische Funktionen, dient sie der Selbstverwirklichung, der Emanzipation, der Eingliederung in eine demokratische Gesellschaft, was muss ein Kunstlehrer können, welche Methoden anwenden und vieles mehr bestimmt eindeutig auch die Entscheidungen in einem Kunstmuseum. Der einzige bedeutende Unterschied zwischen Kunstvermittlung in Schule oder Museum ist der, daß der Besuch eines Museums freiwillig ist und der Besucher nicht bewertet wird. Dadurch ergibt sich eine grundsätzlich offenere, zwangfreiere Ausgangssituation, die möglicherweise dadurch den Ideen Fillious näherkommt. An dieser Stelle wird nun an ein äußerst bedeutsames Moment erinnert, nämlich die Funktion des Künstlers als Person in dem Prozess von Lehren und Lernen. Es stellt sich zunächst die Frage, ob eine Ausstellungskonzeption mit ausführlichen begleitenden Informationen in Form von Tafeln, Audioträgern und einer entsprechenden Architektur ausreichen, um nicht nur interessierte Kunstliebhaber, sondern auch Nichtkünstler allgemein mit der Kunst bekannt zu machen, und zwar so, daß sie anschließend nicht nur ein historisches Kunstwissen angesammelt hätten, sondern im Sinne Fillious gar eine Verhaltensänderung erreicht. Für die Absicht, ein allgemeines Interesse an Kunst in der ganzen Gesellschaft zu wecken, wurden im Laufe der Jahre Personen beauftragt, als Ausstellungsführer auch individuell auf die Bedürfnisse und Fragen der Besucher eingehen zu können. Sie sind meist ausgebildete Kunsthistoriker, neuerdings auch Kommunikationstheoretiker, Kunstpädagogen und andere, die sich auf die Besprechung von Kunstwerken spezialisiert haben. Für Großveranstaltungen wie Biennalen oder Sonderausstellungen, für die für eine bestimmte Zeitspanne eine größere Anzahl von Kunstvermittlern benötigt werden, werden Austellungsführer aus den unterschiedlichsten Gebieten her rekrutiert und speziell für die entsprechende Ausstellung vorbereitet. Während in den ersten Jahrzehnten seit „Öffnung der Museen für die Masse" oder Wandel des Museums vom „Musentempel zum Lernort" diese Ausstellungsführer mehr oder weniger kanonisches Kulturwissen durch Erzählen am Ausstellungsobjekt vermittelten, also Kunstwerke für die Besucher in die Kunstgeschichte einordneten, hat sich, analog den Diskussionen in der Kunstpädagogik (siehe Kapitel IV), in Abhängigkeit von der jeweiligen Auffassung der Museumsdirektion, eine gewissermaßen erweiterte Praxis entfaltet, in der die Museen thematische Kurse zum „Mitmachen und Erleben" anbieten, multimediale, „interaktive" Informationspanels oder „Erfahrungsräume" zur Verfügung stellen, oder in anderer Weise partizipatorisches Verhalten von Besuchern zu fördern suchen. Die Diskussion und Kritik an solchen „Erlebnismuseen" inklusive aller Merchandising-Aktivitäten und „spielend lernen"-Kursen sind ebenso bekannt wie sie jedem begegnen, der eines der größeren Museen des Landes betritt. Dennoch hilft es unserer Untersuchung weiter, wenn man hier nicht nur auf die kommerziellen Absichten oder Legitimationen durch Besucherzahlen rekurriert, sondern einfach annimmt, daß die Entwicklung zur heutigen Museumspraxis sowie der quantitative Anstieg der Kunstmuseen ihren Ausgangspunkt in der Hoffnung und Absicht hatten, daß die Begegnung mit Kunst für die Bevölkerung sinnvoll und wichtig sei, und zwar nicht als wirtschaftlicher Faktor, sondern als emanzipatorischer.

Wie soll man dies messen? Der Beantwortung dieser Frage widmen sich verschiedenste Forscher aus den unterschiedlichsten Gründen, deren Ergebnisse genau daher auch sehr unterschiedlich ausfallen. Die Frage der Parteilichkeit jedweder Antwort wird gerne ignoriert, dennoch führte gerade die Forderung nach bewiesenen Aussagen zur beispielsweise „Wirkung" von Kunst oder dem Umgang mit Kunst bei Geldgebern, politischen Entscheidern oder Curriculum-Entwicklern zu Thesen, denen zur selben Zeit ihr Gegenteil entgegengehalten werden kann. Sicherlich liegt dies auch an den unterschiedlichen Interessen und Machtabsichten, aber es liegt ebenso in der Sache selbst. Dies meint, daß Kunst, wird sie für einen bestimmten Zweck außerhalb ihrer selbst eingenommen, nicht „funktionieren" kann. Wie im Kapitel IV dargestellt, gibt es keinerlei Beweise dafür, daß Kunst von sich aus aufklärerische, edukative oder therapeutische Funktionen erfüllt, obwohl dies von den verschiedensten Partei-Ergreifenden behauptet wird. Das ist der Grund für den Protest, den Dave Hickey den Kuratoren im bereits genannten Symposium „Curating Now" entgegenhält:

> „Art doesn't teach us anything. It doesn't teach us anything about art. It doesn't teach us anything about life. If it did, we would all be redeemed human beings. Our long experience with art would have so bettered us that we would barely touch the floor. Now, rock and roll does make you better, but art, sadly, is a propositional discourse. It exists in what Karl Popper would call an environment of confirmation or refutation. It is either accepted, rejected, or revised. It is an externalized discourse of value. It is demonstrably an axiological practice and not a pedagogical one."[172]

Hickey wehrt sich mit aller Entschiedenheit dagegen, die Kunst in den Dienst der Kuratoren zu stellen, wo sie alsdann u.a. zum Wohle des Volkes, aber auch zur Umverteilung von Ressourcen fälschlichweise und wirkungslos eingesetzt wird. Hierbei streitet er nicht nur eine wie auch immer geartete positive pädagogische Wirkung der Kunst ab, sondern auch die Möglichkeit, Kunstwerken eine Bedeutung abzugewinnen, die ihnen immanent wäre:

> „ ...it is a practical observation that the act of explaining art is based on the presumption that art has, somewhere in it, some determinate meaning. In fact, works of art have no determinate

[172] Hickey in: Curating Now, S. 137

meanings. No work of art has a determinate meaning. If works of art had determinate meanings, sometime in the last five hundred years we should almost certainly have figured out what at least one work of art means."[173]

Folgt man Hickey's Auffassung, so kann die sinnvolle Arbeit einer/eines Ausstellungsführerin/führers entweder nicht in mehr als einer kunsthistorischen Einordnung der Exponate bestehen, womit dann kulturelles Gut transportiert worden wäre, oder würde gar den Zugang zu einer eventuellen authentischen Begegnung zwischen Besucher und Kunstwerk behindern, denn eigentlich sollten seiner Meinung nach Kuratoren und Kritiker in erster Linie „aus dem Weg gehen", nachdem sie diesen für den Betrachter freigeräumt haben („Again, criticism and curating are secondary practices. Our job is to get out of the way."[174]). Hält man sich diese kontroversen Diskussionen zur Rolle der Kuratoren, Kunstvermittler, Kritiker sowie der Bedeutung von Kunst für die Gesellschaft vor Augen, dann kommt es einem vor, als wären die Museumsgründer, die Politiker, die die Mittel bereitstellten und die Museumsmitarbeiter und Kunstvermittler zwar dem Vorschlag Fillious et al. mit allem Einsatz gefolgt, hätten allerdings bis heute keine Sicherheit darüber gewonnen, dass Lehren und Lernen mit Kunst neue Formen von Wissen generiert. Dennoch, der Trend hält an, und wie im Kapitel VI gezeigt werden soll, entpuppt sich bei dem aktuellen Experiment, Künstler in die Universitäten zu bringen, auch die zugrundeliegende Hoffnung, daß sich die Vermutung Fillious et al. doch noch beweisen ließe.

Da jedoch in der hier vorliegenden Arbeit angenommen wird, daß die in Fillious Buch aufzufindenden Gedanken fruchtbringend sind, soll nun erneut in Erinnerung gerufen werden, was Filliou mit dem Nachsatz „neue Kunst wird von selbst folgen" ausdrückte. Eben hier liegt der Schlüssel zu dem Verständnis für eine Übertragbarkeit seiner Thesen auf die Praxis, sei es in der Schule, im Museum, in der Akademie oder an anderen Orten, in denen Lehren und Lernen stattfinden soll. Wenn „die Kunst folgen soll", dann bedeutet das, dass sie für das, worüber Filliou nachdenkt, zunächst gar keine Wichtigkeit hat. „Die Kunst" als solche, zu finden in Manifestationen als Objekte, Bilder, Filme etc., spielt für das Ziel einer Emanzipation jedes einzelnen auf dem Weg zu demokratischem Verhalten gar keine Rolle. In Museum geht es aber um Kunst in Form von Exponaten. Was aber dann ist es, was Filliou als bewegendes Moment meint, der Welt der Kunst

---

173   Ebd.
174   Ebd., S. 128

entnommen?

Es ist der Künstler, und zwar ein Künstler, der sich dem Ziel von Lehren und Lernen verpflichtet hat. Alle Beschreibungen Fillious zu sich oder seine Kollegen versuchen zu erklären, was die Lebensart eines Künstlers von dem eines Nichtkünstlers unterscheidet, und warum, aufgrund dieser „Lebenskunst" und Art der Erfahrung, mithilfe der Künstler als Lehrer eine andere Form des Lehrens und Lernens mit dementsprechenden anderen Ergebnissen und Verhaltensweisen im Umgang damit erzielen kann. Künstler, die sich zu ihrer Aufgabe machen, mit ihrer künstlerischen Arbeitsweise als Lehrer an dem Wissensstand der menschlichen Gattung mitzuarbeiten, entsprechen dem von Filliou et al vorgeschlagenen „Mittel", die Welt auf einen besseren Stand zu bringen. Mit anderen Worten: nicht, indem einem Museumsbesucher durch einen informierten Ausstellungsführer Kunst erklärt wird und dabei eine in ihr befindliche Botschaft, ein Wissen offenbart wird (wogegen Hickey sich in seinem Protest so wehrte), kann ein Lehren und Lernen stattfinden, das die besagten emanzipatorischen Fähigkeiten fördert, sondern in der Begegnung und gemeinsamen Arbeit an einem Problem durch einen Nichtkünstler mit einem Künstler. Diese Konstellation läßt sich auf alle Bereiche des Lebens anwenden, und soll es auch, wenn es nach Filliou et al. geht. Hiermit verschiebt sich die Auffassung von der Parole „Kunst & Leben" als Öffnung der Museen für die Bevölkerung oder das Aufführen von Kunstwerken im öffentlichen Raum in Richtung Zusammenarbeit von Künstler und Nichtkünstler bei der Entwicklung von Lösungen. Gleichzeitig fügt sich ein weiterer Aspekt ein, nämlich der der aktiven Teilnahme beider Seiten an dieser Arbeit, gleichberechtigt und eigenverantwortlich. Ehe hier der heute vorherrschende Anspruch von „Partizipation" mit seinen verschiedenen Färbungen das Thema wieder vernebelt, soll direkt auf die bei Filliou im ersten Kapitel definierte Situation verwiesen werden, in der ausschließlich eine wahrhafte Zusammenarbeit stattfinden kann, und ebenso die zwar bekannte, aber umso relevantere Beschreibung des herrschaftsfreien Diskurses nach Habermas erinnert werden, ohne den anzustreben keine wirklich demokratische Situation herrscht. Die Theorie von Habermas wird im Kapitel III noch einmal für die Beurteilung von Filmen über Künstler herangezogen.

In Bezug auf die Situation der Museen und in Museen ergibt sich nun ein weiterer Aspekt: folgt man Fillious Gedanken wie auch Hickeys und anderer Kritik, dann entsprechen die Ausstellungsführungen durch Kunsthistoriker oder eigens dafür geschulte Kunstvermittler, die Kunstwerke (ob in historischer, kunstwissenschaftlicher oder soziologischer Weise) einem Publikum erklären, nicht dem beabsichtigten „Zweck", der Emanzipation durch Kunst. Der ideale Dialog müsste demzufolge mit einem Künstler stattfinden, aber nicht mit irgendeinem Künstler, sondern einem, der gewissermaßen das Lehren und Lernen anhand von künstlerischen Exponaten zu seiner eigenen Kunst erklärt hat. Also ein Kunstvermittler-Künstler. Man kann davon ausgehen, daß diese konsequente Umsetzung der Filliou'schen Gedanken in die Praxis vom Umgang mit Kunst erstmals und möglicherweise einzigartig von dem Begründer der sogenannten „Besucherschule" durchgeführt wurde, nämlich des Künstlers Bazon Brock. Inwieweit das erstrebte Ziel der Emanzipation durch Kunst mit seiner Arbeit erreicht wird, soll im folgenden untersucht werden.

2. Die Besucherschule von Bazon Brock

Die Besucherschule von Bazon Brock wurde zum ersten Mal 1968 auf der und für die documenta 4[175] praktiziert und von ihm auch für jede folgende documenta eingerichtet. Ihre Methode gilt jedoch nicht nur für Großveranstaltungen wie die documenta oder andere internationale Biennalen, Triennalen etc., obwohl sie, wie man gleich sehen wird, hier besonders vonnöten scheint, sondern eigentlich für jede Situation der Konfrontation mit Kunstwerken.

Ihr liegen ausführliche und grundsätzliche Überlegungen zugrunde, die man sowohl von den explizit zur Besucherschule geschriebenen Texten wie auch den anderen veröffentlichten Werken Brocks entnehmen kann, sind sie doch die Grundlage seiner gesamten künstlerischen Arbeit und seines Lebens. Insofern soll an dieser Stelle nur auf die formulierten Ziele und Methoden des Besucherschul-Konzepts eingegangen werden und inwieweit es sich im Rahmen der Museumspädagogik bewährt, wohingegen ihre künstlerischen und philosophischen Begründungen erst im Rahmen der Darstellung von „Lehrstücken" verschiedener Künstler, in dem Fall bei Bazon Brock, im nächsten Kapitel zur Sprache kommen.

Wie es im Namen angelegt ist, handelt es sich bei einer Besucherschule um ein Angebot an die Besucher einer Ausstellung, geschult zu werden mit dem Ziel, der Ausstellung als geschulter Besucher besser ausgerüstet entgegenzutreten, und ihr so mehr, im wahrsten Sinne des Wortes, abgewinnen zu können. Diese Idee gründete u.a. auf der Feststellung, daß die „Bedeutung nicht in den Dingen steckt"[176] und man sie sich daher nur erarbeiten

---

175 Siehe: http://www.bazonbrock.de/werke/detail/?id=655&highlight=besucherschule (zuletzt gesichtet Mai 2016)
176 „Bedeutung steckt nicht in den Dingen wie der Keks in der Schachtel. Was heißt bedeuten? Bedeutung entsteht durch Unterscheiden, Bedeutungen werden exemplifiziert. (...) Also, wenn Dinge nicht die Bedeutung in sich enthalten, wie etwa eine Schachtel einen Keks, was heißt dann Bedeutung, wo kommen dann die Bedeutungen her? Und da gibt es nun die erste einfache aber verbindliche Vorgabe, verbindlich nicht nur für den Bereich der Kunst, sondern auch in anderen Lebensbereichen, zum Beispiel auch in der Wissenschaft. Wir sagen, Bedeutungen entstehen hier auf Erden für alle Menschen bei jeder Art von Tätigkeit nur dadurch, daß Menschen in der Lage sind, Dinge voneinander zu unterscheiden. Das ist alles, das hört sich sehr einfach an, aber das hat es auch in sich. Dinge unterscheiden zu können, ist die Voraussetzung dafür, daß etwas eine Bedeutung haben kann. Aber das Unterscheiden alleine ist noch nicht das Entscheidende, es geht natürlich um die Gesichtspunkte der Unterscheidung. Nehmen Sie mal an, Sie fahren als Verkehrsteilnehmer eine Straße mit Ihrem Auto entlang und unterscheiden nun die Verkehrsschilder nur im Hinblick auf die Größe, das könnten Sie ja tun, oder auch im Hinblick auf das Gewicht der Verkehrsschilder, dann wissen Sie alle, daß unter diesen Unterscheidungsgesichtspunkten (Gewicht oder Größe) die Verkehrsschilder für Sie als Verkehrsteilnehmer keine Bedeutung haben. Erst wenn Sie die Schilder danach unterscheiden, was die Schilder Ihnen für Ihr Verhalten sagen, werden die Schilder für Sie als Verkehrsteilnehmer bedeutsam. So ist das überall, in allen Dingen, unter anderem auch bei den Kunstwerken." (Bazon Brock, Besucherschule d 7. Die Hässlichkeit des Schönen - Spaziergänge Tempelgänge Paradegänge. Kassel 1982, S. 108f.)

kann. Brock erklärt dazu:

„Die Herausforderung lautet: Wie arbeitet man produktiv mit dem, was man nicht kann, was man nicht versteht oder was einem nicht zur Verfügung gestellt wird, weil man es nicht besitzt."[177]

Aus dieser „Herausforderung" lassen sich verschiedene Aufgaben für die Besucherschule entwickeln:

Die (wahrnehmungstheoretische) Feststellung, daß die Rezeption (beispielsweise von Kunstwerken) ein aktiver Vorgang ist, der ein Urteil oder eine Erkenntnis über den rezipierten Gegenstand produziert, fokussiert nicht in erster Linie darauf, daß das eigene Interesse, die Vorbildung, die Erfahrung und die Übung im Kritiküben allein den Grad der Möglichkeit, sich einem Kunstwerk nähern zu können, bedingen, wie es in der hermeneutischen Auslegungsmethode bestimmt ist. Eher soll es darum gehen, den jeweiligen Stand des Rezipienten als Nichtkünstler oder professioneller Kunstkritiker mit seinen Vorurteilen, Erfahrungen, alltäglichen Sorgen oder Zweifeln in den Umgang mit Kunst zu integrieren, indem die Herstellung der Bezugnahme des eigenen, individuellen Lebens mit den künstlerischen Äußerungen eines anderen oder gar der Vielfalt davon in einer großen Ausstellung exemplarisch „aufgeführt" wird und gelingt (deswegen, weil der Aufführende ein professioneller Kunstvermittlung-Künstler ist).

Der Begriff „Schule" weist auf ihren Anspruch an den Besucher hin, daß dieser auch (mit-)arbeiten muss und nicht beliebig ein- und ausgehen kann, will er etwas lernen. Brocks Besucherschule kann in Form einer (z.B. bei der documenta 7- ca. 30-minütigen) Videoanweisung gestaltet sein, die dem interessierten Besucher vor dem eigentlichen Rundgang durch die Ausstellung gezeigt wird, oder als Live-Vortrag durch Brock erlebt werden. Grob skizziert soll nach Brock Folgendes geschehen: ein „Kunstvermittler-Künstler" (s.o.) führt exemplarisch vor, wie er mit einer Kunstausstellung umgeht, wie er von einzelnen Kunstwerken Aussagen ableitet, wie er in großen Ausstellungen - statt von der Fülle überwältigt zu werden - einen für ihn interessanten Zusammenhang destilliert und das Gesehene so auf sein Leben bezieht, daß er sagen kann, das Gezeigte hat etwas mit ihm zu tun, es betrifft ihn. Der Protagonist, ein professioneller Künstler, ist zum einen als anschauliches Besucher-Beispiel geeignet, weil er versteht, was Kunstmachen ist, er die Probleme der Kunstbetrachtung und -kritik kennt,

---

177 Bazon Brock in: Kunstforum International, Bd. 181, Die Kunst der Selbstdarstellung. Hrsg. Paolo Bianchi 2006

die in der Ästhetik erforscht werden und um die Verbindung von Kunst und Leben weiß. Exemplarisch wirken kann er aber erst, wenn er gleichzeitig in der Lage ist, seine Rolle als Lehrer und Lernender zu spielen, er also über die dramaturgischen Mittel verfügt, darzustellen, wie er lernt (an der Kunst) und die Besucher lehrt, seinem Beispiel zu folgen. Nicht jeder Künstler ist daher automatisch auch ein Vermittler im Sinne der Besucherschule, im Gegenteil muß der Leiter einer Besucherschule neben der performativen Methode die ihr zugrundeliegenden ästhetischen Theorien zur Wahrnehmung, zur Rolle des Besuchers und der „Funktion" von Kunst zielbewusst (also didaktisch) unterstützen.

Nach Brock ist es das Ziel, die Besucher in die Lage zu versetzen, sich die Ausstellung selbst zu erschließen, indem sie verstehen, was die Exponate mit ihrem Leben zu tun haben. Hierbei müssen sie ihre eigene Rolle kennen lernen, die sie als Besucher, also Rezipient einer Ausstellung, haben, und inwiefern sie selbst dafür verantwortlich sind, irgendwo eine Bedeutung zu erkennen bzw. sogar zu konstruieren oder nicht. Didaktisch wird dies durch das Vormachen des Künstlers erreicht, der als Individuum, beispielhaft, Kunstwerke oder -ausstellungen rezipiert, indem er auf grundlegende Techniken und Problematiken der Ästhetik[178] und der Rezeptionstätigkeit eingeht. Zur letzteren beschreibt Brock mögliche Haltungen, mit denen sich Besucher durch die Ausstellungen bewegten, nämlich „ touristisch schlendernd oder hingebungsbereit pilgernd oder kennerisch kalkulierend"[179] und nimmt allen die Schwellenangst, welche bis heute eine gewisse Reserviertheit, wenn nicht offenen Hass der Gesellschaft gegenüber der Kunst produziert, wenn er ausführt:

> „Und die Betrachter erfahren hoffentlich, daß sie verantwortlich sind für den Gebrauch, den sie von den Kunstwerken machen; manchmal geben eben Kunstlaien die brauchbarsten Hinweise auf Werke, und manchmal erschließt die Auffassung des Künstlers ein Werk am besten, und ein anderes Mal bringt der snobistische Kenner mit einer Kurzfloskel ein Werk tatsächlich auf den Punkt. Recht haben alle, allerdings nicht immer zur gleichen Zeit und nicht immer zu den gleichen Werken und Problemen."[180]

Der Vermittler einer Besucherschule führt alle drei Standpunkte vor, er nimmt

---

178 Unterscheidung Bezeichnendes, Zeichen und Bezeichnetes, Tradition und Avantgarde usw., siehe hierzu Brocks Schriften und Vorträge zur Ästhetik (auch auf seiner Webseite www.bazonbrock.de)
179 Bazon Brock, Besucherschule d7
180 Ebd., S. 108

Alltagssätze ernst (einer von ihnen bestand in der Aufforderung, vor einem Gemälde der Alltagssentenz nachzukommen: „Das Bild spricht mich an." Dabei sollte jeder Teilnehmer für sich dem Bild gegenüber nur die Rezeptionsform Zuhören ausbilden. Hin-Sehen, aber nur Zu-Hören. Wer spricht, wenn das Bild spricht?"[181]), zeigt Möglichkeiten und Bedingungen auf, wie Bedeutungen und Urteile gewonnen werden, („Der Zusammenhang steckt nicht in den Objekten. Er muß in der Urteilsbegründung durch die Vermittlungsleistung des Subjekts konstituiert werden"[182]), bespricht die Praxis und Leben von Künstlern als Beispiel für das Leben eines individuellen Menschen - mit anderen Worten, setzt die von Brock konzipierte „Ästhetik der Vermittlung" als Lehrpraxis um. Seine künstlerischen Inhalte werden im nächsten Kapitel im Zusammenhang mit der Besprechung verschiedener „Lehrstücke" von Künstlern erläutert, an dieser Stelle ist es wichtig, die der von Brock entwickelten Lehrmethode zugrundeliegenden Überlegungen aufzuführen, die diese von denen anderer Kunstvermittlungen fundamental unterscheiden. Brock sagt:

> „Wir wissen doch inzwischen, daß die Vorgänge der Produktion und Rezeption ihrem Wesen nach gleich sind: sie sind beide Produktionen, tätige Hervorbringungen. Nur in Umfang und Verwendungszweck unterscheiden sich die tätigen Hervorbringungen von Rezipienten und Produzenten."[183]

In einer Besucherschule lernt der Besucher also, wie er zu einem Urteil kommt, indem er jemandem bei dessen Aktivität zuschaut, wie dieser beispielhaft ein Kunstwerk rezipiert, wobei ihm klar wird, von welchen Faktoren das schließlich gewonnene Urteil abhängt und wie viel dies mit der Persönlichkeit, die urteilte, zu tun hat. Brock beschreibt:

> „Die Besucherschule demonstriert also, wie jemand - am besten der Veranstalter der Besucherschule - exemplarisch die Hervorbringung eines Aussagenzusammenhangs leistet und damit auch demonstriert, daß Aneignung gelingen kann."[184]

Das oberste Ziel ist nicht, nachlesbare Informationen über ein bestimmtes Kunstwerk zu erhalten, sondern zu sehen, mit welchen Möglichkeiten und Techniken dem Kunstwerk Informationen abgewonnen werden können, die

---

181 Bazon Brock. Ästhetik als Vermittlung, S. 264
182 Ebd., S. 8
183 Bazon Brock, in: Kunst und Medien - Materialien zur documenta 6, hrsg. von Horst Wackerbarth, 1977, S. 132
184 Ebd.

für einen selbst relevant sind, wie man sich also das Gesehene „aneignet". Man lernt Kunstwerke in ihrer Bedeutung für sich einzuschätzen. Da der Betrachter vorher nie so etwas gesehen hat wie das Kunstwerk, dem er zum ersten Mal begegnet, erhält er durch die Übung des Umgangs mit Kunst gleichzeitig das Rüstzeug, generell mit Unbekanntem umzugehen - eine Fähigkeit, die es ihm erlaubt, statt eines blinden Glaubens oder Ablehnung von Fremdem eine begründete Meinung zu bilden. Diese emanzipatorische Absicht liegt der Methode aller Aktionen und Texte von Brock zugrunde. Speziell für Großausstellungen eignet sich eine Besucherschule auch insofern, als sie unter einem bestimmten Thema an die Führung herangeht, sodaß die Besucher nach abgeschlossenem Durchgang eine zusammenhängende Struktur der Ausstellung entwickeln können. Naturgemäß kann man einen so geschaffenen „Gesamtzusammenhang" besser für sich verarbeiten und erinnern als den verwirrenden Eindruck, den die Betrachtung unzähliger, völlig verschiedener Kunstwerke beispielsweise einer Biennale hinterlässt. Brock erklärt die Besucherschule dahingehend:

> „Sie versteht sich als freies Angebot, die verwirrende Vielzahl und Vielfalt der ausgestellten Werke in wenigstens einem Zusammenhang zu sehen. Im Unterschied zu herkömmlichen Führungen entwickelt die Besucherschule jeweils ein Thema als Leitfaden, anhand dessen es dem Besucher möglich wäre, sich die Ausstellung zu erschließen."[185]

Es muß betont werden, daß die Besucherschule von Brock nicht als Ersatz für die anderen museumspädagogischen Aktionen gesehen wird. Bei Brock geht es um eine Anwendung von Kunst, insofern, als die Kunstausstellung als Mittel genutzt wird, mit dem man etwas lernen kann, was für das Leben der menschlichen Gattung generell, bzw. für die Entwicklung einer freien, demokratischen Welt bedeutend ist. Indem der Besucher auf eine ihm fremde, nämlich künstlerische Weise vorgeführt bekommt, wie sich andere Menschen auf eine ihm unbekannte Art, nämlich als Künstler, der Bearbeitung von Problemen widmen, die er dazu selbst möglicherweise bisher nicht einmal als solche erkannt hatte, lernt er von diesen Beispielen und erkennt, daß er nicht nur Zugang zu dem Künstler als Mitmenschen erhält und das Kunstwerk „zu ihm spricht", sondern auch selbst mehr und mehr Gefallen daran findet und sich in der Lage sieht, die Welt so anzugehen wie ein Künstler, nämlich mit einer eigenen Auffassung und Ideen darüber, die er begründen und erklären kann. Ein solchermaßen „aufgeklärtes" Indi-

[185] Bazon Brock. Besucherschule d7

viduum wird in einer demokratischen Diskussion hilfreich sein, sobald sich eine solche denn ereignete. Man kann aus dem Gesagten folgern, daß die Besucherschule das öffentliche Publikum einer Ausstellung im Hinblick auf emanzipatorisches Verhalten bildet, und ebenso die einzigartige Rolle der Kunst für die Gesellschaft darlegt, wodurch die Funktion von Museen und Kunstereignissen ebenfalls ihre Legitimation erfährt.

Bazon Brock ist aufgrund seiner u.a. dramaturgischen und schauspielerischen Erfahrung als Aufführungskünstler von Lehren und Lernen prädestiniert und hat ja darüberhinaus das dem Buch Fillious zugrundeliegende Gedankengut in zahlreichen künstlerischen Aktionen selbst mit- und fortentwickelt[186]. In seiner Besucherschule praktiziert er das Konzept „Lehren und Lernen als Aufführungskunst" als tatsächliche Aufführung, und zwar in einer besonderen Form, die er, in Unterscheidung zu Theater, Performance oder Happening, als „Action Teaching" gekennzeichnet hat. Das „Action Teaching" ist seine Kunst, die er u.a. in der Besucherschule als Lehrmethode nutzt. Als Kunst jedoch liegen dem „Action Teaching" bestimmende Theorien zugrunde, die es zum Ausdruck eines umfassenden Weltbilds machen - wie jedem Künstler eines zugrunde liegt, aus dem heraus er seine Arbeiten begründet. Für die Museumspädagogik generell bedeutet das, daß das Konzept der Besucherschule, nämlich die exemplarische Darstellung des Umgangs mit Kunst durch einen Künstler auch dann sinnvoll erhalten bleiben könnte, wenn der Besucherschulleiter zwar nicht ähnlich professionell „Aufführungskunst" betreibt, aber mit seiner eigenen Methode zeigen kann, wie er als Künstler der Kunst begegnet und sie für sich zur Erkenntnisgewinnung nutzt. „Aufführungskunst" im Sinne Fillious muss nicht zwingend Happening oder Performance bedeuten, selbst wenn in dieser Zeit diese Kunstformen gleichfalls entwickelt wurden, stattdessen scheint es richtig und sinnvoll zu sein, den praktischen Aspekt des Filliou'schen Programms zu betonen, der beabsichtigt, daß Lehren und Lernen zum Leben selbst, zur Erfahrung wird, erprobt und verworfen, im Miteinander entwickelt, sodaß das Gelernte unmittelbar in das eigene Leben integriert werden kann, mithin angeeignet ist.

Bazon Brock zeigt als Künstler, wie man lehrt und lernt, eine eigene, selbständige Sicht auf die Welt zu entwickeln, diese zu formulieren und kommunizieren. Seine künstlerische Arbeit ist der Vorschlag dafür, wie

---

186 Siehe beispielsweise die Videodokumentationen „Navigatoren, Radikatoren, Moderatoren" (Action Teaching im Frankfurter Portikus 1993) oder „Lustmarsch durch's Theoriegelände" (Action Teaching in 2006)

sich eine Gesellschaft demokratisch entwickeln könnte und fußt auf den kunsttheoretischen Erkenntnissen der 1960er und folgender Jahre, wie dies auch in Fillious Buch zum Ausdruck kommt. Auch andere Künstler haben es sich zur Aufgabe gemacht, anhand ihrer künstlerischen Arbeit beispielhaft vorzuführen, wie ihre Vorschläge zum Umgang mit einem spezifischen Problem aussehen, das für die menschliche Gattung eine Bedeutung hat. Im folgenden Kapitel sollen einige „Lehrstücke" skizziert werden, um die Vermutungen Fillious, daß Künstler etwas Besonderes für die Gesellschaft beitragen könnten, würde man sie wirklich befragen, in ihrer Gültigkeit nachzuweisen.

III. LEHRSTÜCKE VON KÜNSTLERN
Künstler als Beispielgeber

Es ist nicht immer so, daß Künstler sich einer lehrenden Rolle bewußt wären oder diese gar anstrebten. Wie man im vorherigen Kapitel sehen konnte, fällt den Vermittlern die Aufgabe zu, den Bezug zwischen dem Kunstwerk und dem Betrachter herzustellen und ihm (zum Beispiel) zu zeigen, was er daran lernen kann. Wie ersichtlich wurde, werden dabei verschiedene Ziele verfolgt, die sich von der kunsthistorischen Einordnung der Werke über die historische Bezugnahme, die werkimmanente Betrachtung oder philosophische Spekulation bis hin zu einem „praktischen Umgang" mit der Kunst erstrecken. Selbst wenn zu dem Thema „Rezeption von Kunst" heftigste Diskussionen ausgetragen werden, besonders in dem Spannungsfeld von „Kontemplation", „reiner Anschauung der Kunst" und einem „Nutzbarmachen" der Kunst als Mittel zur Aufklärung, so soll hier ja nicht zwischen diesen konträren Auffassungen entschieden, sondern nur auf eine dieser „Funktionen" von Kunst verwiesen werden, nämlich wenn sie explizit „lehrend" und „beispielgebend" vorkommt. Für eine tiefergehende Untersuchung dessen ist es sinnvoll, zwischen folgenden Situationen zu unterscheiden:

- Künstler als Kunstlehrer für Kinder in der Schule,
- Künstler, die explizit aufklärerische Absichten in der Auswahl ihrer Themen haben (wie z.B. im „Politischen Theater" oder des „Expanded Cinema"),
- Künstler, die explizit künstlerisch lehren, also eigene Lehrmethoden, -werkzeuge, -medien entwickelt haben,
- Künstler als Hersteller von Kunstwerken, welche, beispielsweise mithilfe von Vermittlern oder anderen Lehrern, für Lehren und Lernen verwendet werden,
- Künstler als Künstlerausbilder an Akademien, Universitäten oder anderen Instituten,
- Künstler, deren Biographie bzw. Arbeitsmethode als Beispielgeber dienen können (wobei der Zugang zu ihrer Art zu leben und zu arbeiten durch die eigene, künstlerische Darstellung in Ausstellungen, Texten, Vorträgen erfolgen kann oder in Dokumentationen, Biographien durch andere).

Auf die Situation des Kunstunterrichts an Schulen und dem Einsatz von Künstlern als Lehrer (im Unterschied zu Kunstlehrern, die nicht als Künstler arbeiten) wird in einem eigenen Kapitel eingegangen, weil sich hier die Bedeutung der Kunst, die ihr eine Gesellschaft zuspricht, besonders manifestiert. Im Kapitel IV, „Kunst und Unterricht", wird daher zu untersuchen sein, inwiefern die in diesem Kapitel aufgefundenen emanzipatorischen und aufklärerischen Mittel in der Kunst in dem gesellschaftlich bestimmten Bildungsprozess der zukünftigen Gesellschaftsmitglieder, also der Kinder und Jugendlichen, verwertet werden.

1. Künstler, die explizit aufklärerische Absichten in der Auswahl ihrer Themen haben

Eine ausdrücklich emanzipatorische Wirkung von Kunst wird heute im Rahmen des sogenannten „Politischen Theaters" angestrebt, welches, da Theater ja eine „Aufführungskunst" ist, dem Sinne Fillious scheinbar nahesteht. Besonders in diesem Bereich beziehen sich die Theatermacher historisch nahezu immer auf das „epische Theater" von Berthold Brecht (1898-1956) und viele ebenso auf das „Theatre of the Oppressed" von Augusto Boal (1931-2009). Eine umfassende Darstellung der „Aufführungskünste" als Theater des westlichen Kulturkreises[187] soll hier nicht geleistet werden, stattdessen soll eine offenkundige Grobheit in der Unterscheidung der verschiedenen Ansätze vorgenommen werden, weil sie es immerhin erlaubt, auf die jeweils verschiedene Gewichtung der hier relevanten Faktoren hinzuweisen. Von Brecht wird daher seine in den 1920er Jahren entwickelte Form des „Lehrstücks" betrachtet werden, dessen Bezeichnung die didaktische Absicht ja direkt abbildet. Bei Brecht jedoch handelt es sich weniger um eine Belehrung des Publikums über die „Moral von der Geschicht'", sondern um eine Emanzipation des Zuschauers von dem, was ihm auf der Bühne angeboten wird. Das Publikum soll begreifen, daß es bei den dargestellten menschlichen Verhaltensweisen um ein Experiment geht, welches auch genauso gut anders verlaufen könnte, und dabei Wahlmöglichkeiten, Bedingtheiten, Befangenheiten in den Entscheidungen der Handelnden erkennen. Auf die einzelnen dramaturgischen Methoden dazu kann hier nicht eingegangen werden, man kann aber vereinfachend sagen, daß es Mittel sind, die Brüche im Ablauf erzeugen, wodurch der Zuschauer gehindert wird, sich dem Geschehen fasziniert, genießerisch oder träumerisch hinzugeben. Stattdessen wird er eher aufgeschreckt, „geweckt", sich seiner selbst in der Situation als Zeuge des Geschehens bewußt, es werden ihm Erklärungen gegeben über das, was kurz zuvor stattgefunden hat, Alternativen aufgezeigt etc., es wird also zwischen der repräsentativen und reflexiven Ebene gewechselt. Im Gegensatz zum sogenannten „aristotelischen" Theater, welches das Publikum durch Illusion zu fangen versuchte und beabsichtigte, dieselben Emotionen in ihm zu erwecken, die die Darsteller auf der Bühne spielten, wollte Brecht eine Situation schaffen, die dem Zuschauer sein Zuschauersein in jeder Minute bewußt sein und ihn daher zu einem kritikfähigen, reflektierenden Rezipienten werden ließ.

---

187 wenn man „den Westen" so auffassen kann, daß er Südamerika miteinschließt

So beschreibt Brecht seine Absicht:

> „Was ist damit gewonnen? Damit ist gewonnen, daß der Zuschauer die Menschen auf der Bühne nicht mehr als ganz unänderbare, unbeeinflußbare, ihrem Schicksal hilflos ausgelieferte dargestellt sieht. Er sieht: dieser Mensch ist so und so, weil die Verhältnisse so und so sind. Und die Verhältnisse sind so und so, weil der Mensch so und so ist. Er ist aber nicht nur so vorstellbar, wie er ist, sondern auch anders, so wie er sein könnte, und auch die Verhältnisse sind anders vorstellbar, als sie sind. Damit ist gewonnen, daß der Zuschauer im Theater eine neue Haltung bekommt. Er bekommt den Abbildern der Menschenwelt auf der Bühne gegenüber jetzt dieselbe Haltung, die er als Mensch dieses Jahrhunderts der Natur gegenüber hat. Er wird auch im Theater empfangen als der große Änderer, der in die Naturprozesse und die gesellschaftlichen Prozesse einzugreifen vermag, der die Welt nicht mehr nur hinnimmt, sondern sie meistert. Das Theater versucht nicht mehr, ihn besoffen zu machen, ihn mit Illusionen auszustatten, ihn die Welt vergessen zu machen, ihn mit seinem Schicksal auszusöhnen. Das Theater legt ihm nunmehr die Welt vor zum Zugriff."[188]

Es ist aber nicht nur das Publikum, welches bei der Aufführung mitdenken soll, sondern ebenso die Schauspieler. Die Brecht'schen „Lehrstücke" sind teilweise nicht einmal zur Darbietung gedacht gewesen, sondern sollten von Laienschauspielern gespielt werden, die durch ihre Rollen einen kritischen Umgang mit dem Thema lernen sollten. Sie sind die Vorläufer der Rollenspiele, wie sie heute als Methode in verschiedensten Bereichen der Problembewältigung (Psychologie, Managementtraining) oder des Lernens angewendet werden.

Der zuletzt zitierte Satz von Brecht („Das Theater legt ihm nunmehr die Welt vor zum Zugriff") liest sich in der heutigen Zeit, fast 100 Jahre später, beinahe mit Unbehagen. Es scheint, daß wir seitdem zuviele Versuche miterlebt oder darüber mitgeteilt bekommen haben, deren Zugriffe katastrophale Auswirkungen hatten und haben, sodaß uns die realen Möglichkeiten zur Gestaltung unserer Welt schon aus zwei Gründen verwehrt scheinen: entweder, weil die Konsequenzen des Eingreifens nicht mehr sinnvoll zu begründen sind und die Methoden nicht ausreichen, dabei andere nicht zu verletzen, oder aber weil sich ein Gefühl der Ohnmacht manifestiert hat

---

[188] Berthold Brecht, Über experimentelles Theater. In: Bertolt Brecht, Gesammelte Werke. Frankfurt 1967. Bd.15. S. 302

in Anbetracht der Größe der Probleme wie der ökologischen Katastrophe, dem Kampf der Kulturen, der „Macht" der Global Player und der Krise der politischen Repräsentation.

Daß die Entwicklung und Ausführung von großartigen Plänen zur Vervollkommnung einer Gesellschaft nicht mehr akzeptabel ist, haben ja gerade nach dem 2. Weltkrieg vernunftorientierte Philosophen und Künstler erkannt, und eben zu dieser Erkenntnis wollten ja auch Filliou und seine Künstlerkollegen beitragen. Bezogen auf Brecht haben sie daher die Vision des Publikums vom „Zugriff" auf das Weltgeschehen daraufhin reduziert, daß sie von ihm selbstverantwortliche, -erarbeitete Begründungen für seine Absichten und Handlungen forderten, die in Verhandlung mit den übrigen Mitgliedern der Gesellschaft zu diskutieren sind. Brechts Ansatz, daß der Zuschauer nicht mehr nur passiv im Theaterraum sitzen konnte, um das Schicksal der Welt zu erleiden, sondern zu eigenem Denken in Alternativen angeregt wurde, wurde also insofern weitergedacht, daß darüberhinaus noch gelernt werden sollte, seinen eigenen Standpunkt in der Sache zu finden, zu begründen und demokratisch zu verhandeln, wodurch die „Aufführungskünste" in das tägliche Leben einwirkten. Eine Theatersituation ist immer eine „reale" Situation, insofern, als dort tatsächlich Menschen eine gewisse Zeit mit anderen Menschen verbringen, was Erinnerungen oder Inspirationen bewirkt, welcher Art auch immer. Brecht versuchte, den Teil der im Theater befindlichen Menschen, die vorher passive Zuschauer waren, zu aktiveren Mitdenkern zu entwickeln, indem das Theaterprogramm explizit daraufhinwies, daß es hier etwas zu lernen gebe und es zu lehren beabsichtige.

Fillious „Aufführungskünste" sind nur insofern auf das Theater als Kunstform und Ort zu beziehen, als dessen „Teilnahmetechniken" der Ansprache, Mitteilung, Darstellung usf. genutzt werden können, sowie das strukturelle Mittel, daß die Theatersituation für eine definierte und vereinbarte Zeit eine von der „normalen Realität" unterschiedene Wirklichkeit schafft, also beispielsweise eine, in der man risikofrei Alternativen ausprobieren kann. Allan Kaprow, einer der Mitautoren von Fillious Buch, gilt ja bekanntermaßen als der „Erfinder des Happenings", nämlich einer „Aufführungskunst", die sich bereits außerhalb einer Theaterstätte ereignete, wie zum Beispiel auf der Straße, in einer Fabrik oder anderen Orten, auf die sich das Happening dann auch bezog. Bevor auf etwaige didaktische Aspekte von Happenings und Performance Art eingegangen wird, soll das Theater als ursprüngliche Heimat der „Aufführungskünste" in seiner aktuelle Diskussion daraufhin untersucht werden, wie sich hier auf die aufklärerische Absicht nach Brecht bezogen wird.

Die obige Beobachtung einer Stimmung, die manchen Bürger dazu bewegt zu denken, daß er am Lauf des Weltgeschehens nicht (mehr) beteiligt sei oder sein Einsatz etwas daran ändern könne, schließt den Erfolg von Theater aus, das sich durch emanzipatorische Absicht definiert, nämlich das so genannte „politische Theater". Florian Malzacher erklärt in seinem Beitrag eindeutig[189]:

> „If political theatre can only exist in a context in which the world is believed to be changeable, in which theatre itself wants to be part of that change, and where there is an audience that is willing to actively engage in the exploration of what that change should be - then it becomes clear why it is so difficult to think of such a theatre today in a society paralysed by the symptoms of post-political ideologies that tend to disguise themselves as positivistic pragmatism, lachrymose resignation, or cheerful complacency. Where the credo of „There is no alternative" (TINA) is considered common sense and the belief in the possibility or even desirability of political imagination is fading, theatre is hit at its core."[190]

100 Jahre nach Brecht, fast 50 Jahre nach Filliou, scheint die Vision von einer gesellschaftlichen Praxis, die mithilfe von demokratischen, gerechten, friedlichen, vernünftigen und weitblickenden Entscheidungen betrieben wird, keineswegs umgesetzt zu sein - trotz des Einsatzes der Künste, um dies einmal zu betonen. Malzacher beschreibt das politische Theater der 1970er und 1980er Jahre als Auslöser wichtiger gesellschaftlicher Debatten, da es kritikwürdige Zustände aus den unterschiedlichsten Ländern auf der Bühne darstellte, um den Zuschauern strukturelle Zusammenhänge zu verdeutlichen. Er weist jedoch darauf hin, daß diese Repräsentation von Mißständen gleichzeitig eine Verdopplung dieser eigentlich zu bekämpfenden Tatsachen waren, und insofern ein Dilemma, das schon Brecht, wie er ihn zitiert, als „Menschenfresserdramatik" gekennzeichnet hatte. Erst in den 1980er, eher aber 1990er Jahren konstatiert Malzacher neue Formen des Theaters, die als „post-dramatische"[191] die Repräsentation einer Situation

---

189   Florian Malzacher. No Organum To Follow, Possibilities of Political Theatre Today, in: Not Just A Mirror, Looking for the Political Theatre Today. Hrsg. Florian Malzacher. Berlin 2015
190   Ebd., S. 17
191   Der Begriff „post-dramatisch" (Hans-Thies Lehmann) soll darauf verweisen, daß - im Unterschied zu einem dramaturgisch konzipierten Theaterstück mit einer erzählten, aufklärerischen Geschichte

zugunsten der Schaffung einer „realen Situation" aufzugeben bestrebt sind. Bezeichnende Begriffe wie „Experiment", „Labor", „Testsituation", „Nichtlinearität" und andere sollten eine Beteiligung des Zuschauers durch seine bloße Anwesenheit, seine individuelle Beurteilung der erlebten Situation (im Gegensatz zu der Vermittlung eines Inhalts) und manchmal auch Eingriffe ins Geschehen implizieren. „Partizipation" des Zuschauers wurde dann auch bis heute zu einem wichtigen Faktor in der Theater- und auch Kunstpraxis, und es ist aufschlussreich, ihn mit Fillous „Teilnahmetechniken" zu vergleichen, um zu sehen, welche Entwicklung hier stattgefunden hat.

- es sich hier um experimentelle Anordnungen handelt, die sowohl Theaterelemente als auch Elemente der bildenden Künste verwenden, um, oft auch in Kunstgalerien selbst, die ästhetische Form mit politischem Inhalt zu verbinden. „Thus post-dramatic theatre and visual art performances - imposing aesthetic form over political content - have become synonymous with ‚post-Brecht', while the ‚post' never denotes complete rejection but always exists in productive tension with precedents and histoires." - not topics but rather specific modes of representations" in: Not Just A Mirror, S. 158

2. Verschiedene Ansätze zum Mittel „Partizipation" in der Aufführungskunst

Partizipation als besondere Berücksichtigung des Rezipienten von Aufführungskunst gründete sich, wie bereits an verschiedenen Stellen angeführt, auf einer aufklärerischen, emanzipatorischen Absicht, die, wie bei Brecht, das Theater zu einem Platz machen wollte, an dem an einer Verbesserung der gesellschaftlichen Verhältnisse gearbeitet werden könne:

> „Welche Haltung sollte der Zuhörer einnehmen in den neuen Theatern, wenn ihm die traumbefangene, passive, in das Schicksal ergebene Haltung verwehrt wurde? Er sollte nicht mehr aus seiner Welt in die Welt der Kunst entführt, nicht mehr gekidnappt werden; im Gegenteil sollte er in seine reale Welt eingeführt werden, mit wachen Sinnen. War es möglich, etwa anstelle der Furcht vor dem Schicksal die Wissensbegierde zu setzen, anstelle des Mitleids die Hilfsbereitschaft? Konnte man damit einen neuen Kontakt schaffen zwischen Bühne und Zuschauer, konnte das eine neue Basis für den Kunstgenuß abgeben?"[192]

Partizipation wird als Form einer didaktischen Methode eingesetzt, um Inhalte zu vermitteln, wobei der Inhalt auch darin bestehen kann, Partizipieren zu lernen. Da Brecht diese „neue Methode" des Theaters überhaupt erst einmal einem unerfahrenen Publikum nahebringen musste, stellte er in Form seiner „Lehrstücke" verschiedene Themen zur Verfügung, anhand derer das Publikum lernen sollte, daß es für Lebenssituationen verschiedenste Ausgänge und Erklärungen gibt, und man daher nicht unkritisch die „Fakten" übernehmen kann, sondern seine eigene Verantwortung wahrnimmt. Natürlich hat Brecht die Inhalte seiner Stücke in den Dienst seiner eigenen politischen Auffassung gestellt, wie ja ohnehin jeder Künstler seinem Weltbild entsprechend arbeitet, das sich offenbart, wenn man genau nachforscht.[193] Da sich, wie bemerkt, jedoch nahezu alle heutigen Theatermacher irgendwann einmal auf das epische Theater von Brecht beziehen, ist es wichtig, daraufhin zu weisen, daß die Idee von Brechts „Lehrstück" im Hinblick auf Fillious „Teilnahmetechniken" immerhin schon einige Jahrzehnte zuvor zwei ähnliche Hoffnungen enthalten, nämlich, daß mithilfe von Kunst gelehrt werden könne, und daß es dazu förderlich ist, daß das

---

192 Brecht, S. 300
193 Vgl. Elenor Jain. Weltanschauung und Menschenbild in der Kunst der Gegenwart. 2. überarbeitete Auflage. Norderstedt 2015

Publikum mitspielt und Erfahrungen macht, weil es selbst unmittelbar vom Theatergeschehen betroffen ist.

Und doch gibt es hier gravierende Unterschiede, die man erkennt, wenn man sich eines dieser Lehrstücke gezielt anschaut, beispielsweise „Das Badener Lehrstück vom Einverständnis". Im Vorwort des Textabdrucks liest man schon die Mühe des Autors heraus, der nicht nur schreibt, weil er seinen eigenen Standpunkt formuliert, sondern der bereits die Wirkung auf sein Publikum mitbedenken muss, und zwar nicht nur, um es dramaturgisch zu fesseln, sondern um ihm einen richtig zu verstehenden Inhalt zu vermitteln:

> „Der siebente Versuch: (...) Das Lehrstück erwies sich beim Abschluss als unfertig: dem Sterben ist im Vergleich zu seinem doch wohl nur geringen Gebrauchswert zuviel Gewicht beigemessen. Der Abdruck erfolgt, weil es, aufgeführt, immerhin einen kollektiven Apparat organisiert. Zu einigen Teilen existiert eine Musik von Paul Hindemith."[194]

Brechts unzufriedene Bemerkung über den „geringen Gebrauchswert" des Sterbens (als Element seines Stückes) weist auf seine strategische Absicht hin, einen ganz bestimmten Inhalt zu transportieren, von dessen Erfassung das Publikum nicht durch die Erzeugung von überwältigenden Gefühlen (zum Beispiel im „Angesicht" des Todes) abgelenkt werden darf. Mithilfe der beteiligten Personen „Der Flieger", „Die drei Monteure", „Der Führer des gelernten Chors (Vorsänger)", dem „Sprecher", „Drei Clowns", „Der gelernte Chor", „Die Menge" (damit ist das Publikum gemeint) wird nun darüber verhandelt, ob der Crew eines abgestürzten Flugzeugs, die verletzt auf der Bühne liegt, geholfen werden soll oder nicht.

Die stolze Haltung der Crew,

> *„Tausend Jahre fiel alles von oben nach unten*
>
> *Ausgenommen der Vogel.*
>
> *Selbst auf den ältesten Steinen*
>
> *Fanden wir keine Zeichnung*
>
> *Von irgendeinem Menschen, der*
>
> *Durch die Luft geflogen ist.*

---

194 Berthold Brecht, Das Badener Lehrstück vom Einverständnis, S. 26

> *Aber wir haben uns erhoben."*[195]

wird durch die Ansprache des Vorsängers gedämpft:

> *"Der niedere Boden*
>
> *Ist für euch*
>
> *Jetzt hoch genug.*
>
> *Daß ihr reglos liegt*
>
> *Genügt."*

und so bitten sie die Anwesenden reumütig um Hilfe:

> *"Unsere Gedanken waren Maschinen und*
>
> *Die Kämpfe um Geschwindigkeit.*
>
> *Wir vergaßen über den Kämpfen*
>
> *Unsere Namen und unser Gesicht*
>
> *Und über dem geschwinderen Aufbruch*
>
> *Vergaßen wir unseres Aufbruchs Ziel.*
>
> *Aber wir bitten euch*
>
> *Zu uns zu treten und*
>
> *(...)*
>
> *uns zu helfen, denn*
>
> *Wir wollen nicht sterben."*

woraufhin sich der Chor an die Menge wendet, und diese fragt:

> *"Ihr aber sagt uns*
>
> *Ob wir ihnen helfen sollen."*

Der wenig überraschenden Antwort der Publikums:

> *"Ja."*

entgegnet überraschend der Chor:

> *"Haben sie euch geholfen?*
>
> DIE MENGE

---

[195] Ebd., S. 27 ff

Nein.

DER SPRECHER wendet sich an die Menge:

Über die Erkaltenden hinweg wird untersucht, ob

Es üblich ist, daß der Mensch dem Menschen hilft."[196]

Man kann davon ausgehen, daß sich durch das hilfsbereite „Ja" des Publikums und der sich anschließenden, grausamen Verzögerung, den Sterbenden zur Hilfe eilen zu können, wegen einer vorhergehenden theoretischen Erörterung dieser Publikumsentscheidung, die Spannung im Theater auf alle übertragen haben dürfte, sodaß nun begierig darauf gewartet wird, wie die Argumentation vonstatten gehen wird, ja, wie es möglich ist, diese moralisch doch eindeutige Antwort zu hinterfragen.

Da der konkrete Inhalt hier nicht zur Diskussion steht, sondern nur die Methode des Lehrstücks, wird der Fortgang der Anschaulichkeit halber grob zusammengefasst: es werden Beispiele gegeben, in denen große Taten einzelner ins Verhältnis zum Nutzen für alle gesetzt werden, wie,

„DER FÜHRER DES GELERNTEN CHORS tritt vor:

Einer von uns hat eine Maschine gemacht

Durch die Dampf ein Rad trieb und das war

Die Mutter vieler Maschinen.

Viele aber arbeiten daran

Alle Tage.

DER GELERNTE CHOR erwidert:

Das Brot wurde dadurch nicht billiger."

Dann werden Bilder gezeigt, auf die das Publikum reagiert:

„Betrachtet unsere Bilder und sagt danach

Daß der Mensch dem Menschen hilft!

Es werden zwanzig Photographien gezeigt, die darstellen, wie

in unserer Zeit Menschen von Menschen abgeschlachtet werden.

---

[196] Ebd., S. 29

DIE MENGE schreit:

Der Mensch hilft dem Menschen nicht."

In einer „Clownsnummer" werden einem Riesen, der sich nicht setzen will (also sich dem Niveau der anderen anpassen), Hilfe gegen seine schmerzenden Gliedmaßen angeboten, indem man sie nach und nach amputiert, womit man den Riesen schließlich zu Fall und in den Tod bringt. Das Publikum ist aufgewühlt beim Anblick dieser falschen Hilfe,

„DIE MENGE schreit:

Der Mensch hilft dem Menschen nicht."

und entscheidet nun tatsächlich, daß den Sterbenden doch nicht geholfen werde. Das Publikum hat also seine Ansicht geändert, allerdings ohne sich möglicherweise erklären zu können, wie es zu dieser Transformation kam. Bevor Zweifel aufkommen, wird den Zuschauern ein Erklärungstext zum Lesen gegeben:

„Also

nicht zu rechnen mit Hilfe:

Um Hilfe zu verweigern, ist Gewalt nötig.

Um Hilfe zu erlangen, ist auch Gewalt nötig.

Solange keine Gewalt mehr herrscht, ist keine Hilfe mehr nötig.

Also sollt ihr nicht Hilfe verlangen, sondern die Gewalt abschaffen."

Im weiteren Verlauf werden die Gestürzten einem „Examen" unterworfen, um zu prüfen, ob sie es nun würdig sind, gerettet zu werden oder nicht, sodaß also die emotionale Wandlung des Publikums in theoretische Überlegungen gewandelt werden. Daß dabei die drei Monteure gegenüber dem Flieger, der allen Ruhm für sich beansprucht und auch von seiner besonderen Rolle keinen Abstand nehmen will, besser wegkommen, sowie den Monteuren abschließend eine Anweisung gegeben wird, wie diese sich in Zukunft in der Gesellschaft zu verhalten hätten, soll hier nicht weiter vertieft werden, außer daß sich die Zuschauer mit den überlebenden, da einsichtigen Monteuren vernünftigerweise identifizieren sollten, und ihnen Brecht diese letzten Worte auf den Weg gibt:

„DER GELERNTE CHOR

Ändernd die Welt, verändert euch!

Gebt euch auf!

DER FÜHRER DES GELERNTEN CHORS

Marschiert!"[197]

Drei wesentliche Merkmale dieses Lehrstücks sind hier für den Fortgang der Untersuchung zu vermerken: das Publikum wurde „bei sich selbst" abgeholt mit der Frage, ob den gestürzten Fliegern geholfen werden solle, und die es, ebenso wie es auch heute noch jeder von uns tun würde, spontan bejaht. Innerhalb kürzester Zeit jedoch wurde seine eigene Festigkeit in dieser Frage erschüttert, gar komplett ins Negative gekehrt, nachdem es verschiedenste Informationen und Beispiele vorgesetzt bekommen hatte, in denen diese moralische Vorstellung hinterfragt wurde. Das folgende „Nein" in der Meinungsänderung hat innerlich sicher eine emotionale Unsicherheit ausgelöst, die durch den dann folgenden theoretischen Text wie auch das an ein Gerichtsverfahren erinnernde Verhör der Gestürzten zu einer „objektiven", gemeinschaftlichen Schlussfolgerung führte. Das Lehrstück verwendet also erstens einen Inhalt aus dem „realen" Leben (keine mythischen Gestalten, sondern abgestürzte Flieger, Behandlung von Themen der Industrialisierung etc.), und läßt zweitens den Zuschauer seine eigene, reale Verfassheit erfahren. Drittens fordert es explizit zur Veränderung der Welt auf.

Interpretationen von Brechts Theaterauffassung und seinen Stücken existieren in Hülle und Fülle, und hier kann darauf auch nicht eingegangen werden. Das oben erwähnte kleine Lehrstück sollte nur als Mittel dienen, die drei soeben genannten Elemente der Fokussierung auf Publikumsbeteiligung abzuleiten, da sie die Grundsteine für die späteren Tendenzen bilden. Ob Theaterautoren die „Aktualität" ihrer Themen für den Bezug zur Gesellschaft für so bedeutend hielten, daß sie ihre Stücke nur ein einziges Mal aufführen ließen, oder eine „schnelle Theater-Eingreiftruppe" wünschten, wie Elfriede Jelinek[198], welche „Teilnahmetechniken" außer

---

197 Ebd., S. 46
198 „Joachim Lux: Das Theater hat außergewöhnlich schnell reagiert und sich zur sofortigen Uraufführung Ihres neuesten Stück „Die Kontrakte des Kaufmanns. Eine Wirtschaftskomödie" entschieden. Elfriede Jelinek: Ja, das ist wirklich ungewöhnlich, denn das Theater ist normalerweise ein schwerfälliger Apparat. Ich bin auch dementsprechend dankbar, dass das möglich gemacht worden ist, unter Aufbietung aller Kräfte, gegen alle Gewohnheiten des Theaterbetriebs. Natürlich bin ich froh darüber. Man müsste überhaupt eine schnelle Theater-Eingreiftruppe haben, die auf solche Ereignisse immer rasch eingehen kann." in: Geld oder Leben! Das Schreckliche ist immer des Komischen Anfang. Elfriede Jelinek im e-Mail-Verkehr mit Joachim Lux. https://www.thalia-theater.de/de/ensemble/mitarbeiter/geld-oder-leben-das-schreckliche-ist-immer-des-komischen-

der Zustimmung oder Ablehnung zu einer Frage entwickelt wurden, und inwieweit die „Veränderung der Welt" auch schon thematisch festgelegt wurde, ist bei jedem Theaterautor unterschiedlich. Seit Brecht hat sich eine Vielzahl von „Lehrstücken" des politischen Theaters entwickelt, die sich in ihren Methoden unterscheiden:

> „Theatre of the Real has many names: documentary theatre, verbatim theatre, reality-based theatre, theatre-of-fact, theatre of witness, tribunal theatre, investigative theatre, nonfiction theatre, restored village performances, war and batlle re-enactments, and autobiographical and biographical theatre."[199]

Auch hier existieren Vorbilder, auf die sich die heutigen Theater-/Performancemacher häufig berufen. Vor dem Hintergrund des Bezugs zu Filliou soll auf zwei legendäre Positionen eingegangen werden, u.a. auch deshalb, weil die Quellen, obwohl fast ein halbes Jahrhundert seit der Entstehung dieser Theaterformen vergangen sind, authentisch und hochaktuell sind: Judith Malina, Mitbegründerin des „Living Theatre" in einem Interview kurz vor ihrem Tod (2015), und der Sohn und Fortführer des „Theatre of the Oppressed" von Augusto Boal, Julian Boal.

Schon 1947 hatte Judith Malina zusammen mit Julian Beck das „Living Theatre" als experimentelles Theater in Kontrast zu den Broadway Theatern in New York gegründet. Ihr Lehrer, Erwin Piscator, hatte großen Einfluss auf Brechts theoretische Ausführungen zu einem „neuen Theater" und als Regisseur der sogenannten „Piscator-Bühnen" (unter Verwendung aktuellster Techniken, die er zur Technik auf und für die Bühne umfunktionierte) sein Avantgarde-Theater in Berlin gestaltet. Zum „neuen Theater" gehörte seit Brecht die Partizipation des Zuschauers, und man entdeckt in der Erzählung Malinas ein bisher unbeachtetes Element davon:

> „My teacher, Erwin Piscator, used to imagine that. But he didn't like it even if someone coughed during the performance. Ha! You know, he had one idea and another activity, and his practice didn't quite live up to his ideal. Erwin Piscator believed in audience participation, but he had no idea what it really could be, because he was a little afraid of the audience."[200]

Dieser Aspekt der „Furcht vor dem Publikum" ist tatsächlich selten in den
anfang-elfriede-jelinek-im-e-mail-verkehr-mit-joachim-lux-/
199 Carol Martin. History and Politics on Stage, in: Not Just A Mirror, S. 33
200 Annie Dorsen in conversation with Judith Malina, ‚Poetry is „No Poverty", and „No Poverty" is Poetry', in: Not Just A Mirror, S. 80

teils recht euphorischen Äußerungen von Machern partizipatorischen Theaters bzw. Kunst zu finden. Es stellt sich die Frage, ob sich diese Furcht in Anbetracht möglicher Erfahrungsbreite des heutigen Publikums legen konnte, ob sich das Publikum geändert hat oder die Regisseure ihre Mittel erfahrener einsetzen - darauf wird an späterer Stelle eingegangen.

Malinas Einsichten, gewonnen in der fast siebzig Jahre währenden Living Theatre Arbeit bestätigen ihren Weg jedenfalls als den richtigen. Die Aufführungen des Living Theatre wurden gerade Ende der 60er Jahre sehr bekannt, wodurch Malinas Bewertung der heutigen Situation als betroffene Zeitzeugin für unsere Untersuchung aufschlussreich ist. Zu ihrer Praxis, Zuschauer als Mitspieler einzusetzen, ihre Theaterarbeit als Mittel, Kultur zu verändern, zu verstehen und insgesamt einen pazifistischen, sozio-anarchischen Ansatz zu vertreten, erklärt sie:

> „We continue to try in every way we can to influence people to behave more decently towards each other. Because ultimately the revolution really means that we feel a different relation to each other. For instance, pacifism."[201]

Pazifismus ist keine Idee, die heutzutage in der öffentlichen Diskussion besonders präsent ist (wie es beispielsweise zur Zeit der Antikriegsdemonstrationen war), und doch behauptet Malina, daß er die wirkliche Bedeutung von Revolution heute ausmache („ultimately the revolution really means"). Im Kapitel VI, welches den Ausblick in die Zukunft wagt, soll auf die Aktualität von „Pazifismus" sowohl im Zusammenhang mit den Ideen Fillious der 60er Jahre, aber auch mit einer aktuellen Theorie zu „Survival of the Kindest" noch einmal eingegangen werden. Malina begründet ihre Hoffnung so:

> „One of the obstacles is money. As long as we have money system, we're going to have competitive attitude that prevents our being completely generous. We all know what the money system is. How to convince people that we can organise life without it, that there are better ways of distributing work and goods...how can we convince people? That's the work of the artist, and the writer, and the painter, and the thinker and the teacher."[202]

Daß die „Finanzkrise" den Glauben an den neo-liberalen Markt zu erschüttern beginnt, scheint heute selbst in aktuellen Zeitungen vorsichtig geäußert

---
201 Ebd., S. 81
202 Ebd., S. 81

zu werden, wenn beispielsweise Beiträge zum Ende des Kapitalismus[203] in der ZEIT vom 7. April 2016 abgedruckt werden. Daß sich also Meinungen so drastisch verändern können - auch in Machtzentren oder Parteien - begründet den Optimismus, der Malina zu ihrer Arbeit befähigt:

> „If we want to save the planet, we better make some big changes. And that's what art is for, to convince people of the possibility of it, and to make them more optimistic, and then to show the actual forms that optimism can take in real life."[204]

Die für uns wesentliche Frage nach der Partizipation beantwortet sie so:

> „They need help changing. Of course some people change themselves, but I think that we change ourselves because we're inspired to change ourselves by other people's actions, or just by other people's example."[205]

Die Beispielhaftigkeit des eigenen Tuns und ein gemeinsames Erleben als Mittel zu nutzen, um anderen etwas mitzuteilen oder sie zu lehren, ist ein bedeutender Aspekt im Feld von „Lehren und Lernen als Aufführungskünste", im Sinne Fillious und auch anderer, wie an späterer Stelle näher erläutert wird. Von Brechts Lehrstück ausgehend, das die Reaktionen des Zuschauers gewissermaßen vorauszusehen und dann in eine bestimmte Erfahrung zu lenken versuchte, bis hin zu einem „Beispielgeber" als Medium ist es ein langer Weg, der allerdings, wie zu zeigen sein wird, eine konkrete Logik birgt.

Malinas abschließender Appell ist dennoch mit dem Brechts zu vergleichen:

> „I remember a time when people were much more afraid than now. When people really would say, ‚you can't talk about politics in the theatre'. Really afraid. And then came the 1960ths and people became bolder, and we thought we're going to have a total revolution in 20 years. And all we got to do is work hard and it will happen. And then when it didn't happen in 20 years, people retreated. And now we're in a retreating mode again. And in a pessimistic mode. You know who it's up to see that that changes?

---

[203] DIE ZEIT Nr. 16/2016, 7. April 2016: „Paul Mason: Gute Nachricht: Der Kapitalismus ist am Ende, sagt Paul Mason. Eine neue Ära beginnt! Die Welt geht doch noch nicht unter. Ein Gespräch mit dem rebellischen Denker des Postkapitalismus in London. Interview: Elisabeth von Thadden" (http://www.zeit.de/2016/16/postkapitalismus-paul-mason-england-arbeiter-kritik)
[204] Malina, S. 82
[205] Ebd., S. 85

You. I say that to everybody, it's up to you, it's up to me, it's up to us. To bring an optimistic view into the arts, and into the thought, and into philosophy."[206]

Drei Jahre nach Fillious Buch erschien 1973 „The Theatre of the Oppressed" des Brasilianers Augusto Boal in Argentinien, wohin er ins Exil gehen musste, nachdem er 1971 nach einer Aufführung seiner Inszenierung von Brechts „Der aufhaltsame Aufstieg des Arturo Ui" in Brasilien auf der Strasse gekidnappt, verhaftet und gefoltert worden war.[207] Sein Buch war eine Anleitung zum Kampf gegen Diktatur, was sein Sohn Julian Boal klarstellt:

> „Boal himself was living in pre-coup Argentina; the government was eventually overthrown in 1976. His book was meant to be a tool in the fight against dictatorships."[208]

Julian Boal, der seit dem Tod seines Vaters 2009 dessen Theatertradition fortführt und in verschiedensten Ländern „Theatres of the Oppressed" gegründet hat, betont ausdrücklich die notwendige Anpassung der Form des „Theatre of the Oppressed" und anderer politischer Theater an die jeweilige Zeit und Umgebung:

> „What gives art its political character is not a particular approach towards subjects or a certain set of procedures. It is the relationship between forms, themes, means of production and the distribution of a specific theatre piece within a specific political, social, and economic environment. What was political in the past is not necessarily political today."[209]

Boal führt als Beispiele Performances während der Zeit des Vietnamkriegs an, in denen der Zuschauer mit Gewalt in einem Ausmaß konfrontiert wurde, das dazu führen sollte, ihn aus seiner vorausgesetzten Teilnahmslosigkeit zum anti-imperialistischen Widerstand hin aufzurütteln. Heutzutage aber, so kritisiert er, seien diese Gewaltinszenierungen fast schon „mainstream":

> „This very idea of imposing violence on an audience to shake them today is a common, even mainstream practice: director Jan Fabre[210]

206 Ebd., S. 83
207 Vgl. Webseite von Julian Boal: www.ptoweb.org. Zuletzt gesichtet am 22. März 2016
208 Julian Boal. Behaving Like Guerrillas, Wary of the Enemy - A Historical Perspective on the Theatre of the Oppressed, in: Not Just A Mirror, S. 72
209 Ebd., S. 71
210 Jan Fabre (1958), belgischer Choreograph, Dramaturg und Maler

wants „(his) actors and (his) audience to learn through suffering. (His) theatre is a purifying ritual"; and the Catalan company Fura dels Baus[211] claims not to do „political theatre". (They) just want to baffle the viewers who no longer feel anything, as they slump in front of the telly."[212]

Boal, wie auch andere zeitgenössische Künstler, halten diese Verunsicherungstaktik auch aus dem Grund für heutzutage nicht mehr gerechtfertigt, als sie in der Sprache des Kapitalismus die „Unsicherheit des Lebens" feiert, welche sich in dem Bild des in einem Unternehmen angestellten „Helden" darstellt, der sich flexibel und risikofreudig jeder Anforderung und Herausforderung hingibt, anstatt sich zu fragen, mit welchem Recht solche Opferbereitschaft von ihm erwartet werden kann. Darüberhinaus findet er in der heutigen Zeit auch gar kein Publikum mehr vor, welches es zu verunsichern gelte, denn „precariousness has become the norm", sodaß „this artistic procedure no longer has the power to criticise reality."[213]

Echte Kritik war die Intention des „Forum Theatre", das Augusto Boal als Form entwickelt hat und das sein Sohn so erklärt:

> „This criticism is not so much thematically expressed as it is manifested in the formal devices it invents, the most important being „forum theatre". In forum theatre a play is performed not by actors but by people who have shared experiences together which qualifies them as oppressed - opposing to the exclusivity of the right to perform on stage for theatre professionals alone (...) the oppressed are the ones that create their own plays about their oppression. In a typical forum theatre performance the protagonist tries to fight against injustice - and is defeated. The viewers are asked to go on the stage themselves, replace the protagonist and propose alternatives in attempts to take the fight further. Several „spect-actors", as Boal calls them, try out their ideas on stage and discuss them afterwars with the whole audience. The focus is not on finding the perfect solution but rather on showing that the world is transformable and on sharing different views about the struggles we face and how they could be fought."[214]

Boals Theater hat die Partizipation des Zuschauers soweit vorangetrieben,

---

211 zu den Arbeiten der Theater-/Performancegruppe La Fura dels Baus siehe: http://www.lafura.com
212 Boal, S. 71
213 Ebd., S. 71f.
214 Ebd., S. 72

daß das Publikum das Theater selbständig spielt, wobei das Publikum sich aus bestimmten „unterdrückten" Gruppen zusammensetzte, denen ansonsten keine Stimme im gesellschaftlichen Prozess gegeben war. „Jemandem eine Stimme geben", die vorher nicht gehört worden war, ist bis heute, oder gerade heute, eine der vorherrschenden Ideen in der postkolonialen, auch der feministischen, Gender- und anderer Minderheiten-Diskussionen, was soweit gehen kann, daß zu Beurteilungen auch nur noch die jeweils Betroffenen zu Wort kommen dürfen, wohingegen alle anderen ausgeschlossen werden. Das würde beispielsweise bedeuten, daß niemand außer einem Inder etwas an Indien oder Indischem kritisieren dürfte, niemand, der nicht selbst in einem Slum lebte, glaubwürdig über die Verhältnisse dort berichten usw.. Tatsächlich ist das „Anhören" und „Zuhören" von denen, die es aus eigener Erfahrung und Betroffenheit am besten wissen, eine Erkenntnismethode, die in jeder Beziehung der Wahrheit am nächsten kommt, allerdings nur unter der Voraussetzung, daß Eigenkritik in die Beurteilung eingeschlossen werden kann. Julian Boal verweist eindeutig auf diesen Punkt, wenn er sagt:

> „For Boal, acknowledging capitalist oppression and giving it a central role did not mean denying all the other contradictions which could cross the subaltern classes themselves: sexism, racism, etc. Acknowledging the existence of those oppressions and those subjects and not suppressing them to the supremacy of a People that does not seem to have any internal contradiction is what Theatre of the Oppressed is all about."[215]

Mit anderen Worten: Unterdrückung ist nicht nur im Verhältnis von einer Gruppe zu einer anderen zu erkennen, sondern letztlich müssen im Individuum selbst die Mechanismen, die Macht oder Unterdrückung verursachen, erkannt und kritisiert werden. Durch die Wahrnehmung seiner eigenen Rolle im Umgang mit anderen wird einer generellen Verurteilung ganzer Parteien entgegengewirkt. Wenn man versteht, wie (schnell) es zu einem unterdrückenden Verhalten auch durch sich selbst kommen kann, wird man nicht mit reiner Gewalt oder Hass, sondern mit einem reflektierenden Willen zur Veränderung den ungerechten Verhältnissen begegnen lernen. Aber auch umgekehrt muß gesehen werden, daß die „Unterdrückten" nicht nur selbst nicht fehlerfrei sind, sondern auch nicht nur auf diese einzige Rolle hin befragt werden sollten. Boal kritisiert den heutigen Gebrauch des Theatre of the Oppressed, wenn es nur darum geht, daß die

215   Ebd., S. 73

Unterdrückten über ihre eigene Unterdrückung sprechen dürften, „farm workers can only talk about farms, women about sexism, black people about racism"[216], wodurch ihnen ja alle weiteren Kompetenzen genommen würden. Er sagt,

> „Perhaps the most revolutionary definition of the oppressed is the poetic dictum Augusto Boal himself formulated in an interview: „Those who are denied the possibility to make metaphors are the oppressed."[217],

und führt damit einmal mehr den Blick von der politischen Arbeit zurück auf den künstlerischen Teil dabei. Gerade in seiner Kritik der Widerstandsbewegungen der „Spanish Indignados", des „Occupy Movements" oder der Brasilianischen Proteste zeigt er auf, daß die hier bestimmenden Eigenschaften, die er mit „Aversion gegen politische Repräsentation", „extremen Individualismus" und einem „almost sacred respect for differences"[218] kennzeichnet, einem Erfolg nicht dienlich seien. Eine Zusammenführung diverser Standpunkte muss möglich sein können, um bestimmte Handlungen durchführen zu können, denn nur das Beharren auf Rechtmäßigkeit einzelner Aussagen reichen für eine demokratische Basis nicht aus:

> „The single expression of individual opinion is unilaterally praised as an act of emancipation. If this was politics, then Facebook or a regular's table at a bar would be the most political places in the world. But a democratic political meeting does not exclude a certain degree of centralism, it is based on the necessity of accomodating diverging opinions and to find common ground so that concrete action to be taken."[219]

Im Gegenteil glaubt er (unter Berufung auf den Marxisten Terry Eagletons), daß Pluralismus wie auch Fragmentation Produkte des Kapitalismus seien, sodaß umgekehrt „celebration difference without regard to what produced it is just celebrating society as it is."[220]

Ebenso werde der Abneigung gegen politische Vertretung nichts Umsetzbares entgegengesetzt, wenn, wie in der Occupy Bewegung, es „excessively complicated" wäre, überhaupt nur eine gemeinsame Sprache zu finden:

216 Ebd., S. 74
217 Ebd., S. 75
218 Ebd., S. 74
219 Ebd., S. 74
220 Ebd., S. 74

„as if it were possible to move away from necessarily deceitful political mediation and allow the true voices of social awareness to be heard directly."[221]

Wenn man die Erklärungen von äußerst erfahrenen, engagierten Machern partizipatorischen Theaters wie Judith Malinas und Julian Boals nun im Vergleich zu Fillious Ideen sieht, so fällt Folgendes auf: es existieren Übereinstimmungen in der emanzipatorischen Absicht der Arbeiten, wie „jedem eine Stimme zu geben", einen freien Raum zu schaffen, in dem Probleme behandelt werden, ohne daß die herrschende Macht Einfluss nehmen kann, Veränderungsvorschläge und Maßnahmen dazu zu entwickeln und einen Willen zur praktischen Umsetzung zu initiieren. Lehren und Lernen sollen also so stattfinden, daß weder ein vorgegebenes Ziel noch ein dominierender Leiter den Prozess allein bestimmen, sondern die Zuschauer als Mitspieler großen Einfluss haben. Allerdings wird, wohl aufgrund der Erfahrungen beider und nicht eines theoretischen Ansatzes, auch deutlich, daß ein Rest, jeweils unterschiedlich groß, an Leitung, Hinführung, Beeinflussung seitens der Theatermacher nötig bleibt, damit die Projekte nicht entgleiten, sondern ihrem Sinn entsprechend funktionieren.

Zwei Fragen müssen hier, im Sinne Fillious, angeschlossen werden: erstens, worauf gründet sich diese Autorität, sei sie auch nur der kleinste Teil der Aufführung, und zweitens, ist ihre Notwendigkeit auch in Fillious Ansatz angedacht?

Die Frage nach der Begründung von Autorität könnte man beispielsweise damit beantworten, daß die Theatermacher sie erlangen, weil sie den Raum und die äußerlichen Bedingungen schaffen, in dem das Geschehen stattfinden kann, daß sie zudem durch ihre Themenauswahl, Vorbereitung und auch Erfahrung aus anderen Arbeiten über ein Wissen verfügen, daß leitend eingesetzt werden kann, mit oder ohne Wissen des Publikums. Die Methode des Living Theatre besteht darin, durch gemeinsames, offenes Brainstorming der Ensemblemitglieder ein Thema zu finden, zu dem an einem bestimmten Ort gearbeitet werden soll. Dabei versucht jeder zu formulieren, welcher Inhalt ihm gerade am wichtigsten oder in Bezug auf den geplanten Spielort bedeutend erscheint, und im gemeinsamen Gesprächsproze wird sich geeinigt und das beschlossene Thema vorbereitet. Hierbei ist noch anzumerken, daß die Mitglieder des Living Theatres nicht ausgebildete Schauspieler sein müssen, sondern sich laut Judith Malina jeder Inter-

221   Ebd., S. 74

essierte als Mitglied bewerben kann, wenn er/sie gewillt ist, eine bestimmte Anzahl von Stunden etc. für die Rehearsals einzusetzen. Dadurch ist die Theatergruppe als kleines, festgefügtes „Machtzentrum" bereits durch die Teilnahme normaler Gesellschaftsmitglieder aufgebrochen. In der Aufführung selbst, in der dann auch die Zuschauer zu Mitspielern werden, existiert das Ungleichgewicht im Wissen, d.h. die Theatergruppe hat sich mit dem Thema beschäftigt, die anderen sind noch unerfahren. Malina meint dazu, daß für sie die „Uninformierten" ein geeigneteres Kapital hätten, mit den Problemstellungen umzugehen, weil sie über mehr Freiheit und Spontaneität verfügten, was ganz bewußt in den Prozess miteinbezogen werde. Dies erinnert an Fillious Sätze zu der Kreativität von Kindern im Umgang mit Problemen, und wie sie im Umgang mit Künstlern vielleicht gemeinsam Verbesserungsvorschläge entwickeln könnten. Malina läßt dementsprechend sowohl die Themenauswahl wie auch die Ausgänge ihrer Aufführungen so offen wie möglich, wenngleich sie durch die zeitliche Begrenzung eines Theatermoments in der Freiheit so eingeschränkt ist, daß eines doch unabdingbar bleibt:

> „What's the thing we want to say next. In terms of where we are, who we are, what's happening historically, geographically, financially, philosophically. Piscator said if you don't know what to say, get off the stage and wait. Until you figure out what you want to say. And then get back on the stage. You want people to listen to you and you say, ‚you shut up and listen to me', you better have something you really have to say."[222]

Eine Theateraufführung hat einen bestimmten Zeitrahmen, zumindest ist dieser verständlicherweise nicht unendlich ausdehnbar, gleichzeitig benötigt sie einen bestimmten Ort wie zum Beispiel ein Theater. Es gibt Aufführungskünstler, die mittlerweile das Theater als Platz und Mittel zum „Lehren und Lernen" im Hinblick auf emanzipatorische Ziele (wieder) kategorisch ablehnen, weil sie der Meinung sind, daß sich die gesellschaftlichen Verhältnisse damit nicht mehr verändern ließen. Auch die Happening- und Performancekünstler hatten seit den 1950er/60er Jahren ihre Aktionen außerhalb der Theaterräume erbracht, und auf Straßen, in öffentlichen Gebäuden oder privaten Galerien ein Publikum mit ihren Inszenierungen angesprochen, wobei die oben erwähnten vielfältigen Formen politischen „Theaters" heute teilweise selbst Happenings oder Performances sind. Es besteht Anlass zu behaupten, daß sich politisches Theater und/oder Happe-

222 Malina, S. 89

nings/Performances formal nicht mehr dadurch unterscheiden, daß sie an einem spezifischen Platz stattfinden, daß das Theater dem Wort gehorche, während Happenings der visuellen Kunst nahestehen, oder daß letztere keinen Plan, Kontrolle oder Rehearsals verwendeten[223], sodaß man hier beide Gruppe gemeinsam in ihrer Absicht fassen kann, Beiträge zur Verbesserung der Welt zu leisten. Warum ein emanzipatorischer Anpruch bei Happenings/Performances anzunehmen ist, wird an späterer Stelle besprochen.

Inwiefern ist der Anspruch von fast 100 Jahren epischen Theaters nach Brecht und mehr als 50 Jahren Happenings und Performances nach Allan Kaprow et al. auf emanzipatorische Funktion im Geiste herrschaftsfreier Dialoge (Habermas) und vieler anderer Denker in seiner Praxis belegt und bis heute gültig? Kritische Stimmen beginnen dort, wenn, wie für Florian Malzacher, die im Theater geprobte Partizipation im System der Gesellschaft keine Grundlage hat:

> „But even though participation - in art and in politics - is not always pleasant, the belief that one can take part in shaping society is a necessity for democracy. On the other hand the putative participation that we are permanently confronted with in an all-inclusive capitalist system (that - unlike Marx's prediction - has so far always been able to absorb its internal contradictions by affirmation) has rendered the term almost useless: a pacifier which perversely delegates the responsibility for what is happening to citizens that cannot influence it, and thus enables the system to continue more or less undisturbed in its task to maintain itself. Rare elections, basic social care, some small measures against climate change and human rights violations here and there, and our conscience is satisfied. Philosopher Slavoj Zizek calls this procedure cultural capitalism."[224]

Die Basis für die Demokratie, die es zu üben gelte, wie Filliou es noch angenommen hat, existiere heute nicht mehr, sodaß ihre Voraussetzung in der Theateraufführung den gegenteiligen Effekt der beabsichtigten Ein-

---

223 siehe hierzu Michael Kirby: „There is a prevalent mythology about Happenings. It has been said, for example, that they are theatrical performances in which there is no script and "things just happen." It has been said that there is little or no planning, control, or purpose. It has been said that there are no rehearsals. Titillating to some, the object of easy scorn to others, provocative and mysterious to a few, these myths are widely known and believed. But they are entirely false.", in: Happenings, An Introduction, in Happenings and Other Acts, Ed. Mariellen R. Sandford, London 1995, S. 1
224 Malzacher, in: Not Just A Mirror, S. 21

übung demokratischen Handelns hätte:

> „So-called participatory theatre all too often merely mimics such placebo-involvement; offering not only fake, stipulated choices but also forcing the audience to engage in this transperant set-up. This is the „real nightmare of participation" (to use a term by Markus Mießen): not being forced into participation but being forced into a fake participation."[225]

Vielleicht wurde auch die Idee der Zuschauerbeteiligung selbst oft nicht richtig verstanden, wie Sylvia Sasse meint, wenn sie sagt:

> „Activating the spectator as a concept of the director tharts this idea, rendering theatrical and political emancipation a farce."[226]

Neben der „Partizipation" als Mittel, hatte Boal die „Verehrung pluralistischer Auffassung" durch kommentarloses Anhören „aller Stimmen" zum Nachteil der Entwicklung einer gemeinsamen Ebene der Verständigung bereits ähnlich kritisiert und ihr die Verkehrung ihrer Absicht ins Gegenteil vorgeworfen, ähnlich wie der Künstler-Aktivist John Jordan, der erklärt:

> „To shock people into feeling is not enough, it never was. Feel the crisis we must, but without the confidence that collective action works, those feelings turn in on themselves, become performances of poetic anxiety by and for the priviledged."[227]

Noch entschiedener kritisiert Oliver Frijc die Existenzberechtigung von Theater heute, wenn er, wie ihn Boris Buden darstellt, behauptet, es gebe keine soziale Situation und Politik mehr, das Theater sei also eine Farce, wenn es eine Gesellschaft kritisieren solle, die es nicht mehr gibt.[228] Während selbst die Performances der 60er Jahre noch „still socially embedded"[229] gewesen seien, d.h. sich die Gesellschaft in ihnen wiedererkennen konnte, sei heute kein Theater als Lehr- und Lernanstalt für gesellschaftliche Handlungen mehr möglich. Der Künstler versucht diese Situation damit zu kritisieren, daß er mit dem Mittel der Performance der 1960er Jahre das Theater „performt", indem er darstellt, wie es ohne gesellschaftlichen Bezug sinnlos ist. Buden beschreibt dies so:

---

225 ebenda
226 Sylvia Sasse, Milo Rau. International Institute of Political Murder. When The Director becomes a Spectator, in: Not Just A Mirror, S. 154
227 John Jordan, Performing against the suicide machine - Notes for a future what is not what it used to be, in: Not Just A Mirror, S. 111
228 Vgl. Boris Buden, Oliver Frijc. A Performer after Theatre, in: Not Just A Mirror, S. 127: „pretends to perform all the society's political struggles after society has lost all its political struggles"
229 Ebd., S. 128

> „It is a theatre in whose mirror no society recognises its image, nor
> sees within its place, its role or its function. It is a theatre which
> doesn't confront us with the abnormality of the social order but
> with the morbid normality of a post-social disorder."[230]

Zusammenfassend kann man sagen, daß sich das (politische) Theater in seinen vielfältigen Erscheinungsformen (also Happenings, Performances etc. eingeschlossen) mit den Mitteln der Partizipation der Zuschauer und der Vermischung von „Kunst und Leben" (durch die Wahl der Themen sowie der Aufführungsumgebung) unter Verwendung von Aufführungskunst als Lehr- und Lernumgebung seit den 1960er Jahren stark ausgeformt und verbreitet hat. Und natürlich ist das Theater als Kunstform ein Medium, in dem durch das Zusammenspiel von Akteuren, mehr oder weniger partizipierenden Teilnehmern und den verantwortlichen Technikern oder Gastgebern und Kartenabreißern ein soziales Gebilde entsteht, das sich verständlicherweise als Übungsplatz für soziale Verhaltensweisen darstellt. Möglicherweise ist es aber genau seine notwendige Struktur, die es trotz aller Versuche vorzeitig an seine Grenze gebracht hat, bevor das erstrebte Ziel einer Lehr- und Lernumgebung verwirklicht werden konnte. Hier fällt auch wieder die oben bereits gestellte Frage nach der Autorität ins Gewicht, die notwendigerweise dem Theaterregisseur oder Performer zufällt, selbst wenn dieser sie mit allen Mitteln an sein Publikum abgeben möchte, was, wie oben bereits besprochen, auch nicht zwingend zu dem erhofften Ergebnis führt. Hans-Thies Lehmann, der die Bezeichnung des „post-dramatischen" Theaters verfolgt, überlegt mittlerweile, daß das Theater sich als Form verstecken und gewissermaßen „undercover" auftreten solle, wie er es anhand der Arbeiten des Japaners Akira Takayama erklärt. Dieser schafft beispielsweise eigene Wissensräume, in denen der Benutzer selbständig audiovisuelles und textliches Material zu Umfragen, Sachverhalten oder philosophischen Überlegungen vorfindet, mit dem er sich beschäftigt und eventuell auch kommuniziert. Lehmann schreibt:

> „This is perhaps the best description of the practice demanded
> from artists today who wish to honour both their responsibility
> and their art. Theatre needs to hide, but this does not mean that
> it has to disappear. It rather needs to find forms and places where
> it is not immediately sought and perhaps not even recognised. It
> takes place where the limit of what we imagine as being theatre is

---

[230] Ebd., S. 129

reached and crossed. Art cannot be art if it is just art."²³¹

Wenn also Takayama in seinem „2011 Referendum Project" zahlreiche kurze Interviews mit jungen Menschen zu großen Fragen („Glaubst Du, daß es noch einmal Krieg geben wird?") aufgezeichnet hat, die dann in seiner Installation von Besuchern beliebig abgehört werden können, wobei ihnen durch die schiere Menge nach und nach die Unsicherheit und Hilflosigkeit der Interviewten aufgeht, dann wird man sich entweder seiner eigenen Unvertrautheit im Umgang mit solchen Fragen bewusst, oder aber wenigstens mit Erschrecken der seiner vielen anderen Gesellschaftsmitglieder. Dazu muss man betonen, daß es in Japan kein Referendum als gesellschaftliche Praxis gibt, was die Installation noch verstärkt.²³² Es hat also ein einzelner „Regisseur" eine Lehr-/Lernumgebung geschaffen, die er ohne weiteren Eingriff den Besuchern überlässt, und dies bewertet Lehmann aufgrund der Bereitstellung eines Forums bereits als Theater, das stattfindet, ohne daß der Besucher an Theater denkt.

Hier schließen sich die künstlerischen Praktiken an, die als „Rauminstallationen", *Environments* und mediale oder virtuelle Performances von Künstlern seit dem verstärkten Einsatz der neuen Technologien präsentiert werden. Der Partizipation wird die „Interaktivität" zugesellt, und der Ankündigung als Aufführung das „Interface". Ob sich hier für die Problematik der „Autorität" und der sinnvollen „Partizipation" für künstlerische Lehr-/Lernaufführungen neue Ansätze finden lassen, wird im Kapitel V zu „Kunst und Neue Medien" untersucht. Zunächst soll auf die bisher vernachlässigte Auffassung Fillious zur Rolle von Autorität im Lehr-/Lernprozess rekurriert werden, denn hier entfaltet sich ein Phänomen, das die Überlegungen in eine andere Richtung lenken könnte.

---

231 Hans-Thies Lehmann, Akira Takayama - To Hide, Not To Disappear, in: Not Just A Mirror, S. 167
232 Vgl. Ebd., S. 169

3. Fillious Ansatz zum Phänomen „Autorität" in der idealen Lehr-/Lernumgebung

Gerade Fillious Buch ist ja in einer Zeit kurz nach dem 2. Weltkrieg geschrieben worden, in der das Mißtrauen gegenüber Autoritäten, die die Lebenswirklichkeit bestimmen, äußerst hoch und den Künstlern und Intellektuellen stark bewußt war. Die „antiautoritäre" Erziehung nahm hier ihren Ausgang, auf Paulo Freire (1921-1997)[233] bezogen sich viele. Doch Filliou et al. dachten zu sehr als Künstler, um sich vorzustellen, daß eine wirklich freie Atmosphäre und Gesellschaft dadurch erreicht werden könne, daß man äußere Strukturen und Institutionen breche, möglicherweise sogar eine bestimmte, „gerechtere" Gesellschaftsform (sozialistisch, sozio-anarchisch, kommunistisch, Räterepublik, radikal-demokratisch etc.) implementiere, und damit falsche Machtstrukturen beseitigt seien. In ihrer eigenen künstlerischen Arbeit hatten sie individuelle Methoden entwickelt, mit denen sie ihre Problemstellungen erfolgreich angegangen waren, und diese Mittel wollten sie als Akt und praktischen Beitrag der Gesellschaft zur Verfügung zu stellen. In Erinnerung zu rufen ist hier die Erklärung Fillious:

> „Deshalb glaube ich, daß die Ideen, die ich in dieser Studie skizziere, in jedem System von Nutzen sein können."[234]

Viele der künstlerischen Mittel Fillious werden in den oben beschriebenen politischen Theatern oder Performances/Happenings genutzt, doch sind letztere als künstlerische Veranstaltungen nicht nur räumlich beschränkt, sondern auch zeitlich. Konsequenterweise entwickelten sich aus dem Filliou'schen Gedankengut (und dem seiner vielen ähnlich denkenden Zeitgenossen) auch Experimente als Lebensgemeinschaften, in denen das „Lehren und Lernen als Aufführungskunst" als Form des Lebens geprobt wurde, wie im bekannten „Black Mountain College", auf das später noch eingegangen wird. Während es jedem freigestellt ist, eine Theateraufführung zu besuchen oder nicht, so wie die Frage der Autorität vom Theatermacher entschieden wird, soll in einer emanzipierten „Lebensgemeinschaft" die Autorität als bestimmender Faktor entweder nicht vorhanden sein (was, wie oben gezeigt wurde, in Theateraufführungen, die eine bestimmte Absicht verfolgen, beim besten Willen nicht zu bewerkstelligen war), oder es muß andere Faktoren geben, die Menschen veranlassen, jemand anderem

---

233 Vgl. Paulo Freires meist zitiertes Werk „Pädagogik der Unterdrückten" (Pedagogy of the Oppressed). (Freire, Paulo. Pädagogik der Unterdrückten. Bildung als Praxis der Freiheit. Reinbek b. Hamburg 1970). Freires Denken beeinflusste auch Augusto Boal (beide Brasilianer) stark.
234 Filliou, S. 16

zuhören zu wollen, ihn um Rat zu fragen oder sich überhaupt für ihn zu interessieren. Fillious Auffassung dazu scheint an der Stelle durch, wenn er sagt,

> „Stell Dir vor, was andere Künstler, wie Cage, Brecht usw....vorschlagen könnten, ich meine, stell Dir mal vor, was die Studenten aus einem unmittelbaren, tatsächlichen Kontakt mit solchen Leuten gewinnen könnten, und umgekehrt."[235]

„Solche Leute" sind nicht etwa die, denen man aufgrund ihrer Berühmtheit gerne begegnen möchte, denn Filliou fügt unmittelbar an:

> „um diese vollkommene Beziehung zwischen Künstlern und Studenten zu erreichen: WIR MÜSSEN DIE IDEE DER BEWUNDERUNG LOSWERDEN."[236]

Die Autorität, die immer statthat, wenn Menschen etwas zusammen unternehmen, das nicht in ein beziehungsloses Chaos münden soll, gründet sich bei Filliou auf der Beispielhaftigkeit eines authentisch arbeitenden, denkenden und entwickelnden Menschen - man sieht jemandem zu, wie dieser sich verhält und sein Verhalten begründet. Die Autorität wird also aus einer geschaffenen Konstruktion (z.B.. Theateraufführung) hinaus in den einzelnen Künstler verlagert, was Bazon Brock „Autorität durch Autorschaft" nennt[237]. Die Autorität drückt sich aus, wenn Künstler etwas produzieren, was andere wahrnehmen wollen, oder so überzeugend vermitteln können, daß andere zuhören und verstehen wollen. Im ersten Fall handelt es sich um (Ver-)Äußerungen von Künstlern in Form von Werken, Musik, Performances etc., im zweiten um den Prototyp eines Lehrerkünstlers im Sinne Fillious, nämlich einer, der nicht Kunst lehrt, sondern lehrt, wie man künstlerisch lernt und lehrt, indem er genau dies tut. Wie im Folgenden dargelegt wird, ist das so genannte „Action Teaching" von Bazon Brock

235 Ebd., S. 46
236 Ebd.
237 Brock schreibt: „Da es auch keine Experten geben kann, die alle geforderten Sachkenntnisse in logisch zwingende Entscheidungen überführen könnten und damit unabweisbare Autorität für alle Menschen zugesprochen erhalten müssten, entwickelte man bereits vor 500 Jahren in Europa die Autorität durch Autorschaft. Kurz, die Autorität durch Künstlerschaft, denn ein Künstler ist ein Individuum, das seine Urteile auf eigene Kappe nimmt. Künstler ist, wer seine Behauptungen, in welchem Medium auch immer, nicht mit dem Verweis auf die Zustimmung der Kirche oder der Partei oder der Sitte und Tradition oder der Zensur begründet. Hinter einer künstlerischen Aussage steht, wie Gottfried Benn anmerkt, kein Volk und keine Glaubensgemeinschaft, kein Vaterland und kein Kommerz. Künstler setzen die Geltung ihrer Behauptungen nicht mit Belohnung für Zustimmung oder Strafen für Ablehnung durch. Es gelingt ihnen vielmehr, im Unterschied zum Gesetzgeber und den Generalstäblern, ihre Bilder, Texte, Musiken derart „interessant" vorzutragen, daß sich das Publikum auf das künstlerische Angebot auch einlässt, wenn man nicht auf Belohnung hoffen und Bestrafung entgehen will." (http://www.bazonbrock.de/werke/detail/?id=2790&sectid=2472&highlight=autorit%C3%A4t%20durch%20autorschaft#sect)

die konsequente Entwicklung und Verwirklichung der Filliouschen Ansätze zu „Lehren und Lernen als Aufführungskünste", sodaß anhand seiner Analyse ihre tatsächlichen Möglichkeiten und Bedingungen praktisch überprüft werden können.

4. Das „Action Teaching" von Bazon Brock

Indem das Theater als Aufführungskunst des Lehrens und Lernens mit seinen verschiedenen Funktionseinheiten wie Autor(-enteam), Anzahl von Schauspielern, Raum, Zeitspanne, Thema, Methode etc. mit den vorherigen Ausführungen nun in eine einzige Person verlagert worden ist, wird auch die Autorität auf ein menschliches Maß eingegrenzt - es steht jetzt ein einzelner Mensch in Bezug zu anderen einzelnen Menschen da, und dieser Mensch lehrt.

Zeitgleich und zusammen mit Filliou, Beuys, Cage, Kaprow und allen anderen Künstlerkollegen der Zeit hat Bazon Brock die Nutzbarmachung der künstlerischen Arbeit für die Verbesserung einer demokratischen Gesellschaft umsetzen wollen, und seine eigenen Ideen dazu beigetragen. Während Cage jedoch von der Musik kam, Filliou u.a. von der Poesie, Beuys der bildenden Kunst usw., fanden in Brock sowohl die Literatur wie das Theater zusammen und ergaben die Figur des „Beispielgebers", der durch Vorleben und das Demonstrieren von Prozessen die Inhalte seiner künstlerischen Forschung vermittelt. Bei Brock muß man zunächst einige Unterscheidungen machen, um dem hier verfolgten Thema anhängig zu bleiben und der Mannigfaltigkeit von Brocks Arbeiten gerecht zu werden, die sich ja nicht alle auf den hier behandelten Aspekt beschränken lassen.

Ebenso wie nicht jede Komposition von John Cage aus einer didaktischen Absicht heraus entstanden ist, während man gleichwohl sagt, daß Cages Lehrtätigkeiten in dem New York College for Social Research der maßgeblichste Impuls für die pädagogischen Ideen der Künstler seit den 1960er Jahren darstellen, so ist auch bei Brock zu unterscheiden zwischen seinen Arbeiten, die explizit mit „Lehren" zu tun haben, und denen, die andere Themen behandeln, selbst wenn er sie später wieder als Themen für etwaige Lehraufführungen gewählt haben mag. Ebenso wie hier nicht über die Kunst als solche gesprochen wird, sondern nur über Künstler, wenn bei ihnen eine Lehrintention zu erkennen ist, fokussiert die Darstellung von Brocks Arbeit auf die Aktionen, in denen Fillious Ansätze in praktischer Umsetzung erprobt werden.

Da ja Theater, insofern es politisch gedacht wird, mit Lehren und Lernen zusammenhängt, kann man bei dem dramaturgisch erfahrenen Brock nicht mit Sicherheit einen bestimmten Zeitraum benennen, in dem er sich und sein Leben vollständig dem Lehren verschrieb. In seinem Buch „Ästhetik als Vermittlung", das 1977 veröffentlicht wurde[238] finden sich allerdings schon alle Aspekte aus dem wenige Jahre zuvor erschienenen Buch von Filliou in einer nun weitergedachten, ausgeführten und begründeten Version wieder, die vermuten läßt, daß Brock sich schon auf dem Weg befand, seine zukünftige Rolle als, man kann sagen, „menschliches Lehrstück" zu perfektionieren. Die Übernahme von „Lehrstück" als Bezeichnung von Brock in seiner Tätigkeit als Lehrer-Künstler soll dabei nur darauf hinweisen, daß, wie gezeigt werden wird, in der Person Brock alle Komponenten eines „Lehrstücks" des politischen Theaters und Performances vereint sind, in Analogie der Beziehung eines Orchesters zu einer „One-Man-Band". Diese Betonung ist in Bezug auf die oben angeführte Definition von Autorität wichtig, denn nun, da statt der Konzeption einer Theateraufführung „nur noch" ein einzelner Mensch dem Publikum entgegentritt, erhält auch die besagte „Partizipation", die Rolle des Rezipienten, eine neue Perspektive.

Was Brock dem Zuschauer darbringt, bezeichnet er als das von ihm entwickelte „Action Teaching". Mithilfe dieser Methode lehrt er, wie man lernt, und auch lehren lernt, also das Gelernte anderen zu vermitteln. Das theoretische Fundament und die praktische Erklärung des „Action Teaching" hat Brock konsequenterweise selbst so umfassend beschrieben, daß jede fremde Darstellung dahinter zurückbleibt. Seine Bücher, Vorträge, Besucherschulen oder Performances entsprechen formal der von ihm entwickelten Methode und machen inhaltlich Teil seiner eigenen künstlerischen Forschung aus, die sich zum Beispiel auf die gesellschaftliche Bedeutung der Kunst, Definition von Demokratie, Autonomie und Geschichte des Individuums versus Geschichte der Gattung, Definition von revolutionärer Praxis, Bedingungen von Wahrnehmung, Wissenschaft und Wissensgenerierung sowie Strategien der Vermittlung bezieht.

Unter der Voraussetzung, daß Brock im gleichen Geist arbeitet, wie dies im ersten Kapitel anhand von Fillious Buch herausgestellt wurde, soll nun seine „Lehrmethode" näher untersucht werden, und wie sie sich von den bereits beschriebenen Theatermethoden unterscheidet. Hierbei sind erneut die drei Hauptfaktoren in Erinnerung zu rufen, die als grundlegende Elemente für die emanzipatorische Wirkung einer entsprechenden Lehr-/Lernsituation identifiziert wurden: Relevanz des dargestellten Themas, Form der Publikumsbeteiligung, Umgang mit und Herstellung von Autorität.

Bei Brock tritt nun ein neuer Aspekt auf, der sich auf alle drei Faktoren

---

238 Bazon Brock, Ästhetik der Vermittlung, Dumont 1977

verändernd auswirkt. Man könnte sagen, Brock habe die Seiten gewechselt und ist die Frage nach einer Lehrmethode nicht aus der Position des Künstlers angegangen, sondern in die Rolle des „nicht-wissenden" Rezipienten geschlüpft, wodurch es ihm gelang, andere Strategien der Vermittlung zu entwickeln. Diese Erklärung stimmt aber nur zum Teil, beispielsweise dann, wenn er, wie in der schon beschriebenen „Besucherschule", Kunstwerke erklärt und dies vom Standpunkt eines Kunstunkundigen aus entwickelt. Als Philosoph und Künstler selbst jedoch hat er auch für andere Bereiche Erkenntnisse erarbeitet, die er mithilfe seiner action teachings anbietet. In seinen verschiedensten Veröffentlichungen zu den Problemen der Urteilsbegründung, Wissensgenerierung, Bedingungen von Wahrnehmung usw. behandelt er Themen, die alle Menschen betreffen, und um diese den anderen zur Diskussion stellen zu können, führt er seinen eigenen Versuch, zu einem Urteil über eine bestimmte Sache zu kommen, so auf, wie er in Fillious Buch Lehren und Lernen idealerweise vonstatten geht. Mit allen ihm zur Verfügung stehenden künstlerischen Mitteln schafft er eine Lehr-/Lernsituation, in der er dem Publikum vorführt, warum ihm etwas wichtig ist, was dies bedeutet, wie man dies kritisieren kann, wie er das tut, welche Alternativen es schon gibt, unter welchen Bedingungen neue entstehen könnten usw. Die „künstlerischen Mittel" sind dabei von größter Bedeutung, denn sie genau sind es ja, die Brock dem Publikum vorführen will, damit es sieht, daß es zur Bewältigung der im Leben anfallenden Probleme vielfältige Methoden gibt, welche man bei den Künstlern beispielsweise vorfindet. Brock, selbst Künstler, kann die jeweiligen Strategien entdecken, verstehen und - dies ist die Schnittstelle zum Publikum - auf die Lebenswirklichkeit von Nichtkünstlern beziehen, wobei er diesen demonstriert, wie sie sich jeder nutzbar machen könnte. Dieser gewissermaßen „pragmatische" Umgang mit Kunst ist es, von dem auch Filliou et al. sprachen, und dessen Resultat für die Gesellschaft u.a. die Bedeutung von Kunst ausmachen. Ob Brock also wie in der Besucherschule dem Publikum eine Möglichkeit des Umgangs mit bestimmten Kunstwerken vermittelt, oder den Umgang mit einem außerkünstlerischen Thema mithilfe künstlerischer Mittel oder seine eigenen theoretischen Erarbeitungen in einem action teaching „aufführt", ändert dabei nichts an der Situation der Teilnehmer: sie sind anwesend, und allein dies macht bereits ihre „Partizipation" aus. Brock definiert:

> „Ganz generell können wir Zuschauen, Bezeugen, Mitarbeiten und Hervorbringen als Formen der Teilnahme bezeichnen, als Partizipationsformen. ... Das, was sich da ereignet, passiert eben deshalb so

und ist deshalb das, was passiert, weil Sie daran teilnehmen."[239]

Diese Freiheit, die Brock hier dem Publikum gewährt, im Unterschied zu manchen anderen Formen „partizipatorischer Kunst", kann folgendermaßen erklärt werden:

der freiwillig anwesende Zuschauer ist aufgefordert, seine Präsenz zu nutzen, indem er das, was ihm angeboten wird, mit allen ihm zur Verfügung stehenden Mitteln verfolgt, und sich seinen eigenen Interessen gemäß, darauf bezieht. Gleichzeitig aber verpflichtet sich Brock, sein Thema mit der Fülle seiner entwickelten Vermittlungsmethoden so vorzuführen, daß er ein größtmögliches Verständnis erreicht. Da ihm der Rezipient in seiner Arbeit sozusagen der wichtigste Faktor ist, macht die Vermittlungsarbeit auch den größten Teil seines Werks aus, denn Brock will, wie es auch Filliou et al. hofften, die Rezipienten ausrüsten, daß diese zu einer größeren Selbständigkeit in ihrer Arbeit im Blick auf ihr eigenes Leben gelangen können. Er sagt:

> „Dafür muß angegeben werden, was denn dieses Verständnis von Arbeit auszeichnet, nämlich das Bemühen, die Willkür natürlicher Determination von Lebensprozessen aufzuheben, um sinnvoll leben zu können, um Handeln auf Ziele ausrichten zu können, die nicht vom Einspruch des Unmöglichen, den die Natur erhebt, vernichtet werden können."[240]

Durch das beispielhafte Vorführen von „wie man etwas nicht weiß" bis hin zu „wie man zu einem Urteil gelangt", aufgrund dessen man handelt, wird dem Teilnehmer im action teaching keine Rolle zugewiesen, die ihn in seiner (zugewiesenen) Unwissenheit mit etwas ihm Unverständlichen konfrontiert, und was ihn durch diese Verunsicherung veranlassen soll, eine Strategie zu entwickeln, damit umzugehen, wie es in den Beispielen des politischen Theaters der Fall war. Stattdessen bereitet Brock dem Zuschauer den Weg, entwickelt vor dessen Augen und Ohren seine Strategie als eine der möglichen, und gibt ihm dadurch eine friedliche, beruhigende Basis, auf der er in völliger Freiwilligkeit, sozusagen an die Hand genommen, in die unbekannten Gefilde vordringen kann. Man ist jedoch getäuscht, wenn man meinte, daß die Situation des Rezipienten hier eine leichte sei. Im Gegenteil beruht Brocks Methode darauf, daß er die Rezeption selbst als einen aktiven Vorgang definiert, der eine konzentrierte Arbeit verlangt, die die Fähigkeit zur Kritik

---

239 Brock, Ästhetik der Vermittlung, S. 166
240 Ebd., S. 231

und zur Urteilsbildung beinhaltet. Man muß lernen, ein begründbares Urteil zu fällen, und diese äußerst komplizierte Aktivität lehrt Brock anhand seines paradigmatischen Vorgehens. Er definiert dies so:

> „Genau das kennzeichnet eine Ästhetik als Vermittlung, daß eine Urteilsbegründung gesucht und vertreten wird, um das eigene Handeln und Verhalten aus den Zwängen bloß mechanischen und affektiven Reagierens herauszuführen. Die Urteilsbegründungen werden also nicht in normativer oder theoretischer Hinsicht abgegeben, sondern als ein Instrument des Handelns."[241]

Der Zuschauer muß konzentriert Brocks Aufführung als Prozess verfolgen und kann nicht darauf hoffen, daß er am Schluss ein „Resultat" mitnehmen könne, sondern sein wesentlicher Gewinn ist, daß er diesen Prozess nachvollziehen und als Anlass nehmen kann, die „erlebte" Methode selbst als Versuch anzuwenden. Neben der Konzentration wird von ihm auch eine Offenheit für ungewöhnliche Beweisführung gefordert, denn wie man schon anhand von Fillious „Spielen" und „Experimenten" sehen konnte, ist die künstlerische Logik einem Nichtkünstler unvertraut. Die „theoretischen Objekte", die Brock entwickelt hat, sind Dinge, die wie Souvenirs, Talismane oder Amulette[242] für den Besitzer einen Zusammenhang beherbergen, den man den Dingen selbst allerdings nicht ansehen kann. Wie ein Blick auf das vor vielen Jahren mitgebrachte Eiffelturm-Souvenir Bilder und Gefühle, vielleicht den Geruch, Erinnerungen an einen Gedanken oder Menschen usw. auslösen kann, so sind die von Brock geschaffenen „Theoretischen Objekte" für solche Interventionen (als unangekündigt platzierte) oder als Lehrmittel (als Transporteure von Bedeutungen, die Brock dem Publikum daran erklärt) Elemente seiner Aktionen. Wenn das Medium des Theaters vorwiegend die Sprache war, die Happenings visuelle Objekte der Kunst verwendeten, Performance besonders die Körperarbeit betonte und Konzerte akustische Signale erfahren liessen, so ist Verwendung dieser verschiedenen Medien in einer „multimedialen" Inszenierung heute schon keine neuartige Form der Präsentation mehr. In den Aktionen von Brock allerdings werden eingesetzte Medien als „Medien" gesehen, als Vermittler von etwas und in einer bestimmten Eigenschaft. So gelingt es ihm, anhand eines Reißverschlusses das Prinzip der Negation darzustellen[243] oder an einer Bürste die Selbstreflexivität[244], und führt damit dem Zuschauer vor

241 Ebd., S. 7
242 Vgl. Lock Buch Bazon Brock „Gebt Ihr ein Stück, gebt es gleich in Stücken", Köln 2000
243 Brock, Ästhetik der Vermittlung, S. 499 f.
244 Vgl. Action Teaching im Video „Navigatoren, Radikatoren, Moderatoren", hrsg. Bazon Brock 2005

Augen:

> „Der Zusammenhang steckt nicht in den Objekten. Er muß in der Urteilsbegründung durch die Vermittlungsleistung des Subjekts konstituiert werden."[245]

Von hier aus scheint es nicht weit zu der Hoffnung von Florian Malzacher zu sein, der den Philosophen Slavoj Žižek wiedergibt und schreibt:

> „After all, as Žižek pointed out in his speech at Occupy Wall Street: today it is actually easier to imagine the end of the world (as done in so many Hollywood blusters) than the end of capitalism. At a time and in a system where we have even lost, as Zizek suggests, „the language to articulate our nonfreedom", radical imagination reminds us that there is still the possibility to act at all."[246]

Daß wir die Sprache verloren haben sollten „unsere eigene Unfreiheit zu artikulieren", wie Žižek zitiert wird, widerspricht allerdings im Grunde der Arbeit, die Brock macht, der doch permanent vorführt, in welcher Befangenheit wir uns befinden, wenn wir über einen Sachverhalt ein Urteil bilden sollen, und gleichzeitig aufzeigt, wie dies „dennoch" gelingt. Unter Verwendung seiner über die Jahrzehnte verfeinerten Theorie der Ästhetik, die er als „Wissenschaft im Hinblick auf die Bewältigung der Lebensanstrengung von Menschen versteht"[247], vermittelt er exemplarisch Anleitungen, wie man sich selbst zur Welt in eine sinnvolle Beziehung setzen kann.[248] Auf die Fülle der in seiner „Ästhetik" enthaltenen Erkenntnisse kann hier leider nicht weiter eingegangen werden, wobei es ohnehin wenig sinnvoll erscheint, Theorien eines „Lehrer-Künstlers" in Gestalt eines Performers, der seine eigenen Standpunkte darzustellen zu seiner höchsten Kunst gemacht hat, auf dem sekundären Weg vermitteln zu wollen. Denn auch seine theoretischen Schriften sind action teachings, ähnlich Fillious Buch, also in textlicher Form dargereichte Vorschläge, an denen der Leser mitarbeiten kann, „wenn er will".

Auch physisch wird dem Publikum oft einiges abverlangt, und dieser Faktor ist nicht unwesentlich für das Gesamtkonzept von Brock. Seine action teachings können eigentlich jederzeit stattfinden und in jedem beliebigen Zeitrahmen. Letzteres meint, daß sich manche seiner Aktionen über Monate erstrecken können oder über mehrere zusammenhängende 10-Stunden-Tage, was in

---

245 Brock, Ästhetik der Vermittlung, S. 8
246 Not Just A Mirror, S. 30
247 Brock, Ästhetik der Vermittlung, S. 7
248 Vgl. ebd., S. 8

Anbetracht der Dichte seiner Dramaturgie oder den tatsächlichen „Marsch", der als „Lustmarsch" oder „Gewaltmarsch"[249] schon in seiner Auswirkung namentlich gekennzeichnet wird, körperlich erschöpft.

Wenn nun aber der Zuschauer durch seine Rezeptionsaktivität bereits erschöpft ist, wie muß es da dem Produzierenden gehen, der darüberhinaus noch die Verantwortung für die Stringenz der Veranstaltung trägt, und der nun einmal der „Navigator"[250] des gemeinsamen Unternehmens ist. Dieser Aspekt scheint mir, auch aufgrund meiner eigenen Erfahrung, sehr bedeutsam, denn er weist auf einen Punkt hin, der mit dem heute so aktuellen Begriff der „Performativität" nicht abgedeckt wird, und wodurch sich Brocks Arbeit von der anderer „Performer" unterscheidet.

Man kann behaupten, daß dadurch, daß Brock diese zu bewältigende Anstrengung selbst, im wahrsten Sinne des Wortes vorbildlich, praktiziert, dem Zuschauer zwei Dinge vermittelt werden: zum einen macht der Rezipient auch die *körperliche* Erfahrung, daß eine Urteilsfindung keine leichte Angelegenheit ist, und zum anderen akzeptiert er Brock als Autorität, die Notwendigkeit intensiver Arbeit dafür fordern zu dürfen, weil er sieht, daß Brock es ernst meint, authentisch ist. Die Vermutung, daß Brocks action teaching jederzeit stattfinden kann, wie oben gesagt, entspringt der persönlichen Erfahrung, die man in seiner Gegenwart macht, wenn man ihm eine Frage stellt oder ein Thema berührt, das ihn auch interessiert[251]. Dieser Enthusiasmus, sein körperlicher Einsatz verbunden mit der jahrzehntelangen Praxis und theoretischen Begründung des action teachings machen die Autorität von Bazon Brock aus, worunter in seinem Sinne zu verstehen ist:

> „..das Ausprägen einer vollkommen eigenständigen Begründung von Geltungsansprüchen, nämlich das Prinzip der auctoritas, der Autorität durch Autorschaft. Was ein Individuum äußert, kann überhaupt erst Autorität haben, wenn sich sein Gestus auf die eigene individuelle Urheberschaft einschränkt."[252]

---

249 Vgl. Lustmarsch durch's Theoriegelände. Videoaufzeichnung einer künstlerischen Aktion unter der Ankündigung: „Lustmarsch und Gewaltmarsch"
250 Vgl. Videoaufzeichnung „Navigatoren, Radikatoren, Moderatoren"
251 Vgl. Gerhard Theewens Interview mit Bazon Brock über sein „action teaching", in dem Theewen nur dazu kommt, eine inhaltliche Frage zu stellen, die Brock auf den folgenden sieben Seiten „am Stück" beantwortet, bis er seinen Vortrag so endet: „Herr Theewen, warum so schweigsam? Wir wollten uns doch unterhalten", und Theewen antwortet: „Ich wollte Ihre Privatvorlesung nicht unterbrechen. Jetzt weiß ich aber endlich was action teaching ist. Herzlichen Dank." in: Gerhard Theewen. Information - Education. Salon Verlag 1996, S. 61 f.
252 Vgl. Bazon Brock, Ästhetik als Vermittlung

Es muss noch einmal betont werden, daß diese Autorität nicht mit einer „geheimnisvollen Aura" oder einer „magischen Persönlichkeit", die zu einem Personenkult führen, verwechselt werden darf. Die oben erwähnte „Anstrengung" ist nicht mit der Auffassung von „Meister und Schüler" eines Markus Lüpertz zu vergleichen, der in einem Interview mit Gerhard Theewen formuliert,

> „Es geht darum, daß der Schüler sich lehrbar oder lernbar machen muß. Er muß eine ganz bestimmte Bereitschaft mitbringen, die in seiner eigenen Vorgabe liegt. Ich nenne es bewußt provokant eine Art der Unterwerfung, eine Art der Hingabe, eine Art Liebe, eine Art der Begeisterung und um es modern auszudrücken, eine Art des Fan-Seins. Wenn diese Voraussetzungen aber nicht gegeben sind, ist nichts möglich und dann eben auch nichts lehrbar oder lernbar. Das ist der Hauptpunkt, die Bereitschaft des Schülers, sich dem Meister auszuliefern"[253],

denn Brock fordert keine „Unterwerfung", sondern immer die kritische Haltung, sowohl dem Anderen wie sich selbst gegenüber. Möglichste Klarheit über die Motivationen, Beweisführung, Mittel usw. und die Möglichkeit, diese darzulegen, sind für ihn das Ziel der symmetrischen Kommunikation. Auch die Wirkkraft von Joseph Beuys auf sein Publikum dürfte nicht im Sinne Brocks sein, wenn sie so dargestellt werden kann, wie es Dietrich Helms in seinem Artikel „Der Überbeuys" macht. Interessanterweise findet sich sein Text im Heft 27 der Zeitschrift Kunst + Unterricht aus dem Jahr 1974, einer Zeitschrift, die aus den bei Filliou aufgezeigten Überlegungen heraus zeitgleich als (einflussreiche) Unterrichtsanleitung für den Kunstunterricht an deutschen Schulen gegründet wurde (dazu mehr im nächsten Kapitel). Helms vermutet hier, daß die weite Verbreitung von Beuys' „Besonderheit" eher der Art ihrer Vermittlung geschuldet ist als dessen persönlichen Auftretens und analysiert die Veröffentlichungen und Bilddokumente, die der Allgemeinheit zugänglich gemacht wurden. Seine Eindrücke bei der Betrachtung der Fotos, die, wie er feststellt, Beuys' Kontrolle unterlagen, lassen einen gewichtigen Unterschied zwischen Beuys' und Brocks Lehrtätigkeit erkennen und sollen daher in einem längeren Zitat wiederholt werden:

> „In ähnlicher, direkter Weise wie im Interview teilt sich Beuys

---

253 Markus Lüpertz. Meister und Schüler, in: Information - Education: Texte, Gespräche und Bilder über Lehren und Lernen an Kunstakademien und Hochschulen / ein Buch von Gerhard Theewen. Köln 1996, S. 85f.

durch Fotos von seinen Aktionen mit. Beschreibungen von Happenings, Events, Aktionen sind immer dürftig im Vergleich zu Fotodokumenten davon. So unmittelbar, wie Beuys durchs Foto wirkt, tun das aber kaum andere Künstler. Bei anderen wirken die Posen eher gestellt, die Figuren verkleidet, der Umraum dürftig oder überladen, stört die Absichtlichkeit der Szenerie. Für die Wirkung der Fotos, die Beuys in Aktion zeigen, ist es wichtig, daß Beuys immer distanziert erscheint: als auf etwas in sich selbst konzentriert. Er beherrscht die Szene, die Requisiten dienen seiner Erscheinung, der Verdeutlichung seiner Gesten, Haltungen, Bewegungen. Die befremdlichen Aktionen scheinen ernsthaft motiviert zu sein, notwendig so ausgeführt zu werden. Die entrückte Konzentration des Fotografierten suggeriert, daß das Ausgeführte Bedeutung haben muß.

Auf den meisten Fotos von diesen Aktionen erscheinen auch Zuschauer. Sie werden von Beuys niemals mit in die Aktion einbezogen, zu eigenen Tätigkeiten verleitet. Sie wohnen nur der verkündenden Haltung des Meisters bei, als Zeugen. Ihre Anwesenheit belegt, daß das Ganze so stattgefunden hat. Ihre im Foto eingefangenen Reaktionen auf das, was sich vor ihren Augen ereignet, ihre Aufmerksamkeit, ihre Berührtheit, Gespanntheit ihre Skepsis oder Überzeugtheit führt die möglichen Reaktionsmuster vor, erleichtert uns, uns einzufühlen, einzustellen auf dieses Ereignis. Weckt in uns den Wunsch, teilzuhaben wie sie. (Man kennt den Appell, der in religiösen Erweckungs-Versammlungen erzielt wird, das Mitziehen der Zögernden durch die Überzeugten, das Gefühl der Gemeinschaft im Geiste: wer möchte da ausgeschlossen sein.)"[254]

Brock wehrt sich mit allen Kräften gegen eine solche Gefolgschaft und fordert sowohl vom Vortragenden wie vom Zuhörer den höchsten Grad an eigenständigem Denken und Kritisieren. Er „professionalisiert"[255] im Gegenteil das Publikum, damit es gerade nicht auf Magie hereinfällt, sondern in der Lage ist, diese zu kritisieren (sie aber insofern auch überhaupt nicht ausschließt). Betrachtet man daher Fotos oder Videoaufzeichnungen der Zuschauer von Brocks Action Teachings, so wird man eher wache und

---

[254] Dietrich Helms. Der Überbeuys. Zur Wirkung der Beuys-Literatur, in: Kunst + Unterricht, Heft 27, Hannover 1974, S. 38
[255] Vgl. Bazon Brock, Peter Sloterdijk (Hg.), Der Profi-Bürger. Handreichungen für die Ausbildung von Diplom-Bürgern, Diplom-Patienten, Diplom-Konsumenten, Diplom-Rezipienten und Diplom-Gläubigen. Wilhelm Fink Verlag 2013

konzentrierte oder, wie oben schon erklärt, manchmal angestrengte oder überforderte Gesichter entdecken als hingebungsvoll bewundernde.

Die Überlegungen von Filliou et al. wie auch die Beweggründe von Brock entstanden ja aus der Einsicht, daß eine demokratische Gesellschaft emanzipierte Mitglieder erfordere und Demokratie als Staatsform nicht einfach so zu implementieren sei. Dies führte zu der besonderen Berücksichtigung des Individuums und der Fokussierung auf die Bedingungen, unter denen es sich frei äußern könne und eine Stimme habe, die gehört werde. Der oben erwähnte Zweifel an der Funktion von Theater als Mittel zur Kritik an der Gesellschaft in der heutigen Zeit, die als „post-social order" (s.o.) nicht mehr auf den Vereinbarungen ihrer Mitglieder beruhe, wird 1. von manchen Autoren mit einer zu starken „Individualisierung" erklärt, durch die das Interesse an politischer Arbeit verlorengegangen sei, während andere den Schluss daraus ziehen, daß 2., da Politik nicht mehr existiere (sondern die Wirtschaftsmächte die Entscheidungen lenkten), dem Individuum die Rolle zukäme, aktivistischen Widerstand zu leisten oder 3. darauf zu warten, daß sich das System, so wie es jetzt sei, notwendigerweise selbst zerstöre[256]. Unter Berücksichtigung von Fillious und Brocks Ausführungen widersprechen diese drei Schlußfolgerungen denen der künstlerischen Existenz, aus deren Kritik eher konstruktive Ergebnisse zu erwarten sind.

Bazon Brock als „personifiziertes Lehrstück" ist in seiner Gesamtheit als „Standard" für das Möglichmachen von Lehren und Lernen im Sinne Fillious nicht zu fordern, denn seine spezifisch performativen Qualitäten sind selbstverständlich nicht bei jedem aufzufinden. Doch sind Elemente von Lehrkunst auch bei Künstlern anderer Genre als des Theaters/Performance zu entdecken, die „Lehrstücke" aus ihrer Arbeit generiert haben, weil auch sie der Auffassung sind, daß Kunst u.a. etwas anzubieten hat, was spezifisch der Verbesserung der menschlichen Gattung dient.

---

256   Die für manche KünstlerInnen relevante Politikwissenschaftlerin Chantal Mouffe kritisiert zum Beispiel die Auffassungen der aktuell viel beachteten amerikanischen Literaturwissenschaftler Michael Hardt und italienischen Philosophen Antonio Negri, daß diese glaubten, alle Institutionen seien aufgrund der in ihnen herrschenden Machtverhältnisse generell faschistoid, und daß sich durch die Herausbildung der Stärke der Individuen in einer „Multitude" (Menge, Vielfalt) die heutige Ordnung von selbst auflösen werde. Dem hält Mouffe das „natürliche" Bedürfnis der Menschen entgegen, sich zu organisieren und in Zweckgemeinschaften zusammenzufassen. Vgl. Democracy Revisited (In Conversation with Chantal Mouffe), in: Markus Miessen. The Nightmare of Participation. Sternberg Press 2010

5. Lehrstücke von Werner Nekes

Aus dem Bereich Film etwa zählt hierzu einer der renommiertesten experimentellen Filmemacher Werner Nekes (1944-2017), der in den 1960er Jahren begann, durch seine spezielle Herangehensweise an das Medium den Umgang mit Film zu revolutionieren. Dabei war es ihm völlig unwichtig, dem Zuschauer eine oder „seine" Geschichte zu erzählen, wie es kommerzielle, dokumentarische, poetische und bis heute viele so genannte „experimentelle" Filme tun, wobei sich bei letzteren das „experimentell" darauf bezieht, das Narrative mit „nicht-realistischen" Bildern zu illustrieren.

Nekes jedoch experimentiert mit dem Medium und Material Film selbst, und läßt anhand des dadurch entstandenen Films den Zuschauer das Ergebnis seines Experiments erleben - genau so, wie Nekes es selbst erlebt, wenn sein Film fertiggestellt ist. Man könnte sich ihn vorstellen wie ein Alchimist in seinem Labor, der uns hereinruft, kurz bevor das dort vorbereitete Experiment stattfindet, sodaß wir am Effekt gemeinsam teilnehmen können. Nachdem wir das Resultat dieser Versuchsinstallation erlebt haben, sind wir in der Lage, untereinander und mit dem Alchimisten darüber zu befinden, wobei der Alchimist bereitwillig über seine experimentelle Versuchsansordnung Auskunft gibt, wenn es uns interessiert bzw. wir die Ausdauer haben, diese verstehen zu wollen.

Was Nekes dabei zu ergründen sucht, ist das Potential von Film, unsere Wahrnehmung zu erweitern, indem unserem Gehirn visuelle Informationen geboten werden, die es ansonsten in der Natur nicht vorfindet. Seine Bestimmung des von ihm so entwickelten Begriff des „Kine" als die kleinste Einheit von Film, wobei er Film als den „Unterschied zwischen zwei Bildern" definiert, führt zu seinen Forschungen über die menschliche Wahrnehmungstätigkeit des „Kine", also die „Arbeit, die das Hirn zu leisten hat, um die Verschmelzung zweier Bilder zu produzieren."[257] Nekes Bild von unseren Augen, „die doch ins Hirn gerichtete Projektoren sind"[258], verbunden mit seiner Aussage, „ich bin mir sicher, daß wir überhaupt noch nicht die Grenzen unserer Wahrnehmungsfähigkeit erreicht haben"[259], geben eine Vorstellung vom Inneren seines Labors. Die Filme, die daraus hervorgehen, sind keine Beschreibungen seiner Forschungen, sondern „Lehrstücke", anhand derer der Betrachter, und auch Nekes selbst, eigene

---
257 ULIISSES - Ein Film von Werner Nekes. Hrsg. Walter Schobert. Verlag der Buchhandlung Walther König, Köln 1985, S. 8
258 Ebd., S. 58
259 Ebd., S. 22

Erfahrungen macht, wobei sie merken, daß „Sehen" ein relativer Vorgang ist. Nekes erklärt:

> „Wir wissen noch relativ wenig über des Zuschauers Aufnahmefähigkeit. Es mag subjektive Wahrnehmungsgrenzen geben, aber wie ich es sehe, sind wir noch weit davon entfernt, Grenzen zu erreichen. Ich treibe meine Arbeit in die Richtung, weil mein Auge von den üblichen Filmen beleidigt und gelangweilt war, weil meine Sehwahrnehmung nicht ausgelastet war. Seine Kapazität will erforscht werden, es möchte sich anstrengen dürfen."[260]

Seinen eigenen Augen sozusagen nicht zu trauen wie auch festzustellen, daß Filme optische Informationen liefern, die im eigenen Kopf „fühlbar" wirken, macht aufmerksam und bewirkt, sich die optischen Einflüsse, denen man sich freiwillig aussetzt, kritischer zu betrachten. Dazu gehören neben diesen physiologischen Phänomenen auch kulturell bedingte, die unsere Wahrnehmung beeinflussen, und auch diese Bedingtheiten aufzubrechen ist Nekes' Anliegen:

> „Die Wiederholung der immer wieder selben Erzählstrukturen im kommerziellen Film läßt das Denken des Zuschauers erstarren. Z. B., wenn Sie eine Grasfläche überqueren wollen, dann bestehen unendlich viele Möglichkeiten, dies zu tun, aber man benutzt immer dieselben Wege. Die Wege unseres Bewusstseins sind niedergetrampelt. Die Neutronen im Hirn leisten ständig dieselbe Arbeit. In diesem Sinne wird unsere Wahrnehmungsfähigkeit geschwächt durch den Sprachgebrauch und die Sehgewohnheiten."[261]

Zu seinem 1978 veröffentlichten Film „Mirador" steht im Verleihkatalog:

> „Keine andere war meine Absicht, als einen Abscheu der Menschen gegen die erlogenen und unsinnigen Geschichten der Unterhaltungsfilme zu erzeugen, welche durch die meiner wahrhaftigen Helden bereits wanken und ohne allen Zweifel bald ganz zu Fall kommen werden. Somit verleiht MIRADOR unserer Forderung filmische Gestalt und Wirksamkeit, der Forderung nach Unterdrückung der die Phantasie des Volkes verderbenden Spielfilme.
>
> Dieser Film wendet sich gegen das Absurde und Verstiegene der

---

[260] Ebd., S. 26
[261] Ebd., S. 15

> in der derselben Weise immer wiederkehrenden phantastischen Abenteuer und Taten der Gangster, Cowboys, Schönlinge, Monster etc., das Schablonenhafte und Unorganische im Aufbau und in der Intrige, in der Schwarzweißmalerei der Charaktere, überhaupt die psychologischen Unzulänglichkeiten - mit einem Wort also die Verzerrung der Gegebenheiten des Lebens wie der Gesetz der Kunst.
>
> Gegen die verheerende Wirkung solcher Verstiegenheiten auf die Phantasie unreifer Menschen kämpft der realistische und kritische Geist des Films MIRADOR."[262]

Nachdem Nekes uns also die wahrnehmungsphysiologischen Bedingtheiten unserer Wahrnehmung vor Augen geführt hat, stellt er in diesem und anderen seiner Filme auch unsere psychologische Wahrnehmungsfähigkeit auf die Probe und lehrt uns, Manipulationen durch andere zu entdecken. Diese eindeutig emanzipatorische Absicht, wie sie auch in dem obigen Zitat zu finden ist, hat Nekes im Laufe der Jahre in Form seiner ihm eigenen Art von „Lehrstück" manifestiert, die sich aus seinen Filmen sowie der Vermittlung seiner weltberühmten Sammlung zur „Vorgeschichte des Films", also zur Geschichte des Bewegtbilds, zusammensetzt.

Für die Rezeption seiner Filme empfiehlt er den folgenden Umgang:

> „Was die Sehtechnik betrifft, so ist es richtig, daß man sich zu Beginn leicht erschöpft fühlen mag, dies ist aber immer der Fall, wenn Konzentration abverlangt wird. (...) Wenn man sich erschöpft zu fühlen beginnt, neigt man dazu, die Augen ein wenig zu schließen, um sich besser auf die Bilder konzentrieren zu können, man vermeint, besser zu fokussieren. Genau dies ist falsch. Es ist erheblich leichter, die Augen stattdessen weit zu öffnen und die Bilder ins Hirn strömen zu lassen. Was gesehen werden kann, ist eine wichtige Frage. Auch die Wahrnehmung läßt sich durch Übung verbessern."[263]

Er erklärt,

> „im Sehen des Films wird die Arbeit des Zuschauers zu einer Kritik der Kognition oder der Wahrnehmung. Der Betrachter wird im Film ernstgenommen als Sinnproduzent. Um zu verstehen, muß er Arbeit leisten und ihm wird bewußt, daß Verständnis eine Arbeit

---

262 Werner Nekes Filme, Verleihkatalog. Hrsg. Gurtrug Film. Mülheim/Ruhr 1985, S. 32 f.
263 ULIISSES, S. 26f.

ist"[264].

Damit unterstützt er wie Bazon Brock einen pragmatischen Umgang mit dem (künstlerischen) Werk als Werkzeug durch den Rezipienten:

> „Film ist ein Werkzeug, das uns das normalerweise nicht Sichtbare sehen läßt, das uns denken lassen kann, was wir nicht denken könnten. Üblicherweise wird Kino zur Illustration dessen, was wir sehen, benutzt, eine Illusion der Realität, aber nicht, was es sein könnte: eine neue Realität, die uns neue Erfahrungen schenkt (...) Dieses Zeit/Raum-Analyseinstrument Film kann unser Verständnis der Zeit/Raum-Beziehungen in der Welt verändern. So mögen wir uns fragen, was könnte das für uns bedeuten..."[265]

Nekes' zweite große Quelle für seine Lehrstücke ist seine mehr als 35.000 Objekte umfassende Sammlung von optischen Geräten und Medienliteratur der ganzen Welt. Aus dieser schafft er Zusammenstellungen, die als kuratierte Ausstellungen gezeigt werden und einer inneren Logik und Nekes' Wissen folgen. Dies ermöglicht es dem Besucher, den im Sinne der Brockschen „Besucherschule" angestrebten Gesamtzusammenhang zu erkennen, nämlich dem von Nekes, wie dieser die Exponate auf unsere menschliche Entwicklung von Wahrnehmung bezieht, und gleichzeitig anhand dessen seine eigenen Erfahrungen im Umgang mit den Exponaten zu machen und eigene Interessenslinien zu entwerfen. Im Unterschied zu herkömmlichen Inszenierungen von „geschichtsträchtigen" Ausstellungsobjekten beispielsweise nach Jahren oder Herkunftsland etc., gibt Nekes jeder Ausstellung individuelle Struktur, die darauf hinausläuft, die Aktualität der Objekte in der heutigen Zeit zu demonstrieren. Die Bücher über seine Sammlung, die meist im Zusammenhang mit einer großen Ausstellung konzipiert wurden, weisen ebenfalls ein jeweils anderes System auf, im Rahmen dessen Nekes den Objekten neue Bedeutung zuweist. Von einer Ordnung nach formalen Kriterien wie in seinem mehr als 450-seitigen Katalog „Ich sehe was, was Du nicht siehst!", Sehmaschinen und Bilderwelten[266], der aus den Kapiteln „Schatten - Camera Obscura", „Anamorphosen", „Guckkasten - Laterna Magica", „Optik - Wissen - Perspektive", „Animation - Montage - Versteckte Bildinformation", „Panorama - Diorama", „Persistenz - Optisches Spielzeug", „Photographie - Stereo - Chronophotography - Film - TV"

---

264 Ebd., S. 31
265 Ebd., S. 37
266 „Ich sehe was, was Du nicht siehst!", Sehmaschinen und Bilderwelten. Hrsg. von Bodo von Dewitz und Werner Nekes. Steidl Verlag 2002

besteht, über den Katalog „Blickmaschinen"[267], der Nekes' Sammlung auf die moderne Kunst bezieht und unterteilt ist in „Sichtverhältnisse", „Multiple Perspektiven", „Schattenspiele", „Dekonstruktionen", „Spiegelphänomene", „Kammern", „Intervalle", „Media Magica" bis hin zum Katalog „Kinomagie"[268], der philosophische und psychologische Aspekte betont mit Aufsätzen zu „Weltbildermaschinen", „Meister des Zaubers der Entzauberung", „Bilder - Welten - Wandel", „Gottmedien", „Bildliche Anpassungsflexibilität als humanistische Übung", „Philosophisches Spielzeug in Bewegung", „Weltbilder und Bilderwelten", „Das Fleisch der Bilder" scheint es ebenso unbegreiflich wie faszinierend, sich vorzustellen, daß ein einzelner Mensch diese Anzahl von gesammelten Objekten übersehen, systematisieren und neue Bezüge zwischen ihnen herstellen kann. Auch hier, wie schon bei Bazon Brock, bestätigt die persönliche Begegnung mit dem Künstler, sei es in einer Ausstellung, einem Seminar oder in seiner Sammlung, die sich in seinem Privathaus befindet, die Vermittlerrolle, der beide ihr Leben gewidmet haben. Beide bieten dem Rezipienten ihr eigenes Beispiel an, an dem studiert werden kann, wie man selbst frei und aktiv wird, anstatt bedingt und passiv überwältigt zu verharren. Nekes sagt:

> „Der Zuschauer hat immer unterbewusst das Bedürfnis, daß ihm gesagt werden soll, was er zu denken hat. Wenn ihm das fehlt, wenn der Zuschauer ernst genomen wird als mitschaffendes Subjekt, dann ist er irgendwie frustriert, weil ihm der Befehl fehlt. Der Befehl, den ich ihm gebe, ist eigentlich nur, sich selbst ernst zu nehmen und den Film auf sich wirken zu lassen und ihn sich selbst zu erobern."[269]

Diesen offenen und interessierten Umgang mit Kunst kann jeder Rezipient nur durch eigene, wiederholte Übung erreichen, weswegen Bazon Brock sich darauf spezialisiert hat, den Besucher zu schulen. Daß durch die Beschäftigung mit Kunst befreiende Erfahrungen und weiterführende Informationen gewonnen werden können, sollte am Beispiel der Arbeit von Werner Nekes erläutert werden, der diese im Bereich der Wahrnehmung, vorwiegend der optischen, anbietet. Auf ähnliche Weise können andere Künstler befragt werden, wobei manche, wie Nekes, selbst die Vermittlung ihrer Arbeit übernehmen, andere stellen

---

267 Blickmaschinen oder wie Bilder entstehen. Die zeitgenössische Kunst schaut auf die Sammlung Werner Nekes. Hrsg. von Nike Bätzner, Werner Nekes und Eva Schmidt. Dumont Verlag 2009
268 Kinomagie. Die Sammlung Werner Nekes. Hrsg. von Werner Nekes und Ernst Kieninger. Wien 2015
269 ULIISSES, S. 43

nur ihre Werke zur Verfügung, welche dem noch Unerfahrenen aber durch einen Vermittler (siehe dazu Kapitel II) „nutzbar" gemacht werden können. Ein im Sinne Brocks „professioneller Rezipient" wiederum könnte sich nach all dem bisher Gesagten aus der existierenden Vielfalt der künstlerischen Konzepte für die jeweils für ihn interessanten Themen Anregungen holen, mithilfe derer er seine eigenen Problemlösungen angehen würde, sodaß er die Kunst wie ein Wissensfundus nutzte. Ebenso ist es denkbar, Kunst ohne Fragen zu begegnen, um herauszufinden, welche Fragen dort gestellt werden. Dem hier beschriebenen Ideal eines Menschen, der Kunst begegnet, um etwas zu lernen und zu lehren, soll im folgenden ein Fallbeispiel zugesellt werden, um aus der Perspektive eines Rezipienten zu demonstrieren, welche Prozesse hier ablaufen können.

6. Der exemplarische Rezipient

Aufschlussreich ist eine persönliche Schilderung des Rezipierens von Happenings und Kunst in den 60er Jahren durch einen Augenzeugen, der sich mit einer großen Offenheit, dem Willen, zu verstehen, und aus einer grundsätzlich freundlichen Perspektive den damals völlig chaotisch scheinenden Kunstereignissen näherte. Anhand seiner Schilderungen kann man eindrucksvoll nachvollziehen, welcher Gewinn entsteht, wenn man versucht, sich möglichst vorbehaltlos einem Ereignis zu stellen, um dann mithilfe seiner gewonnenen Eindrücke und kritischen Denkart das Geschehen als informatives Erlebnis zu verbuchen.

Es handelt sich um den später sehr bekannt gewordenen Kritiker, Komponisten und Kunstliebhaber John Gruen. Zu dem Erscheinungsdatums seines Buchs „The New Bohemia: The Combine Generation", 1966 in New York[270], war Gruen 30 Jahre alt und wusste bereits, daß er der Kunst und Musik gewissermaßen verfallen war. Mit seiner Frau, der Malerin Jane Wilson, verbrachte er 60 Jahre (sie starb 2015) in der Mitte der bekanntesten Künstler und Musiker, und soweit man den verschiedenen Erzählungen über ihn entnehmen kann, mit nicht endendem Enthusiasmus für Kunst. In seinem o.g. Buch beschreibt er seine Zusammentreffen mit den Aktionen der neuen Künstlergeneration, wie denen von John Cage, Dick Higgins, Walter de Maria, Allan Kaprow etc. in New York. Einige seiner Beobachtungen sollen im folgenden zitiert werden, weil sie aus der Zeit stammen, in der solcherart Aktionen völlig neu waren, es also noch in keiner Weise eine „etablierte" Meinung zu ihrer Bedeutung gab. Gruen erhält hier die Rolle eines „idealen Rezipienten", der auf Künstleraktionen trifft (auf die auch Filliou Bezug nimmt). Man liest Gruens folgende Gedanken nach einem Konzert der „Fugs"[271], dessen Lautstärke so allumfassend war, daß Gruen sie als „equivalent of darkness in a movie house"[272] bezeichnet.

Im Gegensatz zur Reaktion von Nekes' Publikum der 60er Jahre, als er seinen Film „Start" 1966 vorführte („Er wurde … ‚überrascht von der unglaublichen Aggression des Publikums. In der Bonner Universität wurden bei ‚Start' Bänke auseinandergenommen und demoliert, man suchte den

---

270 John Gruen. The New Bohemia: The Combine Generation. New York 1966
271 „The Fugs" ist eine „Rolk-Folk-Band" von 1964/65, die sich auf Literatur und Theater beruft, „welche bis zum griechischen Drama" zurückreichen. Auf ihrer Webseite können ihre Geschichte und Theorie nachgesehen werden. Sie waren Teil der 1960er Kunstbewegungen. www.thefugs.com. Zuletzt gesichtet 13. April 2016
272 Gruen, S. 123

Filmmacher, um ihn zu verprügeln."[273]) versucht Gruen, das Erlebte im Fugs' Konzert so zu verarbeiten:

> „Indeed, the entire notion of amplification may be looked upon as a vehicle of assault on habitual response based on „who" you are, verbally. The self must now be defined in physical action, but it is no longer the embrace of a dancing partner that defines the physical self. Since amplified sound touches all, equally, partners need not embrace while dancing; sound becomes the real partner. Amplification has proved to be a launching pad for inter-self flights."[274]

Diese Interpretation zeugt von kreativem Denken, welches in diesem Fall auch den Kern der Sache getroffen hat. Dieses Auf-Sich-Selbst-Zurückgeworfen-Werden hat sich in heutigen Techno-Parties erhalten, wobei sich sein Sinn möglicherweise, dem Wandel der Gegebenheiten entsprechend, verändert hat. Während die Künstler der 1960er Jahre daran interessiert waren, dem Individuum zu mehr Selbstbewusstsein zu verhelfen, es aus den Zwängen unreflektierter Traditionen zu befreien, um in der Lage zu sein, Neues zu schaffen, das die Welt nicht zerstört, sondern zu erhalten sucht, wird der „Isolierung" in den Techno-Konzerten häufig die Flucht in eine Parallelwelt unterstellt, die, auch mithilfe der entsprechenden Drogen (die sich in ähnlicher Weise in ihrer Wirkung von denen der 1960er unterscheiden), eine Sehnsucht nach einer veränderten Welt bedient, die weniger aussichtslos und menschenfeindlich als die real empfundene daherkommt.

Gruens Rezeption der künstlerischen Ereignisse der 1960er Jahre in New York ergeben die andere Seite des Spiegels von Fillious Buch, in welchem sich die Ideen und Hoffnungen finden, deren Vermittlung mithilfe der Arbeiten der Künstler in einem Zuschauer wie Gruen funktioniert haben. Insofern gelangt er auch zu einem umfassenden Bild der so chaotisch und ungewohnt daherkommenden einzelnen Aktionen, was er mit der Bezeichnung „The Combine Generation" im Untertitel seines Buchs zusammenfasst. Das „Kombinieren" dieser Künstler meint hier den Versuch (und die Absicht), Kunst und Leben zu vereinen, um über das Leben mehr erfahren zu können. Anstatt bei der Forschung *auszuschließen*, also sich in Thema oder Methode zu spezialisieren, wird *eingeschlossen*, nicht augenfällig bzw. traditionell Zusammengehöriges kombiniert. In seiner Rezeption der musikalischen Kompositionen dieser Zeit stellt er fest:

273 Verleihkatalog Werner Nekes, S. 4
274 Gruen, S. 124

> „This entire musical scene represents a return to nature, to nature as it is now, including everything in it: people, things, feelings, industry, science, electronics, the arts, all media of communication, philosophy, psychology, religion, politics, anthropology, mathematics, oceanography, semantics, inner space, outer space, etc. - in short, the gigantic intellectual, emotional, and sociological stewpot we all swim around in."[275]

„Including everything in it" führte ebenso zu der Betonung des Körperlichen, als Kontrast zu dem vormaligen Übergewicht intellektueller Forschung, was sich in der Entwicklung der Happenings und Performances ausdrückt, wie auch in der des Tanzes, der nun in Bezug zu den „alltäglichen" Bewegungen der Menschen gesetzt wird oder in seiner therapeutischen Wirkung für unfreie, quasi verkrüppelte Körper als Bewohner unmenschlicher Architektur oder rigider politischer Unterdrückung erprobt wird. Für den Rezipienten ergibt sich für Gruen nur eine Bedingung:

> „It is somehow simpler to slide into it, the only prerequisite being an open mind about its aims and assumptions."[276]

Wie Nekes ein Verständnis für die als natürlich empfundenen Anfangsschwierigkeiten des Betrachters seiner Filme beweist, wenn er empfiehlt, wie man damit umgeht, so versucht auch Gruen in seinem Buch die Haltung eines unerfahrenen Rezipienten zu antizipieren, indem er dessen mögliche Argumente aufgreift, um anschließend Alternativen dazu aufzuzeigen. Dabei offenbart sich nicht nur ein erklärendes Verständnis, sondern auch ein fundamentales Wohlwollen, welche natürlich aus seiner Offenheit resultieren, und die es erlauben, die Geschehnisse auch zu kritisieren, ohne ihnen im geringsten ihre Bedeutung zu nehmen. Als Beispiel sei seine folgende Beschreibung zitiert:

> „The Combine Generation seeks and respects a visceral knowledge of life, and seems to treat the brain as simply one more organ of the body, almost as if it were trying to close the clichéd gap between the intellect and the emotions. There is tremendous faith in the unconscious and the uninhibited, as well as in the autonomy of the body.
>
> To be outrageous, to be sensational, to be abandoned: these can result in chaos or genius. For the moment, it is chaos that reigns in

275 Ebd., S. 125
276 Ebd., S. 16

> the New Bohemia because of the undisciplined over-reliance on Combination - of brain and body, of boy and girl, of public and private, of black and white, of performance and audience, of one's inner and outer self - which has not, and perhaps cannot, truly come about."[277]

Diese Beschreibung zu Beginn seines Buches, obschon nicht negativ, sondern nur abwartend, holt den Leser bei seinen ersten Eindrücken ab, um ihm im Verlauf der Seiten mehr und mehr interessante Argumente und Beispiele an die Hand zu geben, mit denen es ihm wohl leichter fallen wird, Gruens abschließenden Worten zu folgen:

> „In the meantime the Combine Generation, in the East Village and elsewhere, is frantically busy injecting chaos into our so-called order. Having discovered that the rash of irrationality is incurable, they are attempting to treat it as a thing of beauty and a joy forever.
>
> They may be right."[278]

Hier können nicht sämtliche Inhalte dargestellt werden, die Gruen den Kunstereignissen in Musik, Literatur, Tanz, Happening, Performance, Film, Ausstellungen bis hin zu Mode, Essen und philosophischen Texten abgewinnt. Jedes Mal gibt er ein anschauliches Beispiel seines Umgangs mit dem, was ihm da als Fremdes geboten wird. Ähnlich wie Bazon Brock in seiner Besucherschule sieht man seiner exemplarischen, gewollt vermittelten Annäherung an Kunst zu, wobei er als „Zeitzeuge" über erheblich weniger theoretisches Wissen verfügte als Brock. Brocks Wissen ist der Grund, auf dem sich das Performative seiner Arbeit gründet, er „führt auf", wie ein John Gruen als idealer Betrachter es getan hat. Wie Brock und Nekes bestätigt auch Gruen dabei die Relevanz künstlerischen Tuns für die eigene Entwicklung, was er an Beispielen von Künstlern aller Genres zeigt. Und wie für die beiden, ist auch für ihn die „Intensität" eine der bedeutenden Faktoren für die Konstitution von Bedeutung:

> „If their behaviour and their art forms often have about them the look of madness, it is because the New Bohemians have unwittingly discovered the intensity that resides in the mad. It is not the madness itself, but this intensity, this perilously heigthened catharsis of experience that they wish to use."[279]

---

277 Gruen, S. 17
278 Ebd., S. 180
279 Ebd., Klappentext

Nach dem bisher Gesagten können zwei grundlegende Bedingungen festgestellt werden, die es dem Rezipienten ermöglichen, aus dem Umgang mit Künstlern einen Nutzen für sich zu ziehen: größtmögliche Freiheit in der Situation und Wissen um die Problematik unserer Wahrnehmungs- und Kritikfähigkeit. Während Letzteres gelernt und geübt werden kann, wie man an den Beispielen von Brock, Nekes und Gruen sehen konnte, ist die Freiheit nicht so ohne weiteres gegeben. Im Folgenden sollen zwei Situationen untersucht werden, die den Grad der Freiheit von Nichtkünstlern oder unerfahrenen Künstlern in der Begegnung mit professionellen Künstlern in möglichst hohem Wert zugelassen haben: die Lebensgemeinschaft des Black Mountain College und ein Festival für Filme über Kunst und Künstler.

7. Das Black Mountain College - Lehren und Lernen in Freiheit

Das Black Mountain College (BMC) war ein College in Amerika, in North Carolina, ca. 25 km von der Stadt Ashville entfernt gelegen, und seine von einer Jugendherberge angemieteten Gebäude lagen in den Bergen an einem See. Sein Gründer ist John Andrew Rice (1888-1968), der 1933 von seiner Lehrtätigkeit am Rollins College in Florida, der Unloyalität bezichtigt, suspendiert wurde, nachdem er bei der American Association of University Professors (AAUP), welche sich bis heute für die akademische Freiheit in amerikanischen Universitäten einsetzt, eine Beschwerde über die College-Verwaltung eingereicht hatte.[280] Dies war im übrigen nicht das erste College, in dem sich Rice so unbeliebt gemacht hatte, daß ihm gekündigt wurde, und Suzanne Penuel[281] illustriert Rice' Ansatz mit Zitaten aus seiner Autobiographie „I Came Out of the Eighteenth Century" so: über die University of Virginia als „Thomas Jefferson's ideal training ground for leaders of democracy" schreibt er,

> "It had now, a century later, been taken over by the aristocracy as a playground for their sons".

Und weiter:

> „Of Indiana University: it was "like other state universities, different from the high school in having a larger stock of information to dispense, and like in its unconcern with meaning" (267). Of faculty at Swarthmore and elsewhere: "even the most callous members are semiconscious of secret sin; they know that they are not much good and that what they are doing will bear no scrutiny" (268). Nor are South Carolina institutions exempt from Rice's criticism. After jabs at the products of Wofford, South Carolina College, Clemson, Winthrop, and the Citadel, he observes that for students at Columbia Female College, "Between the aristocratic ideal of doing nothing and the puritan fear of doing anything, life moved in a narrow groove" (77)."[282]

---

280 Vgl. Jonathan Fisher. The Life and Work of Progressive Higher Education: Towards a History of Black Mountain College, 1933-1949 http://www.blackmountainstudiesjournal.org/volume-6-alma-stone-williams-race-democracy-arts-and-crafts-and-writers-at-bmc-summer-2014/6-fisher-halfway-formatted-use-other-version/ - zuletzt besucht 5. Mai 2016

281 Suzanne Penuel. Within the Net of Sound: The Fiction of John Andrew Rice. The University of South Carolina Lancaster. BMCS, Black Mountain College Studies Vol. 6 http://www.blackmountainstudiesjournal.org/volume-6-alma-stone-williams-race-democracy-arts-and-crafts-and-writers-at-bmc-summer-2014/5-penuel/ - zuletzt besucht 17.5.2016

282 Ebd.

Jonathan Fisher leitet aus Rice' scharfer Kritik und Ablehnung sinnvollerweise sein Konzept für das zukünftige BMC ab, die darin bestand, „that curriculum decisions ought to rest primarily in the hands of teachers and students", was in einer BMC Veröffentlichung im Gründungsjahr 1933 erklärt ist:

> „By starting de novo, it will be possible to avoid some of the mistakes to which colleges of long standing are committed. It will also be possible to draw on the experience of other colleges, while, at the same time, trying out new methods in a purely experimental spirit (BMC 1933, emphasis added)."[283]

Abgesehen von Rice' fundamentaler Kritik an den bestehenden Universitäten in Bezug auf Verwaltung und Anspruch ist bei ihm eine spezifische Theorie und Praxis für das Lehren und Lernen festzustellen, die sowohl auf sehr persönlichen Erfahrungen beruht wie auch durch einen Kollegen stark beeinflusst ist, auf dessen philosophische Erziehungstheorie als „Progressive Education" bis heute rekurriert wird. John Dewey (1859-1952) vertritt in seinem Buch „Demokratie und Erziehung", daß Demokratie keine Staatsform, sondern eine Lebensform sei, die praktizierte Art, wie freie und gleichberechtigte Individuen miteinander umgehen, und daß dieser Umgang erlernt werden müsse. Seine daraus von ihm entwickelte Pädagogik fordert u.a. die Bereitstellung einer Lernumgebung, die den Kindern und Studenten Raum gibt, selbständig Erfahrungen zu machen, der Satz „Learning by Doing" ist aus seiner Feder. Fisher bestätigt:

> „Rice gushed in his memoir that Dewey was the only man "completely fit and fitted to live in a democracy" (Rice, qtd. in Duberman, p. 94)."[284]

Dewey selbst war äußerst kritisch in der Beurteilung der Erfolge bei der Umsetzung seiner pädagogischen Ideen in die Praxis und verwehrte zahlreichen Initiativen, die im Namen der „progressive Education" in Amerika arbeiteten, seine Zustimmung. Im Fall des BMC jedoch konnte Rice ihn sogar als Mitglied des Beirats gewinnen, und er hat das BMC wohl auch persönlich besucht. Seine philosophischen Theorien werden bis heute diskutiert, aber an dieser Stelle soll sich nur auf einige Grundeinsichten beschränkt werden. In seinem von Fisher zitierten Brief kann man sehen,

---

283 zitiert in: Fisher, ebd.
284 Ebd.

daß für ihn das BMC folgende Hoffnung verkörperte:

> "I hope, earnestly, that your efforts to get adequate support for Black Mountain College will be successful. The work and life of the College (and it is impossible in its case to separate the two) is a living example of democracy in action."
>
> Excerpt of a Letter from John Dewey to Theodore Dreier, July 18, 1940"[285]

Wenn man berücksichtigt, welche weltpolitischen Ereignisse in der Zeit von 1933-1957, des Bestehens des BMC, sich ereigneten, wird die Geschichte des BMC verständlich und zeigt sich bereits in dem leitenden Ensemble der Anfangsjahre, bestehend aus dem Philosophen, Erziehungstheoretiker, Lehrer und Autor John Andrew Rice, dem Physiker Theodore Dreier und dem Bauhauskünstler und -lehrer Josef Albers.

> "Through Albers, Rice and Dreier" (...) „Black Mountain achieved a unique synthesis between American progressivim in education and European modernism that resulted in an exceptionally dynamic, creative atmosphere",

zitieren Eugen Blume und Gabriele Knapstein, Archivarin des BMC, Mary Emma Harris im Katalog zur Ausstellung „Black Mountain, ein interdisziplinäres Experiment", die 2015 im Hamburger Bahnhof in Berlin stattfand.[286]

BMC war nicht als Kunsthochschule gedacht, sondern als College, in dem auch sozialwissenschaftliche Fächer oder Chemie, Physik und Philosophie studiert werden konnten, wobei das Curriculum um die Kunst herum zentriert war. Vincent Katz schreibt über Rice' Idee:

> „...he felt that the arts should be at the center, not the periphery of a student's educational experience"[287]

Rice sah daher die Notwendigkeit, einen Künstler in die Führungsposition des Colleges zu berufen. Der in der Gesellschaft gut etablierte Theodore Dreier, der 16 Jahre lang seine Beziehungen nutzen würde, um dem BMC finanzielle Mittel zu verschaffen, fragte Philip Johnson, den Direktor der Architekturabteilung des Museums of Modern Art New York, einen Monat nach Eröffnung des BMC (25. September 1933) um Rat, und erhielt die Empfehlung für den deutschen Künstler und Lehrer des eben von den

285   Ebd.
286   Black Mountain, ein interdisziplinäres Experiment. Leipzig 2015, S. 11
287   Vincent Katz. Black Mountain College. Experiment in Art. MIT press 2013, S. 19

Nazis geschlossenen „Bauhaus", Josef Albers.[288] Albers und seine Frau Anni nahmen das Angebot an, mit der in verschiedenen Briefen veröffentlichten Hoffnung und Absicht, ihre Arbeit so wie im Bauhaus weiterführen zu können, weil die Aussicht auf völlige Lehrfreiheit ihrem bisherigen Ansatz entsprach. Die Theorien des BMC und die damit zusammenhängende des Bauhaus, der sogenannten „Progressive Education" und auch der Reformpädagogik in Deutschland können hier nicht ausführlich dargestellt werden. Durch die Flucht vieler jüdischer Künstler und deutscher Regimegegner wurde Amerika plötzlich zu einer Quelle künstlerischen Schaffens, die diese Strömungen vereinte und die kommende westliche Kunst stark prägte. Das BMC füllte sich in den Kriegsjahren mit Persönlichkeiten von heute höchstem Bekanntheitsgrad, und die Auflistung der Künstler, die jemals im BMC gelernt oder gelehrt haben, erscheint wie „ein Who is Who des 20. Jahrhunderts. Josef und Anni Albers, Ilya Bolotowsky, Josef Breitenbach, John Cage, Harry Callahan, John Chamberlain, Robert Creely, Merce Cunningham, Max Dehn, John Dewey, Albert Einstein, Viola Farber, Lyonel Feininger, Richard Buckminster Fuller, Clement Greenberg, Walter Gropius, Heinrich Jalowetz, Franz Kline, Willen und Elaine de Kooning, Ernst Krenek, Richard Lippold, Katherine Litz, Alvin Lustig, Herbert Miller, Fritz und Anna Moellenhoff, Robert Motherwell, Beaumont Newhall, Charles Olson, Amédée Ozenfant, Arthur Penn, Hans Radermacher, Paul Radin, Robert Rauschenberg, M.C. Richards, Xanti Schawinsky, Ben Shahn, Arthur Siegel, Erwin Walter Strauss, Aaron Siskind, David Tudor, Cy Twombly, Jack Tworkov, Stefan Wolpe, Ossip Zadkine sind nur einige Namen, die das interdisziplinäre Gefelcht dieses pädagogischen Unternehmens mit Leben erfüllten."[289] Die Abbildung dieser Liste aus dem Ausstellungskatalog ähnelt denen anderer Beschreibungen des BMC insofern, als daß die Hervorhebung der heute berühmten Personen ein Indiz dafür darstellen soll, daß das spezifische Konzept des BMC an der Hervorbringung einer solchen Anzahl von erfolgreichen Künstlern und Wissenschaftlern maßgeblich beteiligt sein muss oder zumindest schon damals bekannte Künstler so stark interessierte, daß sie dort Zeit verbrachten. Diese Annahme soll im Folgenden auf ihren Wahrheitsgehalt hin überprüft werden.

Das zugrundeliegende Programm baute, wie bereits gesagt, auf der Philosophie Deweys auf, dessen zentrale Begriffe „Erfahrung", „Experiment" und „Demokratie" hier bedeutend wurden, desweiteren auf Albers' künstlerisch-

---

288 Vgl. Katz, ebd.
289 Black Mountain, ein interdisziplinäres Experiment, Leipzig 2015, S. 9

pädagogischem Ansatz und seinen Erfahrungen des „Bauhaus", mit der Idee, daß „Lehren und Lernen als gegenseitige Verpflichtung von Lehrern wie Schülern verstanden und kooperativ praktiziert" werden sollte"[290]. Albers hatte konkrete Vorstellungen für seine Lehre von Studenten im Bereich Kunst und Gestaltung, und die „Schüler waren angehalten, das Material und die bildnerischen Mittel gründlich zu studieren und nur auf begründeten Wegen Neues zu gestalten"[291], während er darüberhinaus, wie auch im Bauhaus, keine festgeschriebenen Lehrinhalte vorgab. Außerdem vermittelte Rice auf seine didaktische Art philosophische Themen und diskutierte anstehende Entscheidungen für das BMC im Sinne seiner eigenen Auffassungen von Lehren und Lernen. Wie tiefsitzend sein Bedürfnis nach einer Veränderung der gesellschaftlich etablierten Form von Erziehung und Ausbildung gewesen sein muss, scheint aus dem Aufsatz von Suzanne Penuel auf, die anhand einer Untersuchung von Rice' schriftstellerischer Arbeit, der er sich besonders nach dem Verlassen des BMC gewidmet hatte, auch Hinweise auf die ureigene Motivation seines Interesses an der Erziehungsproblematik findet. Obwohl Rice als Schriftsteller arbeitete, hatte er, wie sie analysiert, große Vorbehalte gegen Bildung und Sprache. Sie leitet aus seinem Werk ab, daß sein größtes Problem mit der Bildung eigentlich die Sprache als Medium der Vermittlung dabei ist und vermutet:

> „What he and his body of work sometimes seem to prefer, in common with Black Mountain's other master of the inaudible, John Cage, is the sound of silence. (The motif of silence appears throughout Rice's oeuvre.) Words are not knowledge's messenger but its destroyer".[292]

Sie führt aus:

> „Truth is an easy thing to come by when one is young, but once life is fitted into sharp-edged words, imagination begins to lose its wings and sympathy admits constraint. We learn to live in a world of words, no longer able to see things as a child first sees them, to live uncontaminated by thought, letting images, ideas, feelings, flow in and find their own resting place. [. . .] even love can wither in the bonds of language. (163)"[293]

Vielleicht hört sich dies noch bekannt an, doch das nächste Zitat aus einer

290 Ebd., S. 126
291 Ebd., S. 118
292 Penuel, ebd.
293 Ebd.

Kurzgeschichte vermittelt Rice' Sehnsucht nach Ursprünglichkeit auf eine unerwartete Weise, das Penuel zwar als romantisierend kritisiert, es aber dennoch wegen seiner Besonderheit anführt:

> „Behind [the race barrier], and protected by it, forever free from the fierce competition of the white world, the Negro developed a gracious life all his own. There is an advantage in knowing that you can never be President. There is an advantage, as the artist has always known, in the limitations of a medium. [. . .] A visit to a Negro school is a revelation; here are calm and quiet faces such as are seldom seen in a white school [. . .] They used to say among themselves that the reason a Negro never committed suicide was that when he got to 'studyin'' he went to sleep. (Local Color's, 192-93)"[294]

In seiner Autobiographie „I Came Out of the Eighteenth Century", so schreibt Penuel, bekennt Rice, daß, könnte er sein Leben noch einmal leben, er am liebsten im 18. Jhrd. leben würde, „wegen, abgesehen von anderen Dingen, seines Vertrauens in einfache Worte" („for, among other things, "its simple faith in simple words."). Penuel gibt zu bedenken:

> „Perhaps this is in part why he makes the following non-simple claim about the "sadness" of teachers, creatures of the verbal world: that sadness is on "the threshold of final knowledge, which is tragedy" (217). Ultimately, Rice's autobiography and fiction reveal what Black Mountain College and its teachers provided, an unsentimental education about education itself."[295]

„Unsentimentale Erziehung" meint u.a. die große Freiheit, die den Studenten und Lehrern des BMC gewährt wurde. Also, daß kein theoretisches Weltbild vermittelt wurde, mit dem die Studenten sich hätten sicher fühlen können, sondern wie es Louis Adamic nach einem Besuch des BMC in dem häufig zitierten Artikel, der Rice in Amerika bekannt machte, in Harper's Monthly Magazine 1936 schrieb, ist es eher die Unsicherheit, mit der umzugehen sie lernen sollen:

> „Es wird mit zunehmendem Erfolg versucht, ein pädagogisches Verfahren zu perfektionieren, das auf dem Gedanken beruht, dass sich sowohl die Welt als auch das darauf vorzubereitende Individuum verändern, in Bewegung, dynamisch sind. Es ist ein Gedanke, der

294 Ebd.
295 Ebd.

nicht nur die unbewusste Vorstellung großer alter Institutionen, dass Welt wie Individuum statisch seien, sondern auch die bewusstere der sogenannten Reformschulen, dass zwar die Welt, nicht aber das Individuum statisch sei, infrage stellt."[296]

Ebenso die Verbindung von Lernen, Lehren und Leben im BMC, die Erfahrung eines gemeinschaftlichen Lebens, in der auch außerhalb des Studierens viele praktische Tätigkeiten gemeinsam verrichtet wurden, von gemeinsamem Essen und künstlerischen Veranstaltungen über Gemüseanbau, Verwaltungstätigkeiten hin zur Errichtung eines kompletten Gebäudes inmitten einer wilden Landschaft, fern der Stadt, war eine Anforderung. Das gemeinsame Leben und Arbeiten führte inhaltlich dabei zu äußerst fruchtbaren Auseinandersetzungen, die sich durch gegenseitige Beeinflussung und Inspirationen im Denken und Arbeiten der Künstler und Wissenschaftler niederschlagen. In seinem Buch „Black Mountain College, Experiment in Art" erläutert Vincent Katz in ausführlicher Form die Beziehungen der Künstler zueinander in ihren Werken. Katz, Sohn des bekannten Malers Alex Katz, ist selbst Poet und Kurator, und seine genaue Beschreibung der Aktivitäten und Werke, die im BMC entstanden, ergeben ein eindrückliches Bild davon, was eine solche Gemeinschaft hervorbringen kann. Sein Buch liest sich wie eine konkret gewordene Vision des „Eternal Network" von Filliou. Nun liegt das BMC ja zeitlich vor dem Erscheinen von Fillious Buch, und so ist es aufschlussreich zu sehen, daß der Ursprung des Happenings mit John Cages „Theater Piece No 1" (1952)[297], und des Lehrtheaters mit den Aufführungen des sogenannten „Spectodramas" von Xanti Schawinski[298], früherer Assistent von Oskar Schlemmer beim Bauhaus, im

---

296 Louis Adamic, „Education on a Mountain. The Story of Black Mountain College" in: Harper's Monthly Magazine, Nr. 172, 1936. Übersetzung abgedruckt im Beiheft, S. 11

297 „Theater Piece No. 1 was one of Cage's first large scale collaborative, multimedia performances, created and performed while Cage was teaching at Black Mountain College in North Carolina. Referred to by many as simply „The Event," the piece involved several simultaneous performance components - all orchestrated by Cage, where chance played a determining role in the course of the performance. Some of the components included in „The Event" were: poetry readings, music, dance, photographic slide projections, film, and the four panels of Robert Rauschenberg's White Paintings (1951) suspended from the ceiling in the shape of a cross. Cage sat on a step ladder and lectured about Buddhism, or said nothing, and M.C. Richards and Charles Olson read different poems from ladders, while Rauschenberg played Edith Piaf records, Merce Cunningham danced amidst the audience (chased by a barking dog), coffee was served by four boys dressed in white, and David Tudor played improvised notes on a prepared piano, fitted with pieces of felt and wood between the strings. Cage composed the piece such that each participant did whatever they chose during assigned intervals of time and within certain parameters, but the overarching principle of chance guided the course of events." (http://www.theartstory.org/artist-cage-john-artworks.htm, zuletzt gesichtet Mai 2016)

298 "Im Theaterbereich stellen die Experimente des ehemaligen Bauhäuslers Xanti Schawinsky am Black Mountain College in den Jahren 1936 bis 1938 die einzige Weiterentwicklung der Visionen der Bauhausbühne in Amerika dar. Ähnlich dem Bauhaus nimmt die Bühne am College eine besondere Position ein. Aus dem Curriculum geht hervor, dass ihr ein zentraler Stellenwert als

BMC entstanden sind, und damit auch das Gedanken- und Ideenpotential, welches von Cage, Kaprow, Fuller und allen, die je im BMC gewesen sind oder von Augenzeugen darüber erfahren haben, verbreitet und von Filliou in seinem Buch zusammenfasst wurde.

Es ist wichtig zu sehen, daß die beindruckende Liste der heute berühmten Künstler, wie sie oben abgebildet wurde, keine Bestätigung dafür sein kann, daß Fillious Gedanken über den möglichen Beitrag der Künstler für die Umsetzung der demokratischen Idee überzeugend sind. In seinem Aufsatz „Alternativer Staat" im schon erwähnten Ausstellungskatalog zum BMC weist der Schriftsteller Craig Schuftan darauf hin[299]. Ruft man sich Fillious Satz „neue Kunst kommt dann danach" erneut in Erinnerung, so liest man auch Schuftans Analyse mit ähnlichen Augen:

> „Aber den Erfolg des Black Mountain College an der Zahl der von ihm hervorgebrachten Künstler oder gar der Qualität der von ihnen produzierten Kunst zu messen, wird ihm nicht gerecht, denn die hinter der Schule stehenden Persönlichkeiten hatten damit stets mehr im Sinn als das Herstellen von Objekten und das Anstoßen von Karrieren. Der Kunstunterricht im Black Mountain war als wesentlicher Bestandteil einer ganzheitlichen Erziehung gedacht, deren Ziel es war, eine bestimmte Art von Person heranzubilden, die in einer bestimmten Art von Welt handlungsfähig sein sollte."[300]

Schuftan positioniert das Experiment BMC in seinen historischen und gesellschaftlichen Kontext und kann daraus u.a. begründen, wie es zu dem außerordentlichen Interesse an der pädagogischen Hinführung zu demokratischem Verhalten kam, welche Lehrmethoden dies implizierte, und ebenso, wieso dem BMC schließlich in den 1950er Jahren die finanziellen Mittel ausgingen und es schließen musste. In Bezugnahme auf den Stanford-Professor Fred Turner[301] erklärt Schuftan den Zusammenhang zwischen dem Aufstieg des Faschismus in vielen Teilen Europas und dem Erschrecken der amerikanischen Intellektuellen darüber, die sich die Frage stellten, wie es möglich sein kann, daß in Ländern von hohem geistigen und wissen-

---

Experimentierort für intellektuelle Theorien zugeschrieben wird. (...) Schawinskys Arbeit etabliert eine Interaktion zwischen visueller, auditiver und darstellender Kunst und den Wissenschaften. Im Zentrum steht ein offenes, prozessorientiertes Arbeiten, das zu diesem Zeitpunkt revolutionär ist."
https://black-mountain-research.com/2014/01/02/bauhausbuehne/

299 Craig Schuftan. Alternativer Staat, in: Black Mountain, ein interdisziplinäres Experiment, Leipzig 2015, S. 420 ff.
300 Schuftan, S. 421
301 Vgl. Fred Turner, The Democratic Surround. Multimedia und American Liberalism from World War Two to the Psychedelic Sixties, Chicago 2013

schaftlichen Potential wie beispielsweise Deutschland derart Entsetzliches entstehen kann. Schuftan beschreibt:

> „Psychologen, Soziologen, Pädagogen, Künstler und Philosophen - teils aus Amerika, teils Flüchtlinge aus Europa - fingen an, gemeinsam Systeme und Umgebungen zu entwickeln, die konformistische Denk- und Verhaltensweisen verhindern und kritisches Denken fördern sollten. So entstand, was Turner als „Democratic Surround" bezeichnet: Europäische Avantgarde-Strategien verbanden sich mit US-amerikanischen politischen Idealen zu einem kooperativen Umfeld, in dem es weniger darum ging, vor den Gefahren des Faschismus zu warnen, als Situationen zu schaffen, in denen man das selbst herausfinden konnte."[302]

Zentraler Begriff war dabei die „autoritäre Persönlichkeit", „die andere zu beherrschen sucht oder sich beherrschen läßt", was zu der Erkenntnis führte: „Schließlich lässt sich Autoritarismus nicht dadurch bekämpfen, dass man anderen vorschreibt, was sie zu tun haben."[303] Der im BMC geführte antiautoritäre und selbstverantwortliche Lehr- und Lernstil, der nicht beabsichtigte, Studenten mit Lerninhalten zu füllen, sondern sie selbst entdecken zu lassen, was und wie sie erforschen wollen, und ihnen dabei nur Hilfen aus den unterschiedlichsten Wissenbereichen zu geben - was man als interdisziplinäre Arbeit bezeichnet - mag, wie auch Schuftan schreibt, heute „zumindest nicht mehr überraschen", weil wir „in einem Erziehungssystem groß geworden sind, daß von Deweys Theorien tiefgreifend verändert wurde."[304] Ob das zutrifft, wissen jedoch auch die Verantwortlichen der Berliner Ausstellung zum BMC nicht genau, wenn sie im Vorwort des Katalogs formulieren:

> „Das Black-Mountain-Experiment ist 1957 zu Ende gegangen. Doch es besitzt noch immer ein hohes Maß an Aktualität in einer Zeit, in der unsere Bildungssysteme auf Effizienz getrimmt und einem massiven Standardisierungsdruck ausgesetzt werden."[305]

Eine kurze Überprüfung der heutigen Lehrmethoden und -absichten und Untersuchung der Rolle, die der Kunst von der Gesellschaft für die Erziehung zugesprochen wird, soll im nächsten Kapitel angeschlossen werden. Wie weit nämlich veränderte gesellschaftliche Verhältnisse „progressive"

302 Schuftan, S. 422
303 Ebd., S. 423
304 Ebd., S. 424
305 Black Mountain, ein interdisziplinäres Experiment, S. 6

Experimente in kurzer Zeit zunichte machen können, zeigt das Ende des BMC, welches in einem undemokratisch verfolgten Schwenk der amerikanischen Regierung begründet ist:

> „Anfang der 1950er-Jahre war die Bedrohung, die vom Faschismus ausging, gänzlich der des Kommunismus gewichen, und die Regierung der Vereinigten Staaten hatte ihre Aufmerksamkeit und ihre Ressourcen auf die Bekämpfung des neuen totalitären Feindes umgelenkt. Die amerikanische Außen- und Innenpolitik agierte zu dieser Zeit an zwei Fronten, versuchte einerseits die Verbreitung der Demokratie in Europa und der postkolonialen Welt zu fördern, andererseits kommunistische und andere radikale Ideen, wo immer sie auftauchten, zu unterdrücken, und das oft mit entschieden undemokratischen Mitteln."[306]

Das BMC hatte es in Folge schwer, Geldmittel in dieser konservativen Umgebung aufzutreiben, und musste schließlich aus finanziellen Gründen schließen. Interessanterweise wird die Geschichte der Nachfolge der einzelnen Leiter des BMC in der Literatur unterschiedlich gewichtet. Es werden inhaltliche, charakterliche, lehrmethodische und Disziplin-bedingte Diskrepanzen erwähnt. In der Folge von Rice, dem radikal demokratischen Autor und Erziehungsphilosophen, Albers, dem strengen und kunstorientierten Künstler und Lehrer sowie Charles Olson, ein schwieriger, aber engagierter Poet und Literat, spiegeln sich sowohl die Schwerpunkte der Arbeit im BMC (Lernen mithilfe der Kunst, ein selbstbestimmtes Leben zu führen (Rice) vs. freies und intensives Lernen von Kunst und Anwendung auf das Leben (Albers) vs. Verbindung von Kunst und Wissenschaft[307] (Olson)), die Lehrmethoden (radikal-demokratisch vs. Selbst-Entdecken und Anwenden vs. Kritisieren) wie auch die individuellen Veranlagungen der drei Persönlichkeiten wider. Erfahrungen mit Olsons Person, der das BMC ab 1951 leitete, sind von Craig Schuftan so übermittelt:

> „Francine du Plessix Gray erinnert sich an Olson und die Lehrumgebung unter ihm als ‚ikonoklastisch und diktatorisch. ‚Olson dagegen insistierte, dass sein ‚zorniges Gepolter und seine verbalen Ohrfeigen', wie das Suzi Gablik nannte, ein notwendiges Mittel zu einem kommunitären Zweck war, ein schwaches, aber beunruhigendes Echo der Redeweise, die damals außerhalb des Black-

306 Schuftan, S. 429
307 Vgl. Eugen Blume. Die Wissenschaft und ihr Double, in: Black Mountain, ein interdisziplinäres Experiment, S. 120 ff.

Mountain-Campus vom politischen Establishment kam".[308]

Ein Beispiel für Albers „strenge" Person mag die von Katz beschriebene Anekdote sein,

> „Elaine de Kooning made the most of her summer, studying with Albers and Fuller, as well as painting. One day, Passlofs remembers, Elaine brought a collage to Alber's class, which was meant to combine the previous two assignments in one work. In Alberss's view, this was incorrect. He tore up the collage, at which point Passlof left the class and did not return. Elaine, however, did continue."[309],

wobei folgende Aussage von Albers anzufügen einer ausgewogeneren Ansicht dienen soll:

> „We learn courage from art work. We have to go where no one was before us. We are alone and we are responsible for our actions. Our solitariness takes on religious character: this is a matter of my conscience and me."[310]

Möglicherweise muss man dazu die Flucht von Albers und seiner Frau mit der vorhergehenden Schließung des Bauhaus sehen, die beide zwar glücklicherweise in das BMC geführt hat, allerdings an einen Ort, an dem die internen Entscheidungen in englischer Sprache getroffen wurden, in der sich Albers lange Zeit nicht frei äußern konnte, wie an manchen Stellen von amerikanischen Kommentaren erwähnt wurde.

Zu der Person von Rice gibt es sehr unterschiedliche Beschreibungen, wobei die „offiziellen", dazu gehört auch die Version mit der Begründung seines Rauswurfs aus dem von ihn gegründeten Colleges im Jahr 1940, auch unterstützt von Albers, meist darauf hinweisen, daß er in Debatten zu schwierig und kompromisslos gewesen sei, wohingegen eher persönliche Erfahrungen seiner Schüler ihn als sehr offenen Lehrer vorstellen. Ein Projekt von Robert Sunley vom Black Mountain Archiv aus hat 1997 alle ausfindig zu machenden ehemaligen Studenten aus den Jahren 1933-43 auf ihre Erinnerungen hin zu befragen versucht. In der Antwort von Robert Sunley spiegelt sich vielleicht Rice' Charakter am ehesten wider:

> „I recall Rice inviting me to accompany him on a walk in order to talk, but ending up at his personal strawberry patch which he

---

308   Schuftan, S. 427
309   Katz, S. 119
310   Ebd., S. 32

> planted, cultivated, and reaped.... this was in keeping with another of Rice's convictions not usually remarked on, that the food at BMC had to be really good, varied, and well cooked – this was a personal desire on his part, which he half humorously rationalized with the concept that it was necessary to have food in keeping with the high standards of the college. Yet I realized from experience before and later that no other college or university I had contact with ever served decent food. This may have facilitated the kind of socializing that took place at the meal tables, and perhaps our general well-being as well."[311]

Wenn man sich die weiter oben beschriebenen persönlichen Aussagen ansieht, die Penuel anhand seiner literarischen Schriften extrahierte, und sie mit diesem Beispiel verbindet, dann kristallisiert sich die künstlerische, „radikale" Haltung von Rice heraus, die sich letztlich auch von der Deweys unterscheidet, dessen Schwerpunkt eindeutig auf einer sozialen Komponente in seiner Erziehungsphilosophie gelegen hat[312].

Rice' Vorstellungen von Freiheit ähneln denen von Filliou et al. in ihrer Verteidigung des Individuums, das in wirklicher Freiheit sich selbst der sozialen Komponente des Lebens bewußt wird. Auch inhaltlich, mit seinen Vorbehalten gegenüber der Sprache als Medium der Vermittlung und der Förderung von interdisziplinärem Arbeiten entspricht sein Ansatz dem Geist, der vom BMC in die Welt und nach dem 2. Weltkrieg „zurück" nach Europa und Deutschland geweht ist, wo die Verlegerbrüder König Filliou aufforderten, die Dinge niederzuschreiben.

Die Geschichte des Black Mountain College scheint in den letzten Jahren zunehmend an Aktualität zu gewinnen, was die Zahl der Publikationen angeht und wie die Berliner Ausstellung belegt. Im Katalog wird Charles

---

311 STUDENT EXPERIENCE IN EXPERIMENTAL EDUCATION IN THE EARLY YEARS (1933-43); http://blackmountaincollegeproject.org/Features/SUNLEY/SUNLEYpartII/PersonalitiesofFacultyJOHNRICE.htm. 1.5.2016

312 Die Rolle der sozialen Gemeinschaft des BMC wird übrigens von Annette Jael Lehmann besonders betont und als Grundlage für die aktuelle Diskussion eines „Educational Turn" in der Bildungspolitik angesehen. Wie an späterer Stelle erläutert werden soll, gibt die hier vorliegende Untersuchung Anlass zur Behauptung, daß die Ausprägung eines sozialen Verständnisses nicht notwendigerweise durch die Erprobung in Lebensgemeinschaften stattfinden muss, sondern daß eine im Sinne Filliou et al. auf künstlerische Weise angestrebte Selbsterkenntnis immer die Einsicht vermittelt, daß das Individuum Teil eines Ganzen ist. Eben daher soll jeder verordneten „Gemeinschaftlichkeit" durch ihren autoritären Anspruch als Wahrheit entgegengewirkt werden. (Vgl. Annette Jael Lehmann, in: Black Mountain, ein interdisziplinäres Experiment, S. 98 ff.) „Die Rede vom educational turn bezeichnet im Kontext von Black Mountain so verkürzt wie zutreffend die radikale Hinwendung zu gemeinschaftlichen und pragmatischen Aufgaben, die künstlerische Tätigkeiten für konkrete Problemlösungen und für die Lebensgestaltungen dort insgesamt anstrebten." Black Mountain, ein interdisziplinäres Experiment, S. 109

Olson zitiert, der glaubt, daß das Potential des BMC längst nicht ausgeschöpft sei:

> „für meine begriffe existiert black mountain nicht nur in der vergangenheit, sondern ist eine flagge, die in der noch nicht gewesenen, noch nicht neu entworfenen zukunft weht."[313]

Das Programmatische an Olsons Satz ist möglicherweise das, wessen sich die heutigen Bildungstheoretiker bemächtigen möchten, um Strategien für die aktuellen Anforderungen in der Gesellschaft entwickeln zu können. Wie dies mit dem zu verbinden ist, was Filliou und seine Kollegen erarbeitet haben und was in der hier vorliegenden Untersuchung in seiner Relevanz dargestellt werden soll, ist erneut eine Frage der Freiheit und dem Verständnis von Autorität, und, worauf uns John Andrew Rice nun hinweist, eines weiteren Elements:

> „der demokratische mensch, sagten wir, muss ein künstler sein. die integrität des demokratischen menschen, sagten wir, war die integrität des künstlers, eine integrität der beziehungen. ...das problem war, dass keiner von denen, die sich als künstler bezeichneten, künstler waren."[314]

Auch Filliou hat den Aspekt der Integrität des Künstlers angesprochen, der für eine Lehr-/Lernumgebung verständlicherweise nicht unwichtig ist.

Zusammenfassend kann man sagen daß die Betrachtung des Black Mountain Colleges als ein praktisches, pädagogisches „Lehrstück" für die Erarbeitung von Lern-/Lehrumgebungen dienen kann, also als anschauliches Beispiel seiner Verdienste, der Anforderungen an seine Organisation bis hin zu Gründen, die es zum Scheitern bringen. Anhand einer Untersuchung der heutigen Schulpraxis im Vergleich müsste man daher ein Bild davon erhalten, wie es um deren zugrundeliegenden Werte bestellt ist. Dies ist im Kapitel IV zu lesen.

Das Black Mountain College wurde in diesem Kapitel auch unter dem Aspekt ausgewählt, als Beispiel für die Bereitstellung einer Situation von Freiheit (also Abwesenheit von Autoritarismus) zu dienen, in der „Lehrstücke" von Künstlern mit Möglichkeit zu sinnvoller (seinen Kenntnissen und Erfahrungen entsprechender) Partizipation des Rezipienten durchgeführt werden können.

---

313 Black Mountain, ein interdisziplinäres Experiment, S. 448
314 Ebd., S. 446

Im nun folgenden Beispiel soll ein weiteres Format beschrieben werden, das die Annäherung an Künstler bzw. Kunst als Lehrstück ermöglicht, und zwar ein Festival für Filme über Kunst und Künstler.

8. Filme über Kunst und Künstler
- exemplarischer Diskurs zwischen zwei Gleichgestellten[315]

Die Ausgangsthese für die folgende Ausführung ist, daß die Rezeption von Filmen über Kunst oder Künstler unter bestimmten Bedingungen der Vermittlung des von Filliou et al. angestrebten Ideals von Lehren und Lernen im Hinblick auf demokratisches und emanzipiertes Verhalten in hohem Maße dient. Filme über Kunst/Künstler sind ein Sonderfall des Films als Medium der Kommunikation, die sich vom verwandten Genre Dokumentarfilm, „Doku-fiction" und „Doku-Essay" in elementaren Aspekten unterscheiden. Die zentralen Thesen sind daher die folgenden:

Filme über Kunst und Künstler

1. korrespondieren eher mit dem Konzept „Performance" als dem des Kinos und
gehen insofern über das Medium Film hinaus,
2. reflektieren im Idealfall die „ideale Sprechsituation", wie sie von Jürgen Habermas definiert wurde[316],
3. fördern emanzipatorisches Verhalten durch beispielhaft dargestellte ästhetische
Diskurse,
4. dienen der universellen Wissensgenerierung (im Sinne Fillious),
5. und um diese Ansprüche zu erfüllen, können sie nur von Filmmachern realisiert werden, die entweder selbst Künstler sind oder über hohe Empathie und Identifikationsvermögen mit Kunst verfügen.

Filme über Kunst und Künstler, wie sie hier gemeint sind, schließen Folgendes aus: reine Dokumentationen von künstlerischen Veranstaltungen wie Performances, Konzerten oder Lesungen, ebenso Kunstfilme, didaktische Filme, Auftragsfilme von Museen oder TV Stationen oder Dokumentationen von Vernissagen etc.

Eine Film über Kunst und Künstler in unserem Sinne ist wesentlich durch die Herausforderung an den Filmmacher (der als solcher ja selbst in einem künstlerischen Feld arbeitet) charakterisiert, einen Film über einen anderen Künstler zu machen. Obgleich er jedes beliebige Thema bearbeiten könnte,

---

315 Teile dieser Argumentation habe ich in meinem Artikel „Films On Art - Breaking the barriere between an artist and a public" veröffentlicht, in: I Simpósio - A Fusão das Artes no Cinema. Universidade de Coimbra. Caminhos do Cinema Portugûes. Coimbra 2014
316 Vgl. Jürgen Habermas, Theorie des Kommunikativen Handelns, Frankfurt/Main 1981, und weitere Schriften

entscheidet er sich dafür, seine Arbeit und Kunst einem anderen Künstler zu widmen. Es stellen sich daher die Fragen, aus welchen Beweggründen heraus ein Filmmacher sich als „Objekt" seines Films einen anderen Künstler aussucht, und was das für Implikationen für die Realisierung des Filmes hat.

Basis für die Beweisführung ist ein internationales Filmfestival, welches ich seit 2008 jährlich in Lissabon/Portugal durchführe, und das ausschließlich Filme über Kunst und Künstler präsentiert.[317] Aus mehr als 240 Filmeinsendungen pro Jahr werden ca. 34 Filme, Kurz- und Langfilme, im Programm zeigt. Die Basis für die hier vorliegende Untersuchung bilden also die mehr als 1400 eingereichten Filme über Kunst aus zahlreichen Ländern, wobei es sich bis auf wenige Ausnahmen (Indien, Iran, Burkina Faso) um Länder „westlicher" Kulturkreise handelt, also europäische, amerikanische, kanadische, australische, neuseeländische, aber auch brasilianische und argentinische Produktionen. Innerhalb des Festivalprogramms werden Filme gezeigt, die sich in ihrem „Genre" unterscheiden: dazu gehören „kreativer Dokumentarfilm", Essayfilm, experimenteller Film über ein Kunstwerk oder Künstler, Biographiefilme, autobiographische Filme oder „Doku-Fictions". Es sind Filme über lebende Künstler, Kunstwerke, Literatur, Musik oder Musiker, Theorie, Photographie, Archive, Kunsthistorische Themen, Tanz und Tänzer, Architekten - also alles, was im weitesten Sinne unter „Kunst" oder künstlerischer Produktion gefasst werden kann. Allen gemein ist jedoch das Folgende:

1. es handelt sich eindeutig um ein individuelles Statement/Anliegen des Filmmachers,
2. es ist kein Werbe- oder Dokumentationsfilm,
3. es ist kein „Edutainment" und kein „Lehrfilm" (etwa im Sinne von: „was ist Impressionismus?").

Der Filmmacher liefert sich dem Künstler und dessen Werk aus. Der Kunsttheoretiker und -kurator Achille Bonito Oliva beschreibt dieses erste Zusammentreffen mit einem Kunstwerk wie folgt:

> „Was bedeutet diese Konfrontation mit den Werken? Es bedeutet gewiß nicht, sich gegen die hohe Temperatur, die vom Werk ausgeht, zu verschließen. Ganz im Gegenteil, man muß sie in sich aufnehmen: ein Kritiker nimmt das Trauma und das Pathos des

---

317 Siehe: www.films-on-art-portugal.org

Kunstwerks in sich hinein."[318]

Olivas „Kritiker" soll hier gleichgesetzt sein mit einem Filmmacher, der einen Film über Kunst oder einen Künstler macht. Oliva selbst hat den Begriff „Kritiker" so ausgedehnt, daß er nahezu jeden damit bezeichnen könnte, der sich einem Kunstwerk nähert in der Absicht, es zu verstehen zu lernen und zu vermitteln, was es für ihn ausdrückt[319].

Die schriftlichen „Director's Statements" (Begründungen der Filmmacher zu ihrem Film, Thema und Herangehensweise) bestätigen die Besonderheit in der Beziehung zwischen Kunstwerk/Künstler und dem Filmmacher. Nahezu ausnahmslos drücken die Filmmacher ihre Faszination für die Persönlichkeit des Künstlers und dessen Werk aus, welche die Grundlage für ihre empathische Herangehensweise an ihr Filmthema ausmacht. Ebenso wird in den meisten „Statements" - mehr oder weniger ausführlich - auf die dialogische Situation hingewiesen, in der sich der Filmmacher gegenüber dem Künstler (oder dem Kunstwerk mit dessen Rezeptionsgeschichte) zurechtfinden muß, und sie formulieren die Notwendigkeit, dafür eine besondere Strategie entwickeln zu müssen. Geht man davon aus, daß solche „Statements" erst geschrieben werden, wenn der Film fertig und akzeptiert ist, also die Arbeit in gewissem Sinne erfolgreich war, so mag den hierbei oft angedeuteten Schwierigkeiten im Statement weniger Bedeutung zugemessen worden sein als sie in der Entstehungsphase des Films tatsächlich hatten. Daß sie daher überhaupt erwähnt werden, und zwar in fast allen Texten, läßt darauf schließen, daß es sich hier um ein Grundphänomen eines Films über Kunst/Künstler handelt, nämlich: das „Objekt" vor der Kamera ist nicht vor Beginn der Dreharbeiten bereits „verstanden", sondern wird es erst im Produktionsprozess.

Diese Eigenschaft trifft für alle Dokumentarfilme zu, die prozessual erarbeitet wurden und nicht nach Drehbuch. Der Filmmacher versucht, das Verhalten des zu filmenden und untersuchenden „Objekts" adäquat, gerecht, respektvoll, stimmig, sinngemäß etc. einzufangen. Diejenigen, die dieses Bemühen später beurteilen, sind das Publikum, die Wissenschaftler oder Experten zum Thema. Im Fall des Films über Kunst/Künstler handelt es sich jedoch um einen Spezialfall der Beziehung zwischen dem Filmmacher und seinem zu filmenden „Objekt". Wie ich im Folgenden zu zeigen versuche, ist es eben dieses besondere Verhältnis, die Filme über Kunst

---

318   Achille Bonito Oliva, Eingebildete Dialoge. Berlin 1992, S. 32f.
319   Dies gleicht auch dem Anspruch von Bazon Brock, sich mit der Kunst so zu befassen, daß man anhand ihrer ästhetische Kritik übt

gesellschaftlich so relevant machen.

Ein Filmmacher, der einen Film über einen Künstler macht, hat niemals ein „Objekt" vor der Kamera, sondern immer schon einen Mitgestalter des Films. Der Künstler selbst ist professionell in ästhetischer Gestaltung und Kritik, und darüberhinaus ein besserer Experte zum Thema, da es ja seine Arbeit ist, die im Film diskutiert werden soll. Die Machtposition des Filmmachers ist dadurch aufgehoben - nicht freiwillig, wie es vielleicht manche Dokumentarfilmer versuchen, wenn sie ihrem „Objekt" möglichst großen Spielraum lassen oder sich diesem nahezu hingeben - sondern notwendigerweise, quasi erzwungen, um sicherzustellen, daß der Film überhaupt realisiert werden kann. Der Künstler ließe sich anderenfalls erst gar nicht filmen oder würde die fertige Produktion durch eine gerichtlich beschlossenen Einspruch ruinieren, was tatsächlich des öfteren vorkommt.

Auf diese Weise ergibt sich für den Filmbetrachter die besondere Gelegenheit, Zeuge einer beispielhaften Annäherung an das Ideal des sogenannten „herrschaftsfreien Diskurses" zu werden, den der Philosoph Jürgen Habermas in seiner „Theorie des kommunikativen Handels"[320] entwickelt hat. Man kann einige ihrer fundamentalen Elemente auf die Natur eines Films über Kunst beziehen. Der Diskurs zwischen dem Filmmacher und dem zu filmenden Künstler ist nämlich durch folgende Aspekte charakterisiert:

- die äquivalente Befähigung beider zu ästhetischer Kreation und Kritik,
- die gleiche Absicht, nämlich Wissen zu produzieren und die besten Argumente zu finden,
- die gleiche Möglichkeit und Berechtigung zu sprechen und seine Meinung zu
  vertreten,
- eine Ehrlichkeit von beiden in der Formulierung von Beschreibungen und Erklärungen, die später den Film inhaltlich konstituieren.

Selbstverständlich betrifft dies den Idealfall eines Films über Kunst, wie auch Habermas in seiner Definition eine ideale Sprechsituation meint. In der Tat machen manche Filmmacher sogar das Scheitern des Projekts zum Thema ihres Films und geben zu, daß die Kommunikation mit dem anderen

---

320 Vgl. Jürgen Habermas, Theorie des kommunikativen Handeln. Bd. 1 und 2. Frankfurt/Main 1981 (2. Aufl. 1982)

unmöglich war. Solche Filme untermauern überhaupt die Signifikanz der oben aufgelisteten Aspekte für das Zustandekommen einer gelungenen Kommunikation.

Oliva führt mit der Beschreibung der Begegnung eines „Kritikers" mit dem Künstler so fort:

> „Der Kritiker ist somit der erste Feuerwehrmann, der am Brandherd ankommt, er ist mit seinem Scharfsinn ausgerüstet, und zugleich völlig entwaffnet, denn er weiß nie, was ihn erwartet, und er ist, um Schlegel zu zitieren, der erste, der sich der Unverständlichkeit des Werks gegenübergestellt sieht, für das es als etwas Neues noch keinen Code gibt."[321]

Er spricht über sich selbst, wenn er schreibt:

> „Ich bin ein authentischer Wegbegleiter des Künstlers, da gibt es keine hierarchischen oder akademischen Beziehungen. Der wirkliche Austausch geschah außerhalb der etablierten Orte: nicht immer Galerie, Atelier oder Museum..."[322]

Das Vermeiden einer hierarchischen Ordnung ist jene Besonderheit, die das Gelingen eines Films über Kunst fundiert: zwei gleichwertige Partner stehen sich gegenüber und teilen ähnliche Interessen. Bazon Brock bestimmt dies als eine exemplarische Situation, in der, unter Anwesenheit von Publikum, bedeutende Grundlagen einer modernen Gesellschaft (also einer Gesellschaft, die durch die Vereinbarungen ihrer Mitglieder definiert ist) gelegt werden. Er erklärt:

> „Diese Begeisterungsgemeinschaft lebt aus dem Dissens seiner Mitglieder, nicht aus der gleichen Anschauung."[323]

Bezogen auf unseren Fall bedeutet dies, daß zwei Individuen, über die gleiche Angelegenheit enthusiastisch gestimmt, einen konstruktiven Dialog beginnen, der sich durch die gleichartige Befähigung zur ästhetischen Urteilskraft auszeichnet. Fähig zu sein, Meinungsunterschiede vernünftig zu begründen, ermöglicht ein Verständnis für die Unterschiede der Meinung anderer und erlaubt eine Antwort auf die „prototypische repräsentative" Frage in einer Gemeinschaft (wie Habermas Melvin Pollner zitiert):

---

[321] Oliva, S. 33
[322] Ebd., S. 27
[323] Bazon Brock, in: "Kunst und Leben des Bazon Brock", Radio-Feature by Natascha Freundl, NDR Kultur, 2006

"How come, he sees it and you do not?"[324]

Liegt einem Film über Kunst ein tatsächlicher Diskurs zugrunde, so bietet er dem Betrachter die Gelegenheit, den Prozess der Erforschung einer unbekannten Welt (der des Künstlers) zu verfolgen. Der Zuschauer, wie im Theater, wird zum Ko-Konstrukteur der Situation. Sie/er erleben eine Form des Dialogs, die man im alltäglichen Leben selten erfährt, indem sie dem Filmmacher „assistieren", wie dieser versucht, mit dem Künstler zu kommunizieren.

Dies ist im übrigen von der Situation zu unterscheiden, wie sie Isabelle Graw beschreibt, wenn sie über den Zusammenhang zwischen der „Genese von Fachwissen" und der „Vertrautheit mit praktizierenden Künstlern" spricht.[325] Sie stellt dabei fest, daß die Legitimation von Kunstexperten oft daran bemessen wird, wie nah sie dem besprochenen Künstler sind, wobei sie sich allerdings eher auf diejenigen bezieht, die sich mit dem Anliegen der Künstler selbst „identifizieren oder ihr eigenes Anliegen in ihnen wiederzuerkennen glauben." Daraus leitet sie ab, daß die daraus folgende „Parteilichkeit (...) einem gemeinsamen Kampf für ein bestimmtes Ideal geschuldet sein" kann. Für den Fall, daß die durch die Nähe gewonnene Einsicht in die Persönlichkeit des Künstlers negativ ausfiele, werde der Kunstexperte allerdings allenfalls „hinter vorgehaltener Hand" kritisieren, denn „mit einem solchen Verhalten riskiert man den eigenen sozialen Tod."[326] Im Falle des Filmmachers hier ist diese Parteilichkeit nicht vorgegeben. Im Gegenteil, eben da er in der Wahl seines Themas absolut frei ist, also nie gezwungen ist, einen Film über einen anderen Künstler zu machen, wird er dessen Darstellung so kritisch, wie es ihm möglich ist, ausfallen lassen. Ob dies gelungen ist, ob er sich von dem Charisma des Künstlers hat beeinflussen lassen oder ob ihn das Thema überforderte und er sein Bemühen, zu verstehen, aufgegeben hat, merkt man den Filmen übrigens schnell an. Einige Filme meines Festival haben dieses Scheitern oder zumindest eine Unsicherheit in der Beurteilung der Situation selbst zum Thema.

Von unserem Fall zu unterscheiden ist auch Graws Blick auf die Relation zwischen Kunstwerk und Persönlichkeit des Künstlers. Während sie

---

324 Pollner, Melvin (1974). Mundane Reasoning, Phil. Soc. Sci. 4, (S. 40). Zitiert in: Habermas, J. (1984). The theory of communicative action, vol. 1, p. 13. Boston: Beacon Press
325 Vgl. Isabelle Graw. Nur für Kenner - Malereiexperten und ihr Gegenstand, Ein Durchgang in sechs Schritten, in: Kunstvermittlung in der Medien, Hrsg. Julian Nida-Rümelin und Jakob Steinbrenner, Ostfildern 2011
326 Graw, S. 16

feststellt, „kaum eine Künstlerin kann es sich heute leisten, allein auf die Strahlkraft ihrer Arbeit zu setzen" und damit meint, daß im Zuge der „Celebrity-Kultur" auch das Kunstwerk an einem überzeugenden Auftritt des Urhebers gemessen werden würde, wodurch Person und Produkt „in eins fallen", dann ist dies ein Aspekt, der in den von mir gemeinten Filmen über Künstler nicht existent ist. Tatsächlich hat sich einige Male sogar das Gegenteil erwiesen, als das Publikum meines Festivals die Arbeiten von Künstlern als sehr beeindruckend bewerteten, dessen im Film vermittelten Wege, Absichten und Zweifel sehr wertschätzten, und dennoch kritisierten, daß sie die („schwierige, negative" usw.) Persönlichkeit des Künstlers kaum ausgehalten hätten. Auch umgekehrt bezeichnete es manche porträtierten Künstler als authentisch und inspirierend, nahm ihnen auch die Konsequenz und Disziplin in ihrer Arbeit ab, fand aber die Werke nicht akzeptabel. Das Gesagte bestätigt insofern die Beobachtung, daß die Arbeit des Filmmachers eine exemplarische Begegnung mit einem Künstler darstellt, wobei dabei natürlich auch Informationen oder die vom Künstler behandelten Themen behandelt werden, dies jedoch nicht die alleinige Hauptsache ist. Es handelt sich um das exemplarische Annähern eines Filmmachers an einen Künstler, welcher sich wiederum exemplarisch der Welt annähert. Der Zuschauer wird in die Lage versetzt, diese Reise mit dem Filmmacher als Identifikationsfigur, welcher zu Beginn auch nicht mehr weiß als das Publikum, mitzumachen.

Wenn üblicherweise das Thema von Dokumentarfilmen die Diskussion des „Realistischen", „Korrekten" oder wissenschaftlich Belegten ausmacht, dann ist das Thema eines Films über Kunst die Vermittlung selbst - in Form einer künstlerischen Kommunikation für zunächst unbewiesene und unbekannte Inhalte.

Der Künstler, wie Bazon Brock öfter beschreibt, sieht da ein Problem, wo andere keines sehen. Nur weil der Künstler behauptet, daß das, womit er sich beschäftigt, ein Problem darstellt, muß sich das Publikum damit auseinandersetzen. Der Künstler demonstriert, wie er die Behandlung des von ihm entdeckten Problems angeht, manchmal widmet er sich ihm eine kürzere Zeit, manchmal ein ganzes Leben. In einem Film, gewissermaßen die mediatisierte Form eines künstlerischen „Lehrstücks", kann diese Intensität und Ausdauer vermittelt werden und überträgt dann eine ähnliche Glaubwürdigkeit, wie sie am Beispiel der Personen von Nekes und Brock dargestellt wurde. Wenn man sich vorstellt, daß in einem Festival für Filme über Kunst und Künstler viele Künstlern „getroffen" werden können, die auf ihre eigene Methode beispielhaft Probleme angehen, dann hat diese Erfahrung in der Tat eine allgemeine Aussagekraft und gesellschaftliche Relevanz. Eine besteht zum Beispiel in der Einsicht, daß wesentlich mehr „Probleme" vorhanden sind als es uns im Alltag vorkommt, daß Differenzierungen wichtig werden, die uns vorher verborgen blieben, und daß es möglich ist, mit diesen unzähligen Unsicherheiten verantwortlich zu leben. Zusammen mit der oben hergeleiteten Erfahrung von der Herstellung und Durchführung eines Dialogs, der sich an das Ideal des „herrschaftsfreien Diskurses" von Habermas anlehnt, ist es daher gerechtfertigt, von einer emanzipatorischen Wirkung, auch im Sinne Fillious, zu sprechen, welche von Filmen über Kunst ausgehen.

Dieses Kapitel sollte an Beispielen Szenarien darstellen, in denen eine direkte Zusammenarbeit zwischen Künstlern und Nichtkünstlern ermöglicht wird, wie sie bei Filliou beschrieben wurden. Dabei hat sich gezeigt, daß die Gewichtung der solche Situationen bestimmenden Faktoren wie Autorität, Grad und Möglichkeit der Partizipation des Publikums, Freiheit und Machtverhältnisse (beispielsweise durch Wissensvorsprung) in einem „personifizierten Lehrstück" im Hinblick auf Herrschaftsfreiheit am günstigsten ausfällt. Der einzelne Künstler als Beispiel und Beispielgeber, der mit anderen Künstlern und Nichtkünstlern zusammen Überlegungen zu Vorschlägen für die Bewältigung der Lebenspraxis entwickelt, stellt dann die Art von glaubwürdiger Autorität dar, die in einem demokratischen Prozess im höchsten Maß vertretbar ist.

IV. KUNST UND SCHULUNTERRICHT
Untersuchung des Stellenwerts von Kunst in der Gesellschaft anhand ihrer Begründungen als Schulfach

Wie man im ersten Kapitel feststellen konnte, legten Filliou und seine Künstlerkollegen viel Hoffnung und Vertrauen in das Potential von Kindern, in mancher Hinsicht setzten sie gar Kinder mit Künstlern gleich. Wesentlich war hier, das angeblich immanente Wissen der Kinder nicht durch falsch begründete Autorität in seiner Entwicklung zu behindern oder zu manipulieren, um die Früchte einer freien und grenzenlosen Kreativität für die Gestaltung einer immer besseren Welt nutzen zu können. Die gesellschaftliche Situation und Diskussion der 1960er/70er Jahre in Deutschland hatten tatsächlich auch Einfluss auf das Bildungssystem und die didaktischen Methoden im Unterricht. Im allgemeinen wird festgestellt, daß der Anfang des "Kunstunterrichts", wie er heute üblich ist, in diesen Jahren seine Fundamente erhalten hat.

Allgemeinbildende Schulen in Deutschland sind Institutionen, in denen gelehrt und gelernt wird, wobei sowohl in Curricula festgelegtes, abfragbares Wissen und Können vermittelt werden soll, als auch soziale und zivile Kompetenz, die den abgehenden Schülern ermöglichen soll, ein mündiger, verantwortlicher und kompetenter Bürger zu sein. In diesen Schulen ist Kunst eines der obligatorischen Unterrichtsfächer. Ebenso wie sich die Bedürfnisse und Zielsetzungen der Gesellschaft im Laufe der Jahre ändern, werden auch die Inhalte der Schulen, die ja als Vorbereitung der Jugend auf ihre Funktion der Gesellschaftserhaltung und -fortführung gesehen werden, immer wieder "reformiert". In zahlreichen historischen Darstellungen zum Kunstunterricht werden diese teilweise fundamentalen Änderungen sichtbar, darüber hinaus aber auch ein weiterer Aspekt, der die Kunst von anderen Unterrichtsfächern grundsätzlich unterscheidet: im Gegensatz zu beispielsweise der Biologie oder der Geschichte wurde die Bedeutung der Kunst als Unterrichtsfach - also für die Gesellschaft - immer wieder in Frage gestellt, und vielen "Reformen" gingen Überlegungen, wenn nicht Strategien, voraus, das Überleben der Kunst als wichtigen Faktor in der Gesellschaft zu verteidigen. Aus dem jeweiligen historischen Zusammenhang soll im Folgenden ein Katalog der relevanten Fragen und Theorien extrahiert werden, um die Problematik mit ihren verschiedenen Lösungsansätzen darzustellen, wie sie sich bis heute entwickelt hat. Es soll dabei nicht um eine historische Bestandsaufnahme gehen, die sich dazu auf den deutschen Raum beschränkte (diese findet man sehr ausführlich in der Dissertation von Annette Franke[327], auf die hier später auch eingegangen wird), sondern um die generelle Aufstellung möglichst vieler Aspekte und Ideen in diesem Zusammenhang, wobei kulturell-geographisch die Einschränkung auf die deutschen, westeuropäischen und amerikanischen Bildungssysteme gemacht wird. Mit der Darstellung der vielfältigen Ansätze und Bedingungen von Kunstunterrichts soll gleichzeitig gezeigt werden, ob und wie Fillious Ideen hier einen Platz finden können.

Wie man sehen wird, entstanden gerade in Deutschland bedeutende Theorien zur künstlerischen Bildung, ausgehend vom 19. Jahrhundert bis zum Beginn des 2. Weltkriegs. Der dann folgende Einschnitt, wie auch die Wiederaufnahme der Diskussion in den 1950er/60er Jahren, ist bestimmt durch die Auswanderung und Verbreitung des Gedankenguts nach Amerika (was anhand der Geschichte des Bauhaus bis zum Black Mountain College schon erläutert wurde). Man kann daher sagen, daß die amerikanische und deutsche Ideengeschichte in diesem Zusammenhang eng verknüpft ist, selbst wenn sich die jeweiligen Bildungssysteme formal stark unterschieden. Die hier benutzten Quellen sind daher sowohl nordamerikanischen wie auch deutschen Ursprungs, wobei die Zuweisung zu länderspezifischen Eigenheiten der beschriebenen Vorstellungen nur dann erfolgt, wenn sie sich inhaltlich besonders auswirkten (wie etwa das Problem der Sklaverei in Amerika oder das des Faschismus' nach dem 2. Weltkrieg in Deutschland).

---

327 Vgl. Annette Franke, Aktuelle Konzeptionen der Ästhetischen Erziehung. München 2007

1. Verschiedene Parteinahmen für die Bedeutung von Kunst als Schulfach

Wenn oben gesagt wurde, daß sich Kunst als Unterrichtsfach, also Kunsterziehung als gesellschaftlich relevante Praxis immer neu behaupten musste, so ist ebenfalls einsehbar, daß die Frage, was und wie vermittelt werden soll, davon abhängt, wer und für welches Ziel er die Kunsterziehung unterstützt.

Beim Gang durch die Geschichte des 19. Jahrhunderts beschreiben Mary Ann Stankiewicz und Patricia M. Amburgy[328] diese Abhängigkeiten. Sie zeigen beispielsweise, wie im Amerika des 19. Jahrhunderts Kunsterziehung als Mittel für geistige, moralische, praktische, gestalterische und liberale Entwicklung gewertet wurde. Im Gegensatz dazu führen sie an, daß die indigenen Völker Nordamerikas keine Vorstellung von Kunst gehabt hätten, die trennbar von der Gesellschaft war, mit anderen Worten, daß bei ihnen Kunst eine klare Funktion in der Gesellschaft hatte, nämlich die praktische und dekorative Herstellung von rituellen Objekten, deren Technik und Theorie von Älteren zu Jüngeren überliefert wurde.[329]

Hier kann nicht ausführlicher auf das Thema über das Verhältnis von "Kunst indigener Völker" und der "modernen" Kunst westlicher Zivilisationen eingegangen werden, und die Diskussion darüber hält ja aktuell an. Aufgrund meiner persönlichen Erfahrung zu "interkulturellen" Erörterungen möchte ich jedoch nur einen Gedanken anfügen, zumal dieser sich mit den Theorien Fillious verbindet. Stankiewicz/Amburgy beschreiben die Rolle der Kunst bei den Ureinwohner Nordamerikas so:

> "Prior to colonization, indigenous peoples in North America had not conceived of an ideal art apart from society. Both practical and ritual objects were carefully shaped, prestige denoted and enhanced by decoration. The family was the first teacher, elders transmitting eye and hand skills along with beliefs and rituals."[330]

Praktische und rituelle Objekte wurden "sorgfältig geformt", "Bedeutung zugewiesen" und "durch Dekoration aufgewertet". Im Grunde würde diese Beschreibung auch auf die moderne, westliche Kunst zutreffen, auch hier

---

328 Mary Ann Stankiewicz, Patricia M. Amburgy. Questioning the Past: Contexts, Functions, and Stakeholders in 19th-Century Art Education, in: Handbook of Research and Policy in Art Education. Hrsg. Elliot W. Eisner. Mahwah, NJ. 2004
329 Vgl. ebd., S. 34
330 Ebd.

werden äußerst überlegt Formen, Theorien und Präsentationsmöglichkeiten entwickelt, und doch scheint in der Formulierung zur "indigenen Kunst" etwas durch, was von der modernen Kunst des Westens unterschieden ist.

Betrachtet man die Objekte losgelöst von ihrer "Anwendung", also dem Umgang der Menschen mit ihnen, dann weisen sie vielleicht nicht das individuelle Konzept auf, welches die westlichen Künstler definiert. Sieht man aber ihre wichtigste Funktion, in dem kleinen Satzanhang mit "along with beliefs and rituals" erwähnt, als theoretische Fundamente bzw. „Konzepte" zusammen mit den Gegenständen, ist die Ähnlichkeit zu den „Fluxus-Kits", die ja auch eine Anwendung implizierten, nicht zu leugnen. Möglicherweise besteht der Grund für den oft fehlenden „Autor", der einen Gegenstand in der westlichen Kunst erst zu dieser macht, ja darin, daß alle Mitglieder der Gesellschaft schon Kunst und Leben so verflochten haben, wie Filliou et al. es vermuteten, aber nicht, weil es anonyme Gegenstände sind, die ein Priester etwa für „religiöse" Zeremonien in Auftrag gab.

Bis heute ist beispielsweise die indische Kunst (nicht nur die daraus abzuleitende Kultur) bis ins Kinderzimmer präsent: die Musik, Tanz(-bewegungen), visuelle Darstellungen und Verse der großen Epen und philosophischen Schriften sind allgegenwärtig. Die Kunst Indiens hatte immer schon einen wissenschaftlich-philosophischen Impetus, dessen bildende Funktion immanent ist. Indische „klassische" Musik, Tanz oder Dichtung haben einen erzieherischen Wert, denn sie wurden explizit dafür entwickelt: die Schriften der Veden legen ausführlich dar, aufgrund welcher wissenschaftlichen Erkenntnisse und philosophischen Überlegungen diese Art der Musik, des Tanzes, des Dichtens/Singens/Sprechens und vielem mehr, zu einem gesunden, freien, bewussten und mündigen Leben führen.[331]

Bezogen auf Filliou würde dies bedeuten, daß hier Kunst und Leben eins sind, und zwar nicht insofern, als daß alles im Sinne einer schön geformten Umwelt etc. "künstlerisch" gestaltet ist, sondern eben wie Filliou et al. es definierten - als die Bereitstellung einer Umgebung, in dem permanentes Lernen und Kreieren, ständiger aktiver Umgang mit Kunst möglich werden.

---

331 siehe dazu auch meinen Dokumentarfilm „The Nine Movements of the Eyelid", in dem die Bedeutung des „klassischen" indischen Tanzes Bharatanatyam für die moderne Welt untersucht wurde. Man erkennt, daß es sich hier, im Unterschied zum Ballett, nicht um eine einer bestimmten Zeit zuordnabar Form handelt, sondern die Form auf „universellen" Prinzipien beruht, wie die professionellen TänzerInnen erklären. Besonders bei der Behandlung der Frage, inwiefern diese Tanzform „zeitgenössisch" ist, wird deutlich, worin der Unterschied zwischen ethnischen, zeitgenössischen, westlichen oder universellen Formen liegt. Dieser Tanz ruht auf einem wissenschaftlichen Fundament, also nicht auf einem religiösen, kulturell eingegrenzten oder angewandten Anspruch.

Der einzige, allerdings bedeutende Unterschied hier besteht darin, daß das "bessere Leben" nach der indischen Philosophie nur von jedem einzelnen für sich allein erreicht werden kann, wohingegen bei Filliou noch von der Einwirkung der Gesellschaft die Rede ist. Allerdings sei hier auch an Beuys' Gedanken im Buch erinnert, als er sagte, daß die "Vereinsamung" des modernen Menschen als Freiheit begriffen werden müsse, wenn er nämlich unabhängig geworden ist von der religiösen, kulturellen oder institutionellen Autorität.

Wie die meisten Forscher, die zur Geschichte von "ästhetischer Bildung" forschen, legen auch Stankiewiecz und Amburgy den Ursprung dafür in die Renaissance, der Anfang des westlichen Kunstbegriffs, nachdem die Künstler sich erstmals als Individuen mit intellektuellen Fähigkeiten und Kreativität profilierten, der Beginn des Humanismus also, in dem der einzelne Mensch als solcher Bedeutung erlangte. Der Maler war nicht mehr Ausführender übergeordneter Mächte, sondern dachte selbständig, und was er dachte, diente der Verfeinerung der Welt (und der Charaktere). Gleichzeitig entwickelten sich verstehende Kritiker und Lehrer, die anderen erläuterten, was die Künstler mit ihren Werken ausdrückten.

Die Autorinnen berichten von Amerika, wenn sie schreiben:

> "At the same time that the emerging middle classes began to seek art education for themselves, the upper classes perceived art education as means to maintain their cultural authority. Genteel art education for refinement, manners and morals was advocated by upper-middle-class women and men for their own children and for the deserving poor, for example, single or widowed middle-class women who had fallen on hard times. Art and design schools specifically for women were established as philanthropic enterprises in Boston, New York, and notably Philadelphia."[332]

Hier tauchen zwei neue Intentionen auf, nämlich das nicht-professionelle Kunstmachen als Hobby, "feine Schule" oder Trost für verlassene Frauen, und der Aspekt, die eigene Kultur der oberen Gesellschaftsschicht als die höhere und exklusive durch Aneignung von Wissen darüber zu erhalten. Es wird betont, daß zu Beginn des 19. Jahrhunderts Kunsterziehung, oft auch in Gestalt der aufkommenden Ornamentbücher, Stickanleitungen etc. besonders als für Frauen passend erachtet wurde:

[332] Mary Ann Stankiewicz, Patricia M. Amburgy. Questioning the Past: Contexts, Functions, and Stakeholders in 19th-Century Art Education, in: Handbook of Research and Policy in Art Education. Hrsg. Elliot W. Eisner. Mahwah, NJ. 2004, S. 36

> "Art, they argued, naturally appealed to woman's sensitive nature and the study of art would better prepare her for her destiny as wife, mother, and teacher."[333]

Allerdings wurde den Frauen diese „Bevorzugung" früh wieder verwehrt, nachdem das Ansehen der Künstler so gewachsen war, daß ihnen gar gesellschaftliche Einflüsse zugesprochen wurden:

> "As the artist's status rose, belief in the noble soul of the artistic genius contributed to conceptions of the artist as teacher and minister. Families like the Peales, Sartains, and Weirs (nachgucken) were recognized not only as gifted artists but also as educators and tastemakers."[334]

In diesem Zitat finden sich zwei weitere Aspekte, die sich in den Katalog der Argumente zur künstlerischen Bildung einfügen lassen, nämlich der Künstler als "tastemaker", Geschmacksbildner, der andere lehren kann, zu differenzieren, die Wahrnehmung zu verfeinern, und so weniger grob in der Auswahl seiner Entscheidungen und Wahl zu werden.

Die angesprochene "edle Seele" des Künstlers wiederum verweist vielleicht auf mehr als eine romantische Verklärung des zartfühlenden Genies, sondern bezieht sich auf eine friedliche, feine (da differenzierende) und respektvolle Wahrnehmung, die Künstlern tatsächlich zueigen ist, zumindest in ihrer Arbeit. Es sei erinnert, wie Filliou, Beuys, Rot die Vergleiche von Künstlern zu Kindern gezogen haben. Sicherlich widerspricht dieser Gedanke heutigen Auffassungen, wenn über das Verhältnis von Krieg und Kunst diskutiert wird[335], dennoch ist neben der Integrität des Künstlers (in der Wahrhaftigkeit seiner Arbeit) auch eine fundamental friedliche und respektvolle Absicht allein durch ihre „Folgenlosigkeit" (nach Brock) gegeben, Faktoren, die eine Lehr-/Lernumsituation (als künstlerische) dementsprechend prägen.

Stankiewicz/Amburgy fahren in ihrer historischen Beschreibung fort, indem sie die Auswirkungen der beginnenden Industrialisierung auf die Gesellschaft zum Ende des 19. Jhrds. aufzeigen und zu dem Schluss kommen, daß der Macht der Maschinen die neuen Kunst- und Erziehungsbewegungen entgegengesetzt werden:

> "As the 19th century drew to a close, there were significant

---
333 Ebd.
334 Ebd.
335 Vgl. Krieg und Kunst. Bazon Brock, Gerline Koschik (Hrsg.). München 2002

> changes in North American communities. Patterns of social life were altered by rapid industrialization, the growth of cities, the arrival of new immigrants, and increasing numbers of women who joined new immigrants and others in the industrial workforce. The forms of art education that emerged at the end of the century reflected and, to some degree, shaped the changes that occurred in social life. Manual training, arts and crafts, design and composition, picture study, the kindergarten movement, and early experiments in progressive education were both protests and accommodations to the conditions of industrialized, urban society."[336]

Die "entfremdete" Arbeit sollte durch Kunsterziehung zur eigenen Kreativität und zum Bewusstsein seiner Fähigkeiten und Kräfte aufgefangen werden. Die Autorinnen führen die Einflüsse von John Ruskin (1819-1900) und William Morris (1834-1896) an und erklären:

> "A romantic idealist, Ruskin held that a society's moral character was reflected in the quality of its art, both fine and applied. Morris adapted Ruskin's moral aesthetic to a craft ideal, holding there should be joy and dignity in labor, rather than the fractured, demeaning character of toil in modern capitalist society."[337]

Beide Denker waren Vorreiter des "British Arts and Craft Movement", dessen Idee Grundlage für die Gründung verschiedenster Schulen war, die künstlerisches Design, Kunsthandwerk und Kunst zu verbinden und zu fördern trachteten. Auch der "Deutsche Werkbund" (gegründet 1907), das "Bauhaus" (1919) und andere Produktionsgemeinschaften entstanden mit dem Ziel, handwerkliche Arbeit, Sorgfalt im Umgang mit dem Material und interdisziplinäres Arbeiten von Künstlern, Unternehmern, Architekten und anderen zu ermöglichen, als Reaktion auf die unpersönliche Form der industriellen, maschinellen Herstellung.

Stankiewicz/Amburgy erwähnen in ihrem Abriss zu den kunsterzieherischen Ideen des 19. Jh. noch das Aufkommen des Ästhetizismus ("aesthetic movement"), der mit seiner Wertschätzung des "Wahren Schönen" wiederum die Verbindung zur Lebensrealität des Sozialen und Kritischen abbrach und "Kunst um ihrer selbst willen" proklamierte. Kunstbetrachtung, reine Anschauung wurden Inhalte kunsterzieherischen Unterricht, wobei Kritikfähigkeit bedeutete, "richtige" und "falsche" Formsprache unter-

---

336 Mary Ann Stankiewicz, Patricia M. Amburgy, S. 42
337 Mary Ann Stankiewicz, Patricia M. Amburgy, S. 43

scheiden zu können und einen Sinn für vollendete Schönheit zu entwickeln.

Die beiden Autorinnen führen noch zwei weitere Gesichtspunkte für den Katalog zur künstlerischen Bildung aus dem 19. Jhrd. an, zum einen weisen sie auf den Erfinder der "Kindergarten Bewegung", den deutschen Philosophen und Lehrer Friedrich Fröbel (1782-1852) hin, der die Kategorie "Spiel" in das schulische Curriculum einführte, in dem bis dahin Nachahmung, Bestrafung und Disziplin die vorwiegenden Lehrmethoden gewesen waren. Spiel als Lernmethode sowie Spielzeug als Bereitstellung von Werkzeugen zum Lernen haben sich bei Filliou in Form der Fluxuskästen als wichtige Faktoren für Lehren und Lernen erhalten. Inwieweit "Spiel" auch heute noch in der aktuellen Unterrichtssituation an deutschen Schulen stattfindet, wird im weiteren zu untersuchen sein. Der letzte Eintrag in unser Register von Stankiewiecz/Amburgy stammt aus dem folgenden Zitat:

> "Beliefs that women are naturally suited to teach the young led to the reality that most K-12 art teachers have been women, contributing to a lower status for art in society."[338]

Kunsterziehung als Frauendomäne und besonders die Geringschätzung von Kunst im Vergleich zu anderen Unterrichtsfächern sind zwei Aspekte, die auch bis heute noch nicht ganz abgebaut sind.

Der Kunsterziehung des 20. Jahrhunderts gehen in Deutschland die reformpädagogischen Strömungen voran, die in der sogenannten "Kunsterziehungsbewegung" mündeten, welche den durch die Industrialisierung entfremdeten Menschen durch den Umgang mit Kunst, Musik, Literatur und auch Sport wieder zu einem ganzheitlichen Menschen formen wollten.[339]

Zu der historischen Entwicklung in Deutschland existieren verschiedene Publikationen, die die philosophischen Hintergründe zur Ästhetik durch Baumgarten und Schiller, der Kunsterziehungsbewegung durch Lichtwark, Mead und Dewey und natürlich Nietzsche beleuchten. Die Entwicklung vom Zeichenunterricht zur kreativen Gestaltung und einem Unterricht "vom Kind aus" machen hier die wesentlichen Faktoren für den Schulunterricht aus. Durch die beiden Weltkriege jedoch, besonders den zweiten, findet man eine große Lücke in der Fortentwicklung der kunstpädagogischen Ideen, und wie schon erwähnt, sind viele der großen Denker zu

---

338 Mary Ann Stankiewicz, Patricia M. Amburgy, S. 48
339 Vgl. Helene Skladny: Ästhetische Bildung und Erziehung in der Schule. Eine ideengeschichtliche Untersuchung von Pestalozzi bis zur Kunsterzieherbewegung

dieser Zeit nach Amerika geflohen. Auch aus diesem Grund konnte die Durchsicht der kunsterzieherischen Positionen in Amerika in der ersten Hälfte des 20. Jahrhunderts mehr zu dem hier intendierten Katalog über Aspekte zu Kunst und Unterricht beitragen.

Eine ausführliche Darstellung der Kunsterziehung des 20. Jahrhunderts aus amerikanischer Sicht ist bei John Howell White[340] zu finden. White begründet die endgültige Einführung von Kunst als Unterrichtsfach auf der als "Pragmatismus" bezeichneten amerikanischen Philosophie, die auf Charles Peirce zurückgeht und die die in allen Artikeln zur Kunstpädagogik erwähnten Denker John Dewey, George Herbert Mead, William James umfasst.

> "Still, Modernism in the larger sense, as a way to envision change based on action, universal principles, and individual experience, was perfectly aligned with American Pragmatic philosophy (Moore, 1997; White, 1998). That philosophy, which associates inquiry with embodied responses to a changing world, provides a framework through which art education found a place in schooling (Freedman & Popkewitz, 1985)."[341]

Die Verbindung von sozialwissenschaftlichen, psychologischen und politischen Ansätzen bedeutete neue Aufgaben für die Kunst. Initiativen wie das "City Beautiful Movement", mit dem beabsichtigt war, durch Herstellung von Schönheit in der städtischen Umgebung die Bewohner zu Moral und zivilisatorischen Verhalten zu bewegen, erkannten die Bedeutung von Kunst für die Konstitution eines Gemeinschafts- und Zivilbewußtseins.

Der pragmatische Aspekt "Learning by Doing" forcierte auch die Kunstpraxis, wie White beschreibt:

> "Accompanying the democratic emphasis on learning by doing, scientists, artists, and educators alike searched for underlying principles that could guide all people to frame the moral, aesthetic, and instrumental aspects of their inquiry."[342],

wobei er dessen demokratische Absicht hervorhebt.

Formal ist zu Beginn des Jahrhunderts der Übergang vom Zeichenunterricht mit dem Imitieren historischer Ornamente zu einer Behandlung von Form-

---

340 John Howell White. 20th-Century Art Education: A Historical Perspective, in: Handbook of Research and Policy in Art Education. Hrsg. Elliot W. Eisner. Mahwah, NJ. 2004
341 Ebd., S. 55
342 Ebd., S. 58

prinzipien und Design festzustellen, wobei White dies zu der Annahme erweitert,

> "Design promised the democratization of beauty, even though it was accomplished through the abstraction of visual experience into intellectual categories through language."[343]

White führt verschiedenste Erneuerungen eines Kunstunterrichtscurriculum (im Jahr 1930) auf, die in einer Aufteilung folgender Themenbereiche endeten:

> "art information (knowing technical information about art), creative expression (applying studio skills), art appreciation (revealing beauty), industrial information (relating to organizational topics), and related information (referencing contextual information) (Klar, Winslow, & Kirby, 1933)."[344]

Die schon oben angesprochene „Entfremdung" durch die industrielle Arbeit wie auch die traumatischen Erlebnisse im 1. Weltkrieg führten darüber hinaus zu der Hoffnung, der Umgang mit Kunst und Kunsthandwerk hätte eine therapeutische und heilende Wirkung, indem ein ursprünglicher Kontakt zur Welt wiederhergestellt werden könne. Theoretisch trugen, wie White anführt, auch in Amerika die Psychologie Freuds und Jungs, die Pädagogik von Franz Cizek und die politische Kunst in Mexiko, die sich insbesondere in den Wandbildern zeigte, dazu bei. White führt auch die protagonistische Arbeit von Margaret Naumberg auf, die als eine der ersten das Feld der Kunsttherapie entwickelte, und 1915 bereits die so genannte Walden School, eine Montessorischule, gegründet hatte. Zusammen mit ihrer Schwester Florence Cane haben sie schon 1920 fortschrittliche Unterrichtsmethoden erprobt. White schreibt:

> "In this rarified atmosphere of private school attention and New York art world allure, Naumberg and Cane formed the prototype for the Modernist artist–teacher. Cane developed what she saw as a culturally neutral classroom, freed of artworks and other associations with the past. Cane's methods promoted the free use of the student's body so that marks could be made in an uninhibited manner. The role of the art educator was to unfold the layers of culture that inhibited this inner artist. For this to occur, the foundations of art education shifted from the crafting of drawings and objects

[343] Ebd., S. 58
[344] Ebd., S. 59

to an expression of feelings developed "through" the inhibition of restrictive responses (Cane, 1926, 1929, 1951; Freedman, 1987, 1989, 1998; MacIver, 1988; Thistlewood, 1990; Smith, 1996a; Wygant, 1988a, 1988b). The use of the metaphor "through" characterizes a focus on the child as emerging into a different sort of ideal person: a freely expressed human being."[345]

Franz Cizek (1865 - 1946) in Wien, Henry Schaeffer-Simmern (1896–1978) in Berkeley oder Viktor Lowenfeld (1903–1960), alle selbst Künstler, gründeten Schulen oder Programme für den künstlerischen Unterricht für Kinder und beeinflussten zahlreiche Kunsterzieher in Nordamerika. Nach dem Ende des Zweiten Weltkriegs wurde nicht nur, wie White erwähnt, zum zweiten Mal die heilende Wirkung von Kunst wichtig:

"The arts continued to be a useful means for healing, in this case to unite a world community still recovering from World War II. The founding of UNESCO by the United Nations was based on this vision."[346]

Die Entwicklung der Kunsterziehung nahm ihren selbständigen Lauf in jedem Land und führte zu unterschiedlichen Ausprägungen. Gleichzeitig sollte durch die Gründung internationaler Gesellschaften wie der International Society for Education through Art (INSEA) (formal bereits 1954) das Bewusstsein für globales Denken geöffnet werden, nachdem der Zweite Weltkrieg die Weltgemeinschaft so stark erschüttert hatte. Die Erlebnisse aus diesem Krieg führten unter den Künstlern zu einer Identitätskrise insofern, als die Frage nach der gesellschaftlichen Relevanz von Kunst angesichts der vorangegangenen menschlichen Gräueltaten beantwortet werden musste. Zu dieser Diskussion gehört natürlich auch Fillious Buch, das ja dieses Thema behandelt. Aus der amerikanischen Erzählung von White bilden sich folgende Strömungen aus: ausgehend von Rudolf Arnheims Arbeit in der Gestaltpsychologie[347] flossen kognitive Studien in den Kunstunterricht ein, soziale Dimensionen der Kunsterziehung sowie das Experimentieren bzw. die Kunsterfahrung selbst wurden Teile des Unterrichts. Kritische Problemlösung, visuelle Kommunikation und Forschung (wie die Behandlung von Symbolen anderer Kulturen), Einfluss der eigenen „Community", Ethnographie, die Rolle von Bildern und Artefakten, feministische Theorie, Minderheitenproblematiken und mehr werden seitdem und bis heute von

---

345 Ebd., S. 60
346 Ebd., S. 66
347 Vgl. Rudolf Arnheim: Art and Visual Perception (1954) und Visual Thinking (1969)

Kunsterziehern als relevante Felder für ihren Unterricht angeführt. White fasst zusammen:

> "Art educators continue to wonder about the relation between art education's role as a tool for critical self-examination and/or a tool for uniting people around shared beliefs.(...) Between these two stances, however, there is much agreement on the value of an embodied understanding of critical theory as a means to develop relations between art and life. This emphasis on criticality differs significantly from earlier approaches that used aesthetic distance as a means to bridge that same gap."[348]

Das erste Lernziel, welches White hier nennt, die kritische Untersuchung über die eigenen Motive und Verhaltensweisen stellt einen bedeutenden Faktor des Kunstschaffens dar, denn was ein Künstler später ausstellen wird, ist seine eigene Sicht auf die Welt, bzw. ein Teil oder ein Problem davon, welche er in seiner Arbeit behandelt. Das zweite "Werkzeug" des Kunstunterrichts, "Leute zu vereinen aufgrund gleicher Beweggründe", bezieht sich auf den Kommunikationsaspekt der Kunst, indem mithilfe künstlerischer Arbeiten etwas vermittelt werden soll, was durch Sprache allein nicht mitteilbar wäre. Durch kritischen Umgang mit den Arbeiten entsteht eine Diskussion unter Menschen, die gemeinsam versuchen, etwas herauszufinden und insofern trainieren, zu kritisieren, um zu verstehen. Diese Befähigung, so wird von der Kunsterziehung argumentiert, ist auch außerhalb der Kunst von hoher Bedeutung ist. Die reine Anschauung von Kunst hingegen als Resultat der Auffassung, daß Kunst als Fiktion keine direkte Verbindung zur Lebenswirklichkeit hat, so stellt White fest, wurde im 20. Jahrhundert im Kunstunterricht zunehmend verbannt.

Auf seiner Webseite beschreibt der Fachverband der Kunstpädagogik[349] in kurzen Zügen die Entwicklung des Kunstunterrichts im 20. Jahrhundert in Deutschland. Ebenfalls ausgehend von der Kunsterziehungsbewegung vor dem 2. Weltkrieg, die Zeichnen und Malen für Kinder als Erlebnisformen in den Unterricht brachte, wird nun beschrieben, wie nach Kriegsende diese Praxis zunehmend mit einer Hinführung zur Kunst, "Gestaltungslehren des Bauhaus" und einem "spielerischen Umgang mit bildnerischen Mitteln" zur Kunsterziehung erweitert wurde. Diese, wie der Fachverband formuliert, "Menschenbildung" musste in den 1960er Jahren der Konfrontation mit aktueller Kunst weichen, "Ordnungsfaktoren und kunsttheoretische

---
348 White, S. 73
349 Siehe www.bdk-online.info

sowie kunsthistorische Aspekte rückten in den Vordergrund", und das Ziel war die "fachliche Einbeziehung der Kunst", "Produktion und Reflexion" wurden zu gleichberechtigten Inhalten des Kunstunterrichts.

In den 1970er Jahren, also in die Zeit, in die Fillious Buch fällt, wurden "Kinder und Jugendliche" "stärker als Teil der Gesellschaft begriffen", unter dem Begriff Emanzipation gab es, wie der Verband schreibt, Tendenzen, "die eine vollständige Erneuerung des Faches anstrebten". Ohne auf Einzelheiten einzugehen, wird festgestellt, daß "sich diese Bestrebungen nicht in radikaler Weise durchsetzten", selbst wenn sie gewisse Einflüsse auf die Kunstdidaktik hatten. In diesem Kapitel sollen eben diesen Einflüssen nachgespürt werden.

Die 1980er Jahre, geprägt durch eine "erstarkte Umweltschutzbewegung", beeinflussten den Kunstunterricht durch "kulturkritische, teils auch technikfeindliche Bestrebungen" "dahingehend, dass es zur Konzeption einer stärker alle Sinne ansprechenden Ästhetischen Erziehung kam. Man versuchte ästhetisch-emotionale Bezüge zur Natur anzuregen. Dieses Konzept griff das Bedürfnis nach ganzheitlichen Lebens- und Handlungsvollzügen auf."

Aus diesen Beschreibungen erkennt man die "Ziele" der Curricula, welche jeweilig aufgrund vorherrschender, gesellschaftlich vereinbarter "Bedürfnisse" in der "Erziehung" der heranwachsenden zukünftigen Bürger formuliert sind, und als solche auch die Inhalte des Unterrichts vorgeben. In dieser Tradition ist es leicht, die Entwicklungen der folgenden Jahrzehnte aus gesellschaftlichen Problemen her abzuleiten: die Bilderflut der Neuen Medien fragt nach "visueller Kompetenz", die neuen Technologien nach Medienkompetenz im allgemeinen, also Umgang mit Film, Video, Internet, Netzwerken etc., und das Aufeinandertreffen verschiedener Kulturen erfordert die Diskussion um Symbole, Zeichen und Artefakte, und alles fällt, so die Kunstpädagogen, in das Unterrichtsfach Kunst.

In seinem Aufsatz "Policy and Arts Education" geht Ralph A. Smith auf die Konsequenzen ein, die Zielformulierungen in Bezug auf Kunstlehre haben. Er verweist auf Studien von Constance Baumgartner Gee, die umfassend untersucht hat, wie es zu solchen Curricula kommt und welcher Art Parteien hier Einfluss haben. Sie formuliert ihre Befürchtung, daß das Fach Kunst seine Integrität und Kraft verliert, wenn es durch Werte definiert wird, die nicht kunstimmanent sind, sondern Resultate von "connections between art education and nonarts outcomes."[350] Smith schreibt:

> "Yet a considerable amount of research is being devoted not to discovering the ways the young developed knowledge about art's intrinsic value but to attempts to detect the effects of arts education on such cognitive non-arts outcomes as reading, mathematical, and spatial reasoning skills, not to mention a variety of social behaviors."[351]

Um diese Skepsis zu begründen, berichtet Smith über die so genannte REAP Studie von Lois Hetland und Ellen Winner[352], die die "Effekte von Kunsterziehung" auf das Lernen in anderen Fächern untersuchte. Nach Smith bietet diese Studie "the most trustworthy knowledge currently available about the relations of arts education and cognitive transfer"[353], und sie mündet in der Erkenntnis, daß es keinen umfassenden Beweis dafür gibt, daß Kunstunterricht zu einer Steigerung der akademischen Leistung führe,

> „Hetland and Winner concluded that overall there is as yet no compelling evidence that the study of art forms leads to improved academic performance."

Smith schildert:

> "With regard to the effects of visual art education, (...) Hetland and Winner likewise found no compelling evidence to support claims for cognitive transfer. Different kinds of arts-rich education revealed no enhancement of either reading or math skills; the finding was the same for the effects of music instruction. Examinations of dance fared no better, although the paucity of dance studies was noted. It is not, say Hetland and Winner, that the studies they assessed have no value; the better-designed ones may provide insight into how the brain functions when undergoing certain kinds of activities. It is rather that cogent relevance to policy has not been established. Accordingly, the authors advise muting positive claims about the mechanisms of causative transfer."[354]

Was aus dem oben Gesagten festzuhalten ist, ist natürlich nicht die Auffassung, daß Kunst keinen Wert habe, sondern nur, daß dieser Wert anders

---

350 Ralph A. Smith, Aesthetic Education: Questions and Issues, in: Handbook of Research and Policy in Art Education. Hrsg. Elliot W. Eisner. Mahwah, NJ. 2004, S. 88
351 Ebd.
352 Ausführlich besprochen in: Arts Education Policy Review (Issue 5, May/June, 2001)
353 Smith, S. 88
354 Ebd., S. 89

beschaffen sein muss als es die Curricula-Entwickler in diesem Fall behaupteten. So geben die beiden Forscher die folgenden Empfehlungen zur weiteren Überlegung vor:

> "The authors question investing so much effort in studying arts education's instrumental effects and ask whether there are important noncognitive outcomes of art education that are motivational and dispositional in character. Another approach might investigate whether the methods of teaching art suggest useful ideas for teaching other subjects. In short, the writers call for the right kinds of arguments for art education and the right kinds of evidence to support them. "The best hope for the arts in our schools, " they write, "is to justify them by what the arts can do other subjects cannot do as well or cannot do at all."[355]

Die Ideen von Filliou et al. über das Wesen und die Rolle der Kunst tragen zu diesen Fragen bei, indem ausschließlich aus dem Wissen, der Erfahrung und der Arbeitsmethode der Künstler aus entwickelt, die gleiche Fragestellung behandelt wird. Dies schließt zwar nicht Beobachtungen nicht-künstlerischer Resultate von Kunstunterricht aus, wohl aber den Einfluss außerkünstlerischer Interessen oder falschen Verständnisses künstlerischer Intentionen und Methoden in Bezug auf die Formulierung von Kunstunterrichtszielen. Wie ist dann aber zu erklären, daß, wie oben der Verband der deutschen Kunstpädagogen argumentiert, die Vorstellungen in den 1970er Jahren, eben die von Filliou et al., "die eine vollständige Erneuerung des Faches anstrebten", sich "nicht in radikaler Weise durchsetzten", wenn sich andererseits zeigt, daß außerkünstlerische Resultate durch das Fach Kunst nicht erwiesenermaßen erreichbar sind, bzw. durch diese curriculare Zielsetzung dem Potential der Kunst nicht entsprochen wird? Bevor dieser Frage, die gleichzeitig eine der Kernfragen der hier vorliegenden Arbeit ist, weiter nachgegangen wird, soll das Problemfeld zunächst noch vertieft werden, indem weitere Beispiele außerkünstlerischer Einflussnahme auf Kunstcurricula dargestellt werden.

Samuel Hope untersucht sehr ausführlich die Rolle und Möglichkeiten der Beeinflussung auf die Struktur der Kunsterziehung in seiner Studie "Art Education in a World of Cross-Purposes".[356] Allein durch die Tatsache, daß Schulunterricht staatlich gefördert ist, ergibt sich ein natürliches Interesse an

---

355   Ebd.
356   Samuel Hope. Art Education in a World of Cross-Purposes, in: Handbook of Research and Policy in Art Education. Hrsg. Elliot W. Eisner. Mahwah, NJ. 2004

der Bestimmung unterrichtlicher Inhalte. Besonders im Fach Kunst jedoch ergeben sich zahlreiche Konflikte, die dort beginnen, wenn, wie oben bereits angeführt, nichtkünstlerische Erfolge aus künstlerischem Unterricht angestrebt werden sollen. Die von ihm so bezeichneten

> "Cross-purposes work not only against the visual arts and art education but also within them. For example, freedom of expression and public support are important conditions for the visual arts. Regularly, one is achieved at the expense of the other."[357]

In einer systematischen Angehensweise der Untersuchung von "Policies", also Leitlinien des Feldes Kunsterziehung, analysiert er das Zustandekommen von Entscheidungen durch politische Macht, seien es Aktivismus oder wenig überzeugende, beliebige Argumente, und unterscheidet davon eine auf Weisheit gegründete Entscheidungskultur. Hierbei sieht er für die Bewertung von Grundsatzentscheidungen die Differenzierung von "Überleben" und "Gesundheit" als sehr wichtig an: gefährden neue Vorgaben das Fach Kunsterziehung als ganzes oder sind vielleicht große, aber nicht lebenswichtige Teile betroffen? Durch die auch hier bereits aufgeführte Geschichte der Kunsterziehung in Nordamerika wie Deutschland wurde deutlich, daß sich dieses Fach den unterschiedlichsten Wandlungen unterzogen hat, was seine Inhalte, Bestimmungen und Unterrichtsmethoden angeht. Auch aus diesem Grund hält Hope es für unumgänglich, das Feld Kunsterziehung und die jeweiligen Einfluss nehmenden Forderungen anderer so zu unterscheiden, daß sich das Fach nicht selbst aufhebt oder je nach Lage aus Angst vor dem Versinken in Bedeutungslosigkeit sich anderen, ihm inadäquaten Inhalten unterordnet. Er schreibt:

> "Such an approach is critical in addressing the issue of justification. Confusions about survival and health can lead to serious misjudgments about how to justify. Constantly portraying issues of health as issues of survival produces a climate of crisis that borders on continuing panic. In turn, this atmosphere produces the tendency to justify art education in fashionable terms, moment to moment. Such an approach is extremely dangerous, implying that the field has no unique mission that serves as a basic foundation for its work, it attacks a strategic necessity. To the extent that the mission is always defined in terms of "the cause of the moment, " to that same extent art education loses its identity. (...) If art education has

---

357 Ebd., S. 96

every purpose, then it has no purpose of its own!"[358]

Um dieses Rechtfertigungsproblem der Kunsterziehung angehen zu können, formuliert er zunächst zwei grundsätzliche Fragen, nämlich

> ""What does the field of art education do that nothing else can do?" This question is predicated on a more fundamental question in terms of student learning, "What does study of the visual arts accomplish that nothing else can accomplish?"[359].

Er warnt im Anschluss direkt vor einer eindeutigen Antwort, die, wie das von ihm zitierte Beispiel von Eisner zeigt, einen bedeutenden Teil von Kunst negierte, wenn ihre Lehre ausschließlich von der kritischen Theorie beherrscht würde:

> "In one critique of the single-answer approach, Eisner (2001) writes:
>
> However, the study of visual culture, influenced by critical theory, pays less attention to culture's aesthetics than to its politics. Students study the art of popular culture to understand the sociology or politics of the image. In this view, what we sometimes refer to as the fine arts are seen not so much as dazzling or even high human achievements, but as products representing what those in power choose to praise. (p. 8)"[360]

Wie die Mathematik, die Humanwissenschaften oder die Medizin ihre "Kerngeschäfte" haben, so können zwar interdisziplinäre Arbeiten stattfinden, sie allein machen aber die jeweiligen Felder nicht aus. Hope führt an, daß in der Mathematik mathematisch gedacht wird, in der Medizin medizinisch praktiziert und in den Humanwissenschaften geisteswissenschaftliche Arbeiten produziert werden, und die Kombination der drei für historische, therapeutische oder soziale Aufgaben ebenso real ist, sie aber die Disziplinen nicht ersetze. Das Kerngeschäft der Kunst nun beschreibt Hope so:

> "The thing that art can do uniquely is art itself. At a most basic level, the history of a thing does not make the thing; making the thing produces the basis for its history. Aesthetic response, if the words retain their standard meanings, indicates reaction to a thing

---

358 Ebd., S. 100
359 Ebd.
360 Ebd., S. 101

that already exists."[361]

Daß mit dieser Forderung nicht eine Rückkehr zum Zeichenunterricht des beginnenden 20. Jahrhunderts gemeint ist, stellt Hope klar, wenngleich er gleichzeitig eine gewisse Hemmung bezüglich Unterrichtung künstlerisch-technischer Fertigkeiten beobachtet, und glaubt, daß die Kunsterzieher selbst schon zu denken scheinen, "that writing is intellectual but drawing is not"[362]. Er vergleicht Kunst mit anderen Unterrichtsfächern, die ebenfalls Techniken lehren, wie etwa Sprachen, Mathematik etc., und skizziert folgende Ideen für Methoden, die der Kunst zu eigen sind:

> "to move art education beyond creative expression defined as play time with art materials; to join contemporary movements in the visual arts that substitute verbal conceptualization for visual sophistication; and to produce or introduce shocking spectacles."[363]

Hope fährt in seiner Erklärung fort, indem er einige der besonders offensichtlichen, zunächst außerkünstlerischen Themenfelder auflistet, die den heutigen Kunstunterricht inhaltlich beeinflussen. Hierzu gehören die Jugendkulturen, denen nicht nur bestimmte visuelle und musikalische Sprachen zu eigen sind, sondern, wie er schreibt, auch gewisse Grundhaltungen, die im Kunstunterricht unkritisch übernommen die Fundamente der Kunst, wie nicht-kommerzielles Denken, freies, aber intensives Forschen, Disziplin beim Erlernen von Techniken unterwanderten. Ohne dieses Thema weiter auszuführen, merkt er an, daß "youth cultures will always be a critical policy issue for art education."[364] Wenn man sich Filliou in Erinnerung ruft, der in der Kindheit und Jugend das Potential sah, das im Umgang mit Kunst am meisten profitieren könnte, weil die Kunst den beiden Gruppen am nächsten stehe, so scheint die Befürchtung von Hope ein Gegensatz dazu zu sein. Man muß in diesem Zusammenhang aber berücksichtigen, daß die Wirtschaft erst seit den 1980er Jahren so massiv die Jugend als Konsumenten, Zielgruppe ihrer Strategien entdeckt hat und die Zeichen, Musik und Mode der aufkommenden "Jugendkulte", "Subkultur" etc. innerhalb weniger Monate kommerziell ausschlachtet. Insofern wären nach Filliou heutzutage die Jugend allenfalls den angewandten Künsten nahe, also Design, Mode oder kommerzialisierte Musik.

Auch dieser Aspekt ist in der Liste von Hope zu finden, wenn er, in dem Fall

361 Ebd., S. 101
362 Ebd., S. 103
363 Ebd.
364 Ebd.

bezogen auf das Lehren von künstlerischen Techniken, sagt:

> "But the work of art education and particularly its policy context are regularly impacted by applications of other bodies of technique. Political and advertising techniques are two of the most powerful. In the visual arts, it is clear that there is a vast difference between imitating how an artist or designer acts and being successful at what an artist or designer does. Imitation can only go so far. The same is true of politics and promotion."[365]

Einen weiteren kritischen Einfluss misst er der Idee zu, die hinter den "wonderful and continuing successes in machine technology" steht, nämlich "that the same mode of thought can be applied to every problem, irrespective of its nature." Er argumentiert,

> "The result is loss of faith in and respect for professional judgment and individual professional action".

Hier spricht er nicht nur auf die "Erfolgssicherung" des Kunstunterrichts an, die folgende Einschätzung unterstreicht auch die Notwendigkeit für Raum von nicht quantifizierbaren Faktoren:

> "purely technical thinking is in severe contrast to artistic thinking, where there is no standard solution, but rather a continuing development of individual solutions."[366]

Individuelle Lösungen erfordern Individuen, also nicht ersetzbare Menschen, die die jeweiligen Lösungsansätze begründen.

Während Hope die mittlerweile bekannten Vorbehalte gegenüber dem Einsatz computergestützter Technologie auch für das Fach Kunst benennt, wie

> "Access becomes confused with capability; mouse and keyboard technique becomes confused with intellectual skill; compilation becomes confused with knowledge; and so forth"[367],

so stellt er immerhin dar, daß die Kernfrage hier ist, "how to keep technology from narrowing possibilities rather than expanding them", denn es wird ihm wohl unmöglich sein, Computerbenutzung generell abzulehnen. Er weist aber doch auf einen Punkt hin, der unbedingt im Auge behalten werden muß, nämlich

[365] Ebd., S. 105
[366] Ebd., S. 104
[367] Ebd., S. 106

"the massive funding of political and promotional operations to promote the sale of technological equipment."[368],

was zumindest offen läßt, auch ohne Computer einen effektiven Kunstunterricht als solchen werten zu können. Filliou hat die technischen Möglichkeiten von heute nicht kennengelernt, wobei er wohl den zukünftigen Medien gegenüber aufgeschlossen war und beispielsweise einen Computer mit den Aussagen von Kindern zur Welt füttern wollte. Die heute notwendig gewordene "Medienkompetenz" ist als Kritikfähigkeit an den visuellen Produkten auch in einem Kunstunterricht (als Unterricht über visuelle Phänomene) zu vermitteln, doch ist damit das Feld der Kunst keineswegs abgedeckt und kann daher auch nicht als tragender Faktor für den Erhalt von Kunst als Schulfach herhalten. Hope wehrt sich gegen ein Übergewicht an Theorie in der Begründung für Kunsterziehung und kritisiert:

> "The proliferation of theory in every field is, in part, an offshoot of the scientism that pervades our age. (...) It can make useful distinctions between theory as explanation and theory as ideology. Thoughtful policy analysis cuts through jargon to meaning for decision making. It refuses to accept buzz words such as interdisciplinary, elitism, multiculturalism, diversity, self-esteem, and so forth, as indicators of automatic positives (Smith 1989, 1995)."[369]

Der Fokus auf Interdisziplinarität kann die einzelnen Disziplinen so aufweichen, daß man dem ihnen zugrundeliegenden Wissen nicht gerecht wird und bei Oberflächlichkeiten oder Verfälschungen stehenbleibt. Der Anspruch auf Multikulturalität, sagt Hope, wenn ihm unkritisch gedient wird, läßt sämtliche Errungenschaften des Westens in kurzer Zeit in schlechtem Licht erscheinen, was einseitig ist und womit man nicht weiterkommt. Hope will mit seinen Beispielen Szenarien aufzeigen, in denen Inhalte eines Unterrichts in einem Fach wie der "freien" Kunst zielgerichtet, manipulativ umgesetzt werden sollen. Mithilfe des Kunstunterrichts werden gesellschaftlich benötigte Werte vermittelt, und daraus, so sagt er, werden curriculare Begründungen für die Bedeutung der Kunsterziehung abgeleitet.

Filliou und seine Künstlerkollegen waren der Auffassung, daß Werte nicht übertragen, sondern herausgefunden, überlegt und selbständig begründet werden sollten, wodurch eine bewusste und nicht anerzogene Haltung zur

---

368 Ebd.
369 Ebd., S. 108

Umwelt entwickelt wird. Ohne daß Hope vielleicht Fillious oder ihm ähnliche Ansichten in seinen Ausführungen hier vor Augen hatte, kommt er dem doch nahe, wenn er abschließend formuliert:

> "In all fields where there is active policy analysis, there are serious disagreements. In the main, these disagreements sharpen understanding, except when activism or yearnings for a certain result obscure the truth or the potential opportunities and dangers inherent in possible conditions, decisions, and ramifications. Overall, much writing labeled arts policy is really advocacy. Advocacy never finds any danger in its own recommendations. Advocacy is a critical piece of the arts and arts education effort."[370]

Filliou und seine Kollegen haben als Künstler auf ihre Zeit reagiert und, wie bereits im ersten Kapitel dargestellt, sich die damals dringliche Frage gestellt, was sie zur Verbesserung der Gesellschaft beitragen könnten. Obwohl sie Künstler waren und damit ja eben nicht Agenten der Gesellschaft, überlegten sie, wie sie ihre professionelle Arbeit "sozial" einsetzen könnten ("neue Kunst kommt dann danach"..) und, wie Filliou sogar selbst sagte, auf "neue Menschen" hinarbeiten könnten - denn so verfahren, wie es um die Welt bestellt war, konnte sie nur mit neuen Menschen verbessert werden. Wenn man Hope folgt, so wird dieses Anliegen, zumindest was Schulunterricht angeht, von kunstfernen Aktivisten mehr oder weniger stark unterwandert. Nun sind es nicht die Künstler, die, erst bedeutungslos, dann durch Filliou et al. langsam wahrgenommen als Inhaber von Ansätzen und Eigenschaften, die von gesellschaftlichem Nutzen sein könnten, sondern heute werden ihre Methoden und Ergebnisse anderen Zielen und anderen Entscheidern untergeordnet. Inwieweit dieser Trend sich auf den Schulunterricht beschränkt oder ob ähnliche Beobachtungen auch im Kunstbetrieb selbst, der Ausbildung zum Künstler oder im generellen Prozess der menschlichen Wissensgenerierung, bei der, wie zu zeigen sein wird, die Kunst einen maßgeblichen Anteil hat, zu finden sind, ist noch eine offene Frage.

Im Rahmen von "Kunst und Unterricht" folgt zunächst eine weitere Ausführung über "arts advocacy" (Kunstparteinahme), die Constance Baumgarner Gee mit einer so furiosen Argumentation durchführt, daß die Warnungen Hopes vor den Einflussnahmen außerkünstlerischer Mächte auf das Tätigkeitsfeld des Kunstunterrichts geradezu harmlos scheinen.

---

[370] Ebd., S. 111

Gee beginnt mit einer halb ironischen Beschreibung ihrer eigenen Situation, nachdem sie über Jahre die zahlreichen Theorien und Ansprüche über die möglichen Auswirkungen von Kunsterziehung verfolgt hat. Sie schreibt resigniert:

> "Like others who have analyzed the proliferation of such justifications for arts education (Chapman, 2001; Eisner, 1998; Hope, 1985, 2002; Smith, 2002), I had come to believe that those claims and the techniques used to market them were seriously eroding the field's identity, credibility, and purpose (Gee, 1999b). But unlike others of greater faith and longer memory, I had accepted the inevitability of the destruction. I had arrived at the sad conclusion that, try as we might to brake its forward motion, the momentum of the marketing machine was so powerful as to be unstoppable and, that ultimately it would flatten every dissenter or counter any idea that stood in its path."[371]

Nach Hope, der die Einflüsse von Politik, Technologie und Gesellschaftswissenschaften auf die Kunsterziehung dargelegt hatte, führt Gee hier einen neuen Aspekt ein, der, besonders in Deutschland, sich nicht so offensichtlich auf die Schule beziehen lässt, nämlich den der "marketing machine". Um die "Aufgabe" von Kunst und Erziehung haben sich eine ungeheure Anzahl von selbsternannten Spezialisten entwickelt, die alle an dem großen Auftrag mitwirken wollen. Gee führt eine beeindruckende Liste von Mitspielern auf, die sich durch unterschiedliche Konstitutionen Alleinstellungsmerkmale auf dem Gebiet der künstlerischen Bildung erwerben wollten.[372]

---

371 Constance Bumgarner Gee. Spirit, Mind, and Body: Arts Education the Redeemer, in: Handbook of Research and Policy in Art Education. Hrsg. Elliot W. Eisner. Mahwah, NJ. 2004, S. 115f.

372 „There is—to paraphrase Jerry Lee Lewis—a whole lotta arts education advocacy going on. Typing "arts education advocacy" into Google Search in August 2001 linked you to 234,000 Web sites; entering the same command in August 2002 links you to 309,000. Represented among those sites are state and local arts agencies; state alliances for arts education, artist alliances, arts centers, museums, performing arts organizations, national and state arts education associations, school districts, arts lobbyist groups; and private individuals advertising their capacities in arts advocacy, marketing, and conference speaking. There are 501(c)(3) performing, visual, and media art organizations that combine advocacy activities with the provision of "arts and education" or "arts in education" or just plain arts education programs and workshops. There are 501(c)(4) tax-exempt groups that lobby city council members and state and federal legislators on behalf of the arts education advocacy and programming efforts of 501(c)(3) tax-exempt organizations; of school districts; and of local, state, and federal public arts and cultural agencies. Public grant-making agencies such as the National Endowment for the Arts (NEA) and state and local arts councils advocate for arts education and for recognition and support of their own role and of the roles of arts organizations and artists in ensuring the success of arts education programming. Private philanthropic organizations and community foundations advocate for broad support of arts education. Along with public arts agencies, they seek to influence arts education policy, funding, programming, and practice through grant making for arts education-related projects and research, through the sponsorship of symposia, and through the publication and promotion of sympo sia

Der Grund für das große Interesse dieser Organisationen an Kunsterziehung ist nach Gee "Self-promotion":

> "They seek to convince politicians, policymakers, and community leaders that they (and their state and local sister arts agencies and organizations and artist dependents) are essential to the work of arts education in all venues and at all phases and levels."[373].

Dementsprechend behaupten sie, daß sie in ihrer Tätigkeit mit den Kunstlehrern auf derselben Qualifikationsstufe stünden. Dass diese Einbildung zu solchen Auswüchsen wie den Programmen für Kunsterziehung der Walt Disney Company führt, ist nur eine Seite der Fehlentwicklung.[374] Gee kritisiert die fehlende Unterscheidung zwischen professionellen Kunstlehrern und den zahlreichen selbsternannten Agenten[375], die für ihre Programme im Namen von Kunst und Bildung werben, und verweist auf die Konsequenzen:

> "As one ponders the political presence and interests of all of the various players engaged in arts education advocacy, it is important to be mindful that the purpose of the types of advocacy cited previously is to influence policy, attain position, define programs, and redirect funding."[376]

Die zu Beginn zitierte "Marketingmaschine" hat das "redirect funding", also das Umlenken von Fördermitteln, zum erklärten Ziel, denn mit Kunsterziehung läßt sich, wie Gee fortführt, mittlerweile viel verdienen. Dies liegt an den hoffnungsvollen, aber unbewiesenen Vorstellungen über die Wirkungen der Kunsterziehung:

> "Reasons given to support arts education and those who provide it fall under three broad categories of societal interest and purpose. Arts education is justified and marketed as a means to improve (a) the individual as a person, (b) the individual as a contributing

---

proceedings and sponsored research. This information can be downloaded at the blinkof an eye." Gee, S. 116

373 Gee, S. 117
374 „The Walt Disney Company appears to have persuaded an infantile Dr. Einstein to join corporate America in enlisting other deceased geniuses in the arts education enterprise. Having already produced Baby Mozart, Baby Beethoven, and Baby Bach, The Baby Einstein Company recently released Baby Vivaldi (Entertainment Wire, 2002). Baby Van Gogh and Baby Shakespeare attest as well to Baby Einstein's interest in the visual and literary arts." Gee, S. 117
375 „Arts participation, arts learning, arts experience, arts encounters, and arts involvement—all considered to be arts education—can be obtained at community recreation centers, museums, performing arts venues, summer camps, day care centers, fairgrounds, schools, churches, prisons, hospitals, and via the Internet." Gee, S. 120
376 Ebd.

member of society, and (c) the human community. Three interlacing advocacy themes further define arts education's contributions to these basic concerns of civil society. Arts education's earliest and broadest realm of proclaimed influence was and continues to be on human spirituality and morality. Closely related to spiritual and moral development is emotional maturation, another area of personal improvement that arts education is said to assist. Arts education's ability to contribute to brain and skill development has become a second and ever more popular advocacy theme in our intensely competitive, market-centered society. The notion of arts education/experience qua arts therapy as a means to improve one's emotional and physical well-being is a third overarching advocacy theme that is fast gaining momentum."[377]

Gee zitiert zahlreiche Behauptungen zur Wirkkraft von Kunst in der Erziehung, die, wenn man sie so gebündelt vor sich sieht, den Eindruck erwecken, als handele es sich tatsächlich um ein Allerheilmittel.[378] Ironisch beschreibt sie die Mühen Amerikas, nach dem Attentat 9/11 eine quasi nationübergreifende Therapie zu installieren, die zu Initiativen wie "Art for the Nation's Sake", "postcataclysmic art education"oder "Arts Healing

---

377 Ebd.
378 There are abundant variations on the commonly voiced claim that arts education contributes to the spiritual and moral development of the individual, an outcome that in turn makes for a more virtuous citizenry and principled society. A virtuous person is self-aware and selfdisciplined, kind to others and respectful of their beliefs and ideas, and dutiful and cheerful in tasks undertaken.

The following advocacy statements proffer that view of the value of arts education:

• Arts learning experiences help students to better know themselves and to better relate to those around them.

• Arts education fosters tolerance of and appreciation for cultural and ethnic diversity.

• Arts education improves children's attitudes toward school.

• In-school and "nonschool" arts programming improves self-esteem, curbs delinquent behavior, teaches discipline, and helps students to better perform academically.

• Arts education teaches children to communicate more effectively with adults and peers. (Gee, S. 121)

ausserdem:

- The frequently heard claim that "arts education improves overall academic performance"
und fördert die Gesundheit:

• Art speaks directly to our emotions; it excites, soothes, and helps us to connect with our feelings.

• Acknowledgement and release of emotion are good for our mental and physical health.

• Art education is important because it provides a creative (and safe) outlet for selfexpression (i.e., the release and communication of emotion and ideas) resulting in greater self-awareness and self-worth.

• Making and experiencing art has a positive effect on our physiological well-being. As a consequence we feel better about ourselves and more empathetic toward others, dispositions which make us happier and help us to live not only fuller but also longer lives. (Gee, S. 123)

America" führten.[379] Ist der Ruf nach der "heilenden" Wirkung der Kunst nach dem Attentat in Amerika vergleichbar mit Fillious Überlegungen, wie Künstler in der Gesellschaft (der nach Ende des 2. Weltkriegs) wirken können?

Interessanterweise bezieht sich Gee auf die späten 1960er Jahre, wo sie feststellt, daß sich seitdem eine Art massive Kunstverwaltung gebildet hätte, die an die Kunsterziehung, oder im Namen dieser, Ansprüche stellten. Sie sagt, daß "comprised of public arts agencies and associations, arts service organizations, and arts lobbyist groups, this coterie portrays itself as the primary force behind arts education improvement and reform."[380] Als Beispiel für den Einfluss (und die "Förderungsumleitung") nennt sie den Zusammenschluss von politischen mit diversen Kunst-Bildungsprogramm-machern (1996) in einer Initiative mit dem Namen "Coming Up Taller", das, wie es deren Webseite betont, bis heute Stipendien, Fördergelder und Ausschreibungen im Programm hat. Gee bemängelt, daß hier jugendorientierte Programme angeboten würden, welche in Kontrast zu den Aktivitäten professioneller Kunstlehrer verführerisch wirkten. Wenn, wie Gee schreibt, keine Unterscheidung zwischen den Verantwortlichkeiten des Bildungsangebots und seinen Zielen gemacht würde und den Kapazitäten von Schulen und denen der Kunstorganisationen, dann wird die marketingunabhängige, non-profit Kunsterziehung der Schulen in Zukunft unbedeutender erscheinen zugunsten der lockenden Angebote der Kunstvermarktung, die heutzutage immer attraktivere pädagogische Maßnahmen anbieten. Auch inhaltlich sei, wenn Kunstunterricht zunehmend mit populärer Kultur und visueller Kommunikationsforschung gleichgesetzt werde, die Legitimierung als vollwertiges Unterrichtsfach immer schwieriger vertretbar, da die Schule allein durch ihr (eher trockenes) Umfeld dafür weniger prädestiniert erscheine als ein Museum, ein Kunstprojekt oder ein Künstlerstudio außerhalb.

Ein Vergleich mit Fillious Gedanken, der auch die herkömmliche Schule als ungeeignet für Kunstunterricht ansah, dagegen die Kunst mit dem Leben außerhalb der Schule verknüpfen wollte, führt zu der Frage, ob diese Ideen vielleicht in den von Gee beschriebenen Szenarien umgesetzt sind? Ist das, was Gee kritisiert, beispielsweise die Aussage eines Musikschuldirektors, die von der Initiative "Coming Up Taller" für deren Kampagne genutzt wurde, nicht das, was Filliou gedacht hatte? Der Direktor wird mit den

379 Vgl. Gee, S. 125
380 Ebd., S. 127

folgenden Äußerungen zitiert:

> "Artists process their environment differently. When you put an artist in a teaching environment, they stay an artist. When you put a teacher in that environment and give them some art skills, they are a teacher with some art skills [sic]. And the kids know the difference" (p. 35)."[381]

Auch Filliou sagt an einer Stelle fast träumerisch, wie es wäre, wenn Studenten „solche Leute"[382] kennenlernen könnten. Der große Unterschied, der zwischen den Ideen und Absichten von Filliou et al. und der "Marketingmaschine" nach Gee besteht, liegt im Wesen von Kunst selbst. Kunst kann nicht per se heilend für die Gesellschaft sein, noch kann sie durch einen Umgang mit von Institutionen oder gewinnorientierten Agenturen verpflichteten Künstlern eine der Natur von Kunst entsprechende Erfahrung vermitteln. Gee führt die Theorien des Philosophen und pädagogischen Theoretikers Jaques Barzun aus dem Jahr 1974 an, mit denen er das Aufkommen der Kunst als Erlöserin ("Art as Redeemer") analysiert. Sie zitiert Barzuns Behauptung, daß Kunst an sich undemokratisch sei, da nicht für jedermann zugänglich, und man ihr also keine erlösende Funktion zusprechen könne, ebensowenig wie eine religiöse. Wenn man bei Barzun nachliest, findet man beispielsweise in seinem Buch "Of Human Freedom" von 1939 seine Argumentation über das Zusammenspiel von politischer Bildung, Kunst, Wissenschaft und Pädagogik ausführlich formuliert. Auf seine vielfältigen Aussagen soll hier nicht detailliert eingegangen werden, sondern nur auf jene, in denen er sich explizit auf die Kunst bezieht, bzw. die sich auf die Diskussion über die Inhalte und Ziele eines Kunstunterrichts beziehen lassen. Seine von Gee übernommene Behauptung über das Undemokratische der Kunst formuliert er so:

> "This misguided reverence for the spiritual value of art, this pseudo-democratic desire to give the best of it to everybody, is touching but chimerical. The language of art is a special language, the understanding of which is not limited to any class, race, or nation, and which is completely unteachable by the usual methods."[383]

Und er fährt fort:

> "The appreciation of art does not coincide with intelligence, nor

381 Gee, S. 127
382 „stell dir mal vor, was die Studenten aus einem unmittelbaren, tatsächlichen Kontakt mit solchen Leuten gewinnen könnten..". Filliou, S. 46
383 Jacques Barzun. Of Human Freedom. Boston 1939, S. 107

even with the abilities of the art dealer or musical performer. What it correlates with no one knows, for a Varieties of Artistic Experience has not yet been written."[384]

Die Unerklärlichkeit, wie Kunst geschieht und die unlehrbare Tatsache, daß manche auf sie reagieren, muss hingekommen werden, um den Charakter der Kunst zu erhalten und sie nicht fälschlich zu instrumentalisieren, wie es die oben erwähnten "advocacies" versuchen. Energisch widerspricht er mit seinen Aussagen denen, die den Umgang mit Kunst zur gewinnträchtigen Einnahmequelle machen wollen, indem sie behaupten, durch Kunsterziehung politisch mündige oder glückliche, selbst bestimmte Bürger heranziehen zu können:

> "The fact remains that art is something for the few, and who those few are is unpredictable. They are not superior for being the few, and no proof exists that they are happier. The many, including representatives of the rich, the well-born, and the able, are made acutely unhappy by repeated attempts to kindle art in their soul under forced draft, and the minority is too often badgered by the snobs striving to impose their fashionable favorite on everybody else."[385]

Dies ist kein elitärer Ansatz, der wenigen "Wissenden" den Zugang zur Kunst zugesteht. Barzun findet es völlig unverständlich, daß der Kunstmarkt den "Wert" gewisser Werke erst 40 Jahre nach ihrer Veröffentlichung erkenne und dann teuer mit der Begründung handele, daß sich erst nach längerer Zeit der kritischen (also "professionellen") Beobachtung erkennen lasse, ob der Künstler sich würdig entwickelt habe. Er bezeichnet dieses Verhalten schlicht als "fatigue", Schwäche im Urteil. Er schreibt:

> "The artist, if he is creative at all, is with his time, even when he works against it. He is organizing (pro or con) the perceptions that he acquires from the process of living and not from the contemplation of past art. The public, however, is apparently receptive only to art that looks, not like organized life, but like other art. And the fault -- since there is no personal conspiracy or malignity in this vicious circle -- lies in our methods of criticism and education."[386]

Hier lassen sich drei Aspekte aufdecken, die für die vorliegende Untersu-

---

384 Ebd.
385 Ebd.
386 Ebd., S. 111

chung relevant sind: Barzun beschreibt Kunst als "organized life" eines Künstlers, das Publikum aber als eines, welches Kunst daran erkennt, dass sie wie Kunst daherkommt, die ihm als solche erkennbar ist, und dieses Mißverständnis beruhe darauf, daß die Erziehungsmethoden und Kritikfähigkeit (seiner Zeit) für diese Tatsache nicht ausreichten. Seit 1939 bis heute sind viele Jahrzehnte vergangen, und doch greift Gee 2001 auf diese Thesen Barzuns zurück. Die Auffassung von Kunst als "Organized Life" eines Künstlers impliziert die dementsprechende Quantität verschiedenster Ansätze, denn wie Barzun, besonders in seiner Behandlung der "Demokratie" betont, steht der Individualismus, die Erfahrung des je eigenen Selbst, außer Frage. Insofern steht ein Kunstwerk auch niemals als Symbol oder Stellvertreter für irgendeine allgemeingültige Form, die etwa genutzt werden könnte, um gesellschaftliche Strukturen zu konstruieren. Barzun erklärt,

> "we discover that a great work of art is not an absolute good in itself, but a means whereby individual experience is organized and extended;"[387]

Dennoch ist es aber nicht etwa unwichtig für die Menschheit, sondern die Bedeutung liegt hier:

> "The artist feels something we may have passed over without giving it a name, or points to an experience we have overlooked, and by fitting it into a scheme of things we already know forces us to take in what he is talking about. At that point we say we give him recognition, whereas what we actually recognize is a fresh aspect of reality. Artists are thus aptly called creators, not only because they handle material stuff, but because they add a piece to the body of existing, communicable, social reality."[388]

Beispiele für diese Idee konnte im vorherigen Kapitel anhand der „Lehrstücke" festgemacht werden. Für den Gedankengang hier, ausgehend von der versuchten Einflussnahme nichtkünstlerischer Parteien auf die Kunstunterrichtspraxis beziehungsweise deren (kommerzielle) Verlagerung in außerschulische Bereiche durch die, von Gee und Barzun kritisierten, Heilsversprechungen durch Kunst bleibt das Gegenargument Barzuns bestehen, daß Kunst per se undemokratisch sei, amoralisch und insofern schon als Erziehungsgrundlage im oben genannten Sinne ungeeignet.

[387] Barzun, S. 115
[388] Ebd., S. 127

Filliou und seine Kollegen, die sich intensiv mit einer möglichen Verwendung von Kunst für eine Lehre hin zu gleichberechtigten Gesellschaftsmitgliedern auseinandersetzten, haben in Barzuns Sinne ihre jeweiligen individuellen Sichtweisen als Künstler präsentiert. Daß es auch ihnen nicht um die Implementierung einer bestimmten Staatsform ging, hat Filliou eindeutig formuliert, wenn er beispielsweise sagt, daß die im Buch entwickelten Ideen in jedem System Verwendung finden könnten.[389] Diese Beobachtung ähnelt Barzuns Auffassung von Demokratie. Das Thema ist in unserem Zusammenhang von Lehren und Lernen bedeutsam, weil Fragen zu Art und Sinn von Erziehung in einer Demokratie breiter gefasst werden müssen als beispielsweise in diktatorischen Systemen, in denen die Ziele gar nicht erst hinterfragt und die Methoden danach beurteilt werden, wie eindeutig die Ziele erreicht wurden. Ebenso steht es mit der Kunst und ihrer Freiheit. Während Freiheit jedoch in demokratischen Verhältnissen grundsätzlich zugestanden wird, ist das Verhältnis zwischen Freiheit und Erziehung nicht eindeutig, was man in einem Gang durch die Geschichte der Pädagogik schnell feststellt.

Barzun behauptet, daß Demokratie als Staatsform noch nie existiert habe, sondern daß es immer Minderheiten seien, die die Mehrheit eines Staates regierten:

> „If government uses violence because it is of the essence of good government to maintain itself, then it follows that there is and can be only one kind of government. Yet faith in utopia believes that there can be different kinds of government. Politicians, historians, philosophers -- everyone speaks of monarchies, aristocracies, republics, despotisms, as if the names stood for structures differing from one another toto caelo. Yet it should seem no paradox to hazard the historical generality that to date there has been on this earth

[389] "Gedanken über das Funktionieren des Systems. November 1968. Ich spreche von jedem beliebigen System. Natürlich ist meine Erfahrung begrenzt. Ich habe nur in kapitalistischen Ländern gelebt. Auf die Debatte Kapitalismus oder Sozialismus werde ich mich nicht einlassen. Ich bin für demokratischen Sozialismus (die Produktionsmittel besitzt die Allgemeinheit; absolute Freiheit). Das macht mich noch nicht zu einem Marxisten. Ich halte Marx für einen großen Soziologen und seine Theorie für eine der interessantesten Annäherungen an die Wahrheit, die ich kenne. Soweit sie aber zu einem Dogma geworden ist, ziehe ich die anarchistische oder "nicht-wissenschaftliche" sozialistische Tradition vor...") Ich weiß jedenfalls, dass die eigentlichen Probleme erst nach einer Revolution entstehen. Persönliche und nationale Wesenszüge sitzen tief. Frankreich ist seit Jahrhunderten chauvinistisch und würde das auch im Sozialismus bleiben. Zentralismus und Hierarchie würde immer noch zu einem sehr rückschrittlichen Erziehungssystem führen. Die Russen haben die bürokratische Hinterlassenschaft des Zarismus nicht abgeschafft. Einführung des Sozialismus würde zwar den Dynamismus der Amerikaner nicht bremsen, möchte ich annehmen, würde aber auch nicht per se das Rassenproblem lösen. Was Krieg angeht, denke man nur an China und Russland. Deshalb glaube ich, dass die Ideen, die ich in dieser Studie skizziere, in jedem System von Nutzen sein können." Filliou, S. 16

> only one kind of government, to wit, oligarchy, or the rule of the few."[390]

Selbst wenn Barzuns Text aus dem Jahr 1939 stammt, so mag die folgende Feststellung doch die heutige Situation mit definieren:

> "the humanists are working for a democracy of the English or French type, where the term „elite" does not necessarily mean birth or wealth, but very definitely education and background."[391]

Barzun, ebenso wie Filliou und seine Kollegen sehen daher Demokratie eher im Sinne einer bestimmten Situation. Diter Rot sagte,

> "Ich habe dann gesagt, Demokratie ist ein Ort, wo jeder hingehen kann und sagen kann was er tun will oder haben will. Nicht, was andere tun sollten oder was jedermann haben sollte, oder was das ganze Land tun sollte, oder was alle tun sollten, sondern man sollte dort einfach sagen können, was man für sich selber will."[392]

und Barzun schreibt:

> "A man should not say, „I live in a democracy," but „I experienced democracy last Tuesday afternoon." It is not an all-over pattern, but a temporary equilibrium of forces."[393]

Dieses Gleichgewicht der Kräfte kommt unter bestimmten Bedingungen zustande, Barzun sagt, Demokratie sei eine "Atmosphäre und eine Haltung", "mit anderen Worten", "eine Kultur". An genau dieser Stelle findet Kunst (eine) Bedeutung für die Gesellschaft, als Szenarium, in dem alle Künstler ihre Methoden und Ergebnisse vorstellen, um ein Leben oder Teile davon zu "organisieren", ohne den Anspruch auf Allgemeingültigkeit zu stellen. Die Kunst des einzelnen Künstlers ist, wie Barzun sagte, "undemokratisch", aber die Kunst als Sammelfeld der künstlerischen Aktivitäten als gleichberechtigte, völlig verschiedene Lebensentwürfe zu verstehen, kommt einer Erfahrung von Demokratie gleich. Hier existiert auch keine Scheu davor, diese demokratische "Atmosphäre" weitläufig auszudehnen, und dem "System" zwar die Organisation der grundlegenden Versorgung zu überlassen, in allen anderen Fragen jedoch nur temporäre Entscheidungen zu fällen, da es immer wieder neue Menschen mit anderen Wünschen sein werden, die sie betreffen. Barzun schreibt:

390 Barzun, S. 243
391 Ebd., S. 219
392 Rot, in: Filliou, S. 144
393 Barzun, S. 239

"Hitler is therefore right when he says that democracy tends toward anarchy: that is the main point in democracy's favor. His error consists in thinking that democratic anarchy is necessarily unbearable and that it exists everywhere and grows endlessly. It obviously does not, any more than fascist or communist uniformity itself controls every department of life. And that being so, it is the futile attempt to control, followed by failure and by ever more desperate violence, that makes the totalitarian atmosphere unbearable and destructive. On this point the life histories of past oligarchies and the spectacle of present-day strivings toward utopia must be thrown into the scales on the side of democracy. Uniformity is more of a myth than anarchy is an evil."[394]

Den Gefahren möglicher Einflussnahme auf die theoretische Untermauerung angeblich positiver Wirkungen ästhetischer Erziehung zugunsten einer marktorientierten Lobby außerschulischer Anbieter versuchen in verschiedenen Ländern Theoretiker, Lehrerverbände und Institutionen entgegenzuwirken. In Deutschland bildet der BDK, Fachverband für Kunstpädagogik, eine Plattform zum Austausch über kunstunterrichtsrelevante Themen, deren Mitteilungen allerdings nur Mitgliedern zugänglich ist. Eine aufschlussreiche Bachelorarbeit von Maria Kaßner mit dem Titel "Internationale Konzeptionen der Kunstpädagogik" aus dem Jahr 2013 untersucht den Stellenwert der deutschen Kunstpädagogik im internationalen Diskurs. Dabei stellt die Autorin fest, daß die deutschen Positionen, möglicherweise aufgrund sprachlicher Barrieren bzw. der Tatsache, daß deutsche Publikationen nicht in die "Wissenschaftssprache Englisch" übersetzt werden, international wenig bekannt sind, wie auch in Deutschland kaum Bezug auf Beiträge anderssprachiger Autoren genommen wird.[395] Da der BDK in seiner Webseite behauptet, "Deutschland ist – immer noch – das Land mit der weltweit stärksten künstlerisch-kulturellen Infrastruktur, die – grundsätzlich – auch die beste Infrastruktur kultureller Bildung bietet."[396], so werden auch die Diskussionen zur Kunst als Unterrichtsfach immer wieder aufgefrischt. Wie es logisch einsehbar ist und Kaßner es auch bestätigt, sind die Fragestellungen in Deutschland denen in anderen europäischen oder

---

394 Barzun, S. 259
395 Maria Kaßner. Internationale Konzeptionen der Kunstpädagogik. Über die Rolle von InSEA, die Präsenz deutscher Standpunkte im internationalen Fachdiskurs und den Umgang mit Bildungsstandards und Kompetenzorientierung in Deutschland, England und Australien. Magisterarbeit, vorgelegt der Technischen Universität Dortmund, 2013
396 http://www.bdk-online.info/referate/kulturelle-bildung/ download 9.3.2016

nordamerikanischen Gebieten ähnlich.[397]

Kaßner findet allerdings Unterschiede in der Wertung bestimmter Faktoren in bestimmten Jahren der Curriculum-Entscheidungen, wie beispielsweise die Forcierung auf kognitive Fähigkeiten und Bildkompetenz in England, oder auf kulturelle Bildung in Deutschland. In ihrem Vergleich der Kunstcurricula von Deutschland, England und Australien muß sie sogar feststellen, daß in England die Bedeutung von Kunstunterricht generell in Frage gestellt ist und es, erst kürzlich knapp verhinderte, Bestrebungen gibt, das Fach Kunst und Design abzuschaffen.[398]

Die jüngsten Zielformulierungen, nach dem schlechten Abschneiden deutscher Schüler in der PISA-Studie neu formuliert, beschreibt Kaßner so:

> "Als leitendes fachliches Ziel des Kunstunterrichtes wird „die Vermittlung einer komplexen Bildkompetenz an die Schüler" (BDK 2008: 3) herausgestellt. Das Wort „Bild" wird hier „im Sinne der ‚einheitlichen Prüfungsanforderungen' als ‚umfassender Begriff für zwei- und dreidimensionale Objekte, Artefakte, visuell geprägte Informationen, Prozesse und Situationen visueller Erfahrungen' verstanden" (KMK 2005, 4, zitiert in BDK 2008: 2)."[399]

Sie weist aber auch daraufhin, daß eine einvernehmliche Formulierung des Wertes und Zieles von Kunst als Unterrichtsfach auch in Deutschland keineswegs vorkommt. Die vom BdK entwickelten "Bildungsstandards" würden zwar bei der Entwicklung der Kunstcurricula berücksichtigt, doch das verantwortliche Kultusministerium orientiert sich weiterhin in großem Maße auch an politischen Vorgaben, die den Arbeitsmarkt und "Effizienz" im Blick haben. Kaßner endet daher mit der Befürchtung:

> "Wenn es nur darum geht, verbalisiertes und direkt verwertbares Wissens in Form von überprüfbarem Faktenwissen zu produzieren, wird die Rolle des Kunstunterrichtes zur Ausbildung grundlegender

---

397 "so finden sich in den überwiegend englischsprachigen Publikationen die folgenden Themen immer wieder: Multikultureller und interkultureller Kunstunterricht, Museumspädagogik, Globalisierung (auch als Thema im Kunstunterricht), Identität und Körper, Kreativität, Ökologische Aspekte und Nachhaltigkeit, Umgang mit zeitgenössischer Kunst, Vermittlung postmoderner Kunst, Kunst als politisches Medium, Rolle von Medien und Internet, Community Art, Kinderzeichnungen und Kinder- kunst, Interdisziplinarität, Visuelle Kultur und Kommunikation, Kulturerbe, Kunstunterricht im 21. Jahrhundert und die Zukunft des Kunstunterrichts, Lehrerausbildung, Curricula (Reformen) und Assessment. ...Entscheidender ist aber noch, dass dies alles auch typische Themen des Fachdiskurses in Deutschland sind." Kaßner, S. 14
398 "Besonders bedrohlich ist, dass während der Überprüfung des Curriculums diskutiert wurde, ob künstlerische Fächer überhaupt noch berücksichtigt werden sollen" Kaßner, S. 22
399 Kaßner, S. 17

Fähigkeiten wie Entscheidungsfähigkeit oder problemorientiertem Handeln nur eine untergeordnete Rolle innerhalb des Curriculums spielen können, da in dem u. A. als Erfahrungs- und Experimentierraum gedachten Unterricht nicht nur vorhersehbare Resultate erzielt werden können."[400]

Das von Kaßner untersuchte Zusammenspiel von praktizierenden Kunstpädagogen und dem Kultusministerium offenbart die eingangs beschriebenen Einflussnahmen aus politischen, praktischen und strategischen Beweggründen, wenn es um die Formulierung der Bedeutung von Kunst im Unterricht geht. Mittlerweile wird der Kunstunterricht auf internationaler Ebene diskutiert und in UNESCO Tagungen Vorlagen erstellt. In der Ausgabe der „German Commission for UNESCO" aus dem Jahr 2010 findet man Artikel zu verschiedensten Aspekten so genannter „kultureller Bildung" in Deutschland und Vorschläge, wie diese künftig organisiert werden kann. Der Gesamteindruck zum Stand der Diskussion lässt sich mit folgenden Aussagen beschreiben: die Ziele werden gefasst als „Kultur für alle", Befähigung zum individuellen Ausdruck, interkulturelles Verständnis, soziales Verhalten und „künstlerische Forschung". Es stellt sich die Frage, ob die Kunst bzw. die Kunsterziehung diese vielfältigen und hohen Erwartungen aufgrund ihrer spezifischen Eigenschaften wirklich erfüllen kann, oder ob es sich hier tendenziell um Argumente handelt, mit denen die Daseinsberechtigung der zahlreichen Verbände, Institute, Kongresse etc. legitimiert werden soll, also die Tatsache, auf die bereits unter dem Stichwort „Parteinahme" eingegangen wurde.

Im folgenden verlassen wir daher die politischen, pädagogischen und wirtschaftlichen „policies" für die Praxis des Kunstunterrichts und wenden uns philosophischen und kunsttheoretischen Untersuchungen zu, um Anhaltspunkte für die Beantwortung der soeben gestellten Frage zu finden.

Ralph A. Smith, der Begründer des „Journal of Aesthetic Education" (seit 1966), erläutert in seinem Text „Aesthetic Education: Questions and Issues", die Bedeutung von ästhetischer Erziehung im Sinne von Hinführung zur ästhetischen Erfahrung im Kunstunterricht. Er führt an, daß schon Platon die Bedeutung von ästhetischer Erziehung für das Leben der Kinder und Jugendlichen beschrieben habe, und die moderne Diskussion bei den Theorien Schillers beginne, die im 20. Jahrhundert von Read und Dewey in verschiedene Richtungen weitergeführt wurden. Smith schreibt:

---

400   Kaßner, S. 35

> „All three writers were preoccupied with such problems as the dehumanizing consequences of political and social dislocation, the alienation inherent in modern productive processes and institutional arrangements, the reductionism in values, and the disruption of the continuity of nature and human experience."[401]

Es wurde eine neue Kategorie eingeführt, nun setzte sich „Kunsterziehung" aus Inhalten und Methoden von Kunstmachen, Kunstgeschichte, Kunstkritik und Ästhetik zusammen.[402] Unter „Ästhetischer Erfahrung" werden verschiedene Aspekte gefasst: „Becoming Human Through Art"[403], „aesthetic education (...) is learning how to perceive, judge and value aesthetically what we come to know through the `senses`"[404], „aesthetic life", „aesthetic knowing" und vieles mehr. Smith zitiert den, wie er sagt, bedeutendsten amerikanischen Philosophen ästhetischer Erziehung, Harry S. Broudy, der von einer „value education that addressed the perennial educational problem of teaching virtue, that is, the problem of developing norms and standards for individuals' pursuit of a good life" spricht.[405] Seine Kernthese ist hier „enlightened cherishing"[406], womit er eine Haltung beschreibt, die, weil sie darum weiß, sich durch die Liebe zu Objekten und Handlungen ausdrückt. Also man tut etwas, weil man das, was man tut, würdigt. Smith zitiert:

> „Because Broudy considered human choices and judgments to be pervaded by aesthetic judgments and stereotypes, he recommended a perceptual approach to aesthetic education that was aimed at cultivating students' capacities to derive satisfaction and insight from works of art that express the meaning of the more complex and subtle forms of human experience. In short, aesthetic education as general education was to provide the context for students' acquiring both creative and appreciative skills, what Broudy termed the arts of expression and impression."[407]

401 Ralph A. Smith. Aesthetic Education: Questions and Issues, in: Handbook of Research and Policy in Art Education. Hrsg. Elliot W. Eisner. Mahwah, NJ. 2004, S. 167. Smith erläutert: „For Schiller, the violence of the Reign of Terror during the French Revolution provided the impetus for his analysis of aesthetic education that set forth conditions for a more a humane and democratic society. For Read, it was the advent of industrialization and the alienation of the proletariat that prompted his recommending a pedagogy capable of reuniting in human experience what modern life and production methods had sundered. In his broadly defined view of art as a certain kind of worthwhile experience, Dewey's concerns were similar to Schiller's and Read's."
402 Vgl. Smith, S. 170
403 Nach einem Buchtitel von Edmund Burke Feldman von 1970
404 Ebd., S. 169
405 Ebd., S. 170
406 Siehe auch Titel seines Buches: Enlightened Cherishing (1972)
407 Smith, S. 170

Das hier angesprochene Vermögen, seine eigenen Kriterien und Urteile zu kritisieren und die ihnen zugrundeliegenden Vorlieben, Stereotype und andere Dispositionen zu erkennen, kann durch den Umgang mit Kunst entwickelt werden, da man hierbei auf ungewohnte Erscheinungen und Gedanken trifft, mit denen man lernt, umzugehen. Der von Broudy angesprochene Aspekt der „Liebe" zu den Dingen und Taten wird von Maxine Greene noch erweitert, in dem sie „aesthetic literacy" als Ziel ansieht, welche die der Kunst „inherent values" erschließt, wodurch eine „expanded imagination and enhanced appreciation of ordinary life and natural phenomena, and an enlarged sense of personal freedom" erreicht werde. Das oben erwähnte kritische Vermögen wird von David Swanger (1990) noch untermauert, der feststellt:

> „Art's inherently radical and destabilizing power enables it effectively to exert pressure on the status quo, which it does by virtue of its freshness and creativity."[408]

Smith führt an, daß weitere Autoren die ästhetische Erfahrung bzw. Bildung über die Kunst hinaus auch auf Natur, Umwelt und das alltägliche Leben beziehen oder die ästhetische Erfahrung als Lernmethode sehen. Gleichzeitig stellt er die kritischen Stimmen in der postmodernen Theorie dar, „which tends to understand works of arts less as occasions for aesthetic experience than as opportunities for cultural criticism and deconstructivist analysis."[409] Und doch mache sich in den letzten Jahren erneut das Interesse an ästhetischer Erfahrung breit, nachdem „the feeling is that something important is lost when theory overemphasizes social and political considerations at the expense of aesthetic values."[410] Wieder einmal ist dies der Punkt, an dem außerkünstlerische und kunstimmanente Eigenschaften gegeneinander ausgespielt werden, also wie Smith es sagt, „the question of the purpose of art and aesthetic education may thus come down to supporting aesthetic literacy versus promoting cultural criticism."[411] oder, wie er vehement zum Abschluß seines Textes formuliert, nachdem er kritisierte, daß postmoderne Theorie die Kunstlehrer zu „Agenten für soziale Veränderung" stilisiere:

> „Extreme postmodernist criticism of the deconstructivist type, however, is a cul-de-sac, as are social-science and culturalstudies

---

408 Ebd., S. 171
409 Ebd., S. 177
410 Ebd.
411 Ebd., S. 178

conceptions of art education. If carried to their logical conclusion, the latter could result in the transformation of aesthetic education into sociology..."[412]

Smith warnt davor, im Unterricht Kunst mit Kulturkritik zu verwechseln. Ein weiterer oft angeführter „Nutzen" vom Umgang mit Kunst ist seine angebliche Entwicklung von multikulturellem Verständnis. H. Gene Blocker geht diesem Thema nach[413] und stellt bedeutende Schwierigkeiten beim Umgang mit Kunstformen anderer (als der westlichen) Kulturen dar: wie man es auch deute, würde die versuchte Gleichstellung verschiedener Kulturprodukte doch meist zur Benachteiligung eines Teil führen. Entweder würden die Kunstwerke fremder Kulturen in der Form eines „ethnic tourism" behandelt, oder die europäische Tradition würde aufgrund ihrer kolonialen Vergangenheit oder als neo-koloniale geschmäht. Seine Unterscheidung von „multikulturell" und „interkulturell" beruht darauf, daß letztere eine Überschreitung der eigenen Kultur bedeute, indem Auffassungen aus einer anderen Kultur in das eigene Leben integriert werde, wobei es scheint, daß diese Möglichkeit ihren eigenen Wert hat.[414]

Insgesamt zitiert er vier machbare Ergebnisse, die aus einer angestrebten gleichwertigen Behandlung von Kunstprodukten verschiedener Kulturbereiche entstehen könnten:

> „These are the goals of "attack multiculturalism" in which the dominant culture is criticized for its neocolonial hegemony; "escape multiculturalism" in which the malevolent dominant culture is simply ignored in favor of more friendly cultures; "transformative multiculturalism, "which selects the best parts of different cultures and tries to blend them together into a kinder and more gentle culture; and "repair multiculturalism, "which seeks to improve the self-image of minority students damaged by the dominant culture."[415]

Mit anderen Worten, nach Blocker gibt es keine wirkliche Bedingung für einen echten „Multikulturalismus", auch nicht als Produkt einer Kunsterziehung.

Daß zuvor die ästhetische Bildung als Teil von Kunst bzw. Kunstun-

---
412   Ebd., S. 181
413   H. Gene Blocker. Varieties of Multicultural Art Education: Some Policy Issues, in: Handbook of Research and Policy in Art Education. Hrsg. Elliot W. Eisner. Mahwah, NJ. 2004
414   Vgl. Ebd., 193
415   Ebd., S. 196

terricht in ihrem positiven Nutzen für die heutige Gesellschaft, die für ihre Problemfelder Ökologie, Technologie, Postkolonialismus, Kulturdifferenzen in einer globalisierten Welt, Genderfragen usw. Geister benötigt, die neu damit umgehen lernen, nicht eindeutig identifiziert werden konnte, besagt nicht, daß ästhetische Fragestellungen nicht wichtig seien, sondern nur, daß sie als Begründung für die Bedeutung von Kunst (im Unterricht) nicht ausreichen. Ästhetische Urteilsfindung ist eine sehr wichtige Fähigkeit, wie im Kapitel II zur Kunstvermittlung ausgeführt wurde. Ihre Überbetonung für außerkünstlerische Fragestellungen allerdings entziehen einem Schulunterricht, in dem Kunst der Inhalt sein soll, den Boden. Auf der Suche nach Antworten, was Kunst denn eigentlich sei, und wie Kunst überhaupt entstehe, sodaß man Kunst überhaupt vernünftig lehren könne und auch überprüfen, daß der Unterricht Früchte getragen hat, wendet sich Anna M. Kindler[416] der Frage zu, wie Kunstmachen erlernbar sei und was diesen Prozess ausmache. Zunächst räumt sie mit verschiedenen Vorurteilen auf, besonders dem, daß die „Kunst von Kindern", womit Kinderzeichnungen und -bilder gemeint sind, aus einem ursprünglichen Vermögen her generiert wären, sodaß die Bilder Urbilder von Menschen seien, also etwas ausdrückten, was dem Menschen immanent und naturhaft sei. Brent Wilson, auf den sich Kindler auch bezieht, hat dieses Vorurteil in seiner Untersuchung[417] „Child Art After Modernism: Visual Culture and New Narratives" als Produkt modernen Denkens analysiert. Er behauptet,

> „that child art is not natural, that its special character is the result of adult intervention, and that children are no more, and perhaps less, likely to be creative than are adults."[418]

Weiter unten sollen seine Ausführungen den Vorstellungen Fillious et al. gegenübergestellt werden, um enger fassen zu können, was Filliou in Bezug auf Kinder und Kunst wohl gemeint hat.

Zunächst folgen wir aber Kindlers Argumentation, die nun die so genannte „Ucurve theory" kritisiert, nach der

> „an initial outburst of artistic creativity in early childhood years is followed by a demise in the quality of children's artistic produc-

---

416 Anna M. Kindler, Researching Impossible? Models of Artistic Development Reconsidered, in: Handbook of Research and Policy in Art Education. Hrsg. Elliot W. Eisner. Mahwah, NJ. 2004
417 Brent Wilson. Child Art After Modernism: Visual Culture and New Narratives, n: Handbook of Research and Policy in Art Education. Hrsg. Elliot W. Eisner. Mahwah, NJ. 2004
418 Ebd., S. 299

tion in middle childhood, and that only in late adolescence or adulthood there is a rebirth of artistic ability, at least in the case of artistically inclined individuals."[419]

Alleine durch die Tatsache, daß der Feststellung dieser „Ucurve" Beurteilungen der Kinderzeichnungen durch Künstler zugrunde lagen, die sich als - moderne Maler - den gemalten Formen und Farben der Bilder verbunden fühlen, sei die kulturelle Gebundenheit der Wertung klar und widerspräche einem „universal patterns of artistic development."[420]

Kindler führt Forschungsergebnisse an, die Arnheims Vorstellungen widersprechen, daß Kinder eine graphische Sprache entwickelten, indem sie deren kulturelle Beeinflussung nachweisen, die Lowenfeld's Idee, daß ohne Einwirkung von außen, alle Kinder Künstler würden, umdrehen und zeigen, daß dies nur durch Einwirkung von außen geschehe, bzw. daß generell zu sagen ist, daß alle Bilder, die Kinder produzieren, eine soziokulturelle Bedingtheit haben.[421] Bezieht man die künstlerische Fähigkeit von Kindern nicht nur auf Bilder, sondern schließt das Zusammenspiel von Ton, Körper, Sprache etc. mit ein, so wird, laut Kindler, zwar darüber diskutiert, inwieweit ohne die mittlerweile übliche Trennung dieser Bereiche von einer ursprünglichen, natürlichen „Sprache" bei Kindern[422] die Rede sein könnte, nur leider sei dies nicht erforschbar. Es sei hier angemerkt, daß in der heutigen Kunst eine Tendenz zu beobachten ist, die eben solche so genannten „synästhetischen" Ideen zum Thema haben. Im Kapitel V werden in diesem Zusammenhang Isabel Valverdes „Posthuman corporealities" Konzept stellvertretend beschrieben.

Kindler verweist auf weitere Konzepte, um das Kunstmachen begreifbar zu machen, die in Gestalttheorien mit dem Erkennen von Isomorphismen, „Resemblances" und „Mental images" argumentieren. Ein von ihr erwähntes Forschungsergebnis[423] kommt damit zur Revidierung der bereits erwähnten „Ucurve", indem sie ein „J-shaped" Entwicklungsmuster auffinden, welches besagt, daß die künstlerische Kreativität im Erwachsenenalter am größten sei. Auch in der neurobiologischen Forschung findet Kindler keine umfassende Theorie zur Erklärung künstlerischer Aktivität. Sie gesteht aber zu, daß die naturwissenschaftliche Analyse des Gehirns und seiner Akti-

---

419   Kindler, S. 241. Dies ist das Ergebnis einer Forschung von Wissenschaftlern des Harvard's Project Zero (Davis, 1991, 1997a, 1997b; Gardner & Winner, 1982)
420   Ebd., S. 242
421   Ebd., S. 242f.
422   „a plurimodal language of early childhood", Kindler, S. 244
423   „Smolucha and Smolucha (1980)"

vitäten Aufschlüsse über Teile des künstlerischen Prozesses, des visuellen Denkens oder Stimulation geben können. Es wird eine Erhebung von Zeki (1999) angeführt, nach der manche künstlerischen Anforderungen Auswirkungen auf bestimmte Gehirnprozesse haben, beispielsweise das Überschreiben „prewired", vorbestimmter Mechanismen durch Umgang mit visuellen Reizen, die in der Natur nicht vorkommen oder nicht in diesem Ausmaß.[424] Hierzu könnte man auch die experimentellen Filme von Nekes einordnen.

Kindler kommt zu dem Schluss, daß es bisher keine Bestätigung für eine bestimmte Konstellation der Bedingungen gibt, die zu einer sich stringent entwickelnden künstlerischen Entwicklung führe. Dennoch glaubt sie, daß die damit einhergehende Forschung immerhin dazu beitrage, die Komplexität der Faktoren in der künstlerischen Tätigkeit zu erkennen und Teile davon analysieren zu können. Sie schreibt:

> „But perhaps, most of all, it makes us realize how little we still know about the nature of the artistic process, about the ways in which it engages different facets of human cognition, and about how it relates to the functions of the "emotive" and "visual brain."[425]

Dieser Exkurs in die naturwissenschaftliche Forschung kognitiver Fähigkeiten und Kunsterziehung ist relevant, um den Behauptungen, mit denen auf die gesellschaftliche Akzeptanz im Umgang mit Kunst Einfluss genommen wird, etwas von ihrem Gewicht zu nehmen. Nach Kindler zumindest existiert im Menschen weder ein universaler Mechanismus zur Kunstproduktion, (sondern diese ist soziokulturell geprägt), noch ist Kunst lediglich eine bestimmte Art, das Gehirn zu nutzen bzw. ist sie auf kognitive Fähigkeiten einzugrenzen. Diese Erkenntnisse müssten bei der Konzeption von Kunstunterricht berücksichtigt werden - und deuten daraufhin, daß die Rolle der Künstler und die Konfrontation mit Kunstwerken nicht ersetzbare oder nachahmbare Faktoren sind. Selbst wenn die von Kindler besprochenen Forschungsergebnisse eine ursprüngliche „Kunst" bei Kindern bestreiten, so kann man daraus nicht ableiten, daß Kunst nun vollkommen lehrbar sei. Aus dem Vorhergehenden zeichnet sich jedoch ab,

---

424 „Using the example of Monet, he claims that artists who deliberately paint something differently from the ways in which they see it have two subdivisions of the frontal cortex of their brain that naturally become activated in different sets of circumstances to communicate with each other. This could suggest that engagement with visual imagery can allow for forms of neural interactions and dynamics that otherwise may not be achieved." Kindler, S. 247
425 Kindler, S. 249

daß Künstler und Kunstwerke im Unterricht nicht ersetzbar sind, und es stellt sich nun die Frage, wie ein Kunstunterricht stattfinden kann, der dies berücksichtigt.

Ein Faktor, den auch Filliou et al. erwähnen, ist das Umfeld „Schule" als solches. Wie schon Filliou et al. auf das Aus-der-Schule-Gehen und In-die-Gemeinschaft, aber auch In-die Natur-Gehen ansprachen, so hat die Forschung die Umgebungen, in der Kunst gelehrt und gelernt werden kann, detaillierter untersucht. Mary Stockrocki[426] hat die zahlreichen Ideen und die jeweiligen existenten Widersprüche aufgelistet, wobei sie auch Forschungsergebnisse zu den Themen nennt, die Filliou nur vorbereitet. Dabei wird klar, wie kompliziert bzw. wenig die Absicht beschreibbar ist, Kunstunterricht zum Beispiel „mit der Gemeinschaft um die Schule herum" durchzuführen. Denn dann müssen auch Fragen beantwortet werden, in welcher Richtung dieser Eingriff vonstatten gehen soll: wird die Gemeinschaft reflektiert oder herausgefordert, geht es um populäre Kunst oder hohe Kunst, um Dissonanz oder Harmonie etc., ganz zu schweigen von der Behandlung interkultureller oder multikultureller Fragestellungen. Auch hier ist, wie man sieht, die Möglichkeit groß, daß Kunst von außerkünstlerischen Interessen oder Anforderungen überdeckt wird.

Ein in unserem Zusammenhang interessanter Gedanke wird von Stockrocki bei Deal & Peterson[427] gefunden:

> „Schools also can be characterized as tribes with distinctive lore, symbols, and rites of passage".

Anstatt die Schule als Lehrinstitut abzulehnen, könnte dieser Ansatz dazu führen, mit den der Schule immanenten „Gesetzen, Symbolen und Durchgangsriten" zu arbeiten. Selbst wenn eine Gemeinschaft nicht erzwungen werden kann, so schreibt sie, so entsteht sie doch „around teachers who facilitate an atmosphere for learning and at the same time tolerate a degree of rule breaking."

Die Betonung der Lehrerpersönlichkeit ist in vielen Umfragen zu finden, in denen Menschen nach ihrer Schulzeit gefragt werden. Sehr oft führen sie Namen oder Beschreibungen bestimmter Lehrer an, denen sie Inspirationen oder Motivation verdanken, während das Schulsystem als solches selten als positiv empfunden wird (siehe dazu auch Kapitel VI). Zu dieser

---

[426] Mary Stockrocki, Context for Teaching Art, in: Handbook of Research and Policy in Art Education. Hrsg. Elliot W. Eisner. Mahwah, NJ. 2004
[427] Deal & Peterson, 1999. Siehe Stockrocki, S. 444

Beobachtung passt auch die im vorherigen Kapitel aufgezeichnete Hinführung zum Individuum als „Lehrer-Künstler", der aufgrund seiner glaubwürdigen, nicht erzwungenen oder verordneten Autorität, die er ausschließlich durch die Professionalität seiner Arbeit erlangt hat, als Lehrer akzeptiert wird. Noch ein weiterer Gedanke läßt sich aus dem Ansatz „Schule als Stamm" ableiten: dem der Künstlergemeinschaften, wie sie beispielsweise anhand des Black Mountain College dargestellt wurden, und die auch Filliou et al. in's Auge fasste.

Das bis hierhin Gesagte bestätigt, daß 1. die Künstlerpersönlichkeit, 2. die Lehrerpersönlichkeit und 3. ein von außerkünstlerischem Kontext möglichst unbeeinflussbarer Raum eine sinnvolle Basis für Lehren und Lernen in und mit der Kunst sind.

Seinem Artikel „Teacher Education as a Field of Study in Art Education: A Comprehensive Overview of Methodology and Methods Used in Research about Art Teacher Education" setzt Frances Thurber[428] folgendes Zitat voran:

> „Methodologies for research should be chosen that suit the questions that are asked and not the reverse. To establish a research agenda for the 21st century, content questions of direct concern to the role of art in education should be identified, then investigated through appropriate research methodologies. Zimmerman, 1994b, p. 10"

Auch die hier vorliegende Arbeit hätte für die Behandlung des Themas „Lehren und Lernen als Aufführungskünste" gerne nur nach Beispielen für durchgeführte Aufführungskünste im Unterricht gesucht und diese auf ihre Methode hin analysiert. Aufgrund der unübersichtlichen Ausgangslage jedoch, die jede einzelne Frage der Kunstpädagogik und -didaktik, dazu in jedem Land noch einmal unterschiedlich, betrifft, wurde bald klar, daß Vorsicht angebracht ist, die dazu rät, jedes Angebot zur Anleitung oder Hilfe für den Kunstunterricht auf seine ihm zugrundeliegende „Ideologie" hin zu verstehen. Mit anderen Worten, der ursprünglichen Idee, Ausgaben der renommierten und einflussreichen Zeitschrift Kunst + Unterricht seit den 60er Jahren bis heute auf künstlerische Interventionen hin zu durchsuchen und diese dann als Beispiele für die Darstellung zu nutzen, wie eine „Umsetzung" von Fillious Gedanken in der Praxis in Deutschland aus-

[428] Frances Thurber, Teacher Education as a Field of Study in Art Education: A Comprehensive Overview of Methodology and Methods Used in Research about Art Teacher Education, in: Handbook of Research and Policy in Art Education. Hrsg. Elliot W. Eisner. Mahwah, NJ. 2004

sieht, musste eine Bestandsaufnahme der theoretischen Grundlagen vorausgehen. Die dabei vorgefundenen Ergebnisse zu Curricula-Entwicklung, der Einflussnahme auf den Inhalt, Methode, Wertung etc. durch politische und andere Akteure läßt nun eigentlich gar nicht mehr hoffen, durch eine Durchforstung solcher Unterrichtsanleitungen wie in dem oben genannten Magazin oder den Bekanntmachungen der Vereinigung der deutschen Kunstpädagogen und der vielen anderen Anbieter zu einer Beschreibung zu kommen, die dem künstlerischen Interesse im Sinne Fillious vergleichbar wäre. Zu sehr wurde die Kunst vereinnahmt, zu wenig scheint „das Künstlerische" im Unterricht als solches sich entfalten zu können. Und, wie man bei Thurber lesen kann, wurden nicht nur Inhalte, Methoden und Sinn der Kunst im Unterricht gesellschaftlich „behandelt", sondern (selbstverständlich) auch die Lehrer, in ihrer Ausbildung und später im Gebundensein an ein Curriculum und ihrer Bewertung als Lehrer. Was an der ausführlichen Auflistung von Methoden, mit denen die pädagogische Praxis von Lehrern wissenschaftlich untersucht wurde und wird, auffällt, ist, daß zwar mehr als 13[429] verschiedene Forschungsansätze mit ihren Implikationen erklärt werden, keine aber geeignet scheint, Aufschlüsse über „Lehren und Lernen als Aufführungskunst" zu geben. Meist geht es um die Inhalte, die Prädispositionen der Lehrer, das Umfeld der Schüler oder die „Effektivität" im Sinne von Lernzuwachs oder Verhaltensänderungen, jedoch werden, zumindest nach Thurber, beispielsweise keine Experimente in der Unterrichtsgestaltung gemacht. Dies ist in unserem Rahmen besonders bemerkenswert, da Filliou ja genau diese Möglichkeit, nämlich Lehren und Lernen als Experiment aufzuführen, als eine zukünftige Lehrmethode ausgearbeitet hat. Die von Thurber gelisteten, wissenschaftlichen Methoden zur Evaluierung, wie Kunstunterricht stattfinden kann, beziehen sich alle auf bereits bestehende Situationen, die unter den verschiedenen Gesichtspunkten Einzelaspekte aufdecken. Aber selbst Faktoren wie die „Persönlichkeit des Lehrers" finden hier im Grunde keinen Platz. Zwar wird in der Methode „Case Studies" (in der zum Beispiel Unterrichtsstunden analysiert werden) und „Action Research" (was die Analyse der eigenen Lernfähigkeit und Lehrtätigkeit einschließt), eventuell auch noch in „Narrative and Visual Sociology" (das anhand von biographischen Beschreibungen aus der Lehrerpraxis Schlüsse zieht) das Phänomen Lehrer in Ansätzen untersucht, aber daß die Überein-

---

429 Thurber unterscheidet: Phänomenologischer Ansatz, hermeneutischer, konstruktiver/naturalistische Analyse, Ethnographischer/ethnologischer/ethnomethodologischer Ansatz, narrative und visuelle Soziologie, Fallstudien, Kritische Pädagogik/"Connoisseurship", kritische/feministische Theorie, historische Forschung, Paradigm Research, philosophische/&theoretische Forschung, Inhaltsanalyse, „Action Research und „andere gemeinschaftliche Forschung". Vgl. Thurber, S. 501

stimmung von Künstler, Lehrer und Kunstmachen experimentell getestet würde, scheint nicht vorgesehen. Umsomehr sind die Ergebnisse interessant, die sich aus der Darstellung zum Experiment Bauhaus und Black Mountain College ergeben haben.

Dennoch soll hier noch eine weitere Ausführung aufgegriffen werden, nämlich Arthur D. Eflands „Emerging Visions of Art Education". Seine beiden im Text enthaltenen Tabellen sind sowohl eine lakonische Zusammenfassung der verschiedenen Standpunkte zur Kunsterziehung, die auch in diesem Kapitel behandelt worden sind, gleichzeitig ein interessantes Bild, um es auf Fillious Ideen zu beziehen. Die Frage wäre: kann man, und wenn ja wo, Fillious Ansatz in der Tabelle einordnen?

TABLE 30.1
Four Dominant Visions of 20th-Century Art Education

Movement	Nature of Art	Content and Methods	Value of Art
Academic Art 17th–19th Centuries	Mimetic aesthetics: Art imitates nature.	Copying from artists or copying from nature as in life drawing.	Values are found in the accuracy of representations.
Elements of Design: Early 20th Century	Formalist aesthetics: Art is formal order.	Teach elements and principles through a sequence of exercises.	Values are found in the excellence of formal organization and in the resulting aesthetic experience.
Creative Self-Expression: Early to Mid-20th Century	Art is an expression of the individual artist.	Free the child's imagination. Eliminate rules. Don't impose adult ideas or standards.	Values are found in the originality of personal expression.
Art in Daily Living 1930–1960	Art is an instrument for enhancing the individual's surroundings.	Apply knowledge of art and design to the home or community.	Values are found in the intelligent solutions to problems in daily life.
Art as a Discipline 1960–1990	Art is an open concept, a problem for artistic, and scholarly inquiry.	Base activities upon modes of inquiry used by artists, critics and art historians.	Values are found in the increased understanding of art.

In Anbetracht der zahlreichen Aspekte in Fillious Gedankengängen darf behauptet werden, daß Filliou alle von Efland aufgelisteten „Visionen", Auffassungen zu Kunst („Nature of Art"), vorgeschlagene Reformen, Inhalte und Methoden sowieso zur Bedeutung von Kunst („Value of Art") anspricht. Dies bedeutet nicht, daß Filliou zu allgemein (i.e. „unpraktisch") gedacht hätte, sondern eher, daß Kunst alles das umfasst, was in Eflands Liste steht.

Diese Behauptung hebt auch die Probleme hervor, die die in diesem Kapitel behandelten Autoren mit der Vielfalt der existierenden Meinungen und Ansätze bis heute haben.

TABLE 30.2
Summations of Key Ideas in 20th-Century Art Education

th Century ;ions	Critique of Status Quo	Proposed Reform	Issues in Conflict	Claims for Progress
:ments and Principles of Design	Voiced dissatisfaction with academic art teaching because it traditionally emphasized the human form, the most difficult subject.	Teach elements and principles synthetically starting with simple lines, shapes, and colors.	When first introduced it opposed drawing as the basis for art education.	Approaching the arts through universal elements and principles enabled students to discover beauty in all cultures and periods.
eative Self-Expression	Critiqued the growing emphasis on social conformity and loss of individuality in education.	Free the imagination. Eliminate rules. Don't impose adult ideas or standards on children.	One of the first major culture wars that divided educators into traditional vs. progressive enclaves.	Freeing the expression of the child through the arts was warranted by claims to promote psychological health.
t in Daily Living	Critiqued the imposition of elitist taste on the masses of people. Favored art and design to improve daily living.	Focus on problems in everyday life rather than on remote art masterpieces.	Opposed the excessive emphasis on the self and lack of a social focus.	Art is integrated into the daily life of the individual.
t as a Discipline	Critiqued the lack of disciplinary rigor and lack of structure in the teaching of the visual arts.	Focus the curriculum on the human meaning questions dealt with in the arts.	Opposed excessive emphasis on studio activities and superficial activities like holiday art.	Promotes the appreciation of works of art as well that of as artists, critics, and art historians for their contributions to civilization.

Dies könnte ebenfalls aussagen, daß bis heute ein Kunstunterricht, der an der Kunst orientiert wäre[430], nicht existiert, wie es ja auch in den Aufsätzen

---

[430] Wenn oben von einem Kunstunterricht gesprochen wird, „der an der Kunst orientiert ist", so muß ein Konzept berücksichtigt werden, welches als „Discipline-Based Art Education" eine „Bewegung" (vgl. Stephen Mark Dobbs, Discipline-Based Art Education, in: Handbook of Research and Policy in Art Education. Hrsg. Elliot W. Eisner. Mahwah, NJ. 2004) darstellt, die 20 Jahre lang von Getty Institute gefördert wurde und einen großen Eindruck „on many teachers' lives and careers" gehabt hatte. (Dobbs, S. 718) Die angesprochenen Disziplinen sind „art making", „art criticism", „art history" und „aesthetics" (Dobbs, S. 701).

zu „policies" oder den Rechtfertigungsstrategien der Kunstpädagogen etc. anklingt.

Fillious Buch enthält nicht nur alle Felder von Eflands Liste, sondern die Liste deckt auch nicht alle Aspekte Fillious ab. Efland überschreibt zwar seine Listen mit „Four dominant visions" und „Summary of Key Ideas", was selbstverständlich bedeutet, daß ihm mehr Aspekte bekannt sind, doch die von ihm aufgelisteten sind die, die die allgemeine Wahrnehmung von Kunst und Vorstellung von ihrer Bedeutung in der westlichen Gesellschaft (auf deren Forschung sich Efland beruft) geprägt haben. Mit anderen Worten: bezogen auf die Ausgangsfrage, ob sich Fillious Ideen zum Lehren und Lernen als Aufführungskünste bis heute in der Lehre implementiert hätten, ist hier veranschaulicht, daß einzelne Ideen zwar „dominant" wurden, aber nicht umfassend genug berücksichtigt, um sagen zu können, Fillious et al. Ideen hätten sich entweder bewährt oder sie seien unbrauchbar. Stattdessen sind sie bis heute noch nicht ausreichend erklärt und verfolgt worden, wozu die vorliegende Studie beitragen will.

Ein anderer Aufsatz von Arthur D. Efland beschäftigt sich mit „Art Education as Imaginative", mit der Imagination in der Kunst bzw. Kunstunterricht. Efland verweist darauf, daß die Verhaltenspsychologie im 20. Jahrhundert die Erziehungspraxis dominierte und keinen Raum für „Imagination" ließ. Er fasst diesen Begriff jedoch unter erkenntnistheoretische Fragestellungen und formuliert die Kernfrage in Bezug auf Kunst so:

> „Does the imagination have a role in helping individuals understand their world and communicate about it, or does it lead to day–dreaming and escape?"[431] [432]

[431] Arthur D. Efland, Art Education as Imaginative, in: Handbook of Research and Policy in Art Education. Hrsg. Elliot W. Eisner Mahwah, NJ. 2004, S. 752

[432] Ausführlich spricht er Aspekte an, die man als wissenschaftliche Ausführungen zu Fillious et al Ideen auffassen könnte. Im folgenden daher dieser kleine Exkurs, wobei sich die Darstellung eng an den englischen Ausgangstext anlehnt. Efland unterscheidet sieben verschiedene „Revolutionen" in der kognitiven Theorie: „The Mind as Computer", das Bild vom Gehirn als Computer der späten 1950er Jahre sprach von Mustererkennung, Künstlicher Intelligenz, Problemlösungsstrategien, Verarbeitung von Symbolsystemen im Denken und der Informationsverarbeitung und löste den Behaviorismus in der Lerntheorie ab. Ein Bezug auf Filliou wäre dessen Überlegung, einen Computer mit Vorstellungen der Kinder über bestimmte Weltprobleme zu füttern, die abrufbar seien, wenn man Entscheidungen zu fällen hat. Vielleicht kann auch Fillious „eternal network" bereits als eine vom Computer inspirierte Theorie gesehen werden, allerdings existieren solche Ideen auch in der indischen Philosophie, von der er ja Kenntnis hatte. Die zweite „Revolution" nennt Efland „The Body in the Mind" und schreibt sie den späten 70er Jahren zu. Die Bedeutung von Körper und Sinneswahrnehmung für das abstrakte Denken wurde wahrgenommen. Natürlich richtet sich Fillious „Aufführungskunst" in Verbindung mit Lernen und Lehren an den Körper, und wie später gezeigt wird, ist „Embodiment" ein wichtiger Aspekt in der heutigen Diskussion. Die Sprachtheorie als dritte Kraft führte zu Überlegungen über den Sinn der dominanten verbalen Vermittlungsmethode in Schulen und die „Korrektheit" wissenschaftlicher Sprache. Auch hier lassen sich bei Filliou Übereinstimmungen finden, wie in den Sprachspielen selbst, die die Macht

Nachdem Efland durch die Geschichte der kognitiven Theorien gegangen ist, gelangt er zu dem Begriff der „Imagination", der Vorstellungskraft, die er so definiert:

> „Imagination is the act or power of forming mental images of what is not actually present to the senses, or what has not actually been experienced. It is also the act or power of creating new ideas or images through the combination and reorganization of previous experiences."[433]

Imagination wurde lange nicht als Mittel der Erkenntnis gewertet, da sie von der Realität zu weit entfernt schien. Nun werden ihre Produkte, die formulierten Bilder, als Gedankenbilder verstanden, und sie werden Anlass für Interpretationen und Ideen, die, da man sich mit etwas beschäftigt, was es noch nicht gab (siehe oben), die Möglichkeit bergen, etwas noch nicht Gedachtes zu denken. Auch den heutzutage überall erwähnten „Narratives", Erzählungen, werden nun Erkenntnisfunktionen zugesprochen, die sowohl durch ihre bestimmte Struktur Informationen liefern, als auch durch die subjektiven Standpunkte, die eben allen Menschen zueigen sind. („How is it that he sees and I do not?"!)

Imagination und Erzählen als Prinzipien im Lehr-/Lernprozess sind auch bei Filliou grundlegend. Ersteres ist für Kunstschaffende ohnehin klar, und das Erzählen der individuellen Geschichte, wie es Filliou mit seinen biographischen und künstlerischen Sätzen entwickelt, gilt als Angebot für das lernende und lehrende Gegenüber. Das Vorhaben, sein Leben in einer Erzählung darzustellen, schließt Techniken und Methoden ein, die aus der Wissenschaft bekannt sind: die Aufarbeitung historischer Fakten, ihre Einordnung und Bewertung, die Analyse von Zielen und Wege zu ihrer Erreichung, Feststellung von Erfolgen und Irrtümern, Hindernisse und unvorhersehbare Ereignisse, Einflüsse und vieles mehr - mit anderen Worten, man schafft sich ein Konstrukt, das seiner eigenen Weltvorstellung möglichst ähnlich sieht und das man kommunizieren kann. An anderer Stelle wurde
_{der Sprache hinterfragen, und wieder im „Aufführen" als Lehr-/Lernsituation. Die „Constructivists Views of Learning", die Efland aus Piagets Theorie abgeleitet sieht, sagt aus, daß (nur) gelernt wird, worin jeder einzelne eine Bedeutung erkennen kann, was wiederum vom Vorwissen desjenigen abhängig ist. Diese Idee der Suche und Orientierung nach Dingen, für die man sich interessiert, ist auch dem Konzept der idealen Schule bei Filliou zu eigen. Mit „Metaphors as Mappings" und „Visual Metaphors" erklärt Efland die folgenden Veränderungen in der Lerntheorie, wenn Metaphern als „forms of thought" begriffen werden, und Metaphern nicht auf sprachliche Gebilde bezogen werden, sondern auch auf Bilder in der Kunst, Alltagssprache und selbst die Wissenschaftssprache. Somit bieten die meisten menschlichen Äußerungen die Möglichkeit, auf ihre zugrundeliegende Absicht hin untersucht zu werden, wodurch sie ihren Autoritätsanspruch oder gar Allgemeingültigkeit verlieren. Vgl. Efland, S, 753 ff.}

[433] Efland, S. 757

von Barzun bereits definiert: Kunst ist „strukturiertes Leben".

Efland führt Bruner[434] an, von dem er sagt:

> „Bruner also identified the broad implications of narrative in education, decrying the tendency in schooling to treat them as mere decoration rather than as a way, perhaps the best way, for individuals to construct meaning."[435] Er zitiert: „It has been the convention of most schools to treat the arts of narrative—song, drama, fiction, theatre, whatever—as more "decoration" than necessity, something with which to grace leisure ... Despite that, we frame the accounts of our cultural origins and our most cherished beliefs in story form...Our immediate experience, what happened yesterday or the day before, is framed in the same storied way. Even more striking, we represent our lives (to ourselves as well as to others) in the form of narrative. (...) It seems evident, then, that skill in narrative construction and narrative understanding is crucial to constructing our lives and a "place" for ourselves in the possible world we will encounter. (p. 40)"[436]

Daß nach all den von Efland skizzierten Lerntheorien schließlich Vorstellungskraft und Erzählen als lebenswichtige Fähigkeiten des Menschen angesehen werden, macht den Ansatz des Künstlers Filliou heute um so wichtiger. Efland sagt selbst, daß nur die Kunst der Platz sei „where the imagination is encountered and explored in full consciousness—where it becomes the object of inquiry."[437] Er führt fort,

> „The arts are educationally important when they equip individuals with the relevant tools to interpret their lifeworlds."

Imagination als „Werkzeug" lässt uns Verbindungen zwischen Dingen knüpfen, die vorher scheinbar nicht verkoppelt waren. Die „Aufführung" dieser Verhältnisse durch den Künstler vermittelt ein Verständnis sowohl des Inhalts als auch der Methode. In einem Unterricht soll nicht nur der Aspekt von Welt, auf den sich der Künstler konzentriert, gesehen werden, sondern auch „the role that the artist's imagination plays in constructing that world and giving it meaning".[438] Hier schließt sich das „ES SELBST TUN" (..) von Filliou an.

---

434 Jerome Bruner. The culture of education. Cambridge MA: Harvard University Press 1996
435 Efland, S. 769
436 Efland, S. 769
437 Efland, S. 769
438 Ebd.

Während Fillious et al. „SELBST" sich auf das eigene Ich bezogen, wie man es besonders in den Aussagen von Diter Rot und Joseph Beuys deutlich liest, ein Ich, dass sich überhaupt erst einmal von allen Außeneinwirkungen freilegen musste, um sichtbar zu werden, um zu sehen, welche Wünsche es wirklich hat, mit denen es an die Welt tritt, um über sie demokratisch zu verhandeln, scheint seitdem das Ich in der Erziehungsdiskussion doch zugunsten einer sozial und kulturell geprägten und davon nicht ablösbaren Identität aus dem Interesse verdrängt worden zu sein. Michael Parson stellt fest,

> „Today we prefer to speak of students' construction of identity from the materials offered by their culture rather than of their discovery of self. Given this view, the topic of self readily moves into the study of the cultural environment."[439]

Wenn dies so ist, dann wäre Beuys Kritik an der Soziologie, die sich nur mit bereits Vorhandenem abgebe, um Eigenschaften von Menschen zu erkennen, in der Curriculumdiskussion ungehört geblieben. Mit ihr auch die Chance auf Freiheit, wie sie Beuys in der angeblichen „Vereinzelung" gesehen hat und wie sie heute durch die scheinbare Vereinnahmung aller Bilder, akustischen Signale, technologischer Kommunikationsmittel und öffentlicher Räume durch marktorientierte oder politische Faktoren verhindert wird. Für die Untersuchung der Rolle der Kunst im Schulunterricht seit Filliou ist aus all dem in diesem Kapitel Gesagten eine weitere Gefahr zu vermuten, die nach Parsons schon Tatsache ist:

> „In the art education literature, there is often a social reconstructionist tone that says that students should go beyond the study of social problems and do something that promotes their solution (Freedman & Stuhr, 2001). This educational activism is mirrored by the rise of social activism in the artworld. A number of contemporary artists intend their art not only to raise awareness of social problems but also to make the world better by modeling solutions (Gablik, 1991; Spaid, 2002)."[440]

Ohne die strittige Behauptung näher kritisieren zu wollen, daß Künstler „Lösungen" zur Bewältigung von anstehenden Problemen liefern wollten, ist jedoch ein Faktor wichtig: Filliou et al. ging es ausdrücklich um die künstlerische Methode, nach der das Leben

---

439 Michael Parsons, Art and Integrated Curriculum, in: Handbook of Research and Policy in Art Education. Hrsg. Elliot W. Eisner. Mahwah, NJ. 2004, S. 784
440 Ebd., S. 779

gelebt werden könnte, um, so war die These, „neue Menschen" und menschenwürdigere Ergebnisse ihrer Taten und Konstruktionen zu erzielen. Da die künstlerische Methode das ganze Leben eines Künstlers beeinflusst, also seinen Umgang mit seiner Biographie, der Gesellschaft, dem Unterhalt, der eigenständigen Zielsetzung usf., sind in Fillious Buch entsprechend zahlreiche Lebensaspekte und Themen enthalten. Da nun aber nicht von heute auf morgen alle Menschen wie Künstler leben können, und auch wohl zunächst nicht einsehen, warum das gut wäre, und zudem nicht wissen, wie dies überhaupt gemacht wird und voraussichtlich aufgrund ihrer Prägung Angst vor dieser Vorstellung hätten, denken sich Filliou et al. Szenarien aus, in denen sozusagen probeweise als Künstler gelebt werden kann, d.h. mithilfe der Aufführungskünste. Die dazugehörigen Requisiten, Methoden, Ideen kommen von Künstlern und sollen den Probanden Erfahrungen vermitteln. Die Probanden waren zunächst Kinder, denn die haben nach Filliou die wenigsten Ressentiments gegenüber Kunst bzw. sind den Künstlern selbst sehr ähnlich. Darüberhinaus sind sie es, die in einer zukünftigen Welt leben werden.

Insofern also hätte Fillious Buch u.a. auch mit (heutigem) Schulunterricht zu tun, wenn es dementsprechend genutzt würde. Es hätte aber nicht notwendig nur mit Kunstunterricht zu tun, sondern mit Unterricht allgemein. Ein Unterricht auf künstlerische Art sozusagen, „Lehren und Lernen als Aufführungskünste", so wie er im Black Mountain College angelegt war. Daß die Idee, auf künstlerische Art das Curriculum einer heutigen Schule zu gestalten, keinerlei Bezug zur aktuellen Praxis hat, muß sicher nicht ausgeführt werden. Künstler sind, wenn überhaupt, allenfalls in einem Kunstunterricht zu finden, und deswegen wurde in diesem Kapitel untersucht, was sie dort eventuell tun bzw. über die Jahrzehnte hinweg jeweils praktizieren sollten. Hierbei wurde klar, daß sich bis heute keine Einigung darüber ein gestellt hat, wozu der Kunstunterricht dienen kann, weshalb er von den verschiedensten Interessen eingenommen wird. Nun könnte Fillious Idee also zumindest im Kunstunterricht ausprobiert werden, und der erwähnten Beschreibung des Bunderverbands für Kunstpädagogik nach wurde Ähnliches in den 70er Jahren auch in Ansätzen versucht - und anscheinend verworfen.

Um besser zu verstehen, warum daraus nichts geworden ist, kann man sich Fillious Buch als Schulcurriculum vorstellen, ein Bild des so stattfindenden Unterrichts zeichnen und dann überprüfen, welche Faktoren in der Schule der 1970er Jahren nicht realisierbar waren und ob sich daran etwas geändert hat.

Ein „Curriculum", wie Parson es skizziert, basiert auf drei wesentlichen Anforderungen: 1. die dort vorgeschriebene Erziehung muss auf die Bedürfnisse und Charakter der jeweiligen Gesellschaft abgestimmt sein, 2. die psychologischen Bedingungen zum Lernen und die Interessen und Fähigkeiten der Schüler müssen berücksichtigt werden, sowie 3. dem aktuellen Stand der Erkenntnisse über das Wesen von Wissen muß entsprochen werden. Filliou antwortet auf die drei Aspekte folgendermaßen: 1. die Gesellschaft muss sich dringend ändern, ihr (zumindest erklärter) Charakter ist demokratisch, 2. die Lernenden müssen sich mit dem Gelernten und dem Lernen identifizieren können, die Institution und der Ort Schule ist nicht förderlich dafür, 3. die Auffassung vom Wissen ist einseitig und eingeschränkt, muss also erweitert werden. Das kann 1. erreicht werden, wenn „neue Menschen" entstehen, die sich demokratisch verhalten können, 2. daß eine Lehr-/Lernmethode praktiziert wird, in der das Gelernte erlebt wird, und die inhaltlich/methodisch von Künstlern entwickelt wurde, und 3., wenn Wissensgenerierung in holistischer Art, also Denken, sinnliche Wahrnehmung und Imagination zusammen betrieben werden.

Es leuchtet ein, daß Gesellschaften bis heute im Erziehungssystem unter anderem eine Unterstützung ihrer eigenen Erhaltung sehen, und daher eine völlig freie, mit nicht kontrollierten Inhalten funktionierende Lernumgebung für Kinder ablehnen, heute ebenso wie in den 1970er Jahren. Wie man allerdings beim Gang durch die Geschichte sehen konnte, waren die Lehrmethoden den verschiedensten Strömungen ausgesetzt, vom Schüler aus betrachtet, vom Inhalt aus, von der Autorität aus wurden jeweils Ziele, Inhalte oder Methoden erprobt. Unterricht außerhalb der Schulgebäude, Rollenspiele, Arbeitsgruppen etc. waren sicher die direkten Folgen der Einflüsse von bestimmenden Pädagogen wie Freire, Boal etc., die, wie in unzähligen pädagogischen Arbeiten beschrieben, durch Theater und Inszenierungen emanzipatorischen Effekt auslösen wollten. Auch das Fach Kunst wurde aufgewertet, Fachzeitschriften, in den 70er Jahren gegründet, (wie Kunst+Wissenschaft) entwickelten Programme, um den Kunstunterricht an das Leben der Schüler anzukoppeln.

Und doch - es ist zu keiner Zeit von einer (staatlichen) Schule zu berichten, die sich der experimentellen Freiheit und Selbstverantwortung, die Filliou intendierte, genähert hätte. Sie hätte sich dabei als Institution selbst aufgelöst, denn Fillious Ansatz beschreibt eine Art zu leben, nicht nur eine Art (zeitweilig) zu lehren.

Beleuchtet man Fillious Ideal einer Aufführungskunst des Lehrens und Lernens intensiv, so kommt man nicht umhin, die Rolle der Künstlerpersönlichkeit in das Gelingen miteinzubeziehen. Authentizität ist sicherlich immer eine überzeugende Qualität, wenn es um Wissensvermittlung geht. Niemand anders als der Künstler selbst kann seine eigene Arbeit besser beurteilen und kritisieren, denn das ist es, was er immer tut. Darüberhinaus ist er ernsthaft in seinem Anliegen und realisiert alles, wozu er sich entschieden hat, mit seinem ganzen Einsatz. Dennoch ist ein Künstler deshalb nicht ein „guter Lehrer" in dem Sinne wie heute Pädagogen ausgebildet werden. Er erwartet einen gleichberechtigten Gesprächspartner, der seine Fragen und Wünsche selbständig äußert und eine Umgebung ohne Zwang, überhaupt oder auf eine strategische, „didaktische" Weise antworten zu müssen. Möglichweise ist er sprachlich nicht einmal versiert genug, um verständlich zu machen, was er kommunizieren wollte. Wie ich anhand der Filmes meines Festival für Filme über Künstler festgestellt habe, gelingt unter Umständen der Dialog mit dem Künstler nicht einmal dem Filmmacher. Im folgenden Kapitel soll daher die Sicht einer Lehrerpersönlichkeit zu Kunst in der Schule bzw. Kunstunterricht dargestellt werden, die in der Dissertation von Annette Franke deutlich formuliert wird.

2. Kunstunterricht in Deutschland
- das Problem zwischen Kunst und Pädagogik

Die umfassende Darstellung der „aktuellen Konzeptionen der Ästhetischen Erziehung"[441] in der Dissertation von Annette Franke widmet sich dem Zeitraum ab 1945 und bezieht sich insbesondere auf die aktuelle Diskussion in Deutschland. Als praktizierende Pädagogin kann sie die theoretischen Implikationen zum Kunstunterricht mit ihren Erfahrungen in Zusammenhang setzen, und so ergibt sich - neben einer ausführlichen historischen Bestandsaufnahme und Theorie auch eine praktische Situationsbeschreibung der heutigen gesellschaftlich akzeptierten Auffassung von der Relevanz von Kunst. Anhand ihrer Argumentation als Pädagogin gegenüber den unterschiedlichsten Vorstellungen zur Bedeutung und Methode von Kunstunterricht, gesellschaftlichen/erzieherischen Sinn von Kunst usw. kann man im direkten Vergleich zu Filliou als Künstler herausarbeiten, ob und welche Übereinstimmungen und Unterschiede (immer noch) bestehen und insofern Fillious Ideen in ihrer praktischen Ausarbeitung beleuchten. Im Folgenden soll daher weniger auf die von ihr aufgeführten Modelle und Theorien geachtet werden, sondern auf ihre Kritik daran, von der angenommen wird, daß sie dem heutigen Stand der Dinge entspricht.

Wie die bereits im Vorangegangenen beschriebenen Ideen vorwiegend amerikanischer/englischer Didaktiker und Kunsterziehungstheoretiker, existieren ähnliche und vergleichbare Ansätze auch in Deutschland, selbst wenn der internationale Austausch, wie es Franke bemerkt, erst seit kurzer Zeit stattfindet. Franke ordnet die seit 1945 entwickelten kunstdidaktischen Modelle in die philosophischen und wissenschaftlichen Debatten und Kunstauffassungen der jeweiligen Zeitabschnitte ein. Dabei findet sie einen Weg, ausgehend vom Ende des 2. Weltkriegs, von der Diskussion über die „Moderne" (Adorno) zur Kritik der Moderne als „Postmoderne" (Lyotard, Danto, Welsch, Schmid usw.), zur Selbstanalyse der Moderne als „Zweite Moderne" (Klotz), wie von Konstruktivismus in Bezug auf Wahrnehmungstheorien und Wissenskonstruktion zu Dekonstruktivismus als Offenlegung des Ausgegrenzten (Derrida) hin zu Poststrukturalismus (Böhme), und ordnet den jeweiligen philosophischen Ansätzen didaktische Konzepte zu. Ebenso weist sie auf den Einfluss anderer Wissenschaften hin, beispielsweise der Neurophysiologie in Bezug auf Lerntheorien oder Wissensgenerierung, autopoetische Systemtheorie für die Problematik von Individuation

---

441 Annette Franke. Aktuelle Konzeptionen der Ästhetischen Erziehung. München 2007

versus Sozialisation als Bildungsziel, und auch die neuen Technologien und Medien in Hinsicht auf die gesellschaftlich benötigte „Medienkompetenz" und deren Bezug zu Kunstunterricht sowie die philosophischen Diskussion zum Begriff des „Subjekts" oder die gesellschaftlichen Anforderungen zu „Multikulturalität" oder „Interdisziplinarität" werden als die die Definition von Kunstunterricht bestimmenden Faktoren einbezogen. Aus all dem gelangt sie zu einer Unterscheidung und Aufstellung der didaktischen Theorien, die die Entwicklung und ihre federführenden Protagonisten im Spannungsfeld von Kunst und Unterricht seit 1945 in Deutschland abbildet.

Zu Beginn ihrer Untersuchungen skizziert sie die heutige Ausgangssituation mit den Grundproblemen, in dem sich die aktuelle Diskussion zur ästhetischen Erziehung befindet, nämlich mit der Vermutung, daß Kunst und Pädagogik einen Widerspruch darstellen, der Feststellung einer „bildungspolitischen Demontage von Kunst als Schulfach" trotz der gesellschaftlichen Notwendigkeit zu ästhetischer Kompetenz oder Verständnis einer pluralistischen Welt, der Kritik an den zu pragmatischen Kriterien der PISA Studie sowie der fundamentalen pädagogischen, ihrer Meinung nach ungelösten Frage, ob Erziehung der individuellen Selbstverwirklichung oder der Gesellschaftsfähigkeit dienen solle.

Diesen Grundfragen wird im Sinne Fillious entgegnet, indem Frankes Aufstellung und Kritik der kunstpädagogischen Konzepte mit Fillious Ideen verglichen werden. Methodisch heißt dies, daß die folgenden Erörterungen unterschwellig die Frage mit sich führen, wie Filliou die jeweiligen Konzepte kritisiert oder unterstützt hätte.

Für den Zeitraum von 1945 bis um das Jahr 2000 beschreibt Franke die Veränderungen in den Auffassungen zu Kunst und Unterricht in der bereits vielfach festgestellten Abfolge (siehe die Kurzdarstellung des BDK und die historisch Darstellungen weiter oben), die daher hier nur sehr kurz in ihrem Sinne auf die deutsche Situation bezogen werden:

von der „Kunsterziehung" im Sinne von Malen und Zeichenunterricht sowie Bildbetrachtung zur Aneignung von Kulturgut entwickelte sich der „Kunstunterricht" (im Sinne von Gunter Otto, auch schon Paul Klee), indem eine neue Rationalität die künstlerische Ausdrucksübung überlagern sollte. In der Ausrichtung als „Visuelle Kommunikation" sollte (auch im Sinne Adornos), der „elitäre und lebensfremde Gegenstand der Kunst"[442] demokratisiert, und als Bildungsziel Emanzipation und mündiges Verhalten

442 Franke, S. 110

erreicht werden. Durch Medienkritik und das Aufdecken der soziologischen Bestandteile visueller Phänomene wird ein selbstbewusster Umgang mit diesen ermöglicht.

Erweitert wurde dieser Schwerpunkt im folgenden durch die Rückbesinnung auf die „ästhetische Erfahrung" als möglicher Erkenntnismethode, also der Erfahrung von Kunst, in den 1980er Jahren hin zur musischen Erziehung als Lehren mit allen Sinnen[443] Gunter Otto, die Kunst als eine spezifische Erscheinungsform von Vernunft sehend, wurde ein bedeutender Vertreter des rationalen Auslegens von Kunst, und ist Gründer der bereits erwähnten Zeitschrift „Kunst+Unterricht", die Anleitungen für Kunstlehrer erarbeitet. „Machen und Sagen", „Denken in Bildern" sind die Leitworte bei Otto, und die so genannte „Ästhetische Erziehung" steht als Oberbegriff für diese kunstdidaktische Strömung.

Sie wird kritisiert durch Gert Selle, der unter dem Begriff „Ästhetische Bildung" der Rationalität Ottos die ästhetische Erfahrung, den ästhetischen Augenblick als Methode entgegensetzt, weil er die Kunst in ihrer „Undurchschaubarkeit, Eigensinn, anarchische Dynamik statt ordentlicher Systematik"[444] einer objektiven Auslegung entziehen will. Selle plädiert für den Verzicht auf Lernziele und für die „Anstiftung" zum Umgang mit Kunst[445]. Er will die „Arbeitsweisen von Künstlern für eine Arbeit am Bewusstsein" nutzen und versteht das so durchgeführte „Ästhetische Projekt" als Testumgebung für „exemplarische Möglichkeiten für einen kreativen Umgang mit dem eigenen Leben"[446]. Ohne detaillierter auf Selles Konzepte einzugehen, kommt die Forderung nach einem offenen Experimentierfeld den Ideen Fillious nahe. Wie Franke allerdings unmißverständlich betont, beziehe sich Kritik insbesondere auf das Fehlen von klaren, didaktischen Methoden für den Schulunterricht, wodurch Selles Ansätze einem schulpädagogischen Alltag nicht gerecht werden könnten. Dennoch, wie weiter unten gezeigt wird, wurden seine Ideen ebenso wie die von Otto weiterentwickelt, und die nachfolgenden Ansätze sind im Grunde durch die unterschiedliche Gewichtung beider Positionen gekennzeichnet.

Franke unterscheidet folgende Ausrichtungen: zum einen den „kompensatorischen Kunstunterricht", worunter Kunst als Therapie[447] gefasst wird,

---

443 Siehe MAERZ S. 113.
444 Franke, S. 118
445 Ebd., S. 117
446 Ebd., S. 119
447 Hans-Günter Richter, zit. in Franke, S. 125 ff.

oder von ihr „Erziehungshilfen gegen gesellschaftlich bedingte Mängel"[448] und die Förderung von „Kreativität" erwartet werden. Für unsere Untersuchung ist es wichtig, hiervon den Beuys'schen Begriff von der Heilwirkung der Kunst abzugrenzen, denn ihm ging es nicht um die konkrete Therapie möglicher aktueller Mängel wie beispielsweise „Selbstentfremdung"[449], Sinnkrisen durch Erfahrung von Pluralität oder den Verlust vom Materialbezug aufgrund virtueller Medien, sondern um die „Wiederherstellung" der Ganzheit des Menschen, die schon bei der Menschwerdung zersplittert war und die zusammenzufügen gewissermaßen die menschliche Bestimmung ist, auf die alle hinarbeiten sollten. Insofern würde eine konsequente „Kunsttherapie" nach Beuys eher zu einem Zusammenbruch der bestehenden Systeme führen, was im Gegensatz zu der „Ausgleichsfunktion" von Kunst (nach Wichelhaus[450]) steht.

Ferner scheint das Unternehmen, wie Franke anhand des Schulprojekts „KidS" („Kreativität in der Schule") darstellt, die Lehrerrolle durch die „authentische Persönlichkeit" eines praktizierenden Künstlers zu ersetzen, und damit auch die „Öffnung der Schule" zu erreichen, der Idee von Filliou zu entsprechen. Wie man aber Frankes Schilderungen entnehmen kann, verhindert letztendlich das Verhältnis der „pädagogisch und didaktisch nicht ausgebildeten Person"[451] im Verhältnis zu der Rolle des Kunsterziehers, dies länger zu praktizieren. Allerdings bestätigt sie, wie auch schon an anderen Stellen der hier vorliegenden Arbeit ersichtlich wurde, daß die „Authentizität einer Künstlerpersönlichkeit als wesentliches didaktisches Moment bewertet" werden kann[452] und möglicherweise Strukturen geschaffen werden sollten, um „Kontakte zwischen Schülern und authentischen Erwachsenen"[453] zu ermöglichen. Ein dritter Aspekt der „kompensatorischen" Didaktik ist die Betonung des Umgangs mit Material im Kontrast zu den Neuen Medien, der in einem Kunstunterricht gefördert werden könne.

Die zweite Ausrichtung betitelt Franke mit „Kunstpädagogik im ‚Medienzeitalter'". Hier findet sich „Medien-Kunst-Pädagogik", die von Henning Freiberg so definiert ist:

> „Der Begriff der Medienkompetenz aus der Medienpädagogik

---

448 Barbara Wichelhaus, zit. in Franke, S, 128
449 Franke, S. 133
450 Vgl. Franke, S. 132
451 Franke, S. 142
452 Ebd.
453 Franke, S. 145

bedeutet im Konzept Medien-Kunst-Pädagogik die Fähigkeit des produktiven und bewussten Umgangs mit vornehmlich elektronischen Medien auf dem Hintergrund von Medienkunst."[454]

Dies meint, nach Franke, die Kompetenz, Kunst (hier Medienkunst) von der „Überflutung mit Medienschrott" unterscheiden zu können.[455] Generell zeigt sie zwei Tendenzen auf, die auf die „Mediatisierung" entweder eher „kompensatorisch" und „kritisch" reagieren, oder einen „progressiven medienorientierten" Ansatz unterstützen. Auf diese Debatte wird in Teilen im Kapitel Kunst und Medien eingegangen, da es sich hier um ein Thema handelt, was außerhalb der Schule ähnliche Problematiken aufweist, und deren Ergebnisse erwartungsgemäß direkt in das Curriculum einfließen.

Als dritte Orientierung beschreibt Franke eine Kunstpädagogik als „Ästhetische Forschung", deren Konzept sie Helga Kämpf-Jansen zuschreibt, die als Professorin für Kunstdidaktik ebenso „viele Jahre Mitherausgeberin der Fachzeitschrift Kunst und Unterricht"[456] war. Hier werden künstlerische „Strategien einzelner Künstlerinnen und Künstler" zum Thema genommen, und den „irritierenden und unorthodoxen Umgang mit Alltagsdingen, die zu Objekten der Kunst werden"[457] an der alltäglichen Erfahrung der Schüler zu messen.

Die Betonung der individuellen Fragestellungen und die Thematik von Biographien, Spurensicherung und Archiven wie auch dem Körper scheinen dem Erfahrungshorizont der Jugendlichen zu entsprechen und ermöglichen „oft eine extreme Identifikation mit der Fragestellung"[458]. Grenzerfahrungen und Differenzerfahrungen bzw. die einer pluralen Wirklichkeit seien, so Franke, die Inhalte dieser Ausrichtung. Auch räumlich spielt sich dieser Art Unterricht in verschiedensten, auch außerschulischen Plätzen ab[459], und methodisch wird Pädagogik hier als Anleitung verstanden, weniger als Vermittlung von Inhalten. Möglicherweise entspricht dieses Konzept in einigen Punkten dem Ansatz Fillious, allerdings schränkt Franke die Praktikabilität, wie folgt, ein:

> „Die Erfahrung zeigt, daß hier erst allmählich rigide Organisationsformen aufgebrochen werden, die eine Öffnung ermöglichen. Das vorliegende Konzept setzt schulische Bedingungen voraus, die sich

---

454 Henning Freibert, zitiert in Franke, S, 157
455 Vgl. Franke, S. 158
456 Franke, S. 200
457 Ebd., S. 201
458 Ebd., S. 213
459 „einem Kloster, einem Bahnhof, einem Katasteramt ...", Franke, S. 215

heute erst allmählich durchzusetzen beginnen. Es ist zu vermuten, dass dieses Modell in den überwiegend noch gültigen Praxisformen an den Nahtstelle, nämlich der Übertragung in die alltägliche Unterrichtspraxis, scheitern wird."[460]

Außerdem führt sie Kritik anderer an,

„dennoch bleibt ein wesentlicher Aspekt ungewiss, nämlich wie die Lernenden auf das für eine demokratische Gesellschaft notwendige Gleichgewicht zwischen Individuation und Integration vorbereitet werden",

und kontert mit der Theorie von Wolfgang Welsch, indem sie zitiert:

„Ästhetisch würde der Selbstorganisationsprozess erst dann, wenn man auf dem Gedanken besteht, dass nämlich der Ästhetik eine ethische Komponente immer schon innewohnt (vgl. Welsch, 1990)"[461]

Auch hier würde Filliou wohl zustimmen, denn die Einsicht, als Mensch ein soziales Wesen zu sein, das sich zu seinem eigenen Wohl selbst einschränken kann, stimmt für ihn und seine Künstlerkollegen mit der eigenen Befreiung von den auferlegten und anerzogenen Zwängen überein. Staatliche Schulen (wie auch andere Institute, was das Beispiel von Dewey und Rice gezeigt hat) sind aber (noch) nicht auf diesem Fundament aufgebaut, und so ist auch der, nach Franke vierte Ansatz zwar wirkungsvoll, aber eher nur für Kunstlehrerstudenten und nicht für deren spätere Schüler umsetzbar. Das Projekt der „Künstlerischen Feldforschung" von Lili Fischer, einer Schülerin des Künstlers Franz Erhard Walter ist ein gutes Beispiel einer „Künstler-Lehrerin", aber nach Franke fehlt die für die Schule notwendige „Beschreibung der pädagogisch reflektierten Situation".[462]

Unter „'KunstPädagogik' und Ästhetische Operationen" fasst Franke das Konzept von Pierangelo Maset, welches teilweise an die „Ästhetik der Vermittlung" von Bazon Brock erinnert. Masets Kernbegriff ist die „Ästhetische Bildung der Differenz", vermittels derer Erkenntnis und Wahrnehmung stattfinden kann und welche anhand der Kunst geübt werden könne. Zur Didaktik fordert er eine „Lehrkunst", die sich von der gängigen Praxis der Pädagogik unterscheidet, und u.a durch die Schaffung einer experimentellen Situation gekennzeichnet ist. Weitere

460 Ebd., S. 228
461 Ebd., S. 229
462 Franke, S. 238

Aspekte sind, in Anlehnung an den bereits erwähnten Kunstkritiker Achille Bonito Oliva, die „ästhetische Operation", die anhand eines bestimmten Künstlers die Welt exemplarisch und praktisch erkundet. Franke beschreibt Masets Kritik:

> „In der auf abfragbare Fakten beschränkten Zuwendung zur Kunst könne sich nicht die Offenheit ereignen, die durch Kunst erfahrbar und für die menschliche Existenz unabdingbar sei. Maset kritisiert die herkömmliche Kunstdidaktik, sie wolle stets Prozesse regeln und über diese verfügen. Da man aber weder über die Kunst noch über das Offene verfügen könne, müsse Kunstvermittlung ermöglichen, ins Offene zu gelangen und/oder dies wenigstens anbahnen."[463]

Ein weiterer Aspekt Masets ist seine Definition von „Praxis", die, wie Franke schreibt, als „KunstPädagogik selbst als eine Praxisform von Kunst veranschlagt" wird. Interessant ist in unserem Zusammenhang das Folgende: da laut Maset Kunstvermittlung „in ihren besten Momenten nicht nur Vermittlung, sondern auch Kunst" sein soll[464], was sowohl der Idee Fillious wie auch der Praxis Bazon Brocks entspricht, sind die kritischen Argumente, die Franke dem entgegenhält, im Grunde eine Zusammenfassung der Ergebnisse zu der diesem Kapitel zugrundeliegenden Frage, nämlich, inwieweit sich Fillious Ansatz in der Schulwirklichkeit niedergeschlagen hat.

Nach Franke werden von verschiedenen Seiten bemängelt :

- eine Unklarheit über den Lernbegriff bei Maset, „wenn er interpretative Absichten durch handlungsorientierte austauscht, diese ihrerseits aber nicht inhaltlich angebunden sind, weil er genau diese Anbindung, Interpretation negiert",
- daß keine Möglichkeit zur „deduktiven Wissensvermittlung" eingeräumt würden, stattdessen „Erzeugung möglicher Verstehensweisen in einer Wirklichkeit",
- eine fragwürdige pädagogische Verantwortung,
- daß ohne Pädagogik die Schüler nicht berücksichtigt würden,
- kein Konzept, wie die Lehrer dazu ausgebildet werden sollen,
- das Konzept bezieht sich nur auf einen Umgang mit zeitgenössischer Kunst und Philosophie,

---

463 Franke, S. 245
464 Vgl. ebd., S. 256

- Zweifel, ob sich eine Gesellschaft solche „Selbstorganisationsprozesse ihrer Individuen" leisten kann,
- latente Gefahr der Beliebigkeit, dabei „den Verlockungen der Kunst zu erliegen",
- Animation, die in „mehr oder weniger unreflektierte experimentelle Handlungen münden"

bis hin zu dem generellen Fazit, daß sich Maset zu weit von der Pädagogik entfernt habe:

> „Maset stellt aus kunstdidaktischer Perspektive traditionelle pädagogische Paradigmen in Frage, deren Existenz die Pädagogik selbst begründe. Derartige Diskurse, mit solch fundamental weitreichenden Folgen sind unerlässlich an allgemeinpädagogische Diskussionen anzubinden."[465]

Diese Kritikpunkte stellen die aktuelle Bedeutung der Filliouschen Ansätze nicht in Frage. Schon bis hierher kann man aus der dargestellten Entwicklung in der kunstpädagogischen Diskussion erkennen, daß sie einmal mehr, einmal weniger aufgegriffen wurden und man sich bemüht, den „Gegensatz von Kunst und Pädagogik" so aufzuheben, daß man beiden Teilen möglichst gerecht wird. Die von Filliou et al. konzipierten Szenarien waren für eine „ideale" Lehr-, Lerngemeinschaft vorgesehen, wie sie das Black Mountain College versucht hat, und vor allem nicht auf die Kunst als alleiniger Inhalt fixiert. Insofern könnte sich auch der Ansatz Masets praktikabler gestalten, wenn man ihn vielleicht auf die künstlerische Vermittlung beispielsweise physikalischer Gesetze anwenden würde, um zu sehen, wieviel Potential in ihm steckt. Auch versteht Filliou die „Aufführungskünste" eher als Konstellation einer experimentellen Lehr-/Lernumgebung, in denen verschiedenste Künstler mit Wissenschaftlern, Studenten etc. zusammen Forschung betreiben, was aber weder ausschließt, daß jemand deduktiv Wissen vermittelt, sei es auch nur sein eigenes, noch daß Produkte zugunsten von Ereignissen aufgegeben werden müssen.

Ebenfalls aus der zeitgenössischen Kunst kommt der folgende Ansatz, der nach Marie-Luise Langer als „Prozessorientierte Kunstpädagogik" die Performance als Methode zu „Grenzüberschreitungen" einführt. Mit Elementen aus dem „politischen Theater" (siehe Kapitel II), der Aktionskunst und Performance soll der Fixierung auf die Bild- und Wortsprache eine (körperliche) Handlungsstrategie entgegengesetzt werden. Hier geht es ins-

[465] Ebd., S. 271

besondere um eine emanzipierte Eigenbestimmung, die die Teilnahme an interaktiven und partizipatorischen Prozessen als Individuum ermöglicht. Dies wiederum soll die Befähigung verleihen, „ein Leben in Pluralität und Dissens" führen zu können. Auch diese Orientierung nimmt Elemente von Filliou auf, aber die hier anfallenden Diskussionen um das Verhältnis von Individuum und Gesellschaft scheinen auch eher grundsätzlicher Art zu sein als auf ihre Praktikabilität in der Schule hin geprüft zu werden.

Als siebtes und letztes Modell beschreibt Franke die Kunstpädagogik als „Künstlerische Bildung", und nennt ihren „Hauptvertreter" Carl-Peter Buschkühle. Dieser Ansatz will „Kunstdidaktik als Kunst" verstehen und damit generell „künstlerische Formen des Denkens" ausbilden, und bezieht sich, laut Franke, u.a. auf den „erweiterten Kunstbegriff" von Beuys. Somit sind wir bei einer Lehr-/Lerntheorie angelangt, die als Methode auch von Filliou abgeleitet werden kann, und die mit Ausführungen von Buschkühle, Günther Regel und Joachim Kettel theoretisch viele der Ideen Fillious impliziert, u.a.:

- „Künstlerische Bildung, die alle Fächer durchdringend und fächerübergreifend zum Bildungsprinzip" erhebt,
- „Positionierungsfähigkeit des Individuums" als Bildungsziel
- Kunst als Ort der Auseinandersetzung mit dem Fremden
- Kunst als „Lebenskunst"
- Befähigung zu „Erzählungen"
- „authentisch gestaltete und für exemplarisch gehaltene Wirklichkeitserkenntnis"
- Wichtigkeit der künstlerischen Einstellung
- prozesshaft, offenes Konzept
- induktive Arbeitsweisen
- Rolle des Lehrers als „Partner im Prozess des Austauschs von wissenschaftlichen und naiven Theorien".

Nach der umfangreichen Aufstellung dieser Konzepte kommt Franke, auch in ihrer Erfahrung als Praktikerin, zu folgenden Schlüssen:

> „Es kann angenommen werden, dass das, was noch vor wenigen Jahren spektakulär und revolutionär erschien, heute im künstlerischen Handeln wie - naturgemäß mit zeitlicher Verzögerung - im kunstpädagogischen Bewusstsein längst Allgemeingültigkeit erlangt

hat."[466]

Sie kritisiert allerdings, dass „bis zuletzt nicht definitiv klar" ist, „wodurch sich dieses Künstlerische, besonders hinsichtlich seiner Wendung für den kunstpädagogischen Bereich, auszeichnet."[467] In der hier vorliegenden Untersuchung wurde versucht, weitere Aspekte zu einer Klärung des „Künstlerischen Lehrens" aufzuzeigen, die besonders mit der Einführung der Elemente „Autorität", „Partizipation" und „De-Learning" (siehe Kapitel VI) auch die Grenzen zur Unterrichtspraxis in heutigen staatlichen Schulen definiert. Das berührt auch Frankes Kritik, daß „Lehrende weitaus besser oder zumindest anders ausgebildet sein" müssten, „um dem Künstlerischen in erweiterten Zusammenhängen neue Bedeutung zukommen lassen zu können"[468] Gerade in Bezug zu der „heutigen komplexen Gegenwartsgesellschaft"[469] bemängelt sie das Fehlen einer Unterrichtskonzeption für den Umgang mit den Neuen Technologien:

> „Umso drastischer die Unterlassung, die Neuen Medien als spezifische Gestaltungs- und Formensprache der Gegenwart nicht gesondert in den kunstdidaktischen Fokus zu rücken. Im Konzept der Künstlerischen Bildung werden die Neuen Medien als aktuelle Darstellungs- und Gestaltungsformen zwar integrativ eingesetzt, nicht aber explizit thematisiert, die Kompetenz zu ihrem Gebrauch und zu kritischer Reflexion aber gleichermaßen vorausgesetzt."[470]

Im nächsten Kapitel (Kunst und Neue Medien) wird anhand der „Lehrstücke" von Isabel Valverde exemplarisch aufgezeigt, daß es für das emanzipatorische und kritische Arbeiten mit den neuen Technologien bereits Angebote in der Kunst zu finden gibt.

Schließlich weist Franke auf die fundamentale Problematik der Pädagogik hin, welche in „der Polarität der bisher unbeantworteten Frage, ob Lernen tendenziell über Selbstbildung oder über Wissensvermittlung erfolgt", liegt. Dabei stellt sie eine „Schwelle einer Neudefinition des Begriffs von Lernen fest"[471], die sich aufgrund aktueller neurophysiologischer und philosophischer Theorien ergeben habe. Von seiten der Kunst soll zu diesen Bereichen im Kapitel VI Bezug genommen werden.

---

466   Franke, S. 360
467   Ebd.
468   Ebd., S. 363
469   Ebd., S. 364
470   Ebd., S. 360
471   Ebd., S. 365

V. KÜNSTLERISCHES LEHREN UND LERNEN MIT DEN „NEUEN MEDIEN"
- Herausarbeitung spezifischer Potentiale der neuen Technologien im Hinblick auf „Lehren und Lernen als Aufführungskünste"

In diesem Kapitel soll alles bisher Gesagte auf die Neuen Medien bezogen werden, um herauszufinden, ob sich durch ihre Existenz bzw. ihrer allgemein bestätigten wie befürchteten umfassenden Präsenz in unserem heutigen Leben auch in Bezug auf künstlerisches Lehren und Lernen neue Implikationen oder Möglichkeiten ergeben.

Hierzu soll im Folgenden geprüft werden,

1., ob mithilfe der Neuen Medien eine Filliou entsprechende Lehr-/Lernumgebung entstehen könnte, weil ihre Virtualität die Abschaffung der hinderlichen „realen" Bedingungen wie Schule als Institution, Machtanspruch eines Lehrers, lokale und zeitliche Bedingtheiten, Unterschiede der sprachlichen und anderer Kompetenzen und vieles mehr bedeuten könnte, und ob

2. eine Differenzierung und Berücksichtigung der individuellen Interessen besser umsetzbar sein könnten,

3. an „Lehrstücken" von Künstlern, die explizit mit den „Neuen Medien" arbeiten, soll untersucht werden, welche Erkenntnisse dort für unsere Frage von Lehren und Lernen zu gewinnen sind,

4. sollen die dramaturgischen Prinzipien einer nonlinearen, virtuellen und interaktiven Anwendung in ihren Möglichkeiten auf das Lehren und Lernen als Aufführungskunst betrachtet werden,

5. soll im besonderen ein Vergleich zwischen der Gestalt eines Vermittlers (Lehrers, Lehrer-Künstlers, Kunstvermittler) und dem Prinzip des „Interface" gezogen werden.

Diese Punkte werden nicht in Folge abgearbeitet, sondern entfalten an verschiedenen Stellen der Erörterung jeweils Bedeutung, denn sie stehen stark miteinander in Zusammenhang und unter gegenseitiger Beeinflussung. Das mit dieser Feststellung implizierte Bild eines Netzes ist es nun auch, das uns heutzutage vor Augen steht, wenn wir von den sogenannten „Neuen Medien" sprechen. Ich beziehe meine Ausführungen darüber größtenteils auf meine eigenen Erfahrungen und Forschungen, die ich seit 1985 gewonnen habe, das Jahr, in dem ich meinen ersten sogenannten „Personal Computer" erwarb und damit zu arbeiten begann. Dieser „PC" der Marke ICL hatte einen schwarzen Bildschirmhintergrund, und man konnte zwischen grüner oder bernstein-gelber Farbe der festgelegten Schriftart auswählen. Mit diesem Computer war es möglich, Texte zu erstellen, und zwar unter ähnlichen Beschränkungen wie bei einer Schreibmaschine. Damit lagen sie zu den heute zur Verfügung stehenden Layout-Programmen technisch unendlich weit zurück. Ein halbes Jahr später konnte ich einen „Mac SE" der Firma Apple erwerben, was zu dieser Zeit in Deutschland kaum jemandem als Privatperson wegen geringer Verfügbarkeit in Deutschland möglich war, wobei die Existenz eines solchen Apparates überhaupt selten bekannt war. Dieser Computer hatte einen hellgrauen Monitorhintergrund, und man konnte, in schwarz/weiß, ganze Bücher damit in verschiedensten Schriften graphisch gestalten, Zeichnungen anfertigen und die ersten Spiele spielen. Weiterhin entwickelten sich die Möglichkeiten immer schneller und phantastischer, eines Tages gab es Farbe, Eingabemöglichkeiten von Fotos, Ton, Schnittstellen zur Videodigitalisierung, Hypertextprogramme, 3-D-Konstruktionsprogramme, Internet, Webseiten, World Wide Web, interaktive Anwendungen, den „Cave" als immersive, computergenerierte Umgebung bis hin zu Second Life Applikationen und „Immersive Realities".

In diesen nun mehr als 30 Jahren habe ich nicht aufgehört, mich praktisch und theoretisch mit den Möglichkeiten der jeweiligen Technologien auseinanderzusetzen, wobei ich sie, soweit sie mir zur Verfügung standen, zum Broterwerb genutzt (von früher Texterfassung über Buchlayout, Videoaufzeichnungen und -postproduktion, Webseitenentwicklung, Erstellung audiovisueller Produktionen bis hin zur Konzeption interaktiver Szenarien etc.), aber gleichzeitig auch als Mittel oder Gegenstand meiner künstlerischen Arbeit eingesetzt habe. Insofern ist verständlich, daß das Aufkommen der sogenannten „Medienphilosophen" und -theoretikern und ihre Unterscheidbarkeit in diejenigen, die ein praktisches Wissen von den neuen Technologien hatten, und die, die eher theoretisch über von ihnen festgestellte oder zukünftige „Auswirkungen" davon sprachen, für mich hieß, die so hart erarbeiteten eigenen Kenntnisse verbunden mit dem ständigen, optimistischen Hadern und Improvisieren mit noch nicht ausgereifter Technologie im Hinblick auf eine leuchtende Zukunft zu verteidigen. Aufgrund dieser Geschichte hat sich meine Überzeugung entwickelt, daß die Medien selbst weder gut noch schlecht sind, sondern es einzig ihr Gebrauch ist, den man im Hinblick auf die Gesellschaft wertend kritisieren kann. Dementsprechend werde ich die „Neuen Medien" im Folgenden unter der Prämisse beleuchten, daß sie sich für das Lehren und Lernen nach Filliou eignen, und versuchen aufzuzeigen in welcher Weise, und wo eventuell die Grenzen dabei sind.

Zunächst einmal definiere ich die „Neuen Medien" als alle technologischen Werkzeuge, die auf digitaler Basis funktionieren und grenze sie davon ab, was sonst noch unter „Medien" wie Zeitungen, aber eben auch software-basierte Plattformen wie „social media" o.ä. verstanden wird. Es existieren hier technisch bedingte Eigenschaften, deren Potentiale manchen Ideen Fillious entgegenzukommen scheinen. Netzwerk, Interaktivität, Ausdrucksmöglichkeit jedes einzelnen, Wissensdatenbank, gemeinsame Kreation, Experiment, „Andauernde Schöpfung", Spiel und Zufall, Teilnahmetechniken, Grosse Zahlen, Kollektiv, Individuum sind Begriffe, die hier sinngemäß häufig vorkommen. Jeder, der hochentwickelte Computerspiele erlebt hat, aber auch der, der den neuesten Stand der Technologie kennt, wird bestätigen, daß eine Zusammenführung etwa eines videographierten Vortrags von Buckminster Fuller über seinen geodäsischen Dom, eines Konzerts von John Cage, einer Bibliothek zu den Texten aller Künstler, die jemals Kontakt mit dem Black Mountain College hatten, eines begehbaren Museums von Kunstobjekten, einer Möglichkeit für den Rezipienten, Anordnungen, Objekte zu verändern, zu zeichnen oder im 3-D-Programm zu bauen, eigene Kommentare zu verfassen oder Arbeiten zuzufügen etc. in eine virtuelle Umgebung, die man „betreten" kann, wann und mit wem immer man möchte, eine attraktive Lern-/Lehrumgebung sein könnte.

Diese aber gibt es noch nicht, und die existierenden Lehr-/Lern-Programme halten wegen ihrer Unzulänglichkeit in Inhalt, Idee, Didaktik, Ästhetik, Thema und mangelhafter Ausnutzung technologischer Möglichkeiten die technisch weniger Versierten wie viele Künstler, denen allein aus Budgetgründen der Zugang zum aktuellsten Stand der Technik verwehrt ist, davon ab, überhaupt Konzepte dafür zu entwickeln oder diese gar umzusetzen. Es gibt über die Problematik in der „interdisziplinären" Zusammenarbeit zwischen Künstler, Mediengestalter und Programmierer viel Literatur, wobei hier entweder vertreten wird, daß die Künstler, um überhaupt Konzepte entwickeln zu können, vorher die Technologie beherrschen sollten, indem sie beispielsweise programmieren lernen, oder daß die Techniker in der Lage sein sollten, den Künstlern zu erklären, warum sich ihre Vorstellungen nicht umsetzen lassen, anstatt durch die angebotenen Ersatzlösungen ein klägliches Endprodukt herzustellen, das den Vorsprung der industriellen

Fertigung nie wird einholen können, oder es wird generell bezweifelt, daß eine „professionelle" Anwendung künstlerisch sein kann, weil diese nur teuer herzustellen ist, sodaß sie auch profitabel sein muss. Die einzelnen Argumente zu vertiefen kann man hier vernachlässigen, ihre Erwähnung diente nur dem Zweck zu erklären, warum es noch keine ansprechende Lehr-/Lern-Anwendung gibt, obwohl sie aber, eben wie die Computerspiele zeigen, technisch umsetzbar wäre.[472]

Eine Lehr-/Lernumgebung nach Filliou also als virtuelle könnte im Unterschied zu einem Black Mountain College, einer staatlichen Schule oder einer multimedialen Inszenierung im Theater einige Hindernisse überwinden: der Zugang zu ihr stünde jedem (der über die technischen Möglichkeiten verfügt) jederzeit offen, die Quantität anzubietender Lehrstücke, Objekte, Informationen, Gedanken etc. ist theoretisch unbegrenzt, Kommunikation kann über Text, Ton, Bild und Ton oder Bewegung und Bild und Ton erfolgen, die Inhalte sind dynamisch, d.h. der Freiheitsgrad ist im Verhältnis zu allen anderen schon besprochenen Formen am höchsten. Hinzu kommen die spezifischen Qualitäten des virtuellen Mediums, die den individuellen Voraussetzungen der Individuen und ihren besonderen Interessen entgegenkommen: Auswahl der Sprache, Grad der Vertiefung eines Inhalts, formale Art der Darstellung, Auswahl der Zeitfenster, Entscheidung der Themen und Kommunikationspartner und vieles mehr bleibt jedem überlassen (wenn dies intendiert ist). Die an der Erstellung des Konzepts beteiligten Künstler repräsentieren ihre Arbeitsmethoden und -ergebnisse auf eine von ihnen selbst gewählte Art, wie sie es ja auch tun würden, wenn sie sich in einer real versammelten Gemeinschaft befänden. Kommunikation findet über Videokonferenzen-ähnliche Formate statt, an gemeinsamen Projekten wird vernetzt gearbeitet und dergleichen mehr.

Die Frage, die sich stellt, ist nun, ob es an dieser technologisch vermittelten Form von Lehren und Lernen als Aufführungskunst Aspekte gibt, die dem Ansatz von Filliou widersprechen. An dieser Stelle taucht in der medientheoretischen Diskussion unmittelbar die Frage nach dem Verbleib des Körpers auf, der sich im Virtuellen nicht wiederfinden könne. Ohne einen Einsatz des realen Körpers (vorausgesetzt, man kann davon sprechen), können sich folgende Situationen ergeben, die unterschiedlich gewertet werden:

die Befürchtung, daß durch die Bedeutungslosigkeit des Körpers die Resul-

---

472 Unter der Bezeichnung „Serious Games" sind Arbeiten zu finden, die dieser Idee bis heute folgen, wobei allerdings nach der Vorstellung eindrucksvoller Prototypen meist keine Verwirklichung eines ausgereiften Endprodukts erfolgt.

tate des Lehr-/Lernprozesses verfälscht werden, weil die körperliche Erfahrung dazu fehle, steht der Auffassung entgegen, daß die „Befreiung" vom Körper während des Erkenntnisprozesses förderlich sei (etwa in Anlehnung an die Theorie des Yoga); der Kritik, daß die „wahre" Persönlichkeit durch Avatare (persönliche Stellvertreter im digitalen Netz) verborgen bliebe und man sich insofern hinter einem unrealistischen Bild seiner selbst verstecke bzw. den anderen ein falsches Bild liefere, steht die Vorstellung gegenüber, daß so die wirklichen Vorstellungen des anderen sichtbar werden, der sich damit von den Rollen befreit, die ihm durch die Gesellschaft aufgezwungen worden waren; die Bedeutung von „Inklusion", also der Möglichkeit, selbst mit größten körperlichen Handicaps an dem Diskurs in der virtuellen Umgebung teilnehmen zu können; die Gelegenheit, über Ländergrenzen und Entfernungen hinweg mit anderen kommunzieren zu können; die Chance, daß auch körperlich unfreie Individuen in der virtuellen Welt forschen können (wie die virtuellen Privatuniversitäten für saudiarabische Frauen zum Beispiel, oder Bewohner isolierter Dörfer in Indien); die Möglichkeit, konkurrenzlos zu lernen, weil der psychologische Zwang einer Klassengemeinschaft wegfällt; die Tatsache, daß, bleibt es im Virtuellen, kein „realer" Schaden im Sinne von körperlicher Aggression oder Krieg zustandekommen kann, man also nahezu „folgenlos" experimentieren kann.

Bezieht man Beuys' Überlegungen zu Beginn dieser Untersuchung,

> „Die wenigsten Menschen merken, dass, sagen wir mal durch die negative
> Beleuchtung von dieser Tatsache, dass die Menschen heute alle vereinsamt sind und entfremdet sind, und wie alle diese Begriffe lauten, im Grunde nichts anderes gesagt wird, als dass sie frei sind."[473]

auf die oben angeführten Merkmale „virtueller Realitäten", so scheinen diese die Freiheit der Individuen bestens zu unterstützen. Dies ist sicher einer der Gründe, warum die Regierenden aller politischen Systeme versuchen, das ehemals als frei angedachte Internet zu kontrollieren. Selbstverständlich werden diesen Absichten künstlerische Aktionen entgegengesetzt, die versuchen, über die Gefahren dieser Machtausübung aufzuklären. Gleichzeitig versuchen, wie auch im Kapitel Kunst und Unterricht erwähnt, die staatlichen Schulen gerade den Kunstunterricht dafür zu nutzen, eine

---

[473] Filliou, S. 162

so genannte „Medienkompetenz" zu vermitteln, indem sie die Verhältnisse von Abbild und Realität, Wirklichkeit und Virtualität, also unsere Bedingungen von Wahrnehmung usw. diskutieren, wobei man aber, liest man die Erklärungen der Schulcurricula, einen negativen Unterton nicht überhören kann. Es scheint, daß die Skepsis gegenüber diesen „Neuen Medien" hoch ist, und man sich bemüht, ihren Stellenwert im Leben der Heranwachsenden zu mindern. Dadurch wird allerdings ebenfalls verhindert, daß interessante und weiterbringende Konzepte entwickelt werden, wie zum Beispiel eine Lehr-/Lernumgebung im Sinne Fillious et al.

Im Zuge meiner oben erklärten Prämisse gebe ich daher im Folgenden eine Darstellung der (im übrigen bis heute noch nicht ausgenutzten) Potentiale der virtuellen Medien für die Errichtung einer wirkungsvollen Forschungsplattform in unserem Sinne, nämlich für das „Lehren und Lernen als Aufführungskünste". Dies mache ich, indem ich versuche, die dramaturgischen Prinzipien klassischer Aufführungskünste im Hinblick auf ihre Verwendungsmöglichkeiten in virtuellen Medien zu analysieren.

1. Bestandsaufnahme klassischer dramaturgischer Prinzipien im Hinblick auf ihre Relevanz für die Konzeption von „Virtual Reality"-Welten

Unter diesem Titel habe ich 2001 im Zuge eines Forschungsprojekts[474] herausgearbeitet, welche dramaturgischen Prinzipien die klassischen Medien wie Theater und Film, aber auch bei der Besucherführung im Museum, mit welchen Intentionen genutzt werden, um daraus Methoden für die Konzeption interaktiver Programme und virtueller Welten abzuleiten. Dabei hat sich herausgestellt, daß die analoge Übertragung der formalen Eigenschaften von Theater auf die Konzeption einer virtuellen Welt äußerst gewinnbringend und für den Erfolg einer Vermittlungsabsicht hilfreich ist, und, zusammen mit den dem virtuellen Medium eigenen Qualitäten zu einem überzeugenden Werkzeug von Aufführungskunst werden könnte. Um diese Übertragung veranschaulichen zu können, sollen grundlegende Aspekte vorab definiert werden, die vielleicht selbstverständlich erscheinen, aber in unserem Zusammenhang dennoch betont werden müssen. Außerdem ergibt die folgende Aufstellung ein Bild davon, wieviele vielfältigen Faktoren eine „Aufführungskunst" ausmachen, hinter den sich jeweils auch unterschiedliche Gewichtungen der Elemente „Macht", „Freiheit", „Autorität" etc. verbergen. Ist man sich dessen bewußt, wird die Unterscheidung des einzelnen Künstlers im Verhältnis zu etwa einem „politischen Theater" in der Frage der emanzipatorischen Absicht bedeutsam, was ja im Kapitel III herausgearbeitet worden ist.

Zum Begriff Dramaturgie und dramaturgische Prinzipien

Der Begriff Dramaturgie in seinem ursprünglichen und lange so verstandenem Sinn bedeutet: δραματουργια = Verfertigung und Aufführung von Dramen.

Den Begriff Drama beschreibt Eric Bentley folgendermaßen:

> „In sich sind Geschehnisse nicht dramatisch. Das Drama braucht das Auge des Betrachters. Um in etwas ein Drama zu sehen, muß man erstens Elemente eines Konflikts entdecken und zweitens gefühlsmäßig darauf reagieren. Die Reaktion

---

474 Vgl. Richard Wages, Benno Grützmacher, Georg Trogemann, Sina Mostafawy, Martin Suttrop, Rajele Jain, Frank Hasenbrink, Stefan Conrad: alVRed – Nichtlineare Dramaturgie in VR-Umgebungen. Proceedings Internationale Statustagung Virtuelle und Erweiterte Realität, November 5-6, 2002, Leipzig, Germany.

besteht darin, daß man vom Konflikt gepackt oder wundersam ergriffen wird. Selbst der Konflikt in sich ist noch nicht dramatisch. Sollten wir alle in einem Atomkrieg umkommen, wäre immer noch ein Konflikt vorhanden - auf dem Gebiet der Chemie und Physik. Das ist kein Drama, sondern lediglich ein Prozess. Wenn das Drama etwas ist, was man wahrnimmt, muß mindestens einer da sein, um wahrzunehmen. Drama ist menschlich."[475]

Zwei Komponenten für die Erhellung des Begriffs Dramaturgie sind festzuhalten:

- der Zuschauer, also der Mensch, bestimmt den Wirkungsgrad jeder Inszenierung und gibt umgekehrt deren Form und Inhalt vor (indem er den vorgeführten „Konflikt"
begreift),
- es besteht eine lange Tradition von Methoden zur Herbeiführung des dramatisch-
szenischen Ereignisses.

Die Untersuchung des Spannungsfeldes zwischen dem Publikum und allen an der Verfertigung und Ausführung von Dramen Beteiligten führte zu der These, daß das Theater ein Abbild des menschlichen Lebens sei - das so genannte Theatergleichnis: „Das Theater konnte durch viele Generationen hindurch als Metapher und Analogie zur menschlichen Lebenswelt dienen, weil es in sich selbst ein Abbild und Symbol menschlicher Interaktion ist."[476] Waren das Theater bzw. Aufführungen in Echtzeit die ersten, auch institutionell gegebenen Formen der menschlichen Neigung, Rollen zu spielen bzw. Themen öffentlich darzustellen, so sind weitere - Dramaturgie erfordernde - Vermittlungsformen hinzugekommen: Film, Fernsehen, Literatur, Tanzdrama bis hin zu Inszenierungen in virtuellen Welten.

Das Theater jedoch unterscheidet sich in seinen Illusionserzeugungen von denen der anderen Künsten auf eine besondere Weise:

> „Alle Künste können Qualitäten menschlicher Erlebnisabläufe symbolisch darstellen und hiermit (nach S. Langer) einen kognitiven Beitrag im emotionellen Lebensbereich leisten. Wenn das Theater als Kunst eine einzigartige Bedeutung hat, so nicht deshalb, weil es „Gesamtkunstwerk" ist. Das Theater ist eine eigene und nicht deri-

---

475 Eric Bentley. Das lebendige Drama, Eine elementare Dramaturgie. Hannover 1967, S. 12
476 Uri Rapp. Handeln und Zuschauen, Untersuchungen über den theatersoziologischen Aspekt in der menschlichen Interaktion. Verlag Luchterhand 1973, S. 31

vierte Art symbolischer Bildhaftigkeit, …das sein Objekt, den appräsentierten Sinnzusammenhang, mit den Ausdrucksmitteln dieses Objekts selbst symbolisiert. Das Objekt ist die menschliche Interaktion, insbesondere der Qualitätscharakter ihrer Beziehungen; und es wird durch interagierende Personen, die in Beziehung zueinander stehen, gestaltet."[477]

Die angesprochene, symbolisierte menschliche Interaktion wird hierbei nicht nur einfach auf der Bühne vorgeführt, sondern, wie auch schon in Bezug zum politischen Theater ausgeführt, mit dem Publikum gemeinsam unterschiedlich intensiv entwickelt und gespielt.

Für den Film wird manchmal ein ähnlicher Ansatz formuliert, wie etwa bei Kloepfer, dessen Aussage meine Theorie über die besondere Funktion von Filmen über Künstler unterstützt, insofern, als sie darlegt, wie sich der Zuschauer in den Film (in meinem Fall den Filmmacher als Protagonisten) hineinversetzt:

„Bewegung macht den Film aus – sowohl die in der vorgestellten Welt wie die im vorgestellten Bewusstsein: Die «spezifischen Möglichkeiten des Films lassen sich definieren als Dynamisierung des Raumes und entsprechend Verräumlichung der Zeit» (Panofsky..). Dies wird nun durch Versetzungshandlungen im Bewusstsein des Zuschauers erneut potenziert, in dem es allein die Welt des Films gibt. Sie «bearbeitet» oder «regiert» der Regisseur im Hinblick auf eine umfassende Bewußtseinsdramaturgie, die mehr als alle Teile und etwas Neues produzieren kann (…). Das meint man mit der These: Kunst lehrt Sehen. Film ist so – und er kann es immer wieder sein – ein sich selbst lehrendes System, nicht viel anders als die Sprache in der Lebenspraxis."[478]

Für die Entwicklung virtueller Welten liegt die Betonung auf Interaktionsmöglichkeiten für den Benutzer, auf Reaktionsmöglichkeiten des begehbaren Systems, auf nichtlineare Erlebnis-, Erfahrungs-, und Situationsvermittlung. Die Theateraufführung als „reale Situation" kann, wie anhand der „Lehrstücke" beschrieben, das Verhalten der Zuschauer durch deren Partizipation verändern, formal liegt dies in der Technologie der Neuen Medien ebenfalls vor. In der Beobachtung so genannter „MUD"s (multiple user domain) stellt Sonja Utz 2001 fest:

477 Rapp, S. 83
478 Rolf Kloepfer, Semiotische Aspekt der Filmwissenschaften: Filmsemiotik. http://www.split.uni-mannheim.de/R3/frameset/Professor/pubrk/prk00_filmsemiotik.pdf

> „Es besteht laut einigen Untersuchungen (Vgl. Bromberg 1996) der Konsens unter Usern von virtueller Realität, daß sie dazu fähig ist, veränderte Bewußtseinszustände zu produzieren, und daß diese durch das intensive und sofortige interaktive Feedback, daß auf die individuellen Befehle des Users reagiert, entstehen. Dies unterscheidet sie auf jeden Fall von anderen, passiveren Unterhaltungs- und Kommunikationstechnologien."[479]

Dramaturgie der Situation

> „Die Theateraufführung ist eine reale Situation."[480]

Theater ist Kommunikation. Kommunikation ist Zeichenvermittlung. Theater ist insofern ein Ereignis, weil der Schauspieler in der Zeit agiert und die Darstellung nicht wirklich wiederholbar ist. Im Gegensatz zur Fiktion und zum Film, in denen bereits Geschehenes erzählt wird, geschieht etwas in der Zeit der Aufführung, und das Publikum weiß zwar um die Illusion, gibt sich ihr jedoch freiwillig hin. Kloepfer zum Beispiel erweitert den Begriff des «Geschehens» oder Handlung (in dem Fall die des Zuschauers) und bezieht ihn auch auf den Film:

> „Nur wenn der Zuschauer sich in die jeweilige Welt versetzt, sich also mental in verschiedenen Welten bewegt, wirkt der Film."[481]

Dieses «freiwillige Hingeben» wird im Rahmen der „Virtual Reality" (VR)-Diskussion wegen der im Vergleich zu anderen Inszenierungsmöglichkeiten angeblich wesentlich umfassenderen Wirkkraft von VR von manchen Theoretikern so gesehen, daß es zu einem fundamental veränderten Verhalten des Menschen führe. Sherry Turkle (1948) vom MIT (Massachusetts Institute of Technology) schreibt:

> „Windows have become a powerful metaphor für thinking about the self as a multiple, distributed system. The self is no longer simply playing different roles in different settings at different times. The life practice of windows is that of a decentered self that exists in many worlds, that plays many roles at the same time."[482]

Im Sinne Fillious et al. ist ein bewusstes Experimentieren mit verschiedenen

479 Sonja Utz, Kommunikationsstrukturen und Persönlichkeitsaspekte bei MUD-Nutzern http://www.tu-chemnitz.de/phil/psych/professuren/sozpsy/Mitarbeiter/Utz/Diplom1.htm
480 Rapp, S. 171
481 Kloepfer, ebd.
482 Zit. nach Utz, ebd.

Rollen auch eine Methode zum Lehren und Lernen.

Da „Interaktivität" ein zentraler Begriff innerhalb der „Neuen Medien" ist, und „Partizipation des Rezipienten", wie hier mehrmals dargestellt, ebenfalls verschiedenste diesbezügliche Ansätze birgt, ist es aufschlussreich, sich ein Bild von der Quantität der Faktoren zu machen, die bei der Herstellung einer sozialen Situation tatsächlich mitspielen. Schon die folgende, grobe Aufstellung (in Anlehnung an Rapp[483]) vermittelt die Einsicht, daß „interaktives" Verhalten mehr bedeuten muss als reines Navigieren durch ein Programm oder Fällen von Entscheidungen mittels Auswahl von Schaltflächen.

Die Elemente einer sozialen Situation sind definiert als

1. das Subjekt bzw. die Subjekte

2. das Thema bzw. das Problem

3. die Gegebenheiten (Milieu, Umstände, Lage)

4. ein Horizont.

Hinzu kommt als Element des Handelns:

5. die Definition der Situation. Aus dieser vom Publikum gemachten Definition ergeben sich verschiedene Anschauungen über den Tatbestand, die den Inhalt des Dramas ausmachen. Das Ziel einer Dramaturgie ist es, zu erreichen, dass das Publikum den dargestellten Konflikt begreift und ihn für sich annimmt. Je nach Vorwissen und der Fähigkeit, die angebotene Darstellung entschlüsseln zu können, entstehen nach Rapp[484] folgende Situationen, in die das Publikum geraten kann:

- Überraschungen: Sie können nur zustandekommen, wenn die Situation vom Zuschauer nicht eindeutig definiert werden kann.
- Routinesituation: Situationen werden erlebt als wiederholbare, typische Abläufe, die sich als derartige auch definieren lassen. Der Ausgang der Situation wird erwartet und mitdefiniert vom Zuschauer.
- Dramatische Situation: Situation wird als einmaliges Erlebnis gesehen, dessen Ausgang ungewiss ist und mit Spannung erwartet wird.
- Veranstaltungen (Rituale, Zeremonien, Feiern, Begehungen, Aufführungen, Versammlungen). Hier handelt es sich um gleichförmig

483 Vgl. Rapp, ebd.
484 Vgl. Rapp, ebd.

strukturierte, stilisierte Ereignisse, die rekapituliert werden und Inhalte vergegenwärtigen lassen. Ebenso vorweggenommene, im Entwurf durchgespielte Ereignisse, die erwartet und befürchtet oder gewünscht werden und durch die Praktizierung in der Veranstaltung Wichtigkeit erlangen. Das Publikum fühlt sich in der Gemeinschaft Gleichgesinnter.

Wie eingangs erwähnt, existiert keine dramatische Situation ohne die Bewertung von Zuschauern bzw. Beteiligten. Bewertung der Situation ist also letztlich die entscheidende Handlung, die eine Inszenierung zu einem Erlebnis machen kann. Dramaturgische Möglichkeiten, die Auffassungen und Bewertungskriterien des Publikums zu lenken, sind nach Rapp folgende:

1. Rhetorik (Rhetorik ist eine Beeinflussung durch andere Subjekte, die eigene Definition einer Situation zu akzeptieren)

2. Magie („(vermeintliche) Herstellung mittels Darstellung, d.h. jede Tätigkeit, die durch symbolische Handlung reale Änderungen in der Umwelt zu verursachen beabsichtigt"[485]. Wichtig ist hier auch die Bedeutung der Teilnahme, der Magie des Dabeiseins, die dazu führt, die vorgeführte symbolische Darstellung für effektiv zu halten.

3. Geheimnis und Enthüllung (das Geheimnisvolle, das sich beispielsweise hinter der Bühne abspielt, das nur angedeutet oder nicht ausgesprochen wird. Ebenso als geheimnisvoll angesehen werden kann die Situation, daß man z. Bsp. an einer Verschwörung teilnimmt).

4. Prominenz in der Menge (Beeinflussung durch Anwesenheit von Prominenz, denn so erhält die Menge Bedeutsamkeit.)

Das Eigentliche des rhetorischen Moments der Aufführung ist das Eindrucksvolle. Die Definitionen, die das Publikum macht, sind im Grunde um den Begriff „eindrucksvoll" herum angesiedelt: das Zwingende, das Überlegene, das Lockende, das Herrschende, Gültige, das Unheimliche, das Besondere. Auf der negativen Seite: das Befremdende, das Verächtliche etc.

Diese o.a. Definitionen umschreiben also den Teil der Inszenierung, der zwischen Autor, Regisseur, Text, Schauspieler und Publikum entsteht, hier definiert als „soziale Situation". Die Kenntnis solcher Strategien stellt ein Machtpotential dar, weswegen die Betonung des partizipatori-

[485] Rapp, S. 182

schen Anspruchs mancher Aktionen und Künstlerevents mit Vorsicht zu analysieren ist, bevor man ihnen „Teilnahmetechnik" im Sinne Fillious zuschreibt (Filliou sagte selbst: „Man sollte niemanden beeinflussen. Wir müssen uns um ein Gespräch bemühen, nicht um Einfluss."[486]) Bezogen auf die Übertragung in virtuelle Szenarien allerdings können solche strategischen Elemente völlig anders gehandhabt werden, indem beispielsweise der Benutzer entscheidet, welcher Art von „sozialer Situation" er sich aussetzen möchte. An der Beschreibung von „Second Life"-Welten an einem späteren Punkt wird dies anschaulich.

In Bezug auf das Medium Film zitiert Kloepfer Eisenstein und weist mit dem Text auf die Bedeutung von Mimesis, der Nachahmung hin:

> „Eisensteins Argument läßt sich zusammenfassen: Seit den Urmenschen, die theatralisch verkleidet mit Fellen Raubtiere spielen, zielt Kunst weniger auf abbildende Darstellung, sondern ist eine Art Training zur Entwicklung von Fähigkeiten, die damals die Jagd und den Kampf erfolgreich machen sollten. So sind im Film Verfahren gemäß den Dimensionen der Deixis Angebote zur „Versetzung" in Raum und Zeit, zur Übernahme einer kommunikativen und sozialen Rolle und vor allem zum Umgang mit dem Zeichenangebot. Eisenstein gebraucht in diesem Zusammenhang nicht zufällig immer wieder den Begriff der Nachahmung "Mimesis" und zwar ganz im Sinne Walter Benjamins.... Wie bei Aristoteles umfasst „Mimesis" in den 30er Jahren die drei Aspekte leibhaftige Analogiebildung (Ikonizität) des Mimen oder des unprofessionellen Nachahmers (Kinder!), das Dargestellte als Effekt dieses Tuns (Zeichenangebot für den Zuschauer) und schließlich das äußere und innere leibhaftige Mitgehen, Mittun, Mit-sich-Aufführen bei der Verarbeitung durch den Adressaten."[487]

Die «Versetzung» in Raum und Zeit ist eine Grundfunktion von „Virtual Reality", die hier mithilfe von Filmsequenzen oder computergenerierte 3-D-Szenarien ermöglicht wird.

Dramaturgie der Zeit

Zeit ist ein Modus der Wirklichkeit. Wie im vorangegangenen Abschnitt

---

486 Filliou, S. 82
487 Kloepfer, ebd.

bereits festgestellt wurde, ist die Situation im Theater während einer Inszenierung mit Publikum eine reale, soziale Situation, und außerdem eine zeitliche Erfahrung. Selbstverständlich ist auch das Ansehen eines Filmes im Kino oder das Lesen von Literatur ein zeitnehmender und -bestimmter Faktor, man kann jedoch zeigen, daß die Untersuchung der verschiedenen Aspekte von Zeit in Bezug auf Theateraufführungen im Vergleich zu denen des Erlebens (Begehens, Erfahrens) virtueller Welten mehr relevante Parallelen aufweist.

Im Drama ist die Zeit immer eine Fiktion, auch wenn Gegenwart dargestellt wird, denn zu dem Dargestellten addiert sich noch die Zeit der sinnlich wahrnehmbaren Aufführung. Wird Vergangenheit dargestellt, bleibt dem Zuschauer so dennoch ein Rest Gegenwart. Im Erzählkunstwerk wird etwas als schon Geschehenes mitgeteilt, die Zukunft spielt eine untergeordnete Rolle. Dies ist innerhalb einer Theateraufführung nicht so, besonders dann, wenn dem Zuschauer eine aktive Rolle zugewiesen wird.

Franz H. Link[488] analysiert in seinem Buch „Dramaturgie der Zeit" ausführlich die vielfältigen Techniken, mit Zeit (des Erzählten, der Aufführung, der historischen Zeit u.v.m.) im Theater umzugehen. Ein Aspekt soll hier herausgegriffen werden, weil er für die Konzeption einer virtuellen Aufführungskunst zum Lehren und Lernen besonders interessant ist, und zwar das Aufeinandertreffen von Fiktion (gespielter Zeit) und Gegenwart (des Publikums) als Ritus. Die in der Gegenwart gespielte Vergangenheit wird als deren realer Nachvollzug verstanden und macht die Aufhebung der Distanz zwischen Inszenierung und Publikums aus. In VR-Welten kann eine gemeinsame Praxis in „Echtzeit" stattfinden, wenn sich beispielsweise Menschen zum gleichen Zeitpunkt verabreden, um sich per Text, Bild und Ton oder „Motion Capturing" an einem gemeinsamen Vorhaben zu beteiligen. Zeitversetzt ist dies möglich, indem Spuren oder „Produkte" (Nachrichten, computergenerierte Objekte, audiovisuelle Aufzeichnungen etc.) von einem anderen hinterlassen werden, zu denen man sich verhält und die man verändert etc. (siehe auch „Andauernde Schöpfung" bei Filliou).

Dramaturgie des Raums

Alle Prinzipien zur Dramaturgie des Raums im Theater und Film sind auf die virtuellen Welten zu übertragen und können von diesen naturgemäß noch

---

488 Link, Franz H., Dramaturgie der Zeit, Freiburg 1977

erweitert werden. Nicht nur können durch die digitalen Konstruktionsprogramme für dreidimensionale Räume jede Idee eines Theaterraumes, eines Marktplatzes oder eines Doms umgesetzt werden, aus jeglicher Perspektive betrachtbar, wobei der Benutzer seinen eigenen Blickwinkel von der Größe einer Fliege bis zu der Figur eines Riesen beliebig verändern kann. Es werden realistische und illusionistische Räume gestaltet, Landschaften, Metropolen, Aquarien oder Raumteile wie Aufzüge werden zu Aufenthaltsorten oder Märchenlandschaften und Vulkanausbrüche zu Erfahrungsräumen. In Computerspielen kann man sich von den beeindruckenden technischen Möglichkeiten der Visualisierung überzeugen, die nur durch die Grenze der menschlichen Vorstellungskraft, wie auch den Möglichkeiten des Gleichgewichtssinn limitiert sind.

Ähnliches gilt für die

Dramaturgie des Lichts (Lichtstimmung, -symbolik, räumliche Dynamik, optische Orientierung, raumauflösende, illusionsfördernde usw.) und die

Dramaturgie des Tons (als Untermalung, zur Steuerung, als musikalisches oder akustisches Dokument etc.).

Auch hier sind die interaktiven Angebote für das Publikum vielfältig, indem es einfach alles selbst bestimmen oder schaffen kann. Die Möglichkeiten zur individuellen Konfiguration der Computermonitorhintergründe, der Anordnung und des Erscheinungsbilds der diversen Programme, der Auswahl der Signaltöne usw. werden heute von jedem Computerbenutzer genutzt, um sein Arbeitsgerät zu personalisieren. Man richtet sich quasi ein, wie man sich in seiner Wohnung einrichtet. Insofern sind die oben erwähnten Auswahlmöglichkeiten notwendiger als man zunächst denkt, denn die Gestaltung einer virtuellen Lehr-/Lernumgebung ist für das Interesse des Benutzers wichtiger als sich die Programmierer gängiger Lernsoftware wohl gedacht haben. Die meisten wirken unzulänglich und deuten daraufhin, daß die ausgefeilten dramaturgischen Prinzipien klassischer Medien keine Berücksichtigung erfahren haben. Solange dies nicht geschieht, bzw. allenfalls in Computerspielen, deren Inhalt nun wiederum oft wenig überzeugend ist, wird künstlerischen Konzepten für virtuelle Umgebungen mit Widerstand begegnet, zumindest bei Fragen des Sponsoring oder der Förderung. Da die Entscheidungsträger keine gelungenen Beispiele kennen und sie sich nicht vorstellen können, ist es entsprechend unmöglich, das große Budget aufzutreiben, das für die technische Ausstattung und die interdisziplinäre

Arbeit von Mediengestaltern, Wissenschaftlern, Künstlern, Autoren, Regisseuren, Dramaturgen, Programmierern, Komponisten, Psychologen und vielen mehr erforderlich wäre. Dies ist u.a. auch deshalb problematisch, weil durch das Fehlen existierender Anwendungen im hier beschriebenen Sinne das Feld der Neuen Medien dem Kommerz und den Machthabern überlassen wird und damit, ähnlich wie vorher beim Medium Fernsehen, eine große Chance für „Lehren und Lernen" der menschlichen Gattung vertan wird.

Nach dieser kurzen Übersicht einiger für die Konzeption von virtuellen Lehr-/Lernumgebungen brauchbarer dramaturgischer Elemente klassischer Medien wird nun auf die spezifischen Möglichkeiten eingegangen, die durch die digitale Basis der „Virtual Reality" gewonnen werden können. Diese beziehen sich besonders auf die „Teilnahmetechniken" des Benutzers, was als

Dramaturgie des Publikums

bezeichnet werden soll. Hier findet die Definition des Begriffs „Drama" von Bentley (siehe oben) ihre höchste Entfaltung. Bentley verwies auf die Tatsache, daß die Bereitschaft und die Fähigkeit des Publikums, sich auf die dargestellte Situation einzulassen, die Grundlage für die Vermittlung dessen ist, was im Theater, einem Lehrstück oder einer Aufführungskunst eines virtuellen Szenarios intendiert war. Für das Theater konnte dies heißen:

> «Auf der Bühne regen sich verkleidete Leute, die etwas darstellen. Darstellend handeln und erleiden sie: oft Ungewöhnliches, vorzugsweise Schreckliches oder Lächerliches."[489]

Die Virtual Drama Society[490] bemängelte 1996,

> „Right now (1996) „drama" (in TV, film, and interactive media) tends to mean conflict (often violent), more conflict, and conflict resolution. „Serious" dramas usually involve life-or-death levels of conflict (high stakes) while „comedy" dramas involve situational

---

[489] Klotz, Volker, Dramaturgie des Publikums, Würzburg 1998, S. 13
[490] Im Jahr 2000 hatte ich im Zuge des eingangs erwähnten Forschungsprojekts die Webseite der sogenannten „Virtual Drama Society", u.a. verbunden mit dem Namen Cat Hebert, im Internet gefunden. Schon kurze Zeit später war diese Seite unauffindbar, und dies hat sich bis heute nicht geändert. Dennoch existieren einige Verweise auf ihre Arbeit, besonders zu einer Performance in Philadelphia/USA, die wohl 1996 stattgefunden hat. Möglicherweise wurde die Webseite als zusätzliche Erklärung dazu eingerichtet. Da sie aber sehr wichtige Aspekte von Partizipation in virtuellen Umgebungen enthielt (denen bis heute nur in Computerspielen teilweise Rechnung getragen wird), werden auf den nächsten Seiten eine längere Passage davon zitiert.

embarrassment or name-calling conflict (low stakes). Over the usual 20 minute - 90 minute time period used by these media, the only more or less reliable ways to keep audience attention are 1) to present a riveting story with fascinating characters/dialogue/ stars 2) to keep audience fear/ flight/ embarrassment physiological levels relatively high. The demand for dramatic product and costs of production are so great that approach #2 makes a lot more sense to media programming and accounting departments".

Sie unterstreicht damit die hier zuletzt angeführte Kritik. Klotz fährt in Bezug auf das Theater fort:

„Was und wie sie handeln und erleiden, ist weder beliebig noch wirr. Es hat Gründe und folgt Regeln, die für einen sinnvollen Zusammenhang sorgen. Denn die Leute auf der Bühne regen sich nicht für sich, sondern für andere, die eigens deshalb gekommen sind. Die wären und blieben nicht da, würde etwas dargestellt, das ihnen weder nahgeht noch eingeht.

Um die Zuschauer fürs Bühnengeschehen einzunehmen, müssen die Theatermacher – vom Autor bis zum Schauspieler – vornehmlich zwei Dinge tun. Sie müssen, da sie besondere Handlungen vorführen, merklich den allgemeinen Erfahrungsschatz verarbeiten. Und sie müssen durch lenkende und ordnende Maßnahmen die Zuschauer instand setzen, ihrerseits als sinnvollen und belangvollen Zusammenhang all das zu verarbeiten, was die Bühne vorbringt."[491]

Der «allgemeinen Erfahrungsschatz» beinhaltet alle bereits dargestellten Funktionen von Zeit-, Raum-, Licht-, Situationserfahrungen und möglichen, kulturell abhängigen Zeichen, Symbolen, Figuren, Charaktere und Sprache. Sie alle werden eingesetzt, um dem Publikum möglichst viele Informationen und Hilfen zu geben, mit denen es den Tatbestand im Sinne der Aufführung verarbeiten kann. Ob es um das Prinzip des Wiedererkennens (das nach Aristoteles Lustgefühle weckt) geht, um Simulation als «experimentelles Durchspielen von möglichen Systemen durch analoge Systeme, die darstellbar und nachahmbar sind» oder um Repräsentation durch Zusammenspiel verschiedener Rollen – das Publikum muß aktiv sein, um wiedererkennen zu können, um verschiedene Perspektiven einnehmen, sich in völlig neue Zusammenhänge versetzen zu können.

491   Klotz, S. 13

Die Frage der psychischen Distanz erweist sich hier möglicherweise als fruchtbar, denn «Distanz ist nicht ein Zustand, sondern eine immerwährend zu vollziehende, an sich äußerst prekäre Haltung, der ständig Gefahr droht, in Bindung und Befangenheit zurückzufallen."[492]

Brecht führte ja an, daß, wo Bindung und Befangenheit vorherrschen, passives Verhalten zu erwarten ist. Die Spannung zwischen Selbsterhalten und Riskieren erst ermöglicht das echte Erlebnis einer Inszenierung und führt zu Aufgeschlossensein und dem Willen, sich überzeugen zu lassen. Räumliche und zeitliche Distanz soll ja in VR aufgehoben werden zugunsten eines Erlebnisses in «Echtzeit». Es bleibt hier die Frage nach der Möglichkeit zur Verringerung der psychischen Distanz, die im Theater und Film u.a. durch Herstellung von «Spannung» erreicht wird. Die Handlungsökonomie wird bestimmt durch den Konflikt als Spannungsträger: es gibt spannungsfördernde Stauungen, vorwärtstreibende Geschehnisse, Wendungen in der Lage. Diese werden bestimmt durch gleiche oder unterschiedliche Kräfteverteilung und dem Wechsel zwischen Stabilität und Labilität der Situation oder des Umfelds. Die Lösung eines Konflikts wird als Grundlage jeder dramaturgischen Konzeption angesehen. Dieser Konflikt wird dargestellt in Raum und Zeit und mithilfe der beschriebenen Mittel eindrucksvoll vermittelt, das Publikum ist sich u.a. infolge der Gewissheit über die «Auszeit» während der Aufführung der Illusion bewußt, gibt sich ihr jedoch hin.

Bei der Konzeption «virtueller Dramen» kommen jedoch auch neue Kriterien ins Spiel:

- der Zeitraum der Aufführung muß nicht mehr streng fixiert sein. Es kann Dauer-
  inszenierungen geben, den Zeitpunkt der Begehung und Fortsetzung bestimmt der Betrachter,
- ein konkretes zeitliches Ende muß nicht mehr gegeben sein: die Inszenierung besteht oder mündet in ein Forum, Spielfeld, Umgebung, die von anderen weitergetragen werden und sich permanent verändern,
- der Benutzer kann unterschiedliche «Rollen» erfüllen, die aktiv, passiv, beobachtend oder teilnehmend sind,
- die Charaktere und Typen der Inszenierung können auf den Benutzer reagieren,

492   Uri Rapp, S. 50

- das Vorwissen des Benutzers kann ergänzt, vertieft oder abgefragt werden, um die Inszenierung für ihn persönlich entsprechend zu gestalten (verschiedene Sprachen, Symbole, Zeichen, Themen),
- neue Inhalte weniger allgemeingültiger Natur können trotzdem zu „dramatischen" (zustandsverändernden) Erlebnissen führen.

Wie sehr eine Dramaturgie solcher VR-Inszenierungen vom Publikum abhängt, wird in folgender Definition von Cat Hebert sichtbar, in der die Bezeichnung „Publikum" gegen „Traveller", also Reisender, ersetzt wird:

> „Virtual Drama is a storytelling form in which the audience members (or „travellers") are immersed in a three dimensional, sensorily plausible, computer-generated (or mediated) world where they are able to communicate with characters and other travelers, alter events, and interact with places, spaces and objects. In advanced forms of virtual drama, travelers should also be able to create their own worlds and characters, examine the minds and personal histories of characters (mind-surfing/ hitching/ diving), transcend time and space (time-diving and space-diving) and relive the history of places, spaces and objects (object/ space diving)"[493]

Der dramatische Aspekt erhält so einen individuelleren Ansatz:

> «This means that a bio-hobbyist would be able to re-discover the Galapagos
> Islands (or at least find a new species or two) - even if it takes
> a couple of weeks (or months). The hobbyist's explorations wouldn't be „dramatic" by current definitions - but a selected, important, „key" or „peak" experience is certainly „dramatic" to the person involved in it. And it meets most criteria for dramatic storytelling."[494]

Hier entfaltet sich das Potential der virtuellen Medien für „Lehren und Lernen als Aufführungskünste" nach Filliou in voller Breite: die Möglichkeit zur individuellen „Entdeckungsreise", von keinerlei vorgegebener Dramaturgie in der Abfolge bestimmt, verbunden mit völliger Offenheit in Zeit (und Raum), Entscheidungsfreiheit in der Auswahl und Differenzierung von Themen, Gesprächspartnern, räumlichen Umgebungen, eigenem Verhalten usw. hat den vormaligen Rezipienten zum aktiven Gestalter seines eigenen Lehr-/Lernprozesses gemacht. Zur Veranschaulichung werden

[493] Cat Hebert, aus der Einführung zu ‚Virtual Drama', vgl. Anmerkung 490
[494] Ebd.

im Folgenden Teile der Listen zitiert, die die „Virtual Drama Society" für das mögliche Verhalten des „Travellers" antizipierte, wobei auch ersichtlich wird: je individueller und freier der Nutzer (der einzelne Rezipient) agieren können soll, umsomehr muss vorher über ihn bzw. seine möglichen Bedürfnisse nachgedacht werden. Schon vor über 15 Jahren entstand dazu die folgende, als Anregung gedachte Aufstellung:

„Here are some terms that describe the ways we'll be able to experience virtual characters:

ghosting

just „hanging around" (even literally) watching a character from a selected vantage point

surfing

sensing the world from the character's point of view

hitching

sensing a character's thoughts and feelings as well as the sensory input

diving

moving into a character's past history (in many different ways)

The character will also be able to experience places, spaces and objects. (Here are the same terms with slightly different descriptions.)

ghosting

just hanging around watching. (Watching grass grow or a volcanoe erupt)

surfing

viewing the world from the object's sensory point of view. (For example, a vase in the court of Louis XIV or a ball in a World Cup match -- take your pick.)

hitching

there are certain situations where an object or space may have a persona but not actually be a character. (In this case its „thoughts" might be the sense impressions of people who have passed by.)

diving

Delving into the history of an object or space. (How about following a marble floor tile from a quarry in Italy?)

Traveler (Audience) Research Areas

(We refer to audience as „travelers" and virtual dramas as „vids". „Ghosting" refers to a situation where the traveler is viewing a vid from different vantage points but is not interacting in the experience.)

How will travelers pre-select experiences?

General categories of vid experiences

Obtaining traveler likes and dislikes

Methods of offering travelers choices of characters/settings

Issues surrounding psychoprofile and pre-experience physical examinations. How much will travelers tolerate and under what conditions?

The role of virtual character assistants (vid assistants) in helping travelers select experiences

Levels of equipment tolerance by travelers -- for short and long duration experiences

General strategies for aiding immersion

Vid rules -- effective or a waste of time?

Conveying necessary information to the traveler prior to the start of the primary experience

The role of in-vid guides to orient travelers

Communicating with virtual characters prior to the development of voice recognition

Communicating with virtual characters using limited voice interaction

General strategies for refocusing/redirecting traveler questions

Methods for inobtrusively „funneling" travelers into interesting experiences.

Choice of viewing vantage point for „ghosting" travelers

Non-interruptive traveler navigation in space and time

„Lost" traveler handling strategies

Traveler control over plot and event structures (from within the vid experience)

Traveler experience of characters' thoughts

Issues surround the integration of virtual work and vids

Pacing the traveler through the experience where time length is pre-specified

Marking segments of the vid for viewable replay or re-experience

„Gracious" ending of vid segments

Re-orienting the traveler to the „real" world."

Virtual Character Research

(Most of this research will involve „live" actors acting as virtual characters -- in person or online -- and interacting with travelers. „Guides" are specialized in-vid characters who help orient and direct the traveler. „Angels" are emergency characters who warn of [actual] physical or psychological danger to characters.)

Ways of introducing characters

Levels of character independence and its effect on travelers

Minimum acceptable levels of character interaction ability

Character strategies to get travelers involved

Interactive mystery + dinner theater actors' general techniques

MOO and MUD developer techniques for aiding/impeding character-traveler interaction

Techniques for handling the „difficult" traveler

Best guide and angel types

Character accomodation to traveler preferences/needs

Character to characters communication excluding the traveler

Central plot control over characters

Central control interventions in character-traveler interactions

The Dramatic Use of Objects

(Object „diving" refers to the technique of allowing the traveler to experience the „sensory environment „ or „past" of an object.)

Minimum numbers of objects necessary to achieve different levels of realistic effect

Directing travelers toward object handling opportunities

Traveler practice with object handling

Placement of key „story-active" objects

```
Object „diving" as a technique of prolonging traveler
   involvement in storytime activities without characters
Developing object personalities without total physicaliza-
   tion
The problem of „object clutter"."
```

Die Fokussierung auf die größtmögliche Freiheit des Nutzers innerhalb einer vorgegebenen virtuellen Umgebung als Aufführungskunst ist die Basis dieser Liste. In der bis hierhin geführten Reihe „Politisches Theater", „Lehrer-Künstler", „Lehrstücke von Künstlern" bis zum „Lehren und Lernen als Aufführungskünste mit den Neuen Medien" konnte man sehen, daß der Grad der Autorität, der Freiheit, Höhe und Art der Rezipienten-Partizipation sowie der Vermischung von Kunst und Leben anteilig jeweils verschieden hoch war, wobei im Blick auf Bestrebungen Fillious et al. die Situation mit dem höchsten Freiheitsgrad für das Individuum als die geeignetste anzusehen ist.

Ist also die individualisierte virtuelle Umgebung eine solche, die Fillious Ideen am nächsten kommt? Zu einer Beantwortung dieser Frage muß zunächst noch Folgendes geklärt werden: 1. die Rolle des eigenen Körpers in Relation zu der „Begehung" virtueller Welten, 2. die Rolle des „Beispielgebers", dessen Persönlichkeit in ihrer Authentizität als nicht unerheblicher Faktor für die Akzeptanz durch andere herausgestellt worden ist, also die Frage, ob eine medial vermittelte Persönlichkeit die gleiche Wirkkraft hat wie in einer realen Begegnung, und 3. die Frage, wie Begegnungen stattfinden, und was sie, da virtuellen Charakters, überhaupt bewirken können. Die Behandlung dieser Themen soll mithilfe der Forschungsergebnisse einer Tänzerin, Wissenschaftlerin, Choreographin und Künstlerin erfolgen, die aufgrund ihrer praktischen Arbeit wie auch theoretischen Recherche die Grundlagen besitzt, für unseren Zusammenhang relevante Aussagen zu liefern.

2. Lehrstücke von Isabel Valverde zur Evaluation des Körpers in der virtuellen Welt

In ihrer Veröffentlichung „Interfaces Dança-Tecnologia: Um Quadro Teórico para a performance no domínio digital" evaluiert Isabel Valverde den aktuellen Stand von Performance und Vermittlung besonders in Bezug auf die neuen Medien und deren Einfluss[495]. Unter der Überschrift des ersten Kapitels: *„Visão ou utopia?"* (dt. Vision oder Utopie?) überlegt sie, in welchem Verhältnis die digitalen Technologien zum künstlerischen Ausdruck des Tanzes stehen bzw. inwieweit sie diesen bereichern. Hierzu muss man wissen, daß Isabel Valverde ihre Performances unter Zuhilfenahme neuester Technologien durchführt, wozu beispielsweise *„Motion Capturing Systems"* gehören, digitale Sensorsysteme, die Körperbewegungen in digitale Informationen umwandeln und an das Programm abgeben können, welches Valverde für die Verarbeitung der Daten gewählt hat. Hierbei kann es sich beispielsweise um Videopostproduktionsprogramme handeln oder Audioschnittprogramme, wodurch die Körperbewegungen in Video- oder Audiosignale umgewandelt werden. Sie benutzt dieses System aber auch, um über eigens entwickelte Software in der virtuellen Umgebung von zum Beispiel *„Second Life"*[496, 497] in Kontakt mit anderen Tänzern oder Performern zu treten, die sich ihrerseits über ähnliche Technologien dort „aufhalten" und gemeinsame Aktionen kreieren. Hierbei werden ihre tatsächlichen Bewegungen, die sie in ihrem Studio oder auf der Bühne macht, auf ihren selbst gestalteten „Avatar" (virtueller Stellvertreter im Internet) übertragen, und so in der virtuellen Welt, auch für sie sichtbar, abgebildet. Auf diese Weise hat sie verschiedene Projekte initiiert, die nicht nur tänzerische Einzelperformances waren, sondern auch mit Videos, Musikern, Vortragenden und anderen Künstlern auf ihrer Seite in Portugal über diese Technologien mit Gruppen, die sich beispielsweise in Australien befanden, Gemeinschaftsprojekte in Echtzeit durchgeführt. Ich selbst habe diverse Aufführungen von ihr miterlebt, wobei u.a. diese durch die Zeitverschiebung zu Australien tief in der Nacht stattfinden mussten, was dem Ganzen einen noch geheimnisvolleren Charakter verlieh. Denn tatsächlich ist es so,

---

495 Isabel Maria de Cavadas Valverde. Interfaces Dança-Tecnologia: Um Quadro Teórico para a performance no domínio digital. Fundação Calouste Gulbenkian, Lisboa 2010
496 Technologie im Internet, die es erlaubt, eine künstliche Welt zu gestalten, mit Gebäuden, „Pflanzen" etc., und einer Adresse, mit der andere Benutzer zu diesem Ort gelangen können. Sie wird u.a. auch für Ausstellungskonzepte, virtuelle Konzerte und „Vereine" genutzt, allerdings haben auch Firmen anfänglich versucht, „dort" Werbeaktionen zu starten
497 Siehe hierzu ihre Projekte „Senses Places" https://sensesplaces.wordpress.com/ oder „Posthuman Corporealitities" http://isabelcvalverde.blogspot.pt/2015/05/workshop-posthuman-corporealities.html

daß die Verlängerung des eigenen Körpers in die virtuelle Welt, die für uns nicht zu lokalisieren ist, und die Begegnung dort mit den stellvertretenden Körpern anderer Menschen neuartige Erfahrungen darstellen. Man sieht „sich" und seine bekannten Bewegungen „ganz weit weg" und dazu in Kontakt mit anderen, die man nicht selbst sieht, sondern nur in Vertretung. Die Erscheinung des eigenen Avatars kann man selbst gestalten, er kann aussehen wie ein Mensch, mit Haaren, Kleidern etc. zur Auswahl, aber natürlich könnten es auch andere Gestalten sein. Im Hinblick auf Valverdes Intention, „posthuman" Forschung zu betreiben, ist es allerdings sinnvoll, sich zunächst für eine menschenähnliche Figur zu entscheiden, um die entsprechenden Bewegungen erkennbar abbilden zu können.

„Posthuman" Forschung bezieht sich auf die Idee einer Unterscheidung von „menschlicher Natur" und „Mensch". Letzteres ist das, wie er vorkommt bzw. auch, wie er durch die Theorie des Humanismus oder anderer geformt wurde[498], besonders im Hinblick auf seine Stellung als einzigartiges Lebewesen.

„Menschliche Natur" soll das bezeichnen, was er (im Idealfall und seinen Anlagen entsprechend) in diesem Universum sein könnte, vor allem auch, wenn man nicht nur anthropozentrisch argumentiert. Insofern ähneln die Untersuchungen in diesem Umfeld den auch in Fillious Buch, besonders von Beuys formulierten Vermutungen, daß sich der Mensch nicht seinen Möglichkeiten entsprechend verhalte und entwickle, weil er diese gar nicht berücksichtigt i.e. ihrer bewußt ist. „Posthuman Research", im Sinne Valverdes versucht, Tendenzen zu kritisieren, die von der „menschlichen Natur" ablenken. Künstlerische Arbeit mit den Neuen Technologien, so denkt Valverde, können hier folgende Funktionen erfüllen:

- die Künstler führen alternative Möglichkeiten zwischenmenschlicher Kommunikation vor,
- sie fordern dementsprechend unsere eigene Wahrnehmung darüber heraus,
- es entstehen neue soziale Interaktionen wie „virtuelle Tänze" zwischen Partnern an unterschiedlichen Plätzen, die sich in der Realität nicht getroffen haben,
- das Publikum kann seine Träume in den imaginären Welten der virtuellen Realität erfüllen, beispielsweise, indem es selbst Aktionen auslöst,

498 Vgl. auch Kapitel Kunst und Schulunterricht

- der soziale Aspekt ist ein bedeutender Faktor der „Interfaces" (Schnittstellen zwischen dem Benutzer und der virtuellen Welt mit anderen Benutzern),
- die Vorherrschaft von Bild & Wort wird verschoben zugunsten eines (vernachlässigten) Körperbewußtseins,
- die künstlerischen Arbeiten sind ein Ergebnis interdisziplinärer Arbeit und
- sind oft verbunden mit reflexivem Denken (philosophischer Art).

Ein Beispiel für die Möglichkeit einer veränderten Wahrnehmung ist die Verdopplung des eigenen Körpers durch die oben angeführte Bewegungsübertragung ins Virtuelle, in dem man sein Abbild sieht, wie es sich ebenso bewegt wie sein realer Körper. Entgegen den Meinungen der Technologiekritiker, die u.a. den Verlust des Körpers befürchten, zitiert Valverde die Auffassung von Katherine Hayles, nach der

> „die virtuelle Erfahrung nur eine andere Form ist, im Körper zu existieren, was wir jedoch erst nach einer gewissen Lernzeit mit Erfahrung auch wirklich verstehen und fühlen können, dann also bewußt im virtuellen Raum und gleichzeitig im Körper zu sein".[499]

Für Valverde als Tänzerin sind Künstler „Pensadores práticos", also „praktizierende Denker", einer „diskursiven, abendländischen" Herkunft, die sich durch die Zugänglichkeit und Interkulturalität der Neuen Medien nun auch anderen Kulturen und Geographien zuwenden, womit die verlorengegangene Bedeutung des Körpers gewissermaßen zurückerobert werden könne[500]. Hier wird eine, wie Valverde sie nennt, „Auto-Ethnographie" möglich - sich selbst zu sehen wie jemanden einer anderen Kultur[501].

Als weitere Themen, die sie in ihrer experimentellen Arbeit untersucht, führt Valverde beispielsweise an,

- daß durch die Desorientierung in den neuen, virtuellen Räumen neues Körperbewußtsein, Wahrnehmung und Interaktionen entstehen,
- daß bei der Konzeption einer Choreographie die Reaktion mehr bedacht werden muss als die Aktion,

---

499 Valverde, S. 37 ((sinngemäß übersetzt aus: „A experiência virtual é apenas outra forma de estar no corpo, e só através de um ajustamento podemos percepcionar e experienciar o „estar" neste „outro espaço" enquanto conscientes do nosso corpo."))
500 Vgl. Valverde, S. 45
501 Vgl. Valverde, S. 46

- wie die Arbeitsprozesse mit dem Publikum zusammen gestaltet werden können (wobei sie sich hier auch auf die pädagogischen Ansätze der 1960er Jahre bezieht[502]),
- wie „anti-disziplinäres", also integrierendes Arbeiten möglich ist,
- oder, in Tradition der Tänzerin, Choreographin und Professorin Susan Leigh Foster[503], „unnatürliche Handlungen" eingeführt werden können („Introducing Unnatural Acts").

---

502 "As condições políticas, sociais, económicas e culturais implicadas na produção de arte na década de 1960 continuam a ser pertinentes, mesmo aplicadas aos novos media." Valverde, S. 136
503 Vgl. Susan Leigh Fosters Webseite: danceworkbook.pcah.us/susan-foster/about-susan-foster.html

3. Vermittlung als Interface

Valverdes Untersuchung der verschiedenen Typen von Interfaces bezogen auf Tanz und Technologie ergibt, daß die Trennung von Körper und Dargestelltem nur bei sogenannten „Eindeutigen Interfaces" der Fall ist, nicht aber bei den anderen Arten der „facettierten", „aleatorischen" oder „reflexiven".[504, 505] Insbesondere an dieser Spaltung von Körper und Medien setzt die Kritik der posthumanen Kritik Valverdes und derer, auf die sie sich u.a. bezieht, wie Susan Leigh Foster oder Amelia Jones, die im Bereich Tanz, Performance Art und „feminist art" arbeiten, an, weil sie u.a. vermuten, daß die Unterdrückung des Körpers der gewollten Machtausübung durch die interessegeleiteten Technologen diene und die menschliche Kommunikation auf die visuelle und textliche Ebene immer weiter einschränke. Die Absicht ist es nicht, die so genannte Intelligenz zu verstärken, sondern den menschlichen Geist, es geht nicht um „Artificial Intelligence" (Künstliche Intelligenz), sondern um „Ample Intelligence" (Umfassende Intelligenz). Dieser, aktuell auch in der Forschung anderer Künstler als „synästhetischer" Ansatz definierte, bedeutet bei Valverde zum Beispiel den Anspruch, sich des Körpers gewahr werden zu müssen und zu prüfen, wie er das eigene Denken beeinflusst, behindert oder fördert. Mithilfe ihrer künstlerischen Versuchsanordnungen werden dabei nicht nur solche Themen untersucht, sondern ebenso die Technologien selbst verändert: ein Interface ist nicht nur dadurch definiert, dass es die Kommunikation zwischen Partnern im virtuellen Raum ermöglicht, sondern auch *wie* diese stattfindet. Insofern entstehen aus Arbeiten von KünstlerInnen wie Valverde immer auch Medienkritik und verbesserte Anwendungen, was, wie immer mehr erkannt wird, sehr wichtig ist, will man die Entwicklung dieser Technologien nicht nur Technikern, Marktstrategen, Künstliche Intelligenz-Forschern oder Gestaltern, die auf Körperlichkeit keinen Wert legen, überlassen. Valverdes Interesse ist die Bereitstellung von und das Experimentieren mit „Lehrstücken",

---

504 Valverde, S. 90
505 "Interface Unívoca" umfasst alle Projekte, in denen Tanz für ein Medium kreiert wird, wie zum Bsp. spezielle Choreographien für die Kamera, zur Einbettung in Videospiele oder als Videoinstallation. Als „Interface Aleatória" bedeutet Tanz oder Bewegung nur ein Element, welches von anderen künstlerischen Medien oder Bestimmungen durch die Umgebung oder das Publikum kontrolliert wird. Dies sieht Valverde in der Tradition Merce Cunninghams in dessen Choreographie des Zufalls, die heute durch entsprechende Computerprogramme kontrolliert werden kann, den Aufführungen des Dada und Surrealismus und der Performance Art. Das „Interface Facetada" unterscheidet sich von den beiden vorhergehenden durch die Vielfältigkeit der verwendeten Medien in Bezug auf ein Thema und kommt traditionell dem Tanzdrama nah, auch dem anderer Kulturen wie des Butoh Tanzes, sowie „multimedia performances". Hier kommt es zu eine interdisziplinären Zusammenarbeit verschiedener Künstler und Techniker im Hinblick auf die Darstellung eines bestimmten Inhalts. Zum „Interface Reflexiva" siehe weiter unten.

die bei ihr als *„Interface Reflexiva"* (Reflexives Interface) bezeichnet sind. Hier werden Performance, Tanz, körperliche Bewegung und Technologie mit Theorie notwendig verbunden. Sie erklärt:

> *„Definerei esta interface na discussão de aspectos como a compreensão da interface como medium de trabalho (nova arte conceptual: artista como fonte de ideias/facilidador de diálogo entre sujeitos e tecnologia); a importância equivalente dada ao medium e à mensagem; a escolha da instalação/ambiente interactivo; o impulso colaborativo de expandir a coreografia ao mapeamento da interactividade da interface; a ênfase na participação activa da audiência auto-reflexiva com o aparato da interface; o desafio para as percepções no deslocar da corporalização familiar e sua inter-constitucionalidade com a virtualidade em virtualidades corporalizadas."* („Ich werde dieses Interface im Hinblick auf seine Definition als Mittel der Arbeit (einer neuen konzeptuellen Kunst: der Künstler als Quelle von Ideen/Vermittler des Dialogs zwischen Subjekten und Technologie) in seinen Aspekten diskutieren; der gleichgewichtigen Bedeutung von Medium und Mitteilung; der Wahl einer Installation/einer interaktiven Umgebung; dem mitwirkenden Antrieb, die Choreographie durch Applikation von Interaktivität auf das Interface zu erweitern; der Betonung auf aktive Beteiligung des Publikums als reflexive in Bezug auf die Apparatur des Interface; der Herausforderung an die wahrnehmenden Sinne, die vertraute Körperlichkeit zu versetzen, und ihrer vermittelnden Funktion zur Virtualität in den verkörperten Virtualitäten." *meine Übersetzung*)[506]

Valverde beschreibt als Vision und Hoffnung der „post-humanen Performer", daß sie, sind sie erst mit ihrer digitalen Repräsentation und ihren Umgangsweisen vertraut, gleichzeitig auch menschlich präsenter und „wahrhaftiger" werden:

> *„...os trabalhos contribuem para o desenvolvimento de uma natureza humana criativa, aberta, desperta e virada para o corpo, recusando a resignação perante as tecnologias que só nos trazem prejuízo."* („...die Arbeiten tragen dazu bei, eine kreative menschliche Natur zu entwickeln, offen, wach und dem Körper zuge-

---

[506] Valverde, S. 73

wendet, bei den Technologien darauf zu verzichten, was uns nur Schaden bringt.")[507]

Valverdes Arbeiten sind „Lehrstücke" als Aufführungskunst, die, wie in Fillious Buch der Befreiung des Menschen von seinen ihn in seiner Entfaltung hindernden Bedingtheiten dienen sollen. Der unterdrückte, ausgebeutete oder fehlgeleitete Körper (Valverde bezieht sich hier auch auf Foucault[508]), ebenso wie der Geist, soll durch die sowohl in der Realität als auch der gleichzeitigen Virtualität stattfindenden Praxis durch Erkenntnis und Übung befreit werden. Gleichermaßen verweist Hayles auf die Bedeutung des Körpers und kritisiert damit die angebliche „Überwindung" des Körpers oder gar des Menschen in der Virtualität, wie sie manche Forscher gerne prognostizieren (vgl. Hans Moravec und andere „Künstliche Intelligenz"-Forscher):

> „The body is the net result of thousands of years of sedimented evolutionary history, and it is naive to think that this history does not affect human behaviors at every level of thought and action."[509]

Wieder einmal wird deutlich, daß es das erste Ziel sein muss, die eigenen Bedingtheiten und die anderer zu erkennen, bevor Menschen sich entscheiden, sich festgesetzten Strukturen oder Staatsformen, der Gemeinschaft zuliebe, unterzuordnen. Selbst, wenn anzunehmen ist, daß das Ziel, eine derartige Freiheit zu erreichen, unerreichbar bleibt, müssen die aktuellen Vorschläge umsomehr daraufhin überprüft werden, wie reversibel sie sind - einer der Grundaussagen der Brockschen Theorie -, also einer ständigen Überprüfung hinsichtlich des Zieles unterliegen. Das entspricht Filliou und vielen Künstlern der 1960er Jahre, Valverde, den „posthuman" Denkern, der Yogaphilosophie. Die politischen Herausforderungen der 1960er in Deutschland etwa und die heutigen, ca. 50 Jahre später, sind insofern sicher vergleichbar.

Wie bei Filliou, führt nach Valverde die Selbstreflexion des Individuums zur Erkenntnis des sozialen Handelns (angstfrei, vorurteilslos, spielerisch, a-historisch) als Bedingung des eigenen Wohlbefindens (was der menschlichen Natur entspricht), wobei auch hierfür durch die Möglichkeiten des Experimentierens im virtuellen Raum neue, gerechtere, friedlichere Formen entwickelt werden sollen. Generell kann man anhand von Valverdes

507   Ebd., S. 291 (meine Übersetzung)
508   Vgl. Michel Foucault, zum Beispiel „The Body of the Condemned" u.v.a.
509   N. Katherine Hayles. How We Became Posthuman. Virtual Bodies in Cybernetics, Literature and Informatics. Chicago 1999, S. 283

Arbeit sagen, daß die Neuen Technologien als Mittel und Herausforderung gesehen werden, mehr von sich als Mensch zu erfahren, in dem Sinne wie auch Werner Nekes (vgl. Kap. II) dies für seine experimentellen Filme dargestellt hat.

Betrachtet man also die von Valverde als „coreografia assistida por computator"[510] („Computergestützte Choreographie") bezeichnete Arbeit mit dem Körper in der Virtualität, dann wird klar, daß auch das so genannte „computergestützte Lernen", das bisher eher eine mechanistische und unattraktive Form einer Lehr-/Lernumgebung assoziieren ließ, durchaus ungeahnte oder zumindest, wie anfangs dargestellt, noch nicht umgesetzte Potentiale entfalten könnte, würden die Künstler im Sinne Fillious dies realisieren. Auch Valverde schreibt,

> „As condições políticas, sociais, económicas e culturais implicadas na produção de arte na década de 1960 continuam a ser pertinentes, mesmo aplicadas aos novos media."[511] („Die politischen, sozialen, ökonomischen und kulturellen Bedingungen, die die Kunstproduktion in den 1960er Jahren bedingt haben, bleiben bestehen, besonders, wenn man sie auf die Neuen Medien bezieht.").

Valverdes Schlussworte ihrer ausführlichen Analyse des aktuellen Stands zu Performance und Medientechnologie sind folgende:

> „Interfaces são modos de mediar, e os artistas são definitivamente quem pode
> relevar o mediador em cada um e todos nós."[512] („Interfaces sind Mittel der Vermittlung, und die Künstler sind sicherlich diejenigen, die den Vermittler in jedem von uns enthüllen können.")

Eine Gruppe von kulturell geprägt und in der Entwicklung von „Interfaces" sehr fortschrittlichen Menschen sind die Inder, die u.a. in ihren („klassischen") Tänzen wie auch dem Yoga über äußerst differenzierte Forschungsergebnisse zum Problem der „Vermittlung" verfügen. In dem der „indischen Dramaturgie" zugrundeliegenden Schrift „**Nāṭyaśāstra**", die teilweise dem Weisen „Bharata" zugesprochen wird, finden sich Beschreibungen aus den Veden von tausenden Jahren vor Christus zusammen mit Erläuterungen aus dem 7. bis 8. Jahrhundert n.Chr.. Im Klappentext der englischen Überset-

---

510 Valverde, S. 92
511 Ebd., S. 136
512 Ebd., S. 396

zung von Adya Rangacharya[513] (1904-1984) liest man,

> „What is found here may be found elsewhere. But what is not here cannot be found anywhere".

In der Tat sind die Beschreibungen der Elemente und Regeln für die „Vermittlungsregeln" nicht nur so detailliert, daß man sich kaum weitere Differenzierung vorstellen kann als zum Beispiel von den „neun Bewegungen des Augenlids", darüberhinaus werden für jedes dieser Details Erklärungen über Bedeutung und psychologische Wirkung auf die Zuschauer gegeben. In Relation mit der oben erwähnten „Post-Human" Forschung, die ja in ihrer Grundlage auch auf Fillious Ideen bezogen werden kann, könnten hier interessante Verknüpfungen stattfinden, vor allem im Hinblick auf die Unterscheidung von „menschlicher Natur" vs. „Mensch" (s.o.).

In der indischen Philosophie werden neun grundlegende Emotionen[514] festgestellt, die in ihrer Gewichtung Charaktere, Verhaltensweisen und Aussehen der verschiedenen Menschen bestimmen, und denen in der Aufführungskunst in allen Bereichen die entsprechenden „Zutaten" bis ins kleinste Detail zugeschrieben werden, nämlich Farben, Töne, Bewegungen, Rauminszenierungen, Gegenstände, Gerüche, Gesichtsausdrücke, Körperhaltungen, Kleidung, Tiere (als Analogien) - nahezu alles, was man im Leben beobachten könnte. Diese Beschreibungen sind universal, wie es die Tänzerinnen wissen, die eine Form des klassischen indischen Tanzes (Bharatanatyam genannt) praktizieren, und wie es beispielsweise Indu Varma in Bezug auf die im Tanz dargestellten Themen erklärt:

> „Even if times are changing, the emotions remain the same. What men felt there and what men feels today, the joy, the sorrow, the pain, the love, the devotion, have remained entirely the same. So the stories are only means to convey these emotions and nothing beyond that."[515]

Die Verdeutlichung der Abhängigkeiten der menschlichen Gefühle von den oben angedeuteten Faktoren dient ebenfalls einer emanzipatorischen

---

513 Adya Rangacharya. The Nātyaśāstra, English Translation with Critical Notes. New Delhi 1996
514 Im Nātyaśāstra werden folgende Emotionen („rasa-s") unterschieden: „The source (i.e., basic) rasa-s are four: viz., erotic (Śṛṅgāra), heroic (Vīra), terror (Raudra), and disgust (Bībhatsa). Further, Hāsya, (humour) is derived from Śṛṅgāra (erotic), Karuna (compassion, pathos) from Raudra (terror), Adbhuta (wonder or magical) from Vīra (heroics) and Bhayānaka (dread) from Bībhatsa (disgust). Humour results when love (erotic) is parodied (lit. imitated), a terrible thing or situation produces pity, a heroic deed appears marvellous, (or almost magical) and anything disgusting or repulsive produces fright." (Rangacharya, S. 56)
515 Indu Varma im Dokumentarfilm: „The Nine Movement of the Eyelid" von Rajele Jain, 98 min., HDV, col. sound. 2008, Minute 25 f., www.documentary.rajele.net

Absicht, nämlich der, sich von diesen Emotionen zu befreien bzw. sie kontrollieren zu lernen. Durch die transparente Vorführung der Techniken, bestimmte Gefühle hervorzurufen, wird dem Zuschauer gleichzeitig klar, wie „unbedeutend", da ständig wechselnd und so einfach hervorzurufen, Emotionen im Verhältnis zu einer etwaigen Wahrheit sind. In der Einsicht, wie abhängig wir in unseren Entscheidungen von den Umständen sind, in denen wir sie fällen, wird auch die Relativität dieser klar, und wir verstehen, daß Verhandlungen darüber immer wieder erneut fällig werden. Brecht hat bei der Einführung seiner „Lehrstücke" wohl selbst auf die „Lehrhaftigkeit asiatischer Theater"[516] hingewiesen, allerdings ist zu vermuten, daß es ihm damals noch nicht möglich gewesen ist, damit auch die indische Tanztheatertradition zu meinen, die in Indien selbst erst wieder zu Beginn des 20. Jhrds. theoretisch aufgearbeitet wurde, nachdem sie während der britischen Besatzung eher als Männerverführungskunst entwertet worden war. Die ursprünglichen pädagogischen Intentionen jedoch sind eindeutig sowohl mit den indischen Schriften wie auch den Umsetzungen zu belegen. Sie wurden in den letzten 100 Jahren im klassischen Tanzunterricht wieder so gelehrt.[517] Es scheint, daß die Inder, trotz oder gerade wegen ihres Verständnisses von Vermittlungsstrategien den Neuen Technologien ohne Vorbehalte begegnen (denn faktisch kann man nur die Art des *Gebrauchs* der „neuen Medien" negativ bewerten). Nicht anders ist zu erklären, wie spielerisch und unkompliziert *„Poojas"* (Opferrituale, die ein Priester im Tempel an wichtigen Tagen stellvertretend für andere oder die man selbst an einem beliebig zum „Tempel" auserkorenen Ort ausführt) als Internetaufführung (*„live webcast"**)[518] angeboten werden, oder das Erlernen klassischer Musik[519] mit einem *„Guru"*[520].

516 „In stilistischer Hinsicht ist das epische Theater nichts besonders Neues. Mit seinem Ausstellungscharakter und seiner Betonung des Artistischen ist es dem uralten asiatischen Theater verwandt. Lehrhafte Tendenzen zeigte sowohl das mittelalterliche Mysterienspiel als auch das klassische spanische und das Jesuitentheater." Bertold Brecht, Schriften zum Theater. Frankfurt/M. 1957. S. 72
517 Die Konfrontation der transparenten, indischen mit der unkritischen Verwendung einer Strategie für die Erzeugung von Gefühlen, wie sie beispielsweise im Mainstreamkino erzeugt wird, habe ich in der Performance-Konzeption „Redanced Oscillation" dargestellt. Den oben beschriebenen neun Emotionen wurden jeweils kurze Ausschnitte deutscher, französischer und amerikanischer Filme (tonlos) zugeordnet, die diese Emotionen abbilden, wobei diese von einer Bharatanatyam-Tänzerin gleichzeitig in ihre Sprache (dem Inhalt des Tanzes) übersetzt wurde. Die Körperbewegungen wurden durch ein Ultraschall-Interface abgenommen und steuerten einen analogen Klangerzeuger (Synthesizer), der auf diese Weise eine mediale Umwandlung der Emotionen durchführte und die „Filmmusik" bzw. ebenso den „Sound" des Tanzes generierte. Sicher war, daß im Publikum, jedweder Kultur, die gleichen Emotionen erzeugt wurden, wobei ebenso über den Unterschied zwischen einer „lehrstückhaften" und „manipulierenden" Darbietung reflektiert werden konnte. Siehe: www.rajele.net/redanced.descr.html)
518 Siehe zum Beispiel: www.vedicfolks.com
519 Siehe: www.musiclessonsonline.in
520 „Guru" ist ein vom Schüler selbst gewählter Meister seines Faches, der als Lehrer sein Wissen

Aus dem Gesagten wird deutlich, daß bei der Untersuchung von „Lehren und Lernen als Aufführungskunst" das „Interface", als Möglichkeit und Ort der Vermittlung und als Vermittler selbst eine große Rolle spielt. Insofern bieten sich die Neuen Medien an, die von Filliou et al. erarbeiteten Möglichkeiten der Vermittlung nicht nur mithilfe der Künstlerpersonen mit ihrem Medium der Sprache oder der Performance und Kunstwerke als visuelle oder akustische Objekte umzusetzen, sondern sie für das Publikum zu erweitern, und ihm im Sinne des „travellers" („Virtual Drama Society") oder des „Performers" (Valverde) individuellen Experimentierraum zu ermöglichen. Damit ist ebenfalls betont, daß es keineswegs beabsichtigt ist, den Menschen (hier den Künstler) durch Technologie zu ersetzen, wie es die Vertreter der Künstlichen Intelligenz gerne fordern. Ganz im Gegenteil sollen die Technologien „menschlich" bleiben, also so existieren, daß sie dem Menschen, besser, der menschlichen Natur (s.o.), dienen und nicht umgekehrt. Um diese Hoffnung auf ein nutzbringendes Medium verwirklichen zu können, braucht es aber, wie dargelegt, einen konstruktiven, kritischen Umgang von Künstlern und Publikum mit den neuen Technologien, der in viel größerem Umfang stattfindet als er bisher, auch wegen der Technikfeindlichkeit oder -angst mancher Bürger, möglich ist. Ansonsten tritt in absehbarer Zukunft doch ein, was Filliou bereits in seinem Buch formulierte:

> „Nicht, dass ich mir der Möglichkeiten audio-visueller Erziehung, des Fernsehens, der video-tapes, und der anderen, noch fantastischeren elektronischen Entdeckungen, die uns zur Verfügung stehen, nicht bewusst waere. Doch einerseits braucht dies die Grundaspekte des Problems nicht zu verändern. Andererseits, wenn es das je doch tut - wenn es eines Tages eine qualitative und nicht nur quantitative Veränderung bewirkt -, fürchte ich, dass wir mit unserem angeborenen Talent, Dinge durcheinanderzuwerfen - wir sind schliesslich die Witzboldrasse - diese Erfindungen durchaus dazu benutzt werden, die Menschen zu versklaven anstatt sie zu befreien, die Kinder zu lehren, sich anzupassen, anstatt sie selbst zu sein."[521]

---

an diesen übermittelt. Hierbei vermittelt der „Guru" allerdings nicht nur eine „Technik" wie das Geigenspiel, sondern neben den theoretischen Fundamenten indischer Musik auch die entsprechende Philosophie, Lebensführung und moralisch-psychologische Inhalte. Der „Guru" hat insofern eine Verantwortung für die Gesamtentwicklung des Schülers.

521 Filliou, S. 214

VI. KÜNSTLERISCHE FORSCHUNG, PARTIZIPATION, WISSENSERZEUGUNG HEUTE - EIN AUSBLICK

Fillious Fokussierung auf diesen einen Aspekt von Kunst, daß mit ihrer Hilfe zu lehren und von ihr etwas zu lernen ist, spiegelt sich heute in dem Phänomen wider, daß verstärkt Künstler, oft mithilfe von entsprechenden Stipendien, an die Universitäten geholt werden, um dort Doktorarbeiten oder „Post-Docs" durchzuführen.[522] Ebenso entstehen „Society for Artistic Research" (SAR), „Journal for Artistic Research" (JAR), Konferenzen, Lehrstühle, Veröffentlichungen zur „Künstlerischen Forschung" in einem Ausmaß, daß man denken könnte, Fillious Thesen seien in die Praxis umgesetzt worden. KünstlerInnen, die vorher ausschließlich als praktizierende gearbeitet haben, beginnen, ihre Arbeit in einen (historischen, thematischen, außerkünstlerischen) Zusammenhang einzuordnen, ihre Methoden mit denen der herkömmlichen Wissenschaften zu vergleichen, und auch oft das sprachlich zu vermitteln, was sie vorher durch ihre Kunst versucht haben. Zwar können so genannte „artistic dissertation" wie beispielsweise im englischen Goldsmiths College, das ein Zentrum solcher Künstler-"PhD"-Anwärter ist, auch in einen praktischen Teil (der Entwicklung eines neuartigen Klangerzeugers etwa[523]) und dem erklärenden theoretischen Teil gegliedert sein, aber in jedem Fall ist die sprachliche Übersetzung das Wichtigste. Dazu kommt, daß, gerade im englischen Umfeld, eine starke „Supervisions"-Aktivität durchgeführt wird, und die promovierenden Künstler das „Handwerk" des wissenschaftlichen Arbeitens, in dem Fall die entsprechende textliche Strukturierung, erst „erlernen" sollen. Ob diese Tendenz Teil einer Strategie der Wissenschaften ist, ihre eigene Krise bei der Generierung gültiger Aussagen zu überwinden, indem sie vielleicht hoffen, bei den Künstlern neue Methoden zu entdecken oder Ergebnisse übernehmen zu können, ob mithilfe von Gesetzen, Künstler müssen promoviert sein, um an staatlichen Institutionen lehren zu dürfen, ein unkontrollierbarer „Wildwuchs" an künstlerischen Strategien, zumindest in gesellschaftlichen Positionen, Einhalt geboten werden soll, ob Künstler für die Bearbeitung gesellschaftlich relevanter Themen instrumentalisiert werden sollen, oder ob sie wirklich aus gesellschaftlicher Achtung in die Hoch-

---

522 In Portugal mussten alle an der Kunstakademie Lissabon (Universidade de Lisboa, Faculdade de Belas Artes) lehrenden Künstler bis zum letzten Jahr (Juni 2015) eine Dissertation durchgeführt haben, sonst wären ihnen die (oft langjährigen) Beschäftigungsverhältnisse gekündigt worden.
523 Vgl. Adriana de Almeida Portela Viana de Sa. A Perceptual Approach to Audio-Visual Instrument Design, Composition and Performance. PhD candidate at Goldsmiths College, London 2016

schulen aufgenommen werden, um „Experimentelle Universitäten" nach Filliou zu begründen, kann hier nicht entschieden werden. Die Recherche hat die Wirkungsweise von Parteinahme gerade anhand der Kunstpädagogik ausführlich aufgezeigt. Man findet jedoch kaum Berichte von KünstlerInnen, die einen ähnlichen Enthusiasmus in ihren Erfahrungsberichten über ihre Zusammenarbeit mit den wissenschaftlichen Kollegen vermittelten, wie er bei den Teilnehmern der hier mehrfach angeführten, legendären Klasse von John Cage zu finden ist. Aber, wie man von der kürzlich gezeigten Ausstellung zum Black Mountain College*[524] ableiten könnte, vielleicht werden auch Fillious Ideen zu einer idealen Lehr-/Lernumgebung der „gemeinsamem Kreation" und der „ewigen Schöpfung" in Zukunft erneut aufgegriffen, damit die Kunst „ihren Dienst tun" kann.

Interessant ist es auch, Fillious et al. Ansatz zur Verbindung von Kunst und Leben in dem Zusammenhang zu sehen, der mit dem Titel „The New Production of Knowledge" von Michael Gibbons et al. gefasst wurde.[525] Abgesehen von zahlreichen anderen, fundamentalen Überlegungen in diesem Buch, die zu Begriffen wie „Wissensindustrie" („Knowledge Industries"), „Kommerzialisierung von Forschung" (The Commercialisiation of Research") oder „Patterns of Massification in Higher Education" führen, was kritisches Material vermuten läßt, wird in dem nachfolgenden Zitat, „Re-thinking Science: Knowledge and the Public in an Age of Uncertainty"[526] im Titel nicht nur die Krise der Wissenschaft („Age of Uncertainty") sichtbar, sondern auch im Inhalt findet sich eine „neue" Überlegung, die man auf Filliou beziehen könnte:

> „...the authors make attempts to specify the nature of new scientific practices and discuss additional observations of contemporary scientific practice. They describe changes they perceive in various institutions involved in knowledge production: industrial and governmental research institutes, research councils and universities. In particular they introduce the concept of 'contextualised science' which basically means that 'society now "speaks back" to science' (p. 50)."

524 Vgl. Kapitel III
525 Gibbons, Michael. New Production of Knowledge: Dynamics of Science and Research in Contemporary Societies. Stockholm 1994
526 Nowotny et al. (Michael Gibbons, Camille Limoges, Helga Nowotny, Simon Schartzman, Peter Scott and Martin Trow). Re-thinking Science: Knowledge and the Public in an Age of Uncertainty. 2001, in: Laurens K. Hessels, Harro van Lente. Re-thinking new knowledge production: A literature review and a research agenda. Copernicus Institute for Sustainable Development and Innovation, Utrecht University, The Netherlands, Available online 11 March 2008)

Den steigenden Anspruch der Gesellschaft an die Wissenschaften vermutet auch Karlheinz Lüdeking für die Kunst, wenn er schreibt:

„Daß hier niemand, wie zu Zeiten der großen Konfrontation, aufbegehrt und alles für völligen Unsinn erklärt, liegt daran, daß heute bereits jedes Kind weiß, daß Kunst immer auch ein wenig rätselhaft sein muss, da sie ja die Aufgabe hat, unseren im Alltag bewährten Überzeugungen und Erwartungen zu widersprechen und unsere Denk-und Sehgewohnheiten aufzubrechen. Kunst dient heute bekanntlich vor allem der Förderung des ungebremsten und ungezielten Einfallsreichtums, und so ist die gesamte Kunstwelt mittlerweile zu einem riesigen informellen Thinktank des freien Assoziierens zu beliebigen Themen geworden..."[527]

„So dient die Beschäftigung mit der Kunst der Gegenwart als ein (zwar nicht eigens als solches deklariertes, aber deshalb besonders wirkungsvolles) Fitnessprogramm zur Einübung von Tugenden und Kompetenzen, die in der Kultur des hoch entwickelten Kapitalismus unverzichtbar sind, um nicht darin unterzugehen. Nie darf man hier perplex oder ratlos sein, und nichts darf einem so hermetisch vorkommen, daß man damit nichts mehr anzufangen weiß."[528] (...) „Seit sich die Kunst vorzugsweise mit derartigen Themen auseinandersetzt, trifft sie bei ihrem Publikum weltweit auf eine ausgesprochen hohe Kompetenz, mitzureden."[529]

Mit „derartigen Themen" meint Lüdeking Inhalte aus der Lebenswelt der Rezipienten im Unterschied zu spezifischen Fragen der künstlerischen Grundlagenforschung.[530]

Ob dies schon die Form der „Teilnahmetechniken" und Verbindung von Kunst und Leben ist, wie sie Filliou meinte, ist nicht zu bejahen, wenn man sich die soeben erschienene Ausgabe von „Kunstforum" ansieht, die versucht, eine Ideendarstellung zum Thema „Partizipation" in der Kunst zu geben.[531] Schon in der Einführung des Herausgebers dieser Ausgabe, Max

---

527 Karlheinz Lüdeking, Ist Kunstvermittlung überhaupt noch notwendig? in: Kunstvermittlung in den Medien, Hrsg. Julian Nida-Rümelin und Jakob Steinbrenner, Ostfildern 2011, S. 33
528 Ebd., S. 34
529 Ebd., S. 37
530 „Die Kunst der Moderne verstand sich als künstlerische Grundlagenforschung und orientierte sich daher allein an der „Logik der Sache selbst". Dabei durften die Erwartungen des Publikums, ebenso wie zum Beispiel in der höheren Mathematik, per definitionem keine Rolle spielen." Lüdeking, S. 31
531 Kunstforum, Titel: Get involved! Band 240, 2016

Glauner[532], werden die aktuellen Gegner „neoliberales Wirtschaftssystem" und „Massenmedien", hier spezifiziert als „Web 2.0" und die „sozialen Netzwerke", angeführt, um die Macht der Produzenten den ohnmächtigen, zum Konsum verpflichteten Rezipienten gegenüber auszumalen, wobei problemlos auf die gängigen Klischees zurückgegriffen wird:

> „Der Verlust an Teilhabe in der Moderne, scheint mit Massenkonsum und Massenmedien und endgültig mit dem Web 2.0 wettgemacht. Das Gemeindemitglied, der User bringt sich über „Klicks" und „Likes" in die „Community" ein, stellt Tweets, Blogs, Pics und Videos zum Download bereit oder surft mit seinem Avatar in Interactive-Fiction-Welten. Er steht dabei seinen Homies, Friends und Connections über soziale Netzwerke ständig zur Verfügung und nimmt an deren digitalen Scharaden teil. Er (respektive sie) vergisst, daß er/sie die Partnerwahl einem Algorithmus überlässt, wo er/sie schon längst rund um die Uhr via GPS oder RFID-Tag nicht nur seine/ihre Standortdaten an den Provider, die Bank und die NSA weitergegeben hat."[533]

Die mit solcherart Gefahrenpotential verknüpften Partizipationsmodelle des „neoliberalen Wirtschaftssystems" drücken sich nach Glauner in dem „Zauberwort neuer Produktivität" aus, „auch hier Teilhabe, Partizipation, Spektakel", wodurch die Rezipienten durch das „Anforderungsprofil heute", „flexibel überall dabei sein zu wollen", die dafür notwendigen Dinge kaufen. In der Kunst spaltet Glauner die Diskussion um Partizipation in ein

> „konservatives Lager, "das die Kraft der Kunst gerade in der Singularität und Autonomie des künstlerisch gestalteten Ereignisses verortet. Sie verbindet mit Partizipation zuerst „Mitmachtheater", „Bürgerbühnen" und Sozialarbeit und winkt bei partizipatorischen Kunstaktionen naserümpfend mit der Bemerkung ab, „da muss man doch die Schuhe ausziehen." Dieses Lager meint, wenn von Partizipation positiv die Rede ist, Teilnahme als erweiterte Rezeption."[534], und in das „aktionistische Lager", „das die Kunst als wirkungsmächtige Waffe gegen die Versagungen der Welt in die Pflicht nehmen will. Es mokiert sich gerne über jene, die ihre

---

532 Max Glauner. Get involved! Partizipation als künstlerische Strategie, deren Modi Interaktion, Kooperation und Kollaboration und die Erfahrung eines „Mittendrin-und-draußen". Kunstforum Bd. 240
533 Glauner, ebd.
534 Ebd.

Schuhe nicht ausziehen und lieber Zuschauer bleiben wollen. Partizipation ist bei ihnen erst gegeben, wenn der Betrachter direkt und unmittelbar körperlich involviert wird, seine Position verlässt und zum aktiven Teilnehmer der Kunstproduktion beziehungsweise der Aufführung wird, eine Stimme und Widerspruchsrecht erhält. In letzter Konsequenz wird hier die Sphäre der Kunst verlassen."[535]

Man kann sagen, daß nach unserer Darstellung alle drei Argumente relativierbar sind:

in Bezug auf die „Massenmedien" bzw. das „web 2.0" wurde im Kapitel V ausgeführt, daß es durchaus auch in diesen emanzipatorische Ereignisse gibt, und man daher vielleicht nicht, analog ausgedrückt, die Bibliotheken schließen sollte, weil in ihnen auch so viel Gefährliches zu finden sei. Was die Bezeichnung „konservativ" für die Haltung betrifft, die „Teilnahme als erweiterte Rezeption" versteht, so kann man, im Sinne Fillious entgegenhalten, daß es sich eher um ein utopisches, denn ein konservatives Denken handeln muss, denn bis heute ist die damit verbundene notwendige Befähigung des Rezipienten als „professioneller"[536] noch gar nicht erreicht. Die von Glauner beschriebene Arbeit des „aktionistischen Lagers" ist insofern sehr verkürzt und daher möglicherweise irreführend dargestellt, als er nicht darauf eingeht, wie sich die Verhältnisse von Autorität einzelner, Entwicklung der Themen, Vorbereitung des Publikums, Ort der Aktion und vor allem Bereitstellung der (nämlich künstlerischen) Methoden ausweisen, denn dann würde ersichtlich, daß es hier nicht um die gemeinsame Schaffung eines Endprodukts als Kunstwerk geht, sondern um das gemeinsame Praktizieren künstlerischer Methoden *als* Kunst. Auch der für die Untersuchung des Phänomens „Partizipation" vom Kunstforum verpflichtete Philosoph Christian Kupke[537] sieht philosophisch begründet keine Möglichkeit, als Mensch nicht am „Sein" teilzuhaben, und insofern, der Idee nach, immer zu partizipieren. Insofern müssten nur verschiedene Formen der Partizipation unterschieden werden, will man über sie diskutieren:

> „Mit anderen Worten, es gibt zunächst keinen deskriptiven Grund, Rezeption nicht immer auch als Partizipation zu verstehen. Jedoch lassen sich hier Formen der Rezeption und damit eben auch

---

535 Ebd.
536 Vgl. Brock, Bazon; Sloterdijk, Peter (Hrsg.). Der Profi-Bürger. Handreichungen für die Ausbildung von Diplom-Bürgern, Diplom-Patienten, Diplom-Konsumenten, Diplom-Rezipienten und Diplom-Gläubigen. Wilhelm Fink Verlag 2013
537 Christian Kupke. Die Unausweichlichkeit von Partizipation. Überlegungen zur Ubiquität von Partizipation und ihre Folgen für die künstlerische Produktion. Kunstforum Bd. 140

Formen der Partizipation differenzieren oder auch konstruieren, die den gemeinten Unterschied erfassen, ohne per se normativierend zu wirken."[538]

Auf der Suche nach Unterscheidungskriterien stößt er auf Hindernisse bei quantitativen (starke oder schwache Partizipation), wie auch qualitativen („aktive" oder „passive") und versucht daher anhand der Differenzierung von „Idee" der Partizipation und „Ideal" dieser, der Sache näher zu kommen. Nachdem „Idee der Partizipation" als „objektive" bedeutet, daß jeder Diskurs mit allen anderen zusammenhängt, also man immer daran teilnimmt, auch wenn man an einem bestimmten Diskurs nicht beteiligt ist, definiert er das „subjektive" „Ideal der Partizipation", wie das künstlerische, als eines, das „ein Postulat zur Inszenierung von Partizipation nach einer bestimmten Regel, zum Beispiel einem bestimmten Konzept" sei. Dadurch stellt er fest, daß sich die Künstler, darüber bewußt, immer an der Partizipation teilzuhaben, durch ihre spezifische Art, diese zu „inszenieren", die allgemeine praktizierte Form kritisieren.

Sicher gibt es Arbeiten, in denen Künstler die Beteiligung der Bürger an den gesellschaftlichen Entscheidungsfindungen kritisieren, ein wichtiges Beispiel dafür ist die Künstlergruppe KnowBotiq[539]. In Bezug auf Filliou ist dies jedoch nur *ein* (inhaltlicher) Aspekt von vielen, der mithilfe der „Teilnahmetechniken" erarbeitet werden kann. In der Tat ist es verlockend, auch Fillious inhaltliche Ideen weiterzuverfolgen und Parallelen und Fortentwicklungen in den heutigen öffentlichen Debatten aufzuspüren. Das Vorhaben meiner Arbeit bedingte die Fokussierung auf die formalen, methodischen Aspekte von „Lehren und Lernen als Aufführungskünste", was an manchen Stellen nicht leicht einzuhalten war. Dieses Künstlerbuch regt den „Leser, wenn er will" zu den vielfältigsten Bezügen an, sodaß die sorgfältige Unterscheidung zwischen konstituierenden Elementen von Fillious Theorie und dem Beginn eines illustrativen Beispiels nicht immer einfach zu treffen war. So gehören die inhaltlichen Erzählungen Fillious aus seiner Biographie zu den *Beispielen*, aber *daß* er Geschichten aus seinem Leben schildert, ist ein *wesentliches Element* seiner Theorie. Ebenso sind seine „Poetische Ökonomie", das „Prinzip der grossen Zahlen" oder die „Geistöffner" zu den *Beispielen* zu rechnen, die die *formale Aussage* veranschaulichen sollen, daß Künstler durch ihre spezifischen Arbeitsmethoden zu anderen Ergebnissen als herkömmliche Wissenschaften oder Religi-

538   Ebd.
539   Vgl. www.krcf.org

onen kommen können. Dieses inhaltsreiche Buch kann hier also nicht auf alle oben angeführten aktuellen „Herausforderungen" bezogen werden, obgleich es das Potential dafür enthält. Partizipation in Fillious Sinne ist somit nicht auf die Eingrenzung Kupkes angewiesen, denn eines ihrer wichtigsten Faktoren fehlt sowohl in Kupkes wie auch Glauners Texten, und zwar ihre Bedingung als das Zurverfügungstellen von Freiheit sowie die Befähigung des Rezipienten zu einer vernünftigen Partizipation an der Behandlung jedweder Fragestellungen mit künstlerischen Methoden. Die in meiner Arbeit aufgezeigten Zusammenhänge der Definition von Autorität, Freiheit, „Professionalisierung des Publikums", Experiment, beispielgebende Persönlichkeit des Künstlers und der künstlerischen Methoden (sowie ihrer zu „benutzenden" Objekte) sind hier nicht bedacht. In einem weiteren Aufsatz in dieser Ausgabe des Kunstforums wird dies überdeutlich klar, wenn Raimar Stange[540] sich sogar auf die Zeit der Veröffentlichung von Fillious Buch bezieht,

> „Wie die Neoavantgarden der 1960er und 1970er Jahre wehrt sich heute eine vermehrte Zahl künstlerischer Performances gegen die herrschende Tendenz im Kunstbetrieb, ästhetische Produktion nach ökonomischen Verwertungskriterien auszurichten. Ein Teil dieser Gegenbewegung besteht in der Aufhebung der Trennung von Künstler und Publikum – diese partizipatorische Kunstpraxis setzt zudem explizit auf politisches Engagement."

Er schreibt dann aber:

> „In seinem Aufsatz *Der emanzipierte Zuschauer*, 2008, nun wendet sich der französische Philosoph Jacques Rancière gegen die Idee, die Praxis der Performance dadurch zu reformieren, daß der einst passive Zuschauer selber zum am ästhetischen Geschehen aktiv Mitwirkenden wird, daß die Performance also zum „offenen Kunstwerk" wird. Der derzeit überaus überschätzte Denker kritisiert an der Vorstellung von so genannter „Partizipation", daß sie übersähe, daß auch das bloße Sehen bereits eine aktive Rezeption sei. Rancière schreibt: „Wir müssen nicht die Zuschauer in Schauspieler/Akteure verwandeln ... Wir müssen ... die Aktivität anerkennen, die dem Zuschauer eigen ist" (Wien, 2009/S.28). Somit widerspricht Rancière den eben von mir skizzierten Einsichten Eco fundamental: Der Rezipient ist bei ihm in keiner Weise an

540 Raimar Stange, politische pARTizipation jetzt. Kunstforum, Bd. 140

dem, im wörtlichen Sinne des Wortes, „tatsächlichen" Machen des Werkes beteiligt, er darf nur interpretieren und dabei sein „eigenes Gedicht" (Rancière) in seinem eigenen Kopf konstruieren. Diese wertkonservative Haltung aber verdammt nicht nur die Rezipienten wieder auf die gut bezahlten und vom ästhetischen Geschehen abgeschiedenen Zuschauerränge, sondern sie macht künstlerische Arbeit zudem wieder zu einer Leistung, die fertig und abschließend organisierte Werke abzuliefern hat."[541]

Daß das gemeinsame „tatsächliche Machen des Werkes", also eines Kunstwerkes, überhaupt nicht den Ideen Fillious entspricht, ein „emanzipierter Rezipient" aber doch, kann aus der hier vorliegenden Untersuchung heraus belegt werden.

Unter der Überschrift „ES SELBST TUN" beschrieb Filliou im letzten Kapitel seines Buches einige praktische Beispiele künstlerischer Vermittlung als Anregungen für den Leser, diese fortzuentwickeln, sein „Prinzip der Äquivalenz" als Bewertungsmaßstab für das künstlerische, menschliche Tun sowie das „POIPOIDROM" genannte „Zentrum für permanente Kreation". Diese verdeutlichen das Bild seiner idealen Weltvorstellung und können daher als Ziel seiner Überlegungen zu „Lehren und Lernen als Aufführungskünste" angenommen werden. Heute, über 50 Jahre später, zeigt sich die Aktualität des Gedankenguts der 1960er Jahre gerade in den letzten Jahren an dem erhöhten Interesse an Fluxus, dem Black Mountain College, partizipatorischer Kunst, Diskussionen um die Frage „was ist Demokratie", Macht, Bildung und mehr. Man sucht Antworten auf die Herausforderungen von „Pluralismus", Krisen, dem Aufeinandertreffen verschiedener Kulturen, post-feministischer, post-kolonialer und posthumaner Forschung, ökologischen, wirtschaftlichen und globalen Problematiken, politischen Systemen, „Krisen" in der Wissenschaft und Medienkritik. Entwickelt werden neue Ideen und Konzepte als „Performative Konversation"[542], „Educational

---

541 Stange, ebd.
542 was Yvonne Reiner als „das Format des Gesprächs als partizipativen, kollaborativen Schaffensprozess in der digitalisierten Gegenwart" versteht, wobei sie sich selbst auf Fillious Buch bezieht. Siehe: Yvonne Reiners, How to do art with words? Vortrag bei „grenzgänge in/zwischen kunst und Vermittlung. Halle/Leipzig 2014

Turn"[543], „Relational Aesthetics"[544], „De-Learning"[545], „kollaborative Wissensproduktion", „participatory action research", „radikale", „kritische" oder „feministische" Pädagogik[546], „diversity management", oder die Betonung auf individuelle Erzählungen als Informationsquellen[547] - Ansätze, die

[543] Unter „Educational turn", speziell „Educational turn in curating" wird die aktuell stark verbreitete Bemühung verstanden, Pädagogik mit Kunst und kuratorischer Praxis zu verbinden. Zahlreiche Symposien zur Kunstvermittlung führen diesen Begriff in ihrem Titel, wie auch das bereits erwähnte Black Mountain Research Projekt der Freien Universität Berlin u.v.m.

[544] „Relational Aesthetics" or „Relational Art" wird dem Kurator Nicolas Bourriaud zugeschrieben, der unter diese Bezeichnung eine Kunstpraxis der 1990er Jahre faßt: „Gemeint sind damit Kunstprojekte, die im klassischen Sinne keine Kunstwerke, Gemälde, Skulpturen oder Videoinstallationen sind, sondern „Treffen, Rendezvous, Demonstrationen, verschiedene Typen von Zusammenarbeit zwischen Personen, Spiele, Feste, Orte der Gesellschaft, kurz die Gesamtheit der Begegnungsarten und der Erfindung von Beziehungen" (F.A.Z. Artikel „Frankreichs Kunststreit Künstler als Köche verderben den Brei" von Antje Stahl, 09.05.2011) Die Kritiken der Kunsthistorikerin Claire Bishop oder des Philosophen Jacques Rancière an Bourriauds Bewertung von „relational art" unterstreicht den interessanten Kontrast dieser Definition zu Fillious Absichten: Rancière kritisiert, daß die von Bourriaud angeführten Kunstprojekte keinerlei beziehungsstiftende Wirkung haben könnten, weil Kunst autonom sein müsse (bzw. sei), was durch den Ereignischarakter aufgehoben sei. Auch Claire Bishop kritisiert, daß die Ausstellung solcher „ergebnisoffenen" Projekte von Künstlern im Unterschied zu fertigen Arbeiten eher die Rolle des ermöglichenden Kurators verstärkten als die Aussage des Künstlers: „The curators promoting this "laboratory" paradigm—including Maria Lind, Hans Ulrich Obrist, Barbara van der Linden, Hou Hanru, and Nicolas Bourriaud— have to a large extent been encouraged to adopt this curatorial modus operandi as a direct reaction to the type of art produced in the 1990s: work that is openended, interact ive, and resist ant to closure, often appear ing to be "work-in-progress" rather than a completed object. Such work seems to derive from a creative misreading of poststructuralist theory: rather than the interpretations of a work of art being open to continual reassessment, the work of art itself is argued to be in perpetual flux. There are many problems with this idea, not least of which is the difficulty of discerning a work whose identity is willfully unstable. Another problem is the ease with which the "laboratory" becomes marketable as a space of leisure and entertainment." (Claire Bishop, Antagonism and Relational Aesthetics. in: OCTOBER 110, Herbst 2004, October Magazine, Ltd. und Massachusetts Institute of Technology, S. 52)

[545] Hiermit sind Methoden gemeint, die geeignet sind, Konditionierungen aufzubrechen und dadurch zu einer selbstbewussteren und -bestimmteren Lebensführung zu gelangen.

[546] Sehr eindrucksvoll beschreibt die Performancekünstlerin, Autorin, Dramaturgin und Professorin Jyl Lynn Felman in ihrem Buch „Never a Dull Moment" ihre langjährige Lehrerfahrung an einem amerikanischen College. Es würde den Rahmen meiner Arbeit leider sprengen, ihre Erfahrungen ausführlich zu analysieren, obwohl sie viele Aspekte von Fillious Teilnahmetechniken und Brocks Action Teachings umsetzt. Auf ihrer Webseite beschreibt sie: „Imagine a one-woman interactive theatre show. Now imagine a college lecture. Put the two together and you have the teaching of Jyl Lynn Felman" - eine Darstellung, die an Bazon Brock als Lehrer-Künstler erinnert. Ihre Definition von „feministischer Pädagogik" trifft insofern auch bei Brock zu, sodaß die Einschränkung „feministisch" hier eigentlich nicht zutreffend ist: „Performing feminist pedagogy is not entertainment. What keeps the drama from becoming purely theatrical is in the mens rea, the intent of the professor, her goals and teaching strategy. Entertainment, although it can be dramatic, is most often a passive form of relaxation, as exemplified by watching a TV sitcom. It does not disrupt, disappoint, or displace the viewer; it does not require undivided attention. Entertainment often assuages and pacifies the audience, whereas feminist performance pedagogy demands full participation and engagement: critical action and reaction is required. Good theater is unsettling, disturbing, and potentially mind-boggling. Students used to being entertained are often confused in an active classroom. They spend the first few weeks disoriented, and some (of my) students even drop the class because it will require too much active participation." (Jyl Lynn Felman, Never A Dull Moment. Teaching, and the Art of Performance. New York 2001, S. 145). Siehe auch ihre Webseite: www.jyllynnfelman.com.

[547] Vgl. Gayatri Chakravorty Spivak, die mit ihrer bekannten Frage „Can the Subaltern Speak?" u.a. die Subjektivitätsvorherrschaft des Westens kritisiert, wenn dort behauptet wird, daß es den Begriff des „Individuums" in nicht-westlichen Gesellschaften nicht gebe. Sie sieht die verstärkte Notwendigkeit zur Imagination und ein Training zur Aussagefähigkeit darüber als einen wichtigen Faktor für eine vernünftige Entwicklung der menschlichen Gemeinschaft an und verstärkt damit die Rolle der Kunst im Wissensprozess. Siehe auch: Spivak, Gayatri Chakravorty. An Aesthetic Education in the

in Fillious Buch bereits niedergelegt sind. Fillious „Poipoidrom" bzw. sein „Institut für Andauernde Schöpfung"[548] hat Parallelen mit dem „Lifelong Learning Program 2007-2013"[549] der Europäischen Kommission insofern, als letzteres Maßnahmen unterstützen will, die Lernen für Menschen jeden Alters ermöglichen sollen, allerdings mit dem Ziel, auf die Wettbewerbsfähigkeit Europas, die Integration innerhalb Europas sowieso eine technologisierte Zukunft mit weniger menschlicher Arbeitskraft hinzuarbeiten. Das Projekt „Encyclopedia of Life Support Systems" (EOLSS)[550] (in Zusammenarbeit mit der UNESCO) soll hier ebenfalls erwähnt werden, zumal Filliou im Gespräch mit Cage schon auf diese Organisation eingegangen war[551]. Die 1992 erarbeiteten Leitlinien entsprechen in vielerlei Hinsicht Fillious et al. Visionen, wie es zum Beispiel im folgenden Zitatausschnitten deutlich wird:

> „In the past, equipment in the intensive care units of hospitals were referred to as 'life support systems' until global concerns about human activities and their impact on our planet came to the fore. The first Earth Summit of 1992, held in Rio de Janeiro, issued a document that is now famous as Agenda 21. This document refers to the Earth's life support systems, considering the whole of our planet as a grand intensive care unit which supports all forms of life. (...) Knowledge of the Earth's life support systems encompasses diverse fields such as: the natural sciences (like chemistry and biology); social sciences (such as history, economics, law, psychology, archeology, etc.); humanities (literature, civilizations, etc); engineering, and technology. (...) Transdisciplinary aspects of the relationship between nature and human society (the anthroposphere) are essential in this context. (...)
>
> To date, education and the media have only succeeded in fostering a culture characterized by narrow vested interests, intolerance and violence. There must be a fundamental change in education, creating the desire for proactive environmental protection and respect for human dignity and rights, as the two are mutually empowering.

Era of Globalization. Harvard University Press 2012
548 Vgl. Kapitel I
549 Heute als „Erasmus +" weitergeführt: http://ec.europa.eu/programmes/erasmus-plus/ (zuletzt Mai 2016)
550 Siehe http://www.eolss.net/Eolss-Definition-Context.aspx (zuletzt Mai 2016)
551 Cage berichtet: „Zum Beispiel ein Mann namens Avner Hovna schrieb einen Artikel in einer der UNESCO Publikationen über die Auswirkungen der Automatisierung auf die Gesellschaft - das wichtigste an diesem Artikel war, soweit ich mich erinnere, dass wir feste Werte durch bewegliche Werte ersetzen müssen." (Filliou, S. 111)

The EOLSS body of knowledge is inspired by a vision that includes the following paradigm: The sciences should be at the service of humanity as a whole, and should contribute to providing everyone with a deeper understanding of nature and society, a better quality of life and a sustainable and healthy environment for present and future generations."[552]

In „19 Komponenten-Enzyklopädien" werden für „235 Hauptthemengebiete" von „mehreren Tausend Wissenschaftlern aus über 100 Ländern" Beiträge gesammelt, welche von mehr als „300 Sachgebietexperten" redigiert worden sind. „Art" findet man unter „Social Science and Humanities" in zwei Untergruppen, nämlich „Literature and Fine Arts" sowie „Peace, Literature, and Art". Die erste Untergruppe ist aufgeteilt in „1. Artists", „2. Audiences in the Arts" und weitere[553]. Worauf die Einteilung der „Artists" in die Untergruppen „Memorists", „Creators", „Visionaries", „Outsiders", „Nomades" beruht, kann auf der Webseite nicht nachgelesen werden. In Verbindung mit den erklärten Zielen der Enzyklopädie von „Life Support Systems" kann aber wohl abgeleitet werden, daß diese fünf Charakterisierungen eine nicht unwichtige Rolle für ein lebenserhaltendes System bedeuten müssen, was wiederum Fillious Auffassung zur Bedeutung der Künstler für die Gesellschaft unterstützte. Bemerkenswert ist auch, daß in der zweiten Untergruppe Frieden, Literatur und Kunst vereint werden, was, besieht man sich die dazu aufgeführten Themen, die Annahme aufscheinen läßt, daß Frieden anhand von Literatur oder Kunst gefördert werden könne. In diesem Zusammenhang soll einerseits an die "Parteinahmen" von Kunst für bestimmte Zwecke erinnert werden, aber ebenso an Fillious Darstellung der Künstler, die in ihrer Arbeit bzw. durch ihre Arbeit „niemanden beeinflussen" wollen, insofern sie logischerweise friedlich sein müssen. Bazon Brock erklärt diesen Umstand auch von den Kunstwerken her, wenn er sagt, daß diese „immer ohne Folgen" seien[554] (bzw. es völlig verfehlt sei, diese „eins zu eins umzusetzen", also sie als Handlungsanweisung zu verstehen.) Für einen Lehr-/Lernprozess ist der Faktor „Friedlichkeit" von hoher Bedeutung und spielt in die Thematik der „Autorität" hinein. Daß

552 Siehe http://www.eolss.net/Eolss-Definition-Context.aspx (zuletzt Mai 2016)
553 Die Aufteilung sowie deren Unterteilung ist wie folgt: „1. Artists", „2. Audiences in the Arts" („Typology of audiences", „Influences of Audiences on the Arts"), „3. Power Structures" („Distributors and Organisers", „Education"), „4. Media", „5. Communication Forms" („Direct Communication", „Mass Communication"), „6. Markets and Art Processes" („Art-Centres and Transnational Processes", „The Arts and Globalisation").
554 „Das Spielen kennzeichnet gerade die Vermeidung des irreversiblen Ernstfalls. Kunstpraxis wurde so generell als ein Handeln bestimmt, das sich durch Vermeidung von unwiderrufbaren Folgen auszeichnet. Pointiert heißt das: der Grad der Folgenlosigkeit bestimmt den Rang eines Werkes." (Bazon Brock, Der Barbar als Kulturheld. Köln 2002, S. 211)

ein friedliches und „folgenloses" Arbeiten dennoch eine kraftvolle Autorität darstellen kann, könnte durch eine neuere These einiger Wissenschaftler aus Berkeley unterstrichen werden, die die Beobachtungen Darwins erneut analysiert haben und sie scharf von den nach-darwinischen Vertretern des sogenannten „Sozial-Darwinismus" unterscheiden. In ihrer Theorie vom „Survival of the Kindest" als Gegensatz zum sozial-darwinistischen Standpunkt eines „Survival of the Fittest" konnten sie Darwins Forschung zur natürlichen Auslese dahingehend interpretieren, daß sie die besonderen menschlichen Eigenschaften „sorgend, altruistisch und mitfühlend" als die bedeutendsten Qualitäten im Überlebensprozess deuten.[555]

Zusammenfassend kann gesagt werden, daß die in dem hier untersuchten Buch von Filliou befindlichen theoretischen Überlegungen geeignet sind, als Werkzeug für die Beurteilung von pädagogischen, emanzipatorischen Maßnahmen, künstlerischen Projekten mit Partizipationsabsichten oder Strategien zur Erzeugung neuen Wissens zu dienen. Unter der Voraussetzung, daß die bis hierher aus Fillious Buch abgeleiteten und untersuchten Begriffe „künstlerische Vorgehensweise", „Emanzipation des Individuums", „Autorität", „Experiment", „Macht", „Beispielgeber" und „Wissen" in ihrer Definition als sinnvoll angenommen werden, besteht die Möglichkeit, ein Schema zu extrahieren, welches die „ideale Lehr-/Lernsituation" beschreibt, und anhand derer ähnliche Situationen analysiert werden könnten. Dies wird im folgenden, abschließenden Kapitel veranschaulicht.

---

[555] „Researchers at the University of California, Berkeley, are challenging long-held beliefs that human beings are wired to be selfish. In a wide range of studies, social scientists are amassing a growing body of evidence to show we are evolving to become more compassionate and collaborative in our quest to survive and thrive. In contrast to "every man for himself" interpretations of Charles Darwin's theory of evolution by natural selection, Dacher Keltner, a UC Berkeley psychologist and author of "Born to be Good: The Science of a Meaningful Life," and his fellow social scientists are building the case that humans are successful as a species precisely because of our nurturing, altruistic and compassionate traits. They call it "survival of the kindest."

"Because of our very vulnerable offspring, the fundamental task for human survival and gene replication is to take care of others," said Keltner, co-director of UC Berkeley's Greater Good Science Center. "Human beings have survived as a species because we have evolved the capacities to care for those in need and to cooperate. As Darwin long ago surmised, sympathy is our strongest instinct." (Anwar, Yasmin. Social scientists build case for „survival of the kindest". 2008 / http://www.berkeley.edu/news/media/releases/2009/12/08_survival_of_kindest.shtml - zuletzt gesichtet April 2016)

VII. FAZIT UND VORSCHLAG
für ein aus der Untersuchung gewonnenes Analysewerkzeug zur Beurteilung einer Lehr-/Lernsituation im Hinblick auf ihr Emanzipationspotential

In den vorangegangenen Untersuchungen wurde deutlich, wie wichtig bei Filliou Praxis, als die Möglichkeit, Erfahrungen zu machen, für die Aneignung von Wissen und die Untermauerung von Theorien ist, besonders wenn in pädagogischer Absicht gehandelt werden soll. Sein „Arbeitsbuch" folgt diesem Aspekt und könnte für die Entwicklung eines Schulcurriculums sicherlich als „Geistöffner" wirken, gäbe es das Interesse an einer Neuorientierung, die auch die fundamentalen, tradierten Definitionen über die Auffassung, „was ist Wissen", kritisiert. Aber „Schule" als Institution hier in Frage zu stellen, ist gar nicht die Aufgabe, Filliou selbst hat von seinen Vorschlägen ja als „Nichtschule" gesprochen und sich ausschließlich auf die Begegnung von Künstlern mit Nichtkünstlern konzentriert. In dem entsprechenden Kapitel (Kap. IV, Kunst und Schulunterricht) sollte lediglich ein Vergleich zwischen Fillious Ideen und schulischer Praxis durchgeführt werden, um ihre Reichweite wie auch Einschränkung zu verdeutlichen. Es wäre für die hier durchgeführte Untersuchung nicht sinnvoll gewesen, alle Aspekte von Fillious Buch in der Art ihres Vorkommens in der heutigen Gesellschaft, also ca. 50 Jahre später, ausführlich darzustellen. Es ist wichtig zu sehen, daß Filliou keine inhaltlichen Vorgaben machen will, also keinen konkreten besseren Plan aufstellt, wie die Welt zu organisieren sei, sondern nur Vorschläge als Beispiele anbietet, von denen er selbst mehrfach sagt, daß diese so etwas wie erste Entwürfe seien („Erstmal dieses. ES IST EIN LANGES KURZES BUCH ZUM ZUHAUSE WEITERSCHREIBEN." Rücken des Buches).

Dem idealen Ziel, Situationen der Freiheit herstellen zu können, in denen Lehren und Lernen in Filliouschen Sinne stattfinden kann (vgl. „Lehrstücke" in Kapitel III), werden die „Beispielgeber" zur Seite gestellt, die (noch) als Künstler eine andere Art der (experimentellen) Wissensgenerierung praktizieren, und, indem ihnen zugeschaut wird und anhand ihrer veranschaulichenden Objekte, Bilder, Installationen oder Filme praktische Erfahrungen gewonnen werden, die Rezipienten sich selbst dazu ausbilden, das in vollem Umfang kritisieren zu können, was ihnen (in der Kunst wie im Leben) begegnet. Das Ziel ist die Emanzipation aller Gesellschaftsmitglieder und ihre Befähigung zur Bewältigung gesellschaftlicher Praxis bzw. des Lebens.

Im Zuge der vorliegenden Untersuchung wurden folgende Faktoren aufgefunden und definiert, die ideale Lehr-/Lernsituationen mithilfe von Kunst konstituieren, nämlich:

- Zurverfügungstellen einer Situation mit Freiheit (Respekt, Abwesenheit institutioneller Macht, etc.),
- Vorhandensein von Autorität (Künstler als Autoren ihrer Arbeit und Vermittlung),
- Befähigung der Nichtkünstler zur Teilnahme an künstlerischen Praktiken/Denkweisen, also selbst bestimmte Individuen, die ihren eigenen Anteil an der Bedeutungskonstitution erkennen bzw. Kritikfähigkeit besitzen[556]
- Raum für Experiment verbunden mit Einsicht in das Wesen von Experiment und Bereitschaft dazu.

Im Sinne Fillious et al. kann man so ein „Lehren und Lernen als Aufführungskünste", also ein sinnvolles Lehren und Lernen mithilfe von Methoden, die aus der Kunstpraxis kommen, dann als solches definieren, wenn besagte Faktoren im gleichen Mischungsverhältnis vorkommen. Die Analyse dieses Mischungsverhältnisses ist ein Werkzeug für die Beurteilung sowohl künstlerischer Vermittlungsangebote wie auch anderer Lehrstrukturen im Hinblick auf ihre emanzipatorische Wirkung. Das folgende Schema mit den Übertragungen ist der Versuch, dies zu veranschaulichen[557]:

Konstituierende Elemente einer idealen Situation von Lehren und Lernen nach Filliou et al.			
FREIHEIT der Situation (Abwesenheit institutioneller Macht etc.)	AUTORITÄT (durch Autorschaft = Kunst/Künstler)	PARTIZIPATION (selbstbestimmter Rezipient/ Individuum der Gesellschaft = Grad der Kritikfähigkeit)	EXPERIMENT/ ERFAHRUNG (Ausgang ungewiss, keine Lernzielvorgabe)

Σ = **höchstes Emanzipationspotential**

556 Vgl. erneut Bazon Brocks Idee zu einem „professionalisierten" Rezipienten
557 Ausführlichere Erläuterungen dazu finden sich im Anhang

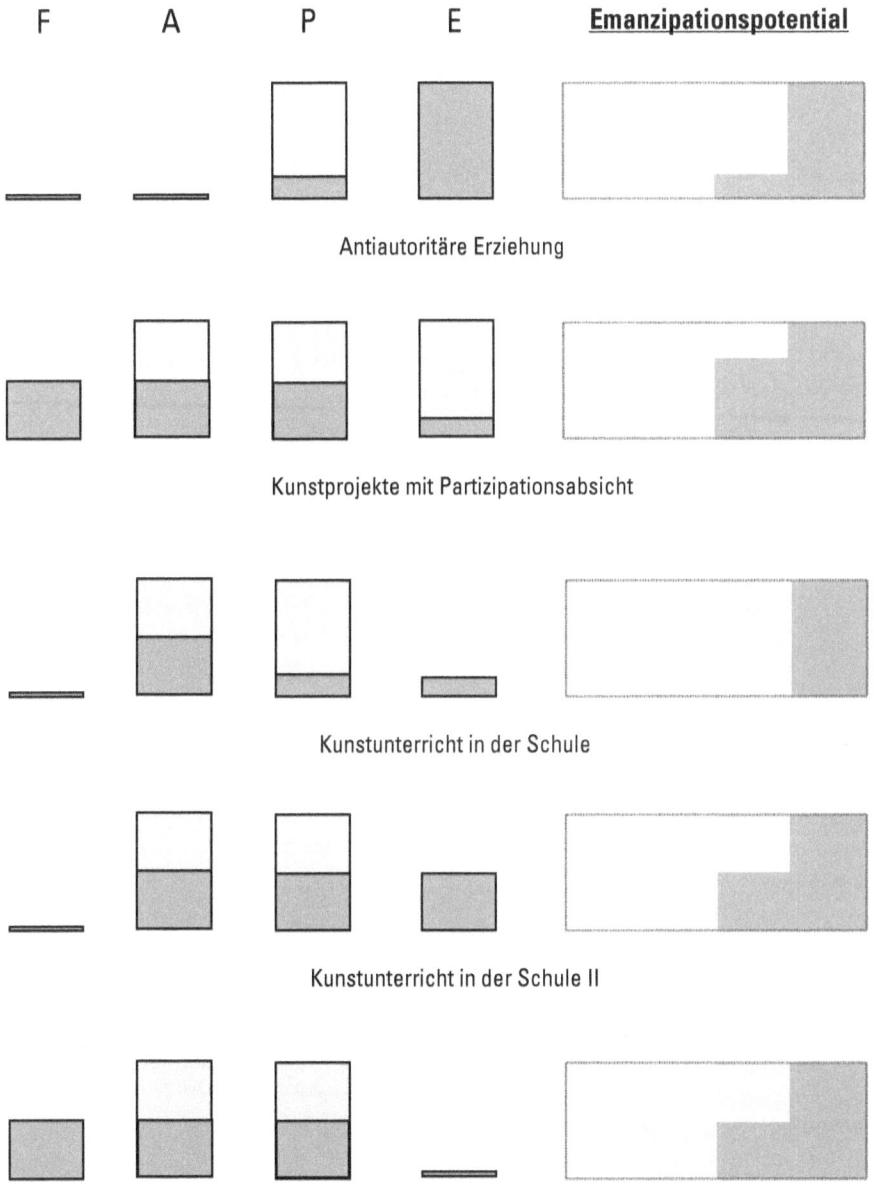

| F | A | P | E | **Emanzipationspotential** |

Diktatur

Nicht-künstlerischer Physikunterricht in der Schule

Action Teaching

Festival Filme über Kunst/Künstler

Black Mountain College

Legende: vorhanden | kann sich entwickeln | fehlt

Unter diesen Bedingungen kann man u.a. die oft vernachlässigte Bedeutung der notwendigen Kritikfähigkeit des Partizipienten in künstlerischen Projekten wie auch den nicht unerheblichen Einfluss des institutionellen Rahmens, in denen diese stattfinden, für ein angestrebtes emanzipatorisches Vorhaben verstehen. Ebenso zeigen sich die einsehbaren systembedingten Grenzen schulischen Kunstunterrichts, nicht-künstlerischen Unterrichts sowie die Auswirkungen mangelnder Autorität (in unserem Sinne) oder das Fehlen von Kunst zur Gänze auf die Möglichkeiten der Aus- und Weiterbildung emanzipierter Gesellschaftsmitglieder und der Generierung neuen Wissens, das für alle Beteiligten von Bedeutung ist.

Die „Autorität" des Künstlers als Autor seiner Arbeit und Erkenntnisse[558], die immer „nur" persönlich ist, in ihrer Persönlichkeit gerade wichtig und kann, wie gezeigt wurde, durch eine „Lernsoftware" nicht ersetzt werden. Zu diesen Aspekten zählen selbst solche, wie sie der Psychologe Herbert Fitzek einer rein technisch verstandenen „Informationsvermittlung" entgegenhält:

> „Marotten und Eigenheiten, die persönliche Note der Dozenten und die geheimen Obsessionen der Studierenden bleiben in der sterilen Atmosphäre der Informationsgesellschaft außen vor. Wehmütig mag man sich der Karikaturen von Unterricht erinnern, die noch vor Jahrzehnten vom Muff und Autoritätsdenken des Lehrpersonals kündeten und die spätestens zur Zeit der Studentenrevolte in der Renitenz und Nichtsnutzigkeit der Studenten ihren Widerpart fanden."[559]

Fitzek bemängelt die Betonung formaler Faktoren des Lehren und Lernens als zwar auf „modernen Angleichungs-Systemen der Emanzipation"[560, 561] beruhenden Zielen, glaubt aber, dadurch ein „Umschlagen der Gleichwertigkeiten in Gleichgültigkeit"[562] festzustellen. Dem setzt er, und Filliou, Brock, Nekes, Valverde, Gruen et al. würden dem wohl zustimmen, einen Vorschlag entgegen, nämlich statt die Gleichheit der Individuen anzustreben, nur deren Gleichberechtigung zu erkennen, und zwar durch

---

558 Vgl. Bazon Brock: „es nützte also gar nichts, sich diese Autorität anzumaßen, sondern sie musste entweder durch Zustimmung erworben werden oder zumindest durch die Aufmerksamkeit, die das Publikum dem Tun des Künstlers entgegenbrachte." Bazon Brock. action teaching, in: Gerhard Theewen. Information - Education. Köln 1996, S. 63

559 Herbert Fitzek, Education = Information?, in: Gerhard Theewen. Information - Education. Köln 1996, S. 9

560 Ebd., S. 17

561 Vgl. Bazon Brock: „Auch KANT hat nicht gesehen, daß es den Unterschied aufs Ganze macht, ob Gleichheit hergestellt wird, um Differenzierung zu ermöglichen, oder ob Unterschiedenheit und Unvergleichbarkeit gebändigt werden müssen durch die Konstruktion von Gleichheit." Bazon Brock, Ästhetik der Vermittlung, S. 66

562 Herbert Fitzek, S. 18

„Dran-*Bleiben*, auch wenn wir gar nicht wissen, worum es geht; Umgehen-*Lernen* mit den eigenen Unzulänglichkeiten, aber auch mit den eigenen Utopien und Idealen; Aushalten-*Lernen*, daß sich der Erfolg erst im Tun einstellt; Zulassen von Einfällen, von Ungeordnetem, von Sperrigem; Dabei-Bleiben, immer wieder Hinsehen und Beschreiben."[563]

Die angesprochenen Fähigkeiten haben in der heutigen Zeit sicher einen hohen Stellenwert. In der hier definierten idealen Lehr-/Lernumgebung könnten sie mithilfe der Künstler ausgebildet werden.

---

563   Ebd., S. 21 f.

VIII. ANHANG

Erläuterungen zu den Beispielen in Kapitel VII:

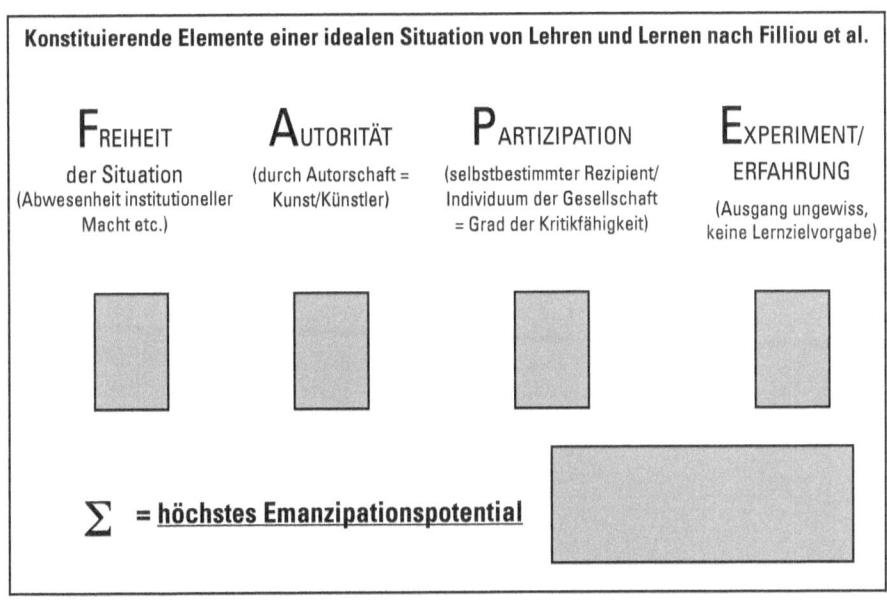

Das oben abgebildete Schema soll die - nach Filliou - ideale Situation einer Lehr-/Lernumgebung darstellen. Diese zeichnet sich dadurch aus daß die vier konstituierenden Faktoren zu 100% vorhanden, i.e. ausgeschöpft bzw. möglich sind.

Wendet man dieses Schema beispielsweise auf die so genannte „Antiautoritäre Erziehung" an, und zwar in der Definition, daß sich die Kinder aus sich heraus entwickeln sollen und können, und dies möglichst ohne eine Außeneinwirkung durch die Macht, Wissen oder Ziele von Erwachsenen, stellen sich die Verhältnisse so dar:

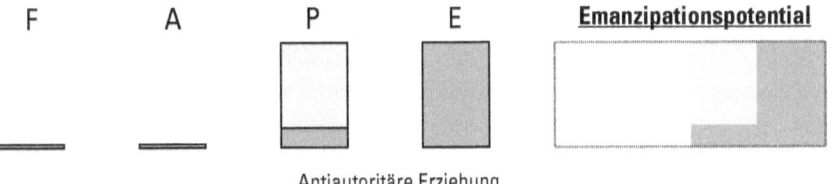

Antiautoritäre Erziehung

Die Freiheit der Situation ist nicht gegeben, weil es sich um einen Erziehungsrahmen handelt, zum Beispiel eine Schule; die Autorität (in unserem Sinne) ist nicht zugelassen; das Potential des „Partizipienten", in dem Fall des Schülers, ist gering, kann aber (im Idealfall) wachsen, der Raum für Experimente ist uneingeschränkt. Es gibt sich ein Emanzipationspotential wie dargestellt. Die Abwesenheit der Autorität des Künstlers/Autors/Wissenschaftlers etc. und selbstverständlich der institutionelle Rahmen, in dem Erziehung stattfindet, vermindert das Potential einer emanzipatorischen Bildung nach Filliou.

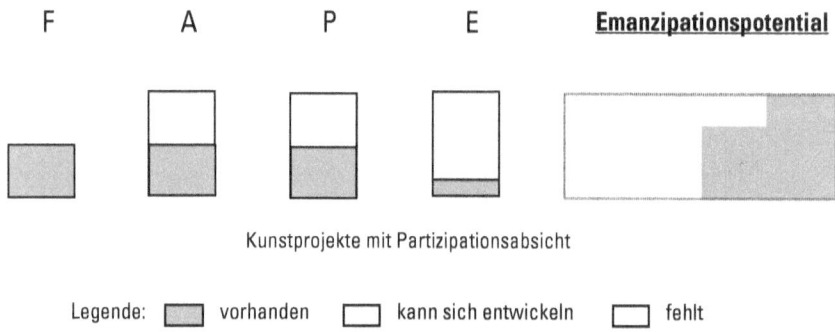

Kunstprojekte mit Partizipationsabsicht

Legende: vorhanden   kann sich entwickeln   fehlt

Bei Kunstprojekten mit Partizipationsabsichten (wie im politischen Theater, Performance, interaktiven Installationen, „relational art" etc.) variieren die Verhältnisse: der institutionelle Rahmen (Museum, Gallerie, Theater, aber auch Straßentheater oder selbstgewählte Orte wie Künstlerlofts haben ihre eigenen Bedingungen, die vom Publikum nicht überschritten werden können) ist hier mit 50% Gewichtung angesetzt, die Autorität (des Künstlers) ebenso, sie kann je nach Konzept mehr oder weniger einnehmen, ebenso steht es um die Befähigung des Rezipienten und auch die Größe des Raums für Experimente. Jedes künstlerische Projekt mit pädagogischen Absichten kann also dementsprechend auf sein Emanzipationspotential hin beurteilt werden. Eine höchstmögliche Annäherung an Filliou ist hier möglich, wobei die einzige unumgängliche Einschränkung (Mangel an Freiheit durch Einfluss des Institutionellen) solange besteht, bis derartige Projekte nicht mehr im Rahmen der Kunst stattfinden, sondern übergangslos „im Leben". Hier spiegelt sich die für diese Untersuchung sehr wichtige Aussage Fillious in Bezug auf seine Erörterungen: „neue Kunst kommt dann danach".

Die beiden nachfolgenden Abbildungen stellen zwei Möglichkeiten von Kunstunterricht in der Schule dar. Man sieht, daß hier die Faktoren „institutionelle Macht" und „Raum für Experiment" das Emanzipationspotential einschränken können, während sowohl die Elemente „Autorität" wie auch die „Partizipation" (in unserem Sinne) variabel sind. Dem Faktor „Experiment" wurde hier deshalb nicht mehr Potential zugeschrieben, weil in unserem Sinne darunter das Potential von nicht vorhersehbaren Ausgängen/Ergebnissen gefasst ist, also der Grad der Abwesenheit von Lehrplänen etwa (und beispielsweise nicht, welchen „Spielraum" die Schüler innerhalb eines Unterrichts haben).

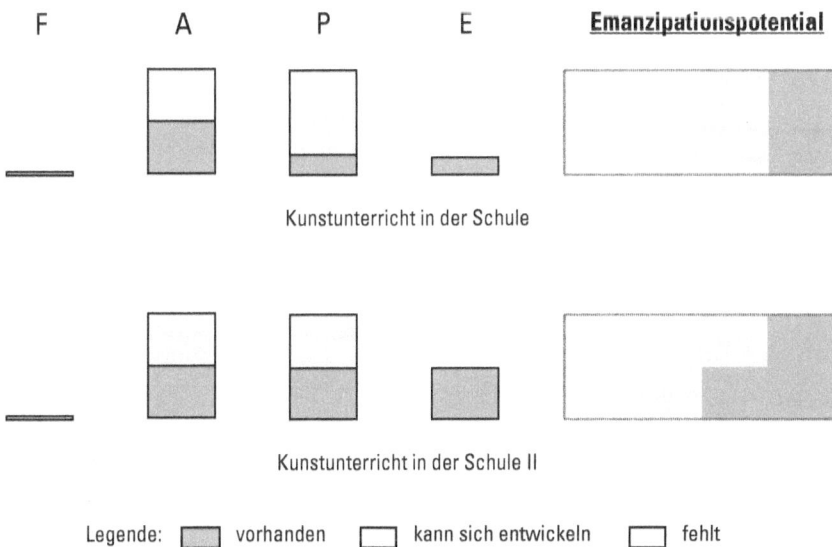

Im Museum (nicht in einer künstlerischen Performance, die in einem Museum stattfindet), wirkt die institutionelle Macht allein durch Öffnungszeiten, Eintrittsgelder, Hausordnungen etc., ist jedoch auch eingeschränkt, weil ein Museumsbesuch ja freiwillig ist, daher wurden hier 50% angesetzt. Raum für Experiment kann hier allenfalls im Kopf des Betrachters entstehen, sodaß er auch dort unter Partizipation eingeordnet werden muss und der Faktor an sich bei 0% in diesem Schema bleibt.

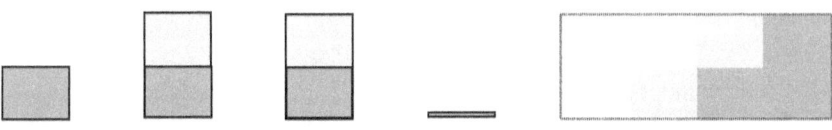

Museum

Eine Situation, in der Institutionen 100%ige Macht haben, freie Kunst verboten ist, ebenso emanzipierte Partizipation und kein Platz für unvorhersehbare Ideen eingeräumt ist, sieht folgendermaßen aus:

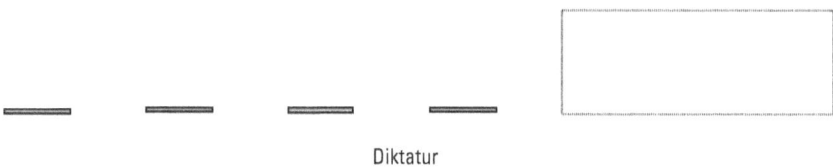

Diktatur

Dieses Bild ist aber auch ein Hinweis darauf, was geschieht, wenn der Kunst in einer Gesellschaft kein oder wenig Platz eingeräumt wird, womit sich nämlich das Emanzipationspotential verringert.

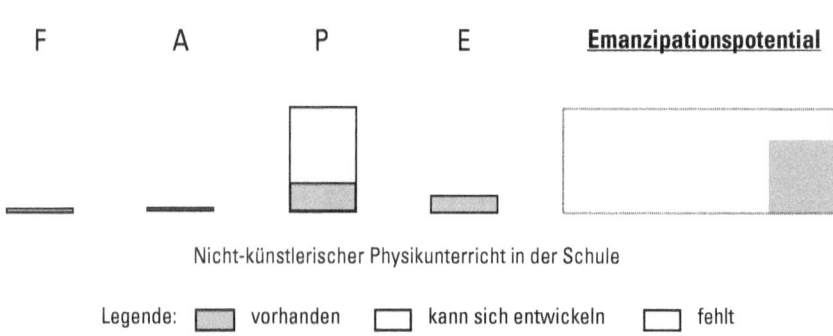

Nicht-künstlerischer Physikunterricht in der Schule

Legende: ▨ vorhanden   ☐ kann sich entwickeln   ☐ fehlt

Wendet man das Schema auf einen Schulunterricht an, in dem künstlerische Methoden nicht vorkommen, so ergibt sich, daß das Emanzipationspotential durch die Wissensübertragung mit vorgegebenen Lernzielen zwar im Vergleich zu künstlerischem Unterricht verringert ist, aber das liegt in der Natur der Sache, denn in der Schule wird ja eher auch keine Wissenschaft betrieben. Jedoch bleibt die Möglichkeit bestehen, daß der einzelne „Partizipient", also der Schüler in diesem Fall, seine Befähigung zu jedweder Partizipation auch aus sich heraus entfalten könnte, indem er beispielsweise das Vorhandensein der anderen drei Faktoren imaginierte. Man könnte also sagen, daß hier nicht (wie im Schema der Diktatur) emanzipatorisches Verhalten unbedingt unterdrückt wird, aber auch nicht gefördert.

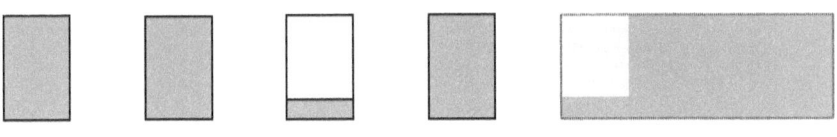

Action Teaching

Das Schema zum „Action Teaching" zeigt die Wichtigkeit der Befähigung des Partizipienten zur Partizipation. Selbst wenn keine institutionelle Macht die Freiheit der Situation beeinträchtigt, eine 100%ige Autorität vorhanden ist, eine völlige Offenheit für Argumente, Beiträge und Ergebnisse jeder Art, so hängt das Erreichen des Ideals immer noch von dem Potential des Rezipienten ab. Gleichzeitig bedeutet dieses Schema, daß ein Action Teaching ein Weg zu diesem Ideal des künstlerischen Lehrens und Lernens ist.

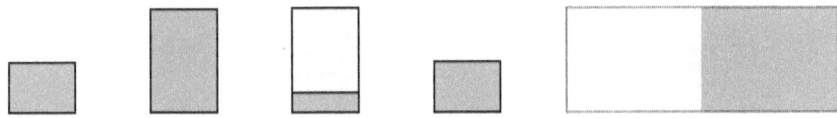

Festival Filme über Kunst/Künstler

Das in der vorliegenden Untersuchung beschriebene Filmfestival zeichnet sich durch einen ähnlichen institutionellen Rahmen aus wie ein Museum oder Kunstprojekte. Der Raum für Experimente ist größer als im Museum, da über die Filme mit den Filmmachern oder Künstlern diskutiert werden kann, jedoch werden die möglichen 100% eines Kunstprojekts nicht erreicht, weil das Filmprogramm als solches zeitlich und inhaltlich begrenzt und unveränderbar ist. Der Rezipient allerdings hat eine große Chance, seine Befähigung zu Kritik zu entfalten.

Black Mountain College

Die Situation im Black Mountain College im Verhältnis zu einer idealen Lehr-/Lernsituation (mit 100% Emanzipationspotential) hängt sowohl von der tatsächlichen Minimierung institutioneller Macht ab als auch von der Entwicklung der Studenten in Bezug auf Kritikfähigkeit, Rezeptionsfähigkeit etc. Sie kann also diesem Ideal sehr nahekommen.

QUELLENVERZEICHNIS

Adorno, Theodor W.: Ästhetische Theorie. Frankfurt/Main 1970 (1973 Taschenbuch, 1. Aufl.)

Adorno, Theodor W.: Negative Dialektik. Frankfurt/Main 1966

Agamben, Giorgio: The Man without Content. Stanford University Press 1999

Allen, Gwen; Kerr, Iain; Chris Thompson: Re-received Ideas: A generative dictionary for research on research (2006). In: Part 1, Performance Research: A Journal of the Performing Arts, 11:1, 54-59. (http://dx.doi.org/10.1080/13528160600807653 - zuletzt gesichtet April 2016)

Anwar, Yasmin: Social scientists build case for „survival of the kindest". 2008 ((http://www.berkeley.edu/news/media/releases/2009/12/08_survival_of_kindest.shtml) zuletzt gesichtet April 2016)

Arendt, Hannah: Macht und Gewalt. München 1970 (8. Aufl. 1993)

Art and Education - Online Magazine www.artandeducation.net

Art And Social Change. A Critical Reader. Bradley, Will und Esche, Charles (Hrsg.). London 2007

Arts Education For All. Unesco Today 1/2010

Arts Education Policy Review. Issue 5, May/June, 2001

Ascott, Roy: Telematic Embrace: Visionary Theories of Art, Technology and Consciousness. Berkely 2003

At A Distance: Precursors to Art and Activism on the Internet. Annmarie Chandler und Norie Neumark (Hrsg.). MIT Press 2005

Barrett, Terry: Investigating Art Criticism in Education: An Autobiographical Narrative, in: Handbook of Research and Policy in Art Education. Elliot W. Eisner (Hrsg.). Mahwah, NJ. 2004

Barthes, Roland: The Death of the Author. 1967 (ubuweb)

Barzun, Jacques: Art the redeemer. The use and abuse of art. New Jersey, Princeton University Press 1974

Barzun, Jacques: From dawn to decadence. New York, HarperCollins 2000

Barzun, Jacques: Of Human Freedom. Boston 1939

Bauhaus. Fiedler, Jeaninne; Feierabend, Peter (Hrsg.). Köln 1999

Baumgarner Gee, Constance: Spirit, Mind, and Body: Arts Education as Redeemer, in: Handbook of Research and Policy in Art Education. Elliot W. Eisner (Hrsg.). Mahwah, NJ. 2004

BDK. Fachverband für Kunstpädagogik. www.bdk-online.info

Behrens, Günter: Die soziale Utopie des Charles Fourier. Köln 1977

Benjamin, Walter: Der Autor als Produzent, in: Ders.: Gesammelte Schriften. Aufsätze, Essays, Vorträge. Band II/2, Frankfurt 1991

Bentley, Eric: Das lebendige Drama, Eine elementare Dramaturgie. Hannover 1967

Bertolt Brecht: Schriften zum Theater. Frankfurt am Main 1957

Beuys, Joseph: Energy Plan for the Western Man. Joseph Beuys in America. Carin Kuoni (Hrsg.). New York 1990

Bey, Hakim: Immediatism. Essays by Hakim Bey. AK Press 1994

Bharucha, Rustom: Chandralekha - Woman, Dance, Resistance. New Delhi 1995

Bharucha, Rustom: The Politics of Cultural Practice. Thinking Through Theatre In An Age Of Globalization. Wesleyan University Press 2000

Bishop, Claire: Antagonism and Relational Aesthetics. in: OCTOBER 110, Herbst 2004, October Magazine, Ltd. und Massachusetts Institute of Technology

Bishop, Claire: Artificial Hells: Participatory Art and the Politics of Spectatorship. Verso 2012

Bishop, Claire: Participation (Documents of Contemporary Art). Whitechapell Art Gallery 2006

Bishop, Claire: The Social Turn: Collaboration and its Discontents, in: artforum. Februar 2008

Black Mountain, ein interdisziplinäres Experiment. 1933-1957. Ausstellungskatalog. Leipzig 2015

Black Mountain College. Experiment in Art. Katz, Vincent (Hrsg.). Cambridge (MA) 2003

Black Mountain Research Project (www.black-mountain-research.com - zuletzt gesichtet 16.2.2016)

Blickmaschinen oder wie Bilder entstehen. Die zeitgenössische Kunst schaut auf die Sammlung Werner Nekes. Hrsg. Nike Bätzner, Werner Nekes und Eva Schmidt.
Dumont Verlag 2009

Blocker, H. Gene: Varieties of Multicultural Art Education: Some Policy Issues, in: Handbook of Research and Policy in Art Education. Elliot W. Eisner (Hrsg.). Mahwah, NJ. 2004

Boal, Augusto: Theater der Unterdrückten. Suhrkamp 1982 (3. Aufl.)

Boal, Julian: Behaving Like Guerrillas, Wary of the Enemy - A Historical Perspective on the Theatre of the Oppressed, in: Not Just A Mirror - Looking for the Political Theatre Today. Hrsg. Florian Malzacher. Alexander Verlag. Berlin 2015

Boal, Julian. www.ptoweb.org. Zuletzt gesichtet am 22. März 2016

Bourriaud, Nicolas: Relational Aesthetics. Les Presse Du Reel 1998

Brecht, Bertolt: Gesammelte Werke. Bd.15. Frankfurt/Main 1967

Brock, Bazon: Ästhetik als Vermittlung. Köln 1977

Brock, Bazon. action teaching, in: Information - Education. Gespräche und Texte über Lehren und Lernen. Theewen, Gerhard (Hrsg.). Salon-Verlag 1996

Brock, Bazon: Besucherschule d 7. Die Hässlichkeit des Schönen - Spaziergänge Tempelgänge Paradegänge. Kassel 1982

Brock, Bazon: Der Barbar als Kulturheld. Hrsg. von Ana Zika. Köln 2002

Brock, Bazon, in: "Kunst und Leben des Bazon Brock", Radio-Feature by Natascha Freundl. NDR Kultur 2006

Brock, Bazon, in: Kunstforum International, Bd. 181, Die Kunst der Selbstdarstellung. Hrsg. Paolo Bianchi 2006

Brock, Bazon, in: Kunst und Medien - Materialien zur documenta 6, hrsg. von Horst Wackerbarth, 1977

Brock, Bazon; Sloterdijk, Peter (Hrsg.). Der Profi-Bürger. Handreichungen für die Ausbildung von Diplom-Bürgern, Diplom-Patienten, Diplom-Konsumenten, Diplom-Rezipienten und Diplom-Gläubigen. Wilhelm Fink Verlag 2013

Brock, Bazon: Lock Buch Bazon Brock „Gebt Ihr ein Stück, gebt es gleich in Stücken", Köln 2000

Brock, Bazon: „Lustmarsch durch das Theoriegelände - Musealisiert Euch". Köln 2008

Brock, Bazon: „Navigatoren, Radikatoren, Moderatoren" (Action Teaching im Frankfurter Portikus 1993). DVD 2008

Bruner, Jerome: The culture of education. Cambridge MA: Harvard University Press 1996

Bruteau, Beatrice: Radikaler Optimismus, Praktische Spiritualität in einer unsicheren Welt. Kamphausen Verlag 2007

Buden, Boris: Oliver Frlji´c - A Performer after Theatre, in: Not Just A Mirror - Looking for the Political Theatre Today. Hrsg. Florian Malzacher. Alexander Verlag. Berlin 2015

Bueti, Frederica: The Theatre of Catastrophe. http://www.artandeducation.net/

paper/the-theatre-of-catastrophe/ (zuletzt gesichtet: 10.5.2016)

Bundesverband Deutscher Kunsterzieher (BDK). www.bdk-online.info

Bundesverbandes Museumspädagogik e.V. www.museumspaedagogik.org

Burkhardt, Sara: Und die dürfen das? in: Politik trifft Kunst, S. 160-170

Buschkühle, Carl-Peter: Kunstpädagogen müssen Künstler sein. Zum Konzept künstlerischer Bildung, in: Kunstpädagogische Positionen 5/2004, hrsg. von Karl-Josef Pazzini, Eva Sturm, Wolfgang Legler, Thorsten Meyer. Hamburg University Press

Cage, John: An Autobiographical Statement. 1990 (http://johncage.org/autobiographical_statement.html)

Carnevale, Fulvia und John Kelsey: Art of the Possible. In Conversation with Jacques
Ranciére. in: artforum März 2007

Castro, Ilda Teresa de: Eu Animal. Argumentos para um novo paradigma. Sintra 2015

Certeau, Michel de: The Practice of Everyday Life. University of California Press, Berkeley 1984

Clark, Andy und David Chalmers: "The Extended Mind" in: Analysis 58 (1998)

Clastres, Pierre: Society Against The State. Essays in Political Anthropology. New York 1989

Curating Now: Imaginative Practice/Publlic Responsibility. Marincola, Paula; Storr, Robert (Hrsg.). Philadelphia Exhibitions Initiative 2001

Die Neoavantgarde als Vorbild für Forschung und Lehre. Pressemitteilung der Freien Universität Berlin. Nr. 127/2014 vom 17.04.2014. http://www.fu-berlin.de/presse/informationen/fup/2014/fup_14_1

Derrida, Jacques: Die unbedingte Universität. Frankfurt am Main 2001

Dewey, John: Art as Experience. The Later Works of John Dewey, 1925-1953. Volume 10: 1934, Edited by Jo Ann Boydston Carbondale and Edwardsville: Southern Illinois University Press.

Dewey, John: Experience and Nature. New York/London 1929

Dissanayake, Ellen: Homo Aestheticus. Washington 1995. 2. Aufl.

Dorsen, Annie; Malina, Judith: ‚Poetry is „No Poverty", and „No Poverty" is Poetry', in: Not Just A Mirror - Looking for the Political Theatre Today. Hrsg. Florian Malzacher. Alexander Verlag. Berlin 2015

Eco, Umberto: Das offene Kunstwerk. Frankfurt/M. 1977

Efland, Arthur D.: Emerging Visions of Art Education, in: Handbook of Research and
Policy in Art Education. Elliot W. Eisner (Hrsg.). Mahwah, NJ. 2004

Efland, Arthur D.: Art Education as Imaginative, in: Handbook of Research and Policy in Art Education. Elliot W. Eisner (Hrsg.). Mahwah, NJ. 2004

Ellis, Carolyn; Adams, Tony E., Bochner, Arthur P.: Autoethnography: An Overview [40 paragraphs]. 2010. In: Forum Qualitative Sozialforschung / Forum: Qualitative Social Research, 12(1), Art. 10, http://nbn-resolving.de/urn:nbn:de:0114-fqs1101108.

Erasmus+ Programm (EU). http://ec.europa.eu/programmes/erasmus-plus/ (zuletzt Mai 2016)

Feldman, Edmund Burke: Becoming Human Through Art. Aesthetic Experience in the School. Prentice-Hall 1970

Felman, Jyl Lynn: Never A Dull Moment: Teaching and the Art of Performance. New York 2001

Festival Internacional Filmes Sobre Arte Portugal - www.films-on-art-portugal.org

Filliou, Robert: A Filliou Sampler. Something Else Press. 1967

Filliou, Robert: Lehren und Lernen als Aufführungskünste. Köln, New York (Walter König) 1970

Filliou, Robert: Kunst trifft Wissenschaft und Spiritualität. Brief von Robert Filliou im
November 1987, Pouillac. Aus: Wijers (Hrsg.) 1992

Filliou, Robert; Wijers, Louwrien: Die Integration des Dharma in seine Arbeit als Künstler. Interview mit Louwrien Wijers am 11. Oktober 1981 in Amsterdam. Aus: Wijers (Hrsg.) 1992

http://www.ubu.com/film/filliou_teaching.html

Feyerabend, Paul: Wider den Methodenzwang. Frankfurt/Main 1991 (3. Aufl.)

Fisher, Jonathan: The Life and Work of Progressive Higher Education: Towards a History of Black Mountain College, 1933-1949 (http://www.blackmountainstudiesjournal.org/volume-6-alma-stone-williams-race-democracy-arts-and-crafts-and-writers-at-bmc-summer-2014/6-fisher-halfway-formatted-use-other-version/ (zuletzt besucht 5. Mai 2016)

Fitzek, Herbert: Education = Information? Plädoyer für die Impertinenz des Lehrens und Unterrichtens, in: Information - Education. Gespräche und Texte über Lehren und Lernen. Theewen, Gerhard (Hrsg.). Salon-Verlag 1996

Foster, Susan Leigh: Corporealities: Dancing Knowledge, Culture and Power. London 1996

Foster, Susan Leigh: Introducing UNNATURAL ACTS, 1997, in: Decomposition: Post-Disciplinary Performance (Unnatural Acts). Sue-Ellen Case, Philip Brett, Susan Leigh Foster (Hrsg.). Indiana Univ Pr 2000

Foster, Susan Leigh. Webseite: danceworkbook.pcah.us/susan-foster/about-susan-foster.html

Foster, Hal: The Return of the Real: the avant-garde at the end of the century. MIT 1996 (4. Aufl. 2001)

Foucault, Michel: The Order of Things. Vintage Books Edition 1994

Foucault, Michel: Wahnsinn und Gesellschaft. Frankfurt/Main 1973 (21. Aufl. 2015)

Franke, Annette: Aktuelle Konzeptionen der Ästhetischen Erziehung. München 2007

Freedman, Kerry: Curriculum Change for the 21st Century: Visual Culture in Art Educstion, in: Handbook of Research and Policy in Art Education. Elliot W. Eisner (Hrsg.). Mahwah, NJ. 2004

Freire, Paulo: Pädagogik der Unterdrückten. Bildung als Praxis der Freiheit. Reinbek b. Hamburg 1970

Friedman, Ken; Smith, Owen; Sawchyn, Lauren (Hrsg.). The FluxusPerformanceWorkbook. A Performance Research e-publication. 2002

Friedman, Ken (Hrsg.). The Fluxus Reader. Academy Editions. 1998

Friedman, Ken: 99 events. Austellungskatalog. The Stendhal Gallery 2009

Friedman, Ken: Fluxus: The Collective that Might Have Been.

Friedman, Ken: THE CASE FOR BENGT AF KLINTBERG, in: Performance Research: A Journal of the Performing Arts, 11:2, 137-144, (http://dx.doi.org/10.1080/135281606000888703 - zuletzt gesichtet April 2016)

Friedman, Ken: "Cuarenta Anos de Fluxus." Fluxus y Fluxfilms,1962-2002. Berta Sichel, editor, in collaboration with Peter Frank. Madrid: Museo Nacional Centro de Arte
Reina Sofia, 41-83.

Friedman, Ken: "Twelve Fluxus Ideas." The Radical Designist. IADE and Ken Friedman 2007

Friedman, Ken: Freedom? Nothingness? Time? Fluxus and the Laboratory of Ideas. Australia 2012

Gibbons, Michael; Limoges, Camille; Nowotny, Helga; Schwartzman, Simon; Scott, Peter; Trow, Martin: The New Production of Knowledge: Dynamics of Science and Research in Contemporary Societies. Stockholm 1994

Glauner, Max: Get involved! Partizipation als künstlerische Strategie, deren Modi Interaktion, Kooperation und Kollaboration und die Erfahrung eines „Mittendrin-und-draußen", in: Kunstforum, Band 240, Titel: Get Involved!, 2016

Graw, Isabelle: Nur für Kenner - Malereiexperten und ihr Gegenstand, Ein Durchgang in sechs Schritten, in: Kunstvermittlung in der Medien, Hrsg. Julian Nida-Rümelin und Jakob Steinbrenner. Ostfildern 2011

Gruen, John: The New Bohemia: The Combine Generation. New York 1966

Habermas, Jürgen: Theorie des kommunikativen Handeln. Bd. 1 und 2. Frankfurt/Main 1981 (2. Aufl. 1982)

Handbook of Research and Policy in Art Education. Elliot W. Eisner (Hrsg.). Mahwah, NJ. 2004

Hannula, Mika; Suoranta, Juha; Vadén, Tere: Artistic Research - Theories, Methods and Practices. Finnland/Schweden 2005

Happenings and Other Acts. Sandford, Mariellen R. (Hrsg.). London. New York. 1995

Harris, Steven: The Art of Losing Oneself without Getting Lost: Brecht and Filliou at the Palais Idéal. Papers of Surrealism, Issue 2, Summer 2004

Hayles, N. Katherine: How we became posthuman: virtual bodies in cybernetics, literature, and informatics. Chicago 1999

Helms, Dietrich: Der Überbeuys. Zur Wirkung der Beuys-Literatur, in: Kunst + Unterricht, Heft 27, Hannover 1974

Helms, Robert: On Being an Anarchist. http://souciant.com/2013/04/on-being-an-anarchist/

Hessels, Laurens K.; Lente, Harro van: Re-thinking new knowledge production: A literature review and a research agenda. ScienceDirect, Research Policy 37 (2008) 740-760 (www.sciencedirect.com)

Higgins, Dick: Horizons. Roof Books 1998 (ubu editions 2007)

Higgins, Dick: Intermedia, in: Leonardo, Vol. 34, No. 1, pp. 49-54. 2001

Higgins, Hannah: Fluxus Experience. University of California Press. 2002

Hope, Samuel: Art Education in a World of Cross-Purposes, in: Handbook of Research and Policy in Art Education. Elliot W. Eisner (Hrsg.). Mahwah, NJ. 2004

Horkheimer, Max; Adorno, Theodor: Dialektik der Aufklärung. Philosophische Fragmente, Frankfurt/Main 2006

„Ich sehe was, was Du nicht siehst!", Sehmaschinen und Bilderwelten. Hrsg. Bodo von Dewitz und Werner Nekes. Steidl Verlag 2002

ICLI 2014 - INTER-FACE. International Conference on Live Interfaces. Proceedings.
Adriana Sa, Miguel Carvalhais, Alex McLean (hrsg.). Lisboa 2014

Illich, Ivan: Deschooling Society. First Harow Edition 1972

Information - Education. Gespräche und Texte über Lehren und Lernen. Theewen, Gerhard (Hrsg.). Salon-Verlag 1996

Jain, Elenor: Weltanschauung und Menschenbild in der Kunst der Gegenwart. Frankfurt/Main 1998

Jain, Rajele: Films On Art: Breaking the Barriere Between an Artist and a Public, in: I Simpósio - A Fusão das Artes do Cinema. Coimbra 2015

Jain, Rajele: Redanced Oscillation. Performanceprojekt 2004. (www.rajele.net/redanced.descr.html)

Jain, Rajele: The Nine Movements of the Eyelid. 98 min. Dokumentarfilm 2008

Jelinek, Elfriede: e-Mail-Verkehr mit Joachim Lux. (https://www.thalia-theater.de/de/ensemble/mitarbeiter/geld-oder-leben-das-schreckliche-ist-immer-des-komischen-anfang-elfriede-jelinek-im-e-mail-verkehr-mit-joachim-lux-/ - zuletzt gesichtet Mai 2016)

Jordan, John: Performing against the suicide machine - Notes for a future which is not what it use to be, in: Not Just A Mirror - Looking for the Political Theatre Today. Hrsg. Florian Malzacher. Alexander Verlag. Berlin 2015

Kaprow, Allan: Essays on the Blurring of Art and Life. University of California Press 1993 (2. Aufl. 2003)

Kaßner, Maria: Internationale Konzeptionen der Kunstpädagogik. Über die Rolle der InSEA, die Präsenz deutscher Standpunkte im internationalen Fachdiskurs und den Umgang mit Bildungsstandards und Kompetenzorientierung in Deutschland, England und Australien. Bachelorarbeit. Technische Universität Dortmund 2013

Keltner, Dacher: Darwin's Touch: Survival of the Kindest. 2009 (https://www.psychologytoday.com/blog/born-be-good/200902/darwins-touch-survival-the-kindest - zuletzt gesichtet 15.4.2016)

Kindler, Anna M.: Researching Impossible? Models of Artistic Development Reconsidered, in: Handbook of Research and Policy in Art Education. Elliot W. Eisner (Hrsg.). Mahwah, NJ. 2004

KINOMAGIE. Was geschah wirklich zwischen den Bildern. Die Sammlung Werner Nekes. Hrsg. Werner Nekes, Ernst Kieninger. Wien 2015

Kirby, Michael: Happenings, an Illustration. Anthology. Dutton 1965

Kloepfer, Rolf: Semiotische Aspekt der Filmwissenschaften: Filmsemiotik. http://www.split.uni-mannheim.de/R3/frameset/Professor/pubrk/prk00_filmsemiotik.pdf

Klotz, Volker: Dramaturgie des Publikums, Würzburg 1998

Krieg und Kunst. Bazon Brock, Gerline Koschik (Hrsg.). München 2002

Künstler in der Lehre. Texte von Ad Reinhardt bis Ulrike Grossarth. Elke Bippus, Michael Glasmeier (Hrsg.). Hamburg 2007

Kunstvermittlung in den Medien. Hrsg. Julian Nida-Rümelin und Jakob Steinbrenner. Ostfildern 2011

Kupke, Christian: Die Unausweichlichkeit von Partizipation. Überlegungen zur Ubiquität von Partizipation und ihre Folgen für die künstlerische Produktion, in: Kunstforum, Band 240, Titel: Get Involved!, 2016

La Fura dels Baus. www.lafura.com (zuletzt gesichtet Mai 2016)

Lankford, E. Louis, Scheffer, Kelly: Museum Education and Controversial Art: Living on a Fault Line, in: Handbook of Research and Policy in Art Education. Elliot W. Eisner (Hrsg.). Mahwah, NJ. 2004

Lehmann, Hans-Thies: Akira Takayama - To Hide, Not To Disappear, in: Not Just A Mirror - Looking for the Political Theatre Today. Hrsg. Florian Malzacher. Alexander Verlag. Berlin 2015

Leonardo Magazin. MIT Boston (Hrsg.). http://www.leonardo.info/isast/spec.projects/synesthesiabib.html (zuletzt gesichtet: April 2016)

Lévi-Strauss: Das wilde Denken. Frankfurt/Main 1968 (1. Aufl. Taschenbuch 1973)

Live Support Systems (UNESCO). http://www.eolss.net/Eolss-Definition-Context.aspx (zuletzt Mai 2016)

Link, Franz H.: Dramaturgie der Zeit, Freiburg 1977

Lüdeking, Karlheinz: Ist Kunstvermittlung überhaupt noch notwendig? in: Kunstvermittlung in den Medien, Hrsg. Julian Nida-Rümelin und Jakob Steinbrenner. Ostfildern 2011

Lüpertz, Markus: Meister und Schüler, in: Information - Education. Gespräche und Texte über Lehren und Lernen. Theewen, Gerhard (Hrsg.). Salon-Verlag 1996

Malzacher, Florian: No Organum To Follow, Possibilities of Political Theatre Today, in: Not Just A Mirror - Looking for the Political Theatre Today. Hrsg. Florian Malzacher. Alexander Verlag. Berlin 2015

Manovich, Lev: On Totalitarian Interactivity (notes from the enemy of the people), http://manovich.net/TEXT/totalitarian.html

Martin, Carol: History and Politics on Stage - The Theatre of the Real, in: Not Just

A Mirror - Looking for the Political Theatre Today. Hrsg. Florian Malzacher. Alexander Verlag. Berlin 2015

Maset, Pierangelo: Ästhetische Operationen und kunstpädagogische Mentalitäten, in: Kunstpädagogische Positionen 10/2005, hrsg. von Karl-Josef Pazzini, Eva Sturm, Wolfgang Legler, Thorsten Meyer. Hamburg University Press

Mason, Paul: „Paul Mason: Gute Nachricht: Der Kapitalismus ist am Ende, sagt Paul Mason. Eine neue Ära beginnt! Die Welt geht doch noch nicht unter. Ein Gespräch mit dem rebellischen Denker des Postkapitalismus in London. Interview: Elisabeth von Thadden". in: DIE ZEIT Nr. 16/2016, 7. April 2016 (http://www.zeit.de/2016/16/postkapitalismus-paul-mason-england-arbeiter-kritik)

Matthews, John: The Art of Infancy, in: Handbook of Research and Policy in Art Education. Elliot W. Eisner (Hrsg.). Mahwah, NJ. 2004

Medina, Cuauhtémoc: Architecture and Efficiency. George Macunias and the economy of art, in: RES 45, Spring 2004 (downloaded 29.9.2013)

Miessen, Markus: The Nightmare of Participation. Sternberg Press 2010

Miles, Roger: Towards the Museum of the Future: New European Perspectives. Hrsg. Lauro Zavala. New York. 1994

Milevska, Suzana: Auf der neoliberalen Bühne: Die uneingelösten Versprechen und Hoffnungen partizipatorischer Kunst für die Demokratisierung der Gesellschaft. 2015. In: Bildpunkt „Demokratie im Präsens", http://www.igbildendekunst.at/bildpunkt/bildpunkt-2015/demokratie-im-praesens/auf-der-neoliberalen-buehne.htm

Millet, Kate: Sexus und Herrschaft, Frankfurt/Main 1992 (1971)

Monteith, Sharon: American Culture in the 1960s. Edinburgh University Press. Edinburgh 2008

Nevchatal, Joseph: Chapeaux! Hommage à Robert Filliou: An Exhibition to Put on (and Inside) Your Head. (http://hyperallergic.com/155966/an-exhibition-to-put-on-and-inside-your-head/ - zuletzt gesichtet Juni 2016)

New Directions in Indian Dance. Sunil Kothari (Hrsg.). Marg Publications 2003

Not Just A Mirror - Looking for the Political Theatre Today. Hrsg. Florian Malzacher.
Alexander Verlag. Berlin 2015

Nowotny et al. (Michael Gibbons, Camille Limoges, Helga Nowotny, Simon Schartzman, Peter Scott and Martin Trow). Re-thinking Science: Knowledge and the Public in an Age of Uncertainty. 2001, in: Laurens K. Hessels, Harro van Lente. Re-thinking new knowledge production: A literature review and a research agenda. Copernicus Institute for Sustainable Development and

Innovation, Utrecht University, The Netherlands. online 11 March 2008

Obrist, Hans Ulrich: In Conversation with Hakim Bey. e-flux 2010

Oliva, Achille Bonito: Eingebildete Dialoge. Berlin 1992

p/art/icipate – Kultur aktiv gestalten (eJournal des Programmbereichs Zeitgenössische Kunst und Kulturelle Produktion. Hrsg: Programmbereich Zeitgenössische Kunst und Kulturelle Produktion, Schwerpunkt Wissenschaft und Kunst, Universität Salzburg in Kooperation mit der Universität Mozarteum – Elke Zobl, Siglinde Lang (www.p-art-icipate.net)

Parsons, Michael: Art and Integrated Curriculum, in: Handbook of Research and Policy in Art Education. Elliot W. Eisner (Hrsg.). Mahwah, NJ. 2004

Patrick, Martin: Unfinished Filliou: On the Fluxus Ethos and the Origins of Relational Aesthetics, in: art journal, spring-summer 2010

Penuel, Suzanne: Within the Net of Sound: The Fiction of John Andrew Rice, in: BMCS, Black Mountain College Studies. Blake Hobby, Alessandro Porco (Hrsg.), Vol. 6. http://www.blackmountainstudiesjournal.org/volume-6-alma-stone-williams-race-democracy-arts-and-crafts-and-writers-at-bmc-summer-2014/5-penuel/ (gesichtet: 17.5.2016)

Pollner, Melvin: Mundane Reasoning, Phil. Soc. Sci. 4, (p. 40). Zitiert in: Habermas, J. (1984). The theory of communicative action, vol. 1, S. 13. Boston: Beacon Press

Pressemitteilung der Freien Universität Berlin. Die Neoavantgarde als Vorbild für Forschung und Lehre. Nr. 127/2014 vom 17.04.2014. http://www.fu-berlin.de/presse/informationen/fup/2014/fup_14_1

Preuss, Rudolf C.: Intermedia: Künstlerische Experimente und Vermittlungsprozesse. Dissertation. Technische Universität Dortmund. 2011

Rancière, Jaques: Das Unvernehmen. Politik und Philosophie. Frankfurt/Main 2002
(5. Aufl. 2014)

Rancière, Jaques: Der emanzipierte Zuschauer. Passagen Verlag 2010

Rangacharya, Adya: The Natyasastra. English Translation with Critical Notes. New Delhi 1996

Uri Rapp: Handeln und Zuschauen, Untersuchungen über den theatersoziologischen Aspekt in der menschlichen Interaktion. Verlag Luchterhand 1973

Rectanus, Mark W.: Culture Incorporated: Museums, Artists, and Corporate Sponsorships. Minneapolis. 2002

Reed, Edward. S.: Encountering The World. Toward an Ecological Psychology. Oxford University Press 1996

Reiners, Yvonne: How to do art with words? Vortrag bei „grenzgänge in/zwischen kunst und Vermittlung. Halle/Leipzig 2014

Riedrich, Bettina: Betrachtungen zum philosophischen Hintergrund im OEuvre von Robert Filliou. Magisterarbeit. Rheinische Friedrich-Wilhelms-Universität zu Bonn. 2005

Sa, Adriana de Almeida Portela Viana de: A Perceptual Approach to Audio-Visual Instrument Design, Composition and Performance. PhD candidate at Goldsmiths College, London 2016

Sahlins, Marshall: Kultur und praktische Vernunft. Frankfurt/Main 1981

Schiller, Friedrich: Über die ästhetische Erziehung des Menschen in einer Reihe von
Briefen. Stuttgart 2002

Skladny, Helene: Ästhetische Bildung und Erziehung in der Schule. Eine ideengeschichtliche Untersuchung von Pestalozzi bis zur Kunsterzieherbewegung. München 2009

Smith, Ralph A.: Policy and Arts Education, in: Handbook of Research and Policy in Art Education. Elliot W. Eisner (Hrsg.). Mahwah, NJ. 2004

Smith, Ralph A.: Aesthetic Education: Questions and Issues, in: Handbook of Research and Policy in Art Education. Elliot W. Eisner (Hrsg.). Mahwah, NJ. 2004

Sowa, Hubert: Kunstgeschichte lehren und lernen. Vorbemerkungen zu einer kulturgeschichtlichen Didaktik des Kunstunterrichts. In: zkmb – onlineZeitschrift Kunst Medien Bildung, Text im Diskurs 2014. www.zkmb.de/index.php?id=198; Zugriff: (13.12.2015).

Spivak, Gayatri Chakravorty: An Aesthetic Education in the Era of Globalization. Harvard University Press 2012

Stahl, Antje: Frankreichs Kunststreit Künstler als Köche verderben den Brei. F.A.Z. vom 09.05.2011

Stafford, Barbara. Body Criticism: Imagining the Unseen in Enlightment. Art and Medicine. MIT 1991

Stafford, Barbara Maria: Kunstvolle Wissenschaft. Aufklärung, Unterhaltung und der
Niedergang der visuellen Bildung. Dresden 1994

Stafford, Barbara: Visual Analogy: Consciousness as the Art of Connecting. MIT 1999

Stange, Raimar: politische pARTizipation jetzt, in: Kunstforum, Band 240, Titel: Get Involved!, 2016

Stankiewicz, Mary Ann; Amburgy, Patricia M.: Questioning the Past: Contexts, Functions, and Stakeholders in 19th-Century Art Education, in: Handbook of Research and Policy in Art Education. Elliot W. Eisner (Hrsg.). Mahwah, NJ. 2004

Sternfeld, Nora: Verlernen vermitteln, in: Kunstpädagogische Positionen 30/2014, hrsg. Andrea Sabisch, Tortsen Meyer, Eva Sturm

Stokrocki, Mary: Contexts for Teaching, in: Handbook of Research and Policy in Art
Education. Elliot W. Eisner (Hrsg.). Mahwah, NJ. 2004

STUDENT EXPERIENCE IN EXPERIMENTAL EDUCATION IN THE EARLY YEARS (1933-43). Description of the Study by Robert Sunley, editor. http://blackmountaincollegeproject.org/Features/SUNLEY/SUNLEYpartII/PersonalitiesofFacultyJOHNRICE.htm

Stüttgen, Johannes: Ein erweiterter Lehrbegriff, in: Information - Education. Gespräche und Texte über Lehren und Lernen. Theewen, Gerhard (Hrsg.). Salon-Verlag 1996

Sullivan, Graeme: Studio Art as Research Practice, in: Handbook of Research and Policy in Art Education. Elliot W. Eisner (Hrsg.). Mahwah, NJ. 2004

Svanoes, Dag: Understanding Interactivity. Steps to a Phenomenology of Human-Computer Interaction. http://www.idi.ntnu.no/~dags/interactivity.pdf

www.thefugs.com. Zuletzt gesichtet 13. April 2016

Thompson, Chris: Silence and Savant-garde: Beuys, Fluxus, Duchamp. 2014, in: A Journal of the Performing Arts, 7:3, 15-25, DOI: 10.1080/13528165.2002.10871870

Thurber, Frances: Teacher Education as a Field of Study in Art Education: A Comprehensive Overview of Methodology and Methods Used in Research About Art Teacher Education, in: Handbook of Research and Policy in Art Education.
Elliot W. Eisner (Hrsg.). Mahwah, NJ. 2004

Trainor, James, in: McShine, Kynaston. The Museum as Muse: Artists Reflect. New York 1999 (http://www.jamestrainor.net/1584 - zuletzt gesichtet Mai 2016)

Trunk, Wiebke: In Aufbruchsstimmung: Fragen an den educational turn beim „ersten Salon für kritische Kunstvermittlung" in Berlin. In: zkmb – onlineZeitschrift Kunst Medien Bildung, Text im Diskurs, www.zkmb.de/index.php?id=136; Zugriff: (25.10.2015).

Turner, Fred: The Democratic Surround. Multimedia und American Liberalism from World War Two to the Psychedelic Sixties, Chicago 2013

ULIISSES - Ein Film von Werner Nekes, Hrsg. Walter Schobert, Verlag der Buchhandlung Walther König, Köln 1985

UNESCO - Encyclopedia of Life Support Systems. www.eolss.net

Utz, Sonja: Kommunikationsstrukturen und Persönlichkeitsaspekte bei MUD-Nutzern https://www.tu-chemnitz.de/phil/psych/professuren/sozpsy/Mitarbeiter/utz/diplom1.htm (zuletzt gesichtet 2001)

Valverde, Isabel Maria de Cavadas: Interfaces Dança-Tecnologia: Um Quadro Teóretico para a performance no domínio digital. Fundação Calouste Gulbenkian (Hrsg.). Lisboa 2010

Valverde, Isabel Maria de Cavadas: „Senses Places". (https://sensesplaces.wordpress.com/ oder „Posthuman Corporealitities" http://isabelcvalverde.blogspot.pt/2015/05/workshop-posthuman-corporealities.html - zuletzt Februar 2016)

Virtual Drama Society. Cat Hebert. Webseite zuletzt gesichtet 2002. Seitdem nicht mehr zu finden.

Weiss, Peter: Die Ästhetik des Widerstands, Band 1. Frankfurt 1975

Werner Nekes Filme. Verleihkatalog. Hrsg. Gurtrug Film. Mülheim/Ruhr 1985

White, John Howell: 20th-Century Art Education: A Historical Perspective, in: Handbook of Research and Policy in Art Education. Elliot W. Eisner (Hrsg.). Mahwah, NJ. 2004

Wijers, Louwrien. http://www.louwrienwijers.nl/amsse.html

Wilson, Brent: Child Art After Modernism: Visual Culture and New Narratives, in: Handbook of Research and Policy in Art Education. Elliot W. Eisner (Hrsg.). Mahwah, NJ. 2004

xCoAx 2013. Proceedings of the first conference on Computation, Communication, Aesthetics and X. Bergamo, Italien 2013

Zizek, Slavoj: Was ist ein Ereignis? Frankfurt/Main 2014

Zobel, Elke; Huber, Laila: Fragen, verlernen, intervenieren, teilhaben - Kulturelle Interventionen und kritische Kunstvermittlung, in: p | art | icipate, Kultur Aktiv Gestalten, Ausgabe 06/2015

www.ingramcontent.com/pod-product-compliance
Lightning Source LLC
Chambersburg PA
CBHW031608210526
45464CB00004B/1479